방송매체 속의 여성어

강 소 영

지식과교양

이 저서는 2020년 대한민국 교육부와 한국연구재단의 지원을 받아
수행된 연구임 (NRF-과제번호)(NRF-2020S1A5B5A17087778)

머리말

여성어 연구를 시작한 지 10년이 다 되어가고 있습니다. 여성어는 박사학위를 받을 때까지 제 관심주제가 아니었습니다. 여대에 다니고 있기 때문에 관심이야 있었지만, 어떻게 시작해야 할지를 몰랐기 때문이었죠. 그러다가 우연한 기회에 HK탈경계연구단에 들어갔고 거기서 젠더에 관한 책을 읽기 시작했는데, 그것이 여성어 연구를 시작한 계기였습니다.

남자들은 행동하고 여자들은 보여진다Men act and woman appear. 〈다른 방식으로 보기〉를 읽다가 필이 꽂힌 구절입니다. 남자는 자신이 가진 것으로 스스로를 평가할 수 있지만 여성은 자신이 가진 것이 없으므로 타인의 시선에 자신의 평가를 맡겨놓는다는 말인데, 여성이 자신의 사회적 커리어를 쌓아갈 수 있는 지금 이 시대에는 어떨까요? 어떤 이는 여성의 사회적 지위를 과거와는 비교할 수 없을 정도로 상승되었다고 주장합니다. 과거의 여성들은 남성보다 열등하다는 이유로 남성을 보조하기 위한 부수적인 존재로 취급당하며 임신과 출산, 양육을 도맡고, 남성의 사회생활을 내조하기를 강요받아 왔지만, 현재는 남성과 동등한 위치에 놓여 있다는 것이죠.

하지만 주위를 둘러보면 그들의 말은 '환상'인 것 같습니다. 어두운 과거를 딛고 여성 스스로 노력하여 사회에 진출하였건만, 여성은 여전히 유리천장, 채용 차별, 임금 차별 등의 구조적 차별 앞에 놓여 있습니다. 때로는 사장이나 국회의원 등 높은 위치에 오른 여성들을 보면서 우리 사회의 유리천장은 무너졌다고 말하기도 하지만, 이는 일부 여성들일 뿐입니다. 여전히 베이비시터나 돌봄시설의 보육자 등 비정규직으로 제한된 일자리 속에서 불안한 하루를 보내는 여성이 많으니까요.

사회의 문제를 아무리 떠들어대도 사실은 큰 충격을 느끼진 못하는 것 같습니다. 여성의 불합리한 사회적 위치에 대해 공론화한 지 너무 오래됐기 때문이죠. 그렇게 오랜 시간 투쟁하며 싸웠기에 오히려 대중은 더 무심해지는 것 같고, 이제는 반페미니즘 운동마저 자연스러워 보이기까지 할 정도입니다. 인간이 다 같이 평등한 세상은 이성적 인간이기에 가능한 일이며 지극히 당연한 주장입니다. 이러한 주장이 힘을 얻으려면 이제는 다른 방식의 접근이 필요해 보입니다.

저는 언어를 통한 심리적 충격을 강조한 Lakoff의 말에 찬성합니다. Lakoff는 여성어 연구사에서 중요한 인물이며 그의 연구는 모든 출발점이 되고 있습니다. 1970년 대에 연구된 내용이므로 사실은 우리의 현실과는 맞지 않은 부분도 있습니다. 여성은 완전한 주변인이 아니라 주변과 중심 사이를 떠도는 경계인이기도 하기 때문에, 전략적으로 살아야 하는 사람들이기도 하거든요. 따라서 일부 해석은 여성이 생존해 가기 위해 필요한 언어전략적 측면으로 해석할 여지가 많기도 하지만, Lakoff가 던진 언어의 힘 즉 "언어의 어떤 면이 사회적 불평등을 현실적으로 반영하고 있는가를 지적함으로써 사람들이 심리적 충격을 느끼도록 해야 한다'는 말에는 전적으로 찬성합니다.

이 책은 사람들에게 심리적 충격을 줄 수 있도록 대중매체를 대상으로 여성에게 어떤 말을 하고 있는지, 여성은 어떻게 말하고 있는지를 다루었습니다. 대중매체 전사자료를 모두 제시할 수도 없었고 그 모두를 아우르는 글을 작성하지는 못하였지만 자료를 보면서 여성에게 씌워진 프레임이 어느 부분에서는 견고하게 서있었고 어느 부분에서는 무너지고 있음을 느끼곤 합니다. 저의 이런 생각이 이번 글을 통해 일부 전해지기를 희망합니다.

여성에게 드리운 시각은 〈언어와 여성〉 수업 시간에 학생들과의 토론을 통해 영감을 얻곤 합니다. 그들은 세상의 편견에 맞서 싸우고자 열심히 노력하는 사람들이며 아직 사회에 나가지 않은 덕에 균형 잡힌 시각을 갖춘 사람들입니다. 그들의 도움 덕분에 저의 시각은 조금씩 수정되며, 그들의 희망 덕분에 이렇게 어설프고 설익은 글이 세상에 나올 수 있었습니다. 나에게 희망을 주고 나의 소견을 공식적인 자리에서 풀어 놓게 해주었던 그들에게 감사를 표합니다. 아울러 늘상 세상사와는 다른 말을 주절이는 엄마 혹은 아내를 보면서 웃어주기만 하는 내 가족에게도 감사를 표하고 싶습니다.

| 목차 |

제1부

여성에 대한 고정관념과 실제

I. 총론 : 여성어 연구의 향후 연구 방향

1. 서론

여성어 연구는 일반언어학, 사회언어학, 인류언어학 등에서 대표적으로 다루어져 왔다. 연구의 과정상 가장 선행하는 것은 일반언어학 연구 계열의 Jespersen(1922)에서 정리한 것이다. 구체적인 자료를 모으고 이를 토대로 여성어의 특징을 정리한 것이 장점인데, 보이는 현상 그대로 나열해 놓고 종합하여 바라보지 않았기 때문인지 모순적인 구절구절이 자주 보인다. 이를 테면 여성은 전승 언어의 보존력이 높고 남성은 언어 개신에 공헌한다는 여성의 보수성은 '그러나 여성은 개신어에 민감한 면도 있어 언어변화를 앞장 서서 일으키는 면도 있다'는 후행 구절에 의해 반박된다. 이는 그의 연구대상이 1900년대 여성어여서 사고기반이 현대적일 수 없기 때문으로 보인다. 이는 그가 제시한 역사적 근거로 남성은 말보다 깊은 사색이나 힘이 요구되는 전쟁, 수렵 등에 종사하면서 말수가 적을 수밖에 없으나 여성은 큰 사색을 요구하지 않고 비교적 활기 있는 대화가 가능한 육아, 요리, 재봉 등 잡다한 가사에 종사하여 말이 많아질 수밖에 없다고 진단 내린 데서 알 수 있다.

여성어의 사회언어학적 연구는 W. Labov(1966, 1972), P.Trudgill (1972, 1974, 1983) 등이 대표적인데, 여기서 밝혀진 것은 여성어의 표준어, 표준발음 지향성이다. P. Trudgill(1974)의 연구를 빌리면, 특정 표준음이 어떻게 발음되는지를 조사하여 남녀, 계층별로 통계를 낸 결과, 여성은 다른 계층보다 격식체에서 표준형을 쓰려는 경향을 보였다고 한다. 이는 Labov(1972)가 저중산층이 상류층보다 더 높게 표준형을 사용하려는 경향을 밝힌 것과 연계되어 있다. 즉, 저중산층의 과도교정 (Hypercorrection)이 여성에게서도 보인다는 것인데, 이러한 해석에 따르면, 저중산층과 같이 여성 역시도 의식적으로 상류층처럼 보이게 하려고 표준어, 표준발음을 구사하였다는 것이다. 그러나 이는 시대의 변화에 따라 남성 역시도 표준어, 표준발음의 구사가 높아졌음을 고려하지 않은 결과로 보인다.

1960년대 미국과 영국에서 직장 내 여성의 차별적인 대우를 항의하는 목소리가 높아지고 단지 평등권의 주장이 아니라 '해방'을 주장하는 목소리가 높아지게 되자, 페미니즘과 관련된 다양한 연구가 쏟아지게 되었다. 언어학 역시 이에 발맞춰 성별 언어와 문화의 상관성에 대한 연구가 다수 나타나게 되었는데, 대표적인 여성어 연구로 R. Lakoff(1975)를 들 수 있다. 그녀가 정리한 여성어의 특징은 다음과 같다(민현식 1995 : 13).

1. 여성은 여성에게 남성 지배 사회에서 강요된 어법을 배워야 하며 남성 사회에 적응하고자 남성어를 배워야 하는 이중언어사용자이다.
2. 여성은 I think, I wonder등의 불확실한 애매어법, 자신없는 어법을

쓰며 이것이 여성 언어 예절의 미덕이 되었고 여성은 자기 방어를 위해 이런 어법을 쓴다.

3. 여성은 여성만의 관심 영역에 대해서는 남성보다 표현이 섬세하다. 가령 색을 구별하는 데 담갈색(ecru), 밝은 자주(magenta), 흐린 노랑(beige) 등의 어휘를 잘 쓴다

4. 여성 특유의 감탄사, 부사, 형용사를 잘 쓴다(oh dear, oh fudge, charming, lobely, so, so much 등)

5. 부가의문문이나 의문문을 자주 쓴다. 이는 상대방의 동의를 구하는 예절 화법으로 청자 의존적인 불확실한 어법의 결과이며 남성 중심의 여성 억압 사회에서 여성의 책임을 피하고 생존하는 방어적 결과이다. 즉 예절 바르기 위해서는 강한 단언을 하지 말아야 한다. 그 결과 여성은 신념이 없는 인간으로 비치는 악순환을 초래하게 되었다.

6. 여성은 완곡법의 대가이다. 금기어는 표현을 간접적인 완곡법으로 쓰거나 강요의 표현보다는 공손한 표현을 선호한다. 가령 Close the door 〉 Please close the door 〉 Will you close the door? 〉 Will you please close the door? 〉 W'ont you close the door?로 갈수록 가장 여성적 표현이다

7. 여성에 대한 말들은 성 관련어가 많고 비하적 의미를 가진다. 가령 woman에는 성적 의미, 비하 의미가 있어 대신 lady가 쓰이며 이런 어휘는 이외에도 다양하다. mistress(첩), She is a professional(창녀), she is in business(창녀), bitch(음란한 여자), vixen(심술궂은 여자), spinster(이혼녀, 경멸투로 신경질적 여자), governor(아동을 돌보는 가난한 여자)

8. 여성어는 남성어를 기준으로 만들어지는 경우가 많다. 가령 의사 doctor-여의사 woman doctor, 판매원 salesman- 여판매원 saleswoman 등이 그러하다.

9. 여성의 평가는 올바른 언어 사용, 언어예절에 좌우되며 타인에게 어떻게 비치는가에 달려 있다. 화려하게 옷 입고 매력적으로 보이고 고분고분하게 행동해야 하는 것으로 교육받는다. 그래서 겉모습에 신경 쓰는 존재가 되었다. 타인에게 잘 보이는 것이 자기 이익이며 여성은 부친이나 남편이나 자식의 지위에 의해 욕구가 성취된다.

10. 여성은 평서문에서도 상승억양을 쓴다. 또한 특유의 변화력 있는 독특한 억양을 사용하여 청자의 주의를 끌고자 하며 이런 책략으로 남자보다 제스처를 많이 쓴다.

11. 여성은 문법을 잘 지키는 편이다. 남아들은 going의 ing를 [in]으로 하지만 여아들은 [iŋ]으로 한다. 이런 여성의 보수성 때문에 여성은 문화와 교육의 수호자로 보인다.

2,5,6은 여성 발화어의 문제이며, 3과 4는 어휘, 7과 8은 형태, 10과 11은 음운과 관련된 문제이다. 1과 9는 여성어의 이러한 특징이 어디에서 기인하였는지를 설명해주고 있는데, 그녀의 연구는 앞서 지적된 여러 학자들의 의견이 종합적으로 반영되어 있기도 하다. 따라서 여성어 연구를 위해서는 Lakoff(1975)에서부터 시작해야 할 것으로 보인다[1].

---

1) Lakoff(1975)는 사회적 약자인 여성들이 사회에 적응하기 위하여 사회가 기대하는 방식에 맞추어 의문문 등의 여성어를 사용하고 있다고 말한다. 그러나 Cameron, McAlinden & O'Leary(1988)는 남성들이 불확실성을 나타내기 위해 여성들보다 부가

2. 국내 여성어 연구사 정리

여성어 연구는 여성 지칭어를 역사적으로 살핀 유창돈(1966), 서정범(1969)을 시작점으로 80년대 들어 강정희(1986), 김선희(1991), 임홍빈(1993), 구현정(1995) 등 다소 활발한 움직임을 보여왔다. 강정희(1986)은 '-(는)거 있지'의 사용현황을 통계치로 제시하여 이를 여성어법으로 정리하였고, 임홍빈(1993)은 높임법 어미나 어휘 등에서 남녀 사이에 차이가 나타남을 정리해 밝히었다. 특히 구현정(1995)은 '의사 : 여의사'와 같은 남성무표형이 사전에서 가장 많은 수로 분포하였음을 보이었는데, 단어형성법과 관련한 연구방법이 남녀 성차별적 요소를 탐구하는 데 크게 기여할 수 있음을 보이는 탁월한 연구성과였다.

본고에서 주목하는 여성발화어는 김선희(1991)가 대표적인데, 소설과 TV프로그램을 이용하여 그는 여성어 표현의 특징을 다음과 같이 정리하였다.

(1) 간접적 표현 : 대결과 갈등을 회피하기 위한 수법
    가. 대용어 부가의문법 : 당신은 겁쟁이가 아니죠, 그렇죠?
    나. 모호한 표현 : 글쎄 뭐라고 말씀 드릴 수가 있을까요?
    다. 공손 표지어 사용 : '좀, 제발, 뭐, -어 주다, -어 보다, - 지 뭐'
        등의 표현이 빈번하다
(2) 감정 이입 표현 : 친화력을 높이는 화법

의문문을 더 많이 사용한 사례들을 보고하기도 했다. 이런 사례는 여성어는 힘이 없는 이들의 언어라는 주장을 이끌게 되었고, 본고 역시 이에 동의한다. 이는 좀더 많은 사례를 보완한 뒤 결론을 내릴 수 있는 것이다.

가. 확인과 동의 요청 : 있잖아요, -잖아요, -지 뭐니, -지 뭐에요, -지 않니

나. 가족적 호칭과 어법 사용 : 하우체(-우) 사용

다. 긍정반응 : 반응어로는 남성은 '아니?'가 많고 여성은 '네?'가 많다

(3) 유표적 표현 : 여성 스스로를 드러내기 위한 표현

가. 강조법 : 정도부사, 극단어의 반복이나 강조(너무너무, 정말, 무지무지, 어머, 미쳤어요? 아이구 웬수) 평서형의 감탄형화(너 예뻐졌다!), '-사-'첨가의 비난(굉장하시군, 잘해 보시라구)

나. 상승어조법 : 남성의 하강 단언조와 달리 상승조이다, 해요체의 사용

물론 (1-가)와 (2-가)는 중복되는 항목이 있긴 하지만, 위 연구는 여성 발화어의 특징을 고루 밝히었다는 점에서 의의가 있다. 특히 Lakoff(1975)에서 지적한 대로 부가의문문이나 의문문 등 불확실한 어법의 결과라는 특징이 (1)간접적 표현에 담겨 있고, 유표적 표현 중 강조법은 (4)여성들이 자주 사용하는 어휘와 맞물려 있다. 또한 평서문의 상승 억양은 (3-나) 상승어조법에 정리된바, 시공간이 달라진 현재 우리에게서도 동일하게 존재하는지를 살펴볼 필요가 있음을 알려주고 있다. 또한 여성이 대결과 갈등을 회피하기 위한 수단으로 부가의문문, 모호한 표현, 공손성을 사용한다고 정리하였는데, 기존의 특징 이외의 또다른 특징을 들 수 있는지도 알아볼 필요가 있다. 시대가 바뀌며 여성 역시도 새로운 언어전략을 정립해 나갈 수 있기 때문이다.

3. 현재 우리의 여성어 연구 현황

앞서 여러 학자들에게서 음운, 형태, 어휘, 문법, 발화까지 다양한 측면에서 여성어 연구가 이루어졌음을 살펴보았다. 그렇다면 현재 우리에게 여성어는 어떤 모습일까? 앞으로의 과제로 남겠지만, 그 가능성 여부를 타진하기 위해 간단히 두 가지만 살펴보겠다.

1) 높임법과 성차

기존 연구에서 여성은 비격식체(해요체)를, 남성은 격식체(습니다체)를 사용한다고 보고되었다. 남성은 사회생활을 통해 공적인 자리에서 사용하는 격식체를 습득할 수 있었으나 여성은 가정에 머무르는 편이어서 비격식체를 주로 사용한다는 것이다. 그러나 여성 역시도 사회활동에 적극적으로 나서고 있으며 이러한 선행연구는 새로운 연구대상에 의해 결과가 뒤집힐 수도 있을 것으로 보인다. 본고는 이에 따라 '여성의 비격식체 사용'이 여전한지를 살피기 위해 〈하트시그널2〉에 등장한 남녀의 사용어미를 조사해 보았다.[2]

2) 〈표1〉 성별 높임법 어미의 사용현황

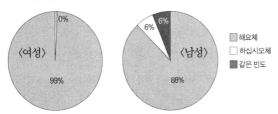

표1은 2018년 〈언어와 여성〉 조발표 자료인 '여성어의 통사적 특징'에서 인용한 것이다. 이는 설문결과를 토대로 남녀 높임법 사용현황을 정리한 것으로, 본고에서 검토하

(1) 가.   여1 : ①집 완전 좋아요

    　　　남자방 완전 좋아요 한번 구[경해 보시죠]

    남1 :   [남자방도] 보셨어요↗

    여1 : 네

나. 남2 : ②성함이 어떻게 되세요↗저는 정**라고 합니다.

    남1 : 정[--]

    남2 : [정*]*

    남1 : ③반갑습니다

    여1 : 네, 저는 오**요

    남2 : 오** @

    (서로 이상한 듯 웃으며 바라보다가 남자2 핸폰 검색)

    여1 : 왜요 왜요↗

    남2 : 알지 않아요 우리↗

    여1 : ④그러니까

    남2 : ⑤아, 이렇게 만나네=

    여1 : 해가 진-, 살쪘다

〈하트시그널2〉는 낯선 남녀를 한 집에 모이게 하고 그 안에서 같
이 살면서 여러 명과 데이트를 거듭하며 자신의 이상형이 맞는지를 체
크, 하트 시그널을 보내는 프로그램이다. 첫날의 어색함은 거듭된 만남
으로 친밀감으로 변하며 마지막엔 헤어짐을 서글퍼하는 모습을 보이
고 있는데, 첫날과 여러 날이 흐른 뒤의 남녀 간의 사용 어휘는 차이가
많이 나타날 것으로 기대된다. 타인을 대하는 기준에는 나이와 같은 지

려는 성별 높임법 체계의 실제를 보인 것이다. 남녀 모두 해요체의 사용이 높은 것은
사실이나, 굳이 성별로 나누자면 여성의 압도적인 사용이 눈에 띈다.

위(POWER)도 작동하지만 친밀감(SOLIDIRITY)도 존재하기 때문이다. (1)은 처음 만난 남녀 사이에 오가는 대화를 전사한 것으로, 모든 이들에게 상대는 낯선 사람이다. 그런데 여자는 해요체(①), 남자는 합쇼체와 해요체(②)를 번갈아 사용하는 것을 볼 수 있다. 물론 동기임을 알아챈 남녀는 반말체(④,⑤)로 바꾸어 대화를 진행하기도 한다. 하지만 여자는 처음부터 해요체를, 남자는 합쇼체를 해요체와 섞어서 사용하는 것은 성별로 차이가 난다. 여성은 비격식체를 선호하고 남성은 격식체를 선호한다는 기존 연구결과를 확인하게 한다. 이러한 현상은 시간이 지나면서 위계질서가 정해지고 서먹함이 풀리고 나서도 비슷하게 나타난다. 남성은 해요체와 합쇼체를 번갈아 사용하고 있으나, 여성은 반말체와 해요체를 번갈아 사용할 뿐, 상대에게 최상위 높임법인 합쇼체 즉 하십시오를 사용하진 않는다.

(2) 가. 〈여자들과 헤어져 남자들 방으로 올라가면서〉

　　　남2 : ①형 올라가시죠, 올라갑시다, 더 있다가 갈 거예요↗

　　　남4 : 나 그냥 혼자..(0.2)

　　　남2 : ②알겠습니다, 다 마시고 올라와요, 형, 먼저 씻을게요.

　　나. 〈주방에서 음식을 만드는 중〉

　　　여1 : ③계란말이↗ 여자2씨, 할 수 있죠↗

　　　여3 : 저, 저 못해요

　　　여1 : 그럼 제가 한 번 해볼게요.

　　　여3 : 그[래 해봐요]

　　　여1 : [저도 안해보긴 했는데

　　　(계란물 들고)

　　　여1 : 안 되면 스크램블 해 먹지 뭐, 괜찮죠↗

남1 : 그럼 되지

다. 〈남자들과 헤어져 여자들 방으로 올라와서〉

　여1 : ④(화장고치고 온 여자3에게) 왔어요↗

　여2 : 이렇게 가슴 졸이면서 막 문자 못 받으면 어떡하지

　여3 : 나 진짜 못 받을 것 같애요

　여2 : 에이

　여3 : ⑤못 받을 거 같아, 근데 뭐, 첫날에 못 받아도 되죠, 뭐

　여1 : 맞아, 첫날이 중요한 건 아냐

　여3 : 근데 보낼 사람 정했어요 다들↗ 아직 안 정했나↗

　여2 : 정했어요↗

　여3 : 전 감이 안 오는 것 같아요

　여1 : 되게 애기같애

　여2 : 응

라. 〈마지막 만남을 가지는 중〉

　여3 : ⑥오셨어요↗

　남1 : 마지막--

　여3 : 응

　남1 : 뭔가 너랑 있으면 할 말이 막 생각나는데, 정리가 안 돼,
　　　그래도 얘기를 하자면, 같이 있어서 좋았습니다, 즐거웠
　　　고, 그리고 내가 이렇게까지 표현을 하게 될 줄 몰랐는데,
　　　그런 모습들을 이끌어내줘서 고맙습니다, 다른 말로　어
　　　떻게 표현을 하기 어렵지만, 이거 있잖아, 지난번에 나한
　　　테 주고, 어- 나도 읽어봐야겠다 했잖아, 너가 읽었으면
　　　좋겠는 페이지에, 꽂아 놨어 카드, 읽어보고 가지지마 내
　　　가 가질 거니깐, @@, 이따 다시 줘.

　여3 : (눈물 흘리며) 돌려줄게

남1 : 그냥 매 순간이 좋았어, 즐겁고, 좋았고 좋아

여3 : ㉠오빠랑 있으면 내가, 되게 좋은 사람이 되는 것 같아서 고마워, 그렇게 느끼게 해줘서 고마워

남1 : ㉧좋은 사람 맞습니다, 아쉽다, 같이 더 오래 있으면 좋겠는데, 좀 아쉽네.

　(2)는 남자들끼리의 대화로 나이가 어린 남2가 합쇼체와 해요체를 번갈아가면서 사용하는 모습을 보인 것이다. 만남을 가진 첫날, 물론 하루를 같이 보낸 뒤이기 때문에 서먹함이 사라졌다고 느껴서 해요체(①)를 사용하고 있지만, 서로 간의 나이 차로 거리감을 느낄 때는 합쇼체(②)를 사용하기도 한다. 그러나 여성은 처음 만난 낯선 상황에서 상대 여자에게 해요체(③)를 사용하다가 잠시 후엔 해요체(④)와 반말체(⑤)를 섞어 사용하는 것을 볼 수 있다. 남성들과 달리 여성은 동성 끼리인 경우 높임법의 체계가 비격식체로 순식간에 바뀌는 것이다. 이처럼 여성들의 높임법이 합쇼체가 아닌 해요체를 가장 높은 경어체로 사용하고 있는 것은 남녀 사이가 친밀해진 경우에도 마찬가지이다. (2-라)는 서로의 친밀도가 가장 높은 마지막날 남녀의 대화를 전사한 것인데, 남성은 합쇼체와 해요체 그리고 반말체를 번갈아 사용(⑧)하는 데 비해 여성은 해요체(⑥)와 반말체를 번갈아 사용(⑦)하고 있다.

　지금까지 본 것처럼 여성은 남성과 달리 비격식체인 해요체의 사용이 잦으며 허물없는 사이가 된 경우 반말체를 자주 섞어 사용하는 것을 확인할 수 있었다. 그런데 재미있는 사실은 여성들은 자신들이 비격식체를 자주 사용하고 있다는 것을 '인식'하고 있다는 것이다. 실제 사용 현황과 함께 아래 도표에서 제시된 바와 같이 여성들은 자신들이 해요

체의 사용이 잦음을 인식(그렇다와 조금 그렇다를 합하면 87%)하고 있었는데, 이는 남성이 상대적으로 낮은 것(그렇다와 조금 그렇다를 합하여 68%)과 대조적이다. 즉 여성들은 비격식체의 사용이 잦았으며 스스로 자신들이 비격식체를 자주 사용하고 있음을 인지하고 있었다는 것을 통해, 기존 연구에서 제시한 '비격식체의 사용=여성어의 특징'이 뚜렷하게 부각됨을 알 수 있었다.

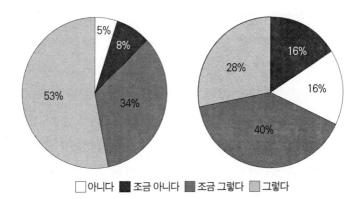

□아니다 ■조금 아니다 ■조금 그렇다 ▨그렇다

〈표2〉해요체 사용에 대한 여성(왼쪽)과 남성(오른쪽)의 인식[3]

물론 자신들이 어떤 어미를 사용하는지 정확하게 인식하고 쓰고 있는 것과 왜 비격식체를 사용하는지 해석하는 것에는 큰 차이가 있다. 따라서 향후 연구는 남녀를 대상으로 어떤 등급의 종결어미를 사용하는지, 그리고 왜 이 등급을 선택하였는지를 묻는 일이 이어져야 한다. 기존의 해석처럼 여성들이 사적인 관계를 우선시하여 비격식체를 사용하고 있

---

3) 이는 2018년 〈언어와 여성〉 조발표 자료인 '여성어의 통사적 특징'에서 인용한 것으로, 구어전사자료를 검토, 예시와 함께 제시하여 논의의 확장을 꾀하였다.

는지, 아니면 여성들이 편안함을 줘서 좀더 활발한 대화를 유지해 나가고 싶은 대화전략의 일종으로 사용한 것인지 그들의 속마음을 묻지 않았기 때문이다. 물론 이는 낯선 만남에서 좀더 친밀한 사이가 되었을 때 그리고 남녀가 모두 모였을 때와 동성끼리 모였을 때 등 다양한 판별기준이 개입되어야 좀더 명확한 결과가 나올 것으로 예상된다. 그리고 이러한 자료들이 실제 대화전사자료와 같이 묶여 나온다면 특정 어미를 둘러싼 여성어의 해석은 좀더 정밀한 기술이 가능해질 것이다.

2) 문장 유형의 선호도와 성차

여성의 의문문의 잦은 사용은 이미 선행연구에서 지적한바, 이는 여성의 불확실한 태도표현으로 정리되었다. 즉, Lakoff(1975)는 상대방의 동의를 구하는 예절 화법으로 청자 의존적인 불확실한 어법의 결과이며 남성 중심의 여성 억압 사회에서 여성의 책임을 피하고 생존하는 방어적 결과로 바라보았다. 따라서 여성은 예절 바르기 위해서 강한 단언을 하지 않아야 했으며, 그 결과 신념이 없는 인간으로 비치는 악순환을 초래하게 되었다고 한다. 그녀의 이 지적을 입증하기 위해서는 일단 실제 대화에서 여성들의 잦은 의문문 사용을 입증해야 하며, 대중을 상대로 여성의 모습을 내비치는 공적자료들에서 여성들의 잦은 의문문 사용을 살펴보아야 한다. 물론 의문문의 형식적 조건, 즉 의문부호가 있고 상승억양으로 끝나며 자신의 미진한 부분을 해결하려는 목적이 있어야만 의문문이 성립되기 때문에 실제 사적대화에서 의문문은 판별하는 것은 의문문의 조건을 묻는 작업부터 진행되어야 한다. 이는 향후 연구과제이며, 여기서는 광고언어를 토대로 사회에서 '여성을 어떻게 생각하고 있는지'를 살펴보려고 한다.

광고의 여러 문구에서 여성의 의문문 사용은 자주 목격되는데, 아래는 제품 광고에 여성과 남성 모델을 등장시킨 주류업체 광고카피를 한 편씩 옮긴 것이다.

> (1) 가. ①좋은 일 있나보네요?
>
> ②우와
>
> ③좋은 날은 같이 마셔요
>
> ④좋다
>
> ⑤좋은데이 한 잔 해요
>
>
> 나. 초미세먼지 시대
>
> 그냥 맥아로도 만들 맥주였다면
>
> ⑥지구 반대편까지 가지도 않았다
>
> 호주에서도
>
> ⑦청정하기로 유명한 골든트라이앵글
>
> 그 맥아의 황금존에서 찾은
>
> 청정맥아 백퍼센트
>
> ⑧이 맛이 청정라거다
>
> ⑨청정라거 테라

(1-가)는 여성 모델이 등장하여 시청자에게 말을 건네듯 시작하는 광고이며 (1-나)는 남성 모델이 등장하여 제품에 대한 설명을 시청자에게 들려주는 광고이다. (1)에서 보이듯이 여성화자는 의문문으로 호기심을 자극하고 있고(가-①) 남성화자는 평서문을 사용하여 맥주에 자신

들이 쏟아부은 노력을 설명(나-⑥)하고 있다. 대부분의 광고언어가 그렇듯 비종결문이나 단어 하나로 한 문장을 끝내는 압축적 표현을 사용하는 것은 동일하나, 남성 모델은 대부분이 평서문과 비종결문으로 끝난 데 비해 여성모델을 다양한 문장유형을 구사하고 있다. 제품을 음미하고 감탄을 자아내는 구절이 사이사이 들어오며(②,④) 시청자에게 같이 할 것을 권유하는 청유문(③, ⑤)이 그 다음을 받치고 있다. 감탄을 자아낼 만큼 매력적인 맛이니 같이 하자는 어필을 적극적으로 보내는 셈이다.

그에 반하여 남성은 제품을 간략히 정리해야 하는 카피의 구조에 맞게 비종결문을 대부분 사용하였으며(⑦,⑨) 모델이 제품을 설명할 때는 평서문(⑥, ⑧)을 사용하였다. 평서문은 단언, 서술 등 자신의 의견을 객관적으로 전달하는 특징을 가지기 때문에 남성 모델의 설명이 지극히 타당하게 느껴지는 효과를 가질 수 있다. 내가 감탄할 만한 맛을 당신도 같이 경험해 보자고 유도하는 여성과는 양상이 다르다. 여성은 자신이 느낀 경험치를 객관화시키지 않고 상대방도 경험해 보고 그 경험치를 공유해보자는 것이니 확실한 답변을 유보한 셈이기 때문이다.

성별 문장 유형의 차이는 남녀 모델 둘이 등장하였을 경우에도 나타난다. 성별 역할이 다르게 나타남을 보이는 예시인데. 둘 다 남성의 역할이 강조된 광고이다.

(2) 가. 〈골목식당의 두 MC가 등장하여〉

男 : ①가볼까요? 상남동으로 딱!

女 : ②마셔보고 평가할까요?

男 : 딱 건배, 부드러움을 느끼면서

男 : ③희한하게 달지 않아요? 어때요?

女 : ④딱 제가 찾던 맛이에요.

男 : 딱 좋은데요.

女 : 딱 이것만 시켜 먹으려고요

男 : 여기 딱 한 병만 더!

女 : 딱 맛있어서 딱 좋은데이

男 : ⑤다음엔 어디로 갈까요?

女 : 딱 기다리세요

나. 〈소주 광고〉

男 : ①소주는 뭘 마실까요?

女 : ②아무거나 마셔요

(모두 황당한 표정)

남자가수 : 대선이지

(남자 가수 다가오면서)

남자가수 : ③아무거나 마시면 어떡해?

(소주를 까고 거품이 터져나오고 모두 와~ 함성)

남자가수 : ④대선은

모두 : 원 샷

(화면 바뀌어)

女 : ⑤뭐? (화들짝 놀라면서) 아무거나?

(남자 나타나 여자 앞에 앉은 남자에게)

男 : ⑥아무거나 시키면 어떡해?

男 : 대선입니다

⑦(남자 대신 여자 앞에 앉아서 술을 따르면서 배경으로 깔리듯)

男 : 대선이 대세다

男 : 대선

　(2-가)는 두 MC 사이에 역할이 구별되어 있는 프로그램을 카피해서 만든 광고로, 첫 시작을 열어준 것(①)도, 맛이 어떻냐고 물어보는 것(③)도 다음을 기약하는 것(⑤)도 모두 남자가 담당하고 있다. 여자는 보조적 멘트(②)를 하거나 응답을 하는(④) 등 남자에 비하여 역할이 주도적이지 못하다. (2-나)는 남자의 의문문(①)과 여성의 대답(②)은 앞선 예문과 동일 패턴인데, 그에 더해 나무라고(③) 권하는(④) 상대 역시 남성이어서 (2-가)보다 여성의 소극성이 두드러진다. 장면이 바뀌어 아무거나 마실 수 없다는 여성의 멘트(⑤)에 이어 문제적 상품을 제시하는 인물도 남자(⑥)이다. 문제가 되는 것이 무엇인지 알고 있는데도 불구하고 해결책은 남성이 제시하도록 한 것이다. 무엇보다 문제 상품에 대해 알고 있는지의 여부는 권력이 되어서 남성이 여성을 차지하는 것으로 끝이 난다(⑦)는 점은 여성과 남성을 대상과 소유주 관계로 보고 있음을 함축한다.

　(2-나)의 분석은 단지 언어만을 대상으로 하진 않는다. 따라서 언어학적 측면에서는 다소 어긋나 보이지만, 이는 광고 카피의 입안 당시 이를 기획한 이들의 남녀를 바라보는 시선을 읽을 수 있는 자료이기 때문에 현재 우리 문화의 흐름을 진단하는 데 합리적인 근거가 되어줄 수 있다. 언어학이 콘텐츠 분석과 융합하여 연구를 진행하는 좋은 사례가 될 수 있음을 보여준 셈이다.

　이처럼 여성이 생각하는 자신의 모습과 사회에서 씌운 여성의 모습은 다를 수 있다는 가정을 인정하면, 지금까지 정리한 여성어의 특징은 새롭게 하나씩 살펴봐야 할 필요성이 제기된다. 음운, 어휘, 형태, 통사, 화용 등 다양한 방면에서 시도해 볼 수 있겠으나, 본고에서는 어휘와 발음법 두 가지 측면에서 여성어의 현재를 살펴보고 넘어가도록 하겠다. 향후 연구는 또 다른 자료로 접근, 새로운 시각을 드러낼 수 있을 것이다.

Ⅱ. 칭찬화행과 남녀를 둘러싼 사회적 시선

1. 서론

우리의 말은 단지 말이 아니다. 언어에는 화자의 의도가 담겨 있으며, 그 의도에는 단지 명제가 사실인지 아닌지의 여부를 진단하는 것 이상이 담겨 있기 때문이다. 이를 테면 '네가 먼저 왔으면 좋겠다'는 자신의 희망을 평이하게 진술하는 것처럼 보이지만, 이 말은 청자에게 의문문으로 해석되어 '예, 일찍 올게요' 혹은 '아니, 내일 일이 있어서 일찍 오기는 힘들 것 같아요'와 같은 대답이 이어질 수 있다. 오스틴의 '말은 곧 행위이다'는 주장이 새삼스럽게 감탄스러울 정도이다.

본고는 칭찬행위를 반영하는 표현들을 모아 그 실제적 표현을 알아보고, 남녀별로 성차적 특징이 반영되어 있는지를 살피려 한다. 국립국어원 표준국어 대사전에 따르면 '칭찬'은 '좋은 점이나 착하고 훌륭한 일을 높이 평가함'을 의미하는 말이다. 그러나 좋은 일은 어떠한 것을 말하며 높이 평가할 때는 어떤 묘사어를 사용하는지 구체적인 상황을 따져 의미를 구체화해야 할 필요가 있다. 본론에서는 우선 학자들이 칭찬화행을 어떤 식으로 정의내렸는지 살피고 칭찬화행의 몇 가지 예시를 토대로 적정조건을 살피려 한다. 그 후 설문조사 결과 성차가 이 화행의 실현 양상에 변인이 되었는지를 살피고 실제 담화자료를 바탕으로 이의 실체를 엿볼 것이다.

2. 칭찬화행의 정의와 수행양상

2.1 칭찬화행의 정의

Farson(1963)은 칭찬화행을 '사물, 사람, 행동, 사건에 대해서 긍정적인 평가를 내리면서 보충적인 정보를 거의 내포하지 않는 말'이라고 정의한다. 사물, 사람, 행동, 사건 등 구체적인 대상을 명확히 한 의의는 있으나, 칭찬이 단순히 긍정적인 평가를 내리는 데에만 그치지 않는다는 점에서 이 정의를 다시 살필 필요가 있다. 아래는 청자나 제3자가 가진 것을 인정하면서 동시에 칭찬 화행을 통해 화자와 청자 간의 유대관계를 쌓을 수 있음을 보이는 예문이다.

(1) 가. (새로 리모델링하여 이사온 동료의 집들이 자리에서)
　　　A : 우와, 집이 너무 좋네요
　　　B : 그쵸? ①나도 너무 맘에 들었어요
　　　A : 음. 게다가 채광도 좋아서 여기서 밖을 한참 보고 있어도 좋겠네
　　　B : 그러게, 나도 한가할 때마다 그래볼까 싶네

나. (선생님의 어릴 적 사시던 고택을 방문한 자리에서)

　　제자 : 선생님. 집이 너무 좋아요

　　선생님 : 그런가? ①여기저기 손볼 데가 많아. 남루한 옷 같은데

　　제자 : ②요즘 다들 새로 지은 아파트만 찾는데, ③이런 고상한

　　　　　분위기는 나지 않죠.

　　선생님 : ④그래, 그렇게 봐주니 고맙네. 요즘 젊은이답지 않게

　　　　　자넨 좀 남다르군

　(1)은 상대방의 소유물(집)을 대상으로 칭찬을 하는 점은 동일하며 '집이 너무 좋다'는 화행 역시 동일하다. 그러나 (1-가)는 상대방도 동의할 만큼(①) 누구나 좋아하는 새로 지은 집이며, (1-나)는 선뜻 모든 이의 동의를 얻을 만큼 좋은 집이 아니다. 선생님의 진단(①)처럼 좋은 범주에 들지 않을 수 있기 때문이다. 따라서 (1-가)는 상대방의 소유물에 긍정적인 평가를 내리는 칭찬화행에 어울리는 화행이지만 (1-나)는 이에 해당하지 않을 수도 있다. 하지만 (1-나)의 칭찬화행은 제자와 선생 간의 우호적인 분위기를 형성하는 데 중요한 계기가 된다. 서로 간의 의견을 다를 수 있으나 상대방의 오해를 적극적으로 방어(②)하며 다시 한 번 칭찬이었음을 강조(③)하여 상대방이 이를 납득하였기(④) 때문이다. 이처럼 칭찬 화행은 '긍정적인 평가를 함'이라는 명제적 의미를 넘어서 인간관계를 새롭게 하는 하나의 방법이 되기도 하는 것이다.

　앞선 (1)의 예시를 토대로 칭찬화행을 정의내리면, '화자가 다른 사람에 대해 무엇인가 좋은 것을 말하는 의견으로서, 이를 통해 둘 사이의 취향이나 관심에 대한 공통성을 표하여 유대감을 강화시키거나, 낯선 사람의 경우에는 최소한도의 유감을 창조하는 것'이라는 Manes &

Wolfson(1981)의 주장[4] 역시 적절한 정의가 돼줄 수 있다. 아래는 낯선 사람들의 대화 일부를 옮긴 것이다.

(2) (세미나 일정 때문에 지방에서 모인 사람들끼리 만났을 경우)

A : 안녕하세요. 저는 춘천에서 온 아무개입니다. 이렇게 만나게 돼서 반갑습니다.

B : 네, 안녕하세요

C : 네, 저도 반갑습니다.

A : 오늘 날이 좋아서인지 다들 활기차 보이는데요. ①B씨는 가을 날에 잘 맞는 옷까지 입고 와서 제 기분이 더 업됩니다.

B : ②(활짝 웃으며) 아, 감사합니다.

낯선 곳에서 모인 사람들끼리 유대관계를 쌓기 위해 칭찬화행을 보인 예로, 상대방의 칭찬(①)은 기분을 좋게 만들어(②) 상대에게 호의적인 감정을 낳게 된다.

물론 이러한 관계에서 상대방의 기분을 맞춰주려고 꺼낸 빈말의 경우에는 오히려 상대방과의 관계를 나쁘게 만들 수도 있다.

(3) (상대방의 잘못 끼워진 단추를 보면서 살짝 웃으며)

A : 과장님, 오늘 패션 센스가 독특하십니다. 옷이 언발란스합니다

B : (옷의 상태를 점검하면서) 어? 단추가 이상하네. (①짜증내며) 야, 단추가 안 맞으면 말을 해줘야지

---

4) Manes, J & Wolfson N. The compliment formula, In F. Coulmas(ED), *Conversational routine*, The Hague : Mouton. 1981, pp.115-132.

A : ②아, 요즘 옷이 이렇게도 나오는 줄 알았습니다. 죄송합니다.

단추를 잘못 잠가서 옷의 밑단이 불균형스럽게 되어 있는 경우에 화, 청자의 발언이 서로 어긋나는 경우를 보이는 예이다. 자신의 잘못을 지적당한 것처럼 짜증을 내는 B의 반응(①)으로 봐서 A의 칭찬은 비꼼의 다른 말로 수용되었음을 알 수 있다. 이는 칭찬의 끝이 자신의 말에 대한 사과(②)로 이어지는 결과에서도 입증된다. 이를 통해 칭찬은 상대방에게 좋다고 생각되는 점을 대상으로 해야 하며, 그렇지 않을 경우 상대방에게 칭찬의 의미로 받아들여지지 않아 서로 간의 관계를 나쁘게 만들 뿐임을 알 수 있다.

(4) (제출된 보고서를 설렁설렁 넘기고 나서는)

    A : ①이번 보고서는 저번보다 더 나은 것 같은데요, 과장님

    B : 뭐가?

    C : ②아, 뭐, 그냥

    B : ③제대로 보고 말을 한 거야? 생각을 좀 하고 합시다

    A : 아, 예, 죄송합니다

(4) 역시 칭찬화행과 빈말의 차이를 보인 예로, 칭찬화행은 대상을 제대로 이해한 후 그것이 좋다고 생각이 들 때 건네는 말임을 알 수 있다. 빈말인 (4)는 새로 제출된 보고서를 제대로 보지도 않고 칭찬을 하는 경우로, 대상의 가치를 판단하지 않고 취한 행동이기 때문에 진정한 칭찬이라고 볼 수 없으며, 자신의 사과로 매듭짓는 결과를 낳는다. 지금까지 칭찬은 단순히 긍정적인 평가를 내리는 행위가 아니라 (1)칭찬의 대상

이 정말로 좋은 것인지를 알고 이뤄져야 누구에게나 칭찬으로 받아들여질 수 있으며, 그렇기 때문에 (2)상대방에게서 긍정적인 반응을 이끌어낼 수 있고 결국 (3)상대방과 나와의 유대감을 창출할 수도 있음을 알수 있었다. 이를 바탕으로 칭찬화행을 정의하면 '청자와 화자에게 모두 긍정적으로 인식되고 있는 대상에 대한 호의적 평가를 내리면서 공감이나 유대감을 형성하는 방법'으로 재정의 내릴 수 있으며, 이는 아래와 같은 적정조건을 성립시킨다.

- 명제내용적 조건 : 청자에게 관계된 현재나 과거의 일 또는 행위 E
- 예비적 조건 : E는 청자에게 좋은 점이면서 화자는 E가 청자에게 좋다고 생각한다
- 성실성 조건 : 화자는 E를 좋아한다
- 본질적 조건 : E를 긍정적으로 평가하려는 시도로 간주된다

칭찬화행의 명제내용적 조건에 나온 것처럼 상대방에게 관계된 모든 것은 칭찬의 대상이 될 수 있다. 외모, 소유물, 능력 등 그 범위가 무궁무진한데, 성차적 특징에 주목하는 본고의 연구목적 아래에 주목되는 주장이 눈에 띈다. 바로 한국인 여성은 외모에 대한 관심이 많기 때문에 서로 외모나 소유물에 대해 언급을 하거나 칭찬을 하는 습관이 있다는 점(홍민표 2014 : 125)이다. 언어는 사회의 흐름에 따라 변화하며, 따라서 최근의 민주주의 사회 분위기 내에서 성(性), 인종, 나이, 장애 등과 같이 개인의 의지로 바꿀 수 없는 것들에 대한 평가를 지양하는 분위기를 언어는 반영하고 있을 것으로 보인다. 외모 역시 마찬가지였을 것으로 보이며, 따라서 여성의 경우 칭찬의 대상으로 이를 자주 이용한다는

우리의 관습 역시 바뀌었을 것으로 예측된다. 본고는 이러한 가정을 살피기 위해, 설문방식을 활용한 언중의 의식구조를 살피는 방법을 선택, 논의를 전개해 나가려 한다.

2.2. 칭찬화행의 수행양상

남녀 칭찬화행의 수행양상을 알아보기 위해 설문자료를 구성하였다. 칭찬화행의 당사자만이 아니라 그 대상이 누구냐에 따라 말이 달라질 수 있기 때문에 상대의 변인을 친밀도와 지위로 나누어 정리하였다. 상대방과 자신의 지위 차에 따라 관례적으로 주고받는 말이 나올 수도 있으며, 지위 차는 있지만 자신과 친밀한 사람에게는 빈말에 가까운 농담도 칭찬이 될 수 있기 때문이다. 따라서 친밀도에 따라 여성, 남성에게 칭찬하는 유형이 같은지를 물어보고 지위에 따라 선, 후배 여성, 남성에게 칭찬하는 유형이 같은지의 여부도 물어본 것이다. 또한 칭찬화행의 명제내용조건에는 외모, 소유물, 능력 등 다양한 대상이 포함되기 때문에 어떤 부분을 주로 칭찬하는지도 함께 물었다. 설문은 20대 남녀 50명을 대상으로 시행되었으며, 구글폼을 이용한 설문조사절차를 거치었다.[5]

설문조사 결과 응답자들은 대부분 친밀도의 변인에는 구애받지 않고, 남녀 대부분 능력(발표 재밌어서 집중해서 들었어)〉물건(오늘 목걸이 예쁘다)〉외모(오늘 옷 잘 어울리네)의 순으로 칭찬을 하였다. 성

---

5) 설문결과는 2018년 이화여대 〈언어와 여성〉 조별발표 자료집에서 발췌한 내용이며, 이의 재해석에서 생긴 오류는 전적으로 저자의 몫임을 미리 밝힌다.

별로 차이가 나는 것은 남성은 외양을 칭찬할 때 단순한 패턴으로 칭찬의 대상을 선정했다는 점이다. 구체적인 예를 들면, 액세서리나 직접 구입한 가방 등 상대의 소유물에 대해서는 여자가 상대적으로 높은 데(남자 : 여자=16% : 18%) 비해, 얼굴과 같은 외모를 칭찬하는 것은 남성이 상대적으로 높게 나타난 점(남자 : 여자=36% : 30%)을 거론할 수 있다. 이는 자세히 살피지 않아도 알 수 있는 외양보다 자세하게 살펴봐야 알 수 있는 소유물을 통해 상대방과의 친밀함을 쌓을 만큼 남성들은 세심하지 않다는 말이기도 하다

또 한 가지 예외적인 결과는 여성이 친밀하지 않은 여성에게 능력(24.3%)보다 소유물(41.7%)나 외모(38.9%)에 대해 칭찬을 하는 비율이 높은 것이었다. 상대의 능력을 인정하는 것은 일정 기간 동안 시간을 보낸 후에 생길 수 있는 감정이다. 따라서 처음 봐서 친밀감을 느끼지 못하는 사람에게는 능력이 칭찬의 대상이 되기가 쉽지 않다. Wolfson(1983)은 칭찬을 외모와 능력으로 나눈다면 외모가 압도적으로 높게 나타나며, 이는 외모가 의도적인 노력의 결과로, 새로운 얘깃거리로서 말을 걸게 만드는 매력이 있기 때문이라 판단하였다. 그의 '의도적인 노력'이란 새로운 자리에서도 쭈뼛거리지 않고 무언가 칭찬의 대상을 찾으려고 노력하는 의도성을 포함하며, 따라서 낯선 이에게 외모의 칭찬을 자주한다는 설문결과는 새로운 얘깃거리로서, 즉 인사말로서 칭찬화행을 적극 사용한 전략적 측면으로 읽힌다.

물론 이러한 결과는 설문이 아니라 실제로 언표화되는 칭찬화행의 검토를 통해 입증해야 한다. 실제로 어떤 식으로 언표화하였으며 청자의 언향적 행위는 어떻게 구현되는지를 통해 칭찬화행의 의미를 좀더 견고하게 다듬을 수 있기 때문이기도 하다. 실제 구어담화자료의 필요성

은 아래 몇 가지 칭찬화행의 실례를 통해서 입증된다. 아래는 예능프로그램에서 사용된 칭찬화행을 보인 예인데, 우선 전형적인 칭찬화행의 예부터 제시하면 다음과 같다.

> (5) (남자들의 멋지게 차려입은 모습이 연이어지는 중)
> 여A : 어↗ 오빠 먼저 와 있었어↗ 어, B씨=
> 남B : (남C가 등장하자) 역시 <u>멋있다</u>
> 여A : 이정재 아닌가요↗
> 남C : (다소곳하게 고개를 숙이며 마주 웃는다)
> 남A : (여자C 등장하자) 오늘 뭐 장난 아닌데↗

상대방의 외양에 대한 칭찬을 하는 장면으로 '멋있다'는 형용사가 사용되었다. 멋있음의 정도를 짐작하게 해주는 연예인 이름을 호명하며 남자C의 외양을 칭찬하였는데, 칭찬을 받는 사람도 고개를 숙이며 마주 웃는 등 이에 동의하는 모습을 보여 칭찬화행의 전형적인 모습을 보이었다.

> (6) (출연자와 그의 라이벌 선수 간의 경쟁 경기를 보면서)
> 남사회자3 : ①이런 게 바로 선의의 경기 아니겠습니까.
> 남사회자2 : 서로의 존재가 있었기 때문에
> 여출연자 : ②(고개 끄덕이며) 저희가 더 강해질 수 있었죠

라이벌 구도를 자신의 실력을 향상시키기 위한 자양분으로 사용할 만큼 대단한 선수임을 칭찬하는 장면으로, 청자는 칭찬에 동의를 표하는 비언어적인 표현(고개 끄덕임)과 함께 상대의 말을 받아 대화를 완성

하였다. 단순한 비언어적 표현에 더해 대화를 공동으로 구성하는 행위(②)는 상대방의 의견을 적극 수용하는 행위로 여겨진다. 따라서 자신의 행위를 '선의'로 칭찬에 넣은 상대의 행위(①)는 칭찬화행의 예비조건을 만족시키고 있어 (6) 역시 칭찬화행의 대상에 속한다 할 수 있다.

물론 다소 허물없는 사이에는 칭찬화행에 가벼운 장난이 포함되기도 한다. 아래는 경기 성적만 놓고 보면 칭찬화행에 들 수 없는 대화이지만 신체적 조건이 완벽하다는 메시지에 칭찬화행을 담아 상대의 기분을 좋게 만드는 예이다.

(7) (대회출전 결과는 부진한 선수와 이야기를 나누는 장면)
　　남사회자3 : ①대회성적과는 별개로 하고, A 선수, 그렇게 하체, 엉
　　　　　　　　덩이가 뛰어나다는데, 한번 볼 수 있나요↗
　　A선수 : 아 네네, 이게 보이려나↗
　　남사회자3 : 아아 그러네= 어우, A선수 대단하네~
　　남사회자2 : ②엉덩이는 아주 승부욕이 있는데요↗
　　A선수 : ③(흐뭇한 미소)

(7)은 힙업된 엉덩이를 운동선수에게 필요한 '승부욕'으로 해석하여 칭찬하고 있는 장면이다. 대회출전 후 경기에 무기력하게 패한 A선수에게는 승부욕은 '없는' 상태로 여겨지기 때문에 '승부욕'이란 단어는 비난의 의미를 담고 있다. 하지만 사회자들의 의심발언을 뒤집듯 그의 신체적 조건이 아주 좋다는 칭찬을 보냈기 때문에 청자의 언향적 행위 역시 '흐뭇한 미소'로 결과되는 모습을 보인다. 화, 청자 모두에게 긍정적인 결과를 낳는 (7) 역시도 칭찬화행의 예라 할 수 있을 것이다.

물론 청자의 반응이 긍정적이지 않아 보일 수도 있지만 칭찬을 쉽게 받아들이지 못하는 청자의 어색함이 원인인 경우 이를 무시하고 칭찬 화행에 넣어 고려해 볼 수 있다.

(8) ⟨여자 출연자가 시합에서 스케이트 날로 빙판을 찍는 모습을 보고⟩
    남출연자2 : 되게 귀여웠어요=
    여출연자 : 아 그래요↗(미소 짓는다)

'아 그래요?'는 상대방의 말에 의구심을 표현하는 말이다. 상대가 '귀엽다'고 칭찬을 하였지만 씩씩한 무표정의 여자선수에게 이는 어울리지 않는 말이며, 따라서 이에 동의를 못하는 모습으로 여겨질 수 있다. 하지만 이내 미소를 짓는 비언어적 표현을 통해 상대의 '귀엽다'는 말은 자신에게 우호적인 감정을 가지고 있으며 자신 역시도 미소를 지을 만큼 상대의 발언을 긍정적으로 받아들이고 있음을 보여주고 있다. 화, 청자 모두의 우호적인 분위기를 통해 (8) 역시도 칭찬화행의 예비조건을 만족시킨, 칭찬화행의 예에 속한다 말할 수 있을 것이다.

앞선 칭찬화행의 구체적인 예시를 통해 칭찬화행의 적정 조건이 적절함을 확인하였는데, 화, 청자가 주고받는 대화 속에서 몇 가지 어휘들의 사용이 눈에 띄었다. 즉 칭찬화행 속에 '멋있다, 대단하다, 귀엽다' 등 상대방의 긍정적인 면을 직접적으로 부각시키는 형용사들의 사용이다. 상대방의 능력, 외모, 물건 등을 칭찬함은 상대의 외부와 내부의 상태를 묘사하는 행위이며 따라서 형용사의 사용은 당연한 것으로 귀결되는데, 그렇다면 성별로 사용하는 형용사 역시 차이가 있을 것인지 궁금증을 자아낸다.

이를 알아보기 위해 우선 설문조사 결과를 제시하면, 남녀 합하여 '예쁘다(66) 〉 착하다(16) 〉 멋있다(14) 〉 대단하다(13) 〉 굉장하다(12)' 순으로 분포하였다. 그리고 이를 남녀별로 나누어 제시하면 다음과 같다.

(9) 남녀별로 칭찬화행에 사용한 형용사 목록
여자 : 예쁘다(49) 〉 굉장하다(11) 〉 착하다(8.7) 〉 대단하다(8) 〉 멋있다(4)
남자 : 예쁘다(17) 〉 멋있다(10) 〉 착하다(8) 〉 대단하다(5) 〉 훌륭하다(4)

남녀 공히 1순위, 3순위를 기록한 '예쁘다'와 '착하다'는 상대방의 외모(외양)과 성격(성품)을 대상으로 삼고 있음이 특징적이다. 사전에 실린 예문을 제시하면 다음과 같다.

(10) 가. 옷이 예쁘다.
나. 그녀는 인형처럼 예뻤다.
다. 천성이 착하고 자비로우며 남을 위해 봉사한다
라. 그녀는 마음씨가 착하고 얼굴이 예쁘다

(10-가,나)에서 보듯 예쁜 것은 옷이나 인형처럼 가시적인 대상 즉 외양을 대상으로 한다. 그러나 착한 것은 외모와 몸가짐과는 상관없이 오로지 정신적 미감을 가져다주어 즐거움을 주는 자질을 표현(10-다)하고 있다. 따라서 (10-라)처럼 내면은 착하고 외양은 예쁜 것이다.
여성의 2순위에 오른 '굉장하다'는 4순위에 있는 '대단하다'와 의미가 겹쳐 나온다.

'굉장하다'의 의미부터 제시하면 다음과 같다.

(11) 굉장하다의 사전적 의미

　　1. 아주 크고 훌륭하다

　　　　㉐ 잔치가 굉장하다, 새로 지은 집이 굉장하다

　　2. 보통 이상으로 대단하다

　　　　㉐ 굉장한 능력, 굉장한 용기가 필요하다, 굉장한 미인이다

'굉장하다'의 두 번째 의미의 피정의항에 쓰인 '대단하다'는 여성의 순위 4위에 든 어휘로, 굉장하다-대단하다 사이에 의미의 공통분모가 있음을 알 수 있다. 그렇다면 '대단하다'의 의미는 사전에 어떻게 정의되어 있을까? 아래는 사전적 의미를 옮긴 것이다.

(12) 대단하다의 사전적 의미

　　1. 매우 심하다.

　　　　㉐ 추위가 대단하다. 고집이 대단하다

　　2. 몹시 크거나 많다.

　　　　㉐ 대단한 규모, 열의가 대단하다

　　3. 출중하게 뛰어나다

　　　　㉐ 대단한 인물. 실력이 대단하다. 대단한 미인이었다

　　4. 아주 중요하다

　　　　㉐ 대단한 일도 아닌데 왜 사람을 오라 가라 하느냐?

(12)의 의미에서 주목할 만한 것은 [출중하게 뛰어나다]인데. 예문에

서 보듯 굉장하다와 의미가 겹쳐 있음을 알 수 있다. 실력이 대단하다(굉장한 능력) 대단한 미인이다(굉장한 미인)처럼 두 단어의 의미가 비슷함을 예로 추론할 수 있다. 따라서 이들은 동일한 의미로 묶을 수 있다.

남성의 2순위이면서 여성의 순위에서 마지막에 배치된 '멋있다'는 외양과 성품 모두 대상으로 하고 있는 어휘이다. 아래 '멋있는 사람'이 대표적인 예이다.

(13) 가. 유능하고 멋있는 남자 만나서 떡두꺼비 같은 아들 낳고
　　　나. 스티브같이 멋있는 남자 아이하고 파티 때 파트너도 될 수 있고
　　　다. 멋있는 사람이란 자유인으로 해석된다.
　　　라. 청소년기의 남자라면 한번쯤 선망해 보는 멋있는 인물이다

(13)에서 제시하듯, 결혼하고 싶고 파티 때 동반자가 되고 싶고(가, 나) 다른 이들이 그렇게 살 수는 없지만 한 번쯤은 동경해보는 삶(다, 라)을 그리고 있다. 물론 (13-다)처럼 세상의 편견이나 육체에 부딪쳐 오는 억압을 딛고 일어서는 자유인을 대상으로 하고 있어 세상사의 기준대로 해석할 수 없는 사람도 포함대상임을 보여준다. 여러 의미 영역에 포진될 만큼 의미망이 넓은 것이 특징이다.

마지막으로 남성의 순위에서 마지막에 나왔던 '훌륭하다'는 '멋있다'의 의미 중 일부와 겹쳐 정의된다.

(14) 멋있다의 사전적 정의
　　　1. 보기에 썩 좋거나 훌륭하다.
　　　　예 멋있는 사람. 멋있는 옷. 멋있는 말

사전의 용례에 따르면 '멋있는 사람(옷, 말)'은 훌륭함의 대상이기 때문에 이들 의미적 연관성을 엿볼 수 있다.

세부적 의미가 좀더 많아서 의미망이 넓은 '대단하다'와 '멋있다' 기준으로 하여 남녀별 형용사의 사용현황을 제시하면 다음과 같다.

(15) 성별 칭찬화행에서 사용하는 어휘
　　여자 : 예쁘다〉대단하다〉착하다〉멋있다
　　남자 : 예쁘다〉멋있다〉착하다〉대단하다

각 형용사의 의미 정의에 따라 이를 분석해 보면, 여성과 남성 모두 외양을 대상으로 칭찬(예쁘다)을 자주 하는 것을 알 수 있다. 앞서 칭찬의 대상에 능력이 가장 높게 분포하였지만, 외모과 물건(액세사리, 가방, 옷 등)까지 합하면 외양이 가장 높은 순위에 놓일 수 있음을 알 수 있는데, 형용사 역시도 이에 일치하듯 '예쁘다'를 가장 많이 사용한 것이다. 성차를 기준으로 자료를 살핀 경우는 여성이 대단하다를, 남성이 멋있다를 많이 사용하고 있음이 특징적이다. 남성은 여러 단어들과 대치되어 쓰일 수 있을 만큼 의미가 추상적이고 일반적인 '멋지다'를 자주 사용하는 반면에 여성은 겉으로 보기에 크고 많고 좌중을 압도할 만큼의 사이즈를 가진 대상에 주목하는 '대단하다'를 자주 사용하고 있었는데, 이를 통해 남성의 추상성, 여성의 가시적 현상을 중시하는 태도를 읽을 수 있었다.

물론 설문 결과 나온 형용사 목록은 설문대상의 턱없이 부족한 인원 수만큼이나 현실을 반영하지 않을 가능성이 크다. 이를 극복하기 위해 다음 절에서는 예능프로그램에서 실제로 사용된 대화전사자료를 토대로 남자와 여자가 상대를 향해 어떤 형용사를 사용하고 있는지를 분석, 조사해 보려 한다.

3. 남녀별 칭찬 어휘 사용 양상

3.1. 남녀 평가어휘-예쁘다, 멋있다, 착하다- 분포현황

〈하트시그널2〉는 '썸만 타며 애태우는 청춘남녀들을 위한 무의식이 보내는 심장 신호 하트시그널이 밝혀진다! 무한한 썸을 타는 공간 '시그널 하우스'를 찾아온 청춘남녀들의 짜릿한 두 번째 동거 이야기'라는 프로그램의 설명에서 알 수 있듯이 청춘남녀의 사랑찾기 프로그램이다. 전혀 알지 못하는 남녀가 한 집에 모여 숙식을 같이하며 시간을 보내는 동안 자신에게 맞는 이상적인 남녀를 찾는 프로그램이기 때문에, 상대를 평가하는 어휘가 많을 것으로 예상한다. 따라서 남자와 여자는 상대에게 어떤 형용사를 사용하여 그를 평가하고 있는지를 잘 보여줄 수 있을 것으로 기대하며 연구대상으로 선정하였다. 이 프로그램에는 남녀 4명이 등장하며 이들의 모습을 보며 그들을 평가하는 사회자군이 따로 등장한다. 하지만 사회자 군의 의견은 TV모니터로 출연남녀를 보며 주고받는 대화이므로, 출연남녀의 직접적인 평가와는 결이 다르다. 따라서 본고는 남녀8명의 대화만 따로 묶어서 연구대상으로 선정하였다. 우선 앞선 설문자료에 나왔던 형용사를 대상으로 이들 자료에 나타난 사용 현황부터 제시하면 다음과 같다.

(16) 칭찬 대상을 묘사하는 어휘

　　가. 전체 : 예쁘다(107)〉멋지다(27)〉착하다(4)〉대단하다(1)

　　나. 남자 : 예쁘다(43)〉멋지다(14)〉착하다(2)

　　　　여자 : 예쁘다(57)〉멋지다(13)〉착하다(2)〉대단하다(1)

앞서 살펴보았던 대로 '예쁘다'를 가장 많이 사용하였고 '멋지다'를 두 번째로 사용하였으며, 나머지는 그다지 높은 분포를 보이지 않았다. 남녀 모두 상대를 '예쁘다'와 '멋지다'로 평가하고 있음을 알 수 있는데, 그러나 이들 평가대상에는 사람만이 아니라 동물이나 인테리어 소품, 풍경, 자연현상 등 다양한 대상이 들어가 있어 앞선 설문결과와 분석대상이 다소 다르다.

(17) 가. 〈거실에서 대화〉

　　　여자3 : (창밖을 보면서) 여기 ① 밤에 되게 예쁠 것 같아요

　　　여자2 : 날씨 좀만 따뜻해졌으면, 바비큐 파티 하는 건데

　　　여자3 : ② 진짜 예쁘다

　　　여자2 : 어, 나 지금 봤어 식탁

　　　여자1 : 저도 지금 봤어요

　　나. 〈남자1이 조깅하면서 찍은 사진 보며〉

　　　남자1 : (핸폰으로 풍경보면서) 눈이에요? 아니면?

　　　여자2 : 오=

　　　남자4 : ③ 되게 멋있었는데

　　　여자2 : 뭐에요 이거?

　　　남자1 : 오빠 오늘 아침에 뛰고 왔거든

　　　여자3 : 아 진짜? [바쁘셨네]

남자1 :　　　　　[응= 나] 여섯시 반에 일어나서, 그리고 이
　　　　　거, 다 만들었어

(17-①, ③)은 밤의 거실 풍경, 눈이 온 거리 풍경을 대상으로 하여 예
쁘고 멋진 곳임을 묘사한 예이며, (17-②)는 식탁을 예쁜 대상으로 묘
사하고 있는 예이다. 따라서 형용사의 사용은 누구를 대상으로 하였는
지에 따라 달라질 것이며, 본고의 연구목적인 성별대상어는 사람과 사
람 사이의 평가이므로 동물이나 자연현상 등을 제외한 결과를 제시해
야 한다. 아래는 사람만을 대상으로 하였을 때의 분포현황이다.

(18) 남녀를 묘사하는 형용사
　　가. 전체 : 예쁘다(107)〉멋지다(27)〉착하다(4)〉대단하다(1)
　　나. 남자 : 예쁘다(22)〉멋지다(7)〉착하다(2)
　　　　여자 : 예쁘다(14)〉멋지다(11)〉착하다(2)〉대단하다(1)

앞선 결과와 비교하면 횟수의 차이만 있을 뿐, 상대를 평가할 때 사용
한 형용사의 순위에는 변화가 없다. 가장 빈도수가 높게 분포한 예쁘다
의 예부터 제시하면 다음과 같다.

(19)가. 〈출연자2의 어릴 때 사진을 보면서〉
　　　　남자1 : 사진 좀 보여주세요
　　　　여자2 : 사진은, 놀라지 마세요
　　　　남자3 : 놀랄 거 같아요, 매우 [놀랄 거 같아요]
　　　　남자1 : ①　　　　　　　　[설마 너무] 예뻐서 이런 거 아

니죠↗

여자3 : 약간 통통했었네요

여자2 : 볼살이

남자1 : ②눈이 어릴 때부터 되게, 되게 예쁘셨네요

여자2 : 감사합니다

예쁘다의 사용 용례 중에서 사람을 대상으로 한 묘사어로 나온 경우를 제시한 것이다. 여자2에 대해 예쁘다고 말하기도 하고 특정 부분(여자의 눈)에 대해 예쁘다고 말하기도 한다. 이에 반해 멋지다를 사용한 경우는 특정 부분을 언급하는 경우는 없고 전체 외양을 보고 판단을 내릴 때 나타난다.

(19) 가. 〈여자1의 나이를 맞추는 장면〉

　　　여자3 : 스물 여섯 같아요, 저랑 동갑 [같아요]

　　　여자1 : 　　　　　　　　　　　[스물] 여섯 같아요

　　　남자3 : 과연↗

　　　여자1 : 저, 스물일곱

　　　남자4 : 아=

　　　남자3 : 반전은 없었다, 스물일곱

　　　남자4 : 아, 미안하네

　　　여자3 : 그래도 진짜 멋있다

　　나. 〈그들만의 파티를 열었을 때 남출연자3의 옷차림을 보고〉

　　　여자1 : 어↗ 오빠 먼저 와 있었어↗ 어= 남1=

　　　남자2 : (남3이 등장하자) 역시 멋있다

　　　여자1 : 이정재 아닌가요?

남자1 : (여자3 등장하자) 오늘 뭐 장난 아닌데↗

남자3 : (다소곳하게) 인사하고

여자3 : 여러분 안녕=

(19)는 '멋(있다)'가 사용된 용례로, 상대의 나이와 상관없는 성숙함 (가)이나 연예인처럼 꾸민 외양(나)처럼 전체적인 모습이 묘사 대상이다.

또한 외양 이외에 멋(있다)는 상대의 능력을 대상으로 하는 경우가 다수 포착된다. 아래는 남자1이 여자1의 학벌에 강조점을 두자 아직 대학생인 여자3이 그녀의 능력에 탄복하여 '멋있다'고 감탄하는 장면을 보인 것이다.

(20) 〈출연자들의 자기 소개시간〉

여자1 : 그 이후로 처음 봤어요 [여기서]

남자1 :   [그때] 대학교도 되게 잘 갔을 것
          같은데

여자1 : 네, UCLA

남자1 : 아= UCLA

여자1 : 졸업해서 [회사 다니고] 있어요

남자1 :   [UC야 UC야]

여자2 : 다들 엘리트다

여자3 : <u>멋있다</u>

지금까지는 성별로 누가 어떤 형용사를 사용하였는지를 살펴본 결과, 성차적 특징은 나타나지 않았으며, 자신의 이상형을 찾으려 나온 자리

에서 남녀 모두 외양적인 판단을 우선적으로 내리고 있었으며(예쁘다) 상대의 능력은 두 번째로 살피는 모습(멋있다)을 보여주었다. 하지만 이는 성별로 누가 어떤 형용사를 사용하였는지에 초점을 맞추었을 뿐, 묘사의 대상이 누구인지는 살피지 않았다. 본고는 화자와 청자의 성별에 따라 어떤 형용사가 사용되었는지를 논의해보고자 한다. 누가 누구를 대상으로 '예쁘다'를 사용하였는지는 상대의 외모를 우선적으로 살피는 화자의 성별에 관심을 두고 논의를 진행할 수 있기 때문이다. 다음은 누가 누구에게 사용한 말인지의 여부를 기준으로 분류를 다시 한 결과이다.

〈표1〉 설문결과에서 지배적인 형용사의 실제 사용 현황

	남→여	여→남	남→남	여→여
예쁘다	21	2	1	12
멋지다(있다)	3	4	4	7
착하다	2	2		
대단하다		1		

〈표1〉처럼 압도적인 우세를 보이는 '예쁘다'는 주로 남성과 여성이 여성을 상대로 사용한 어휘이다. 물론 여성과 남성(2회) 남성과 남성이 주고받은 대화(1회)에서도 등장하였지만 이는 빈도수가 낮아, '예쁘다'는 대부분 여성을 상대로 할 때 사용되는 어휘임을 알 수 있다.

(21) 가. 〈서로의 이상형을 묻는 자리에서〉

　　　여자4 : 우와 여기 진짜 멋있다. 여기 되게 조용하다. 나는 미소를 되게 많이 보는 것 같아요.

남자1 : 미소가 예뻐야 한다↗

여자4 : 웃을 때.

나. 〈모두에게서 이상형에 대해 질문을 받자〉

여자2 : 웃을 때 웃는 모습이 예쁜 남자가 이상형

다. 〈남자들끼리 있는 방에서 옷을 입으면서〉

남자1 : 형 옷 색깔 예쁘다 이거. 어디 거야↗

남자4 : 이거↗ @@ 아 왜 이렇게 물어봐.

라. 〈서로간의 탐색전의 일환으로 갖은 데이트 자리에서〉

여자1 : 안뇽↗

남자1 : 안녕↗ 어이구 이쁘네, 되게 예쁘게 하고 왔네

마. 〈여자3이 자신의 친구와 출연여자들의 총평을 내리는 자리〉

친구 : 남자들한테 인기 많겠다,

여자3 : 어 진짜 그럴 것 같아,

친구 : 예쁘고 성격 좋고,

여자3 : 응, 능력 있고, 영어도 잘하고, 말도 똑똑하게 하고

(21-가,나)는 여성이 남성을 상대로 (21-다)는 남자들끼리 사용한 경우이다. (21-가,나)는 여성이 상대남성을 보며 묘사어로 선택한 것이 아니라 이상형을 묻는 자리에서 사용한 것이므로 설문지처럼 특성상대를 대상으로 한 형용사의 실태조사와는 차이가 있다. 따라서 엄밀히 말하면 여성이 상대 남성을 보고 '예쁘다'로 묘사한 경우는 전무하다 할 수 있을 것이다. 따라서 '예쁘다'는 남성이 여성을 평가할 때(라)나 여성이 여성을 평가할 때(마)로 제한되어 사용되었다고 할 수 있을 것이다.

'멋있(지)다'는 남녀 모두에게 비슷한 분포를 보이지만, '예쁘다'와 달리 상대의 능력을 평가할 때 자주 사용되었다.

(22) 가. 〈자기소개 시간〉

　　　　여자3 : 어릴 땐 탐정 같은 거, 그때 CSI를 봤는지 모르겠지만 약간,

　　　　여자2 : 형사나 탐정 같은 거 하고 싶었어요╱

　　　　여자3 : 어렸을 때요╱ [네]

　　　　남자1 : 　　　　　　　[되게] 멋있다, 여성분이, 그런, 꿈, 갖기 힘든데.

　　　　여자3 : 근데 지금은╱

　　　　남자3 : 대학생.

　　나. 〈남자1이 팝핀을 하자〉

　　　　여자1 : 우와 잘 춘다!

　　　　남자2 : 한의사 한의사!

　　　　여자1 : 와= 멋있다= 우와= 멋있어!

　　　　남자3 : 와= 진짜 짱이다.

　　다. 〈남자1이 인생경로를 바꾼 얘기를 하는 중〉

　　　　남자1 : 네. 어릴 때, 되게 미술을 좋아했어요, 그래서, 미술 쪽만 생각하다가, 고등학교 때, 진로를 바꿔서,

　　　　남자4 : 멋있다

　　　　남자1 : 뭘, 미술을 제대로 한 적은 없지만, 그렇게 됐어요.

　　　　남자3 : 한의사

　　　　남저1 : 네. 보이나 봐요.

　　라. 〈여자3이 친구와 여자1에 대한 이야기를 나누는 중〉

　　　　여자3 : 그 언니도 진짜 멋있어. 그 언니가 IT 다니는데 되게 나 처음에 아나운서 같았거든! 말도 되게 또박또박하고. 내가 그런 게 없잖아 나랑 좀 반대야. 뭔지 알지

／ 말 되게 잘하고

(22)는 남자가 여자에게(가), 여자가 남자에게(나) 남자가 남자에게
(다) 그리고 여자가 여자에게(라) '멋(있)다'를 사용한 예이다. 육체적
한계를 극복하고 직업을 선택하려 했던 면(가)이나 직업군과 별개로 몸
을 쓰는 활동을 시도했던 모습(나), 예체능에서 공부로 과감히 바꾸어
서 결국 성공한 모습(다), 그리고 다재다능한 면모를 보여주는 모습(라)
등 외양보다는 지성 · 감성 · 기억 따위의 정신 현상의 여러 형태를 대
상으로 '멋(있)다'를 사용하고 있다. 특히 남자보다는 여자끼리 상대의
능력에 호감도를 나타내는 빈도(7회)가 더 높았는데, 앞선 '예쁘다'와
대조되는 면모이다.

'착하다'는 [정신적인 미감을 가져다 주어 즐거움을 주는 자질]을 의
미하는 어휘로, 남녀의 대화에서는 정신적인 미감을 가져다줄 만한 상
황이 제시되지 않은 채 인상적인 판단에서 사용된 경우가 많았다. 남자
1이 음식을 만들어주는 수고를 마다하지 않을 경우 착하다로 표현한 경
우가 유일하게 판단의 근거가 제시된 경우였다.

(23) 가. 〈여자2가 특정 남자의 이름을 투표한 사연을 이야기하는 중〉
　　　여2 : 네, 그런 분이 있는데, 그분한테 제가 어제 문자를 보냈
　　　　　　어요
　　　선생 : 어／
　　　여2 : 성격은, 내가 좋아하는, 분위기 다 이렇게, 띄워주시고,
　　　　　　말도 재밌게 해주시는 분인데, 나는, 되게 착각이라고
　　　　　　할 수도 있는데, 유쾌한 분이-- <u>착한 분</u> 같아

나. 〈모두가 식후에 커피를 마시고 있는 중〉

  여2 : 커피 마셔?

  남2 : 어, 남자1 형이 나 만들어[줬어]

  여2 :   [어=] 만들어줬어／어, 오빠 되

      게 착하다

      어, 스크램블에그 저거까지 다 한거야／

(23-가)는 상대를 보았을 때 직관적으로 내려지는 판단에 사용된 '착하다'의 예이며, (23-나)는 자신의 정신적인 미감에 자극을 주는 행위를 대상으로 '착하다'를 사용한 예이다. 연구대상자료는 남녀 간의 이상형 찾기가 목표인 특성상 남성과 여성 서로 간에 상대의 평가가 자주 이뤄진다. 따라서 '착하다' 역시 대부분 남자와 여자 간에 사용되고 있을 뿐, 동성 간에는 사용된 경우가 없었다.

연구 대상 자료를 바탕으로 외면과 심성이 가진 미감을 칭찬하는 어휘들의 사용양상을 조사해 본 결과, 기존 남녀에게 사용되었던 형용사들 중에서 '예쁘다'는 상대의 외양을 평가하는 데 주로 사용되는 모습을 보이었고 '멋지다'는 외양만이 아니라 능력을 평가하는 데 사용되는 양상을 보이었다. 또한 '착하다'는 빈도수가 워낙 낮아서 객관화하기는 어렵지만 이성 간에 상대의 인상을 평가내리는 데 사용하고 있음을 알 수 있었다. 또한 빈도수를 살펴본 결과, '예쁘다〉멋있다〉착하다' 순으로 사용되어 낯선 남녀들의 만남에서 외양을 우선시하여 평가하고 있음을 알 수 있었다. 마지막으로 누가 누구에게 사용하느냐를 분석한 결과, '예쁘다'는 주로 여성을 상대로 하여 사용되고 있었으며 남성이 여성을 평가하는 데 주로 사용하고 있음을 알 수 있었다.

앞선 설문결과에서 여성의 외양을 중시하는 사회적 분위기를 알 수 있었는데, 구어담화전사자료에서도 동일하게 여성은 외양으로 평가받는, 아니 외모를 기준으로 우선적으로 평가하고 있는 분위기를 보이었다. 그러나 여성이 여성을 평가할 때는 '멋있다'를 자주 사용하여 여성들은 자신의 내면에 숨겨진 자질, 정신작용을 중히 여기고 있는 모습을 읽을 수 있었다. 여성의 외모를 우선시하는 사회의 분위기와 다르게 여성은 스스로 자신의 내적인 자질, 능력을 평가의 대상으로 놓고 있는 셈이다.

3.2. 기타 남녀평가어휘 분포현황

본 연구자료는 남녀의 호감도를 테스트하는 프로그램의 특성상 상대에게 우호적인 어휘의 사용이 많을 것으로 보이는데, 설문결과에서는 등장하지 않았던 어휘들의 예도 다수 존재하였다. 그 중에서 가장 많이 사용된 형용사는 '귀엽다'이며, '괜찮다' 역시 자주 등장하였다. 아래는 그들의 사용현황을 제시한 것이다.

〈표2〉 출연자들의 상대 평가에서 자주 사용된 어휘

	남→여	여→남	남→남	여→여	여→물	남→물	합계
괜찮다	25	21	2	1	2	4	65
귀엽다	24	17	0	4	39	29	104

'괜찮다'는 사전에 따르면 크게 두 가지 의미로 정리된다. 즉 [실력이나 외모 인품 등 사람을 평가하는 자리에서 보통 이상임]을 의미하는 경우와 [문제거리나 걱정거리 혹은 염려스러운 점이 없는 편안한 상태]를

뜻하는 경우이다. 아래는 표준국어대사전에 실린 용례를 옮긴 것이다.

(24) 가. a. 초보자치고는 괜찮은 솜씬데?

　　　b. 얼굴은 괜찮게 생겼는데 마음씨는 모르겠어!

　　　c. 예전에는 괜찮게 살았는데 지금은 형편이 어려워.

　　　d. 그는 볼수록 괜찮은 사람이다.

　　나. a. 창문 좀 열어도 괜찮겠습니까?

　　　b. 상처가 깊지 않으니까 괜찮을 거야.

　　　c. 너는 아무 때고 와도 괜찮으니 자주 오기나 해라.

　　　d. 아이가 자꾸 떼를 써도 괜찮다고 하는 남편이 미워 보였다

　본고에서는 호감있는 상대의 평가를 내리는 장면이 주요 대상으로 다뤄지기 때문에 (24-가)가 이에 해당하는데, 실력(가), 외모(나), 인품(라) 등 여러 부분이 그 대상이 된다.

　물론 (24-나)와 같이 [상관없다], [불편하지 않다]는 의미를 내포한 경우가 앞서 상대의 외모나 능력을 평가하는 것 보다 많이 분포하긴 했다. 아래는 건강에 별문제가 없다(가)거나 무엇을 마시든 상관없다(나)는 의미를 가진 '괜찮다'의 예로, [문젯거리 없이 편안한 상태]임을 의미한다.

(25) 가. 〈남녀가 데이트 도중 방문한 식당에서〉

　　　주방장 : 3년 숙성한

　　　남2 : 3[년=]

　　　주방장 : [식초]입니다

남2 : 먹고 죽진 않죠／ 3년

주방장 : 3년은 괜찮습니다

남2 : 3년 숙성한 것 먹고.(0.1) 와, 맛있겠다=

나. 〈출연자들 처음 만난 자리에서 나누는 대화〉

남1 : 혹시 커피 좋아하세요／ 커피 드실래요／

여3 : 아, 괜찮—이걸로 [먹]을게요

〈표2〉에 제시된 예 중에서 상대의 인물평에 사용된 '괜찮다'만을 분리하여 의미영역별 분포현황을 제시하면 다음과 같다.

〈표3〉 출연자들이 사용한 괜찮다의 분포현황

	남→여	여→남	남→남	여→여	합계
외모	2	4			6
패션감각	7	7			14
실력	17	9	2	1	29
인품	9	1			10

〈표2〉에서 사람을 대상으로 사용한 것만 모아둔 것으로, 사람의 평가영역 중 실력이 가장 우선시되었고, 다음은 패션감각과 성품, 그리고 외모 순으로 나타났다. 상대가 누구냐에 따라 사용된 분포현황을 살피면, 〈표3〉에서 제시되듯 동성 간에는 외모를 평가대상으로 하여 말하진 않았다. 남자와 여자가 이성을 상대로 그의 생김새나 패션감각을 평가하는 데 사용되었다.

(26) 가. 〈남3의 헤어스타일이 바뀐 걸 알아채는 장면〉

남3 : 아침에 나갈 때 사실 추웠잖아, 그지 않아／

여1 : 응, 머리 잘랐네／

남3 : 잘랐어 어때／

여1 : ①괜찮아, 좀 [깔끔해졌]는데?

남3 :   [괜찮아／] 괜찮은 정도야?

여1 : @, 멀끔해 보이는데／ 괜찮아, 여자들이 좋아할 머리스
　　　타일은 그 전보다 지금일 거 같아 왠지

나. 〈의류쇼핑에 나와서 여자4 정장을 입고 나오자〉

남2 : ②어／ 이거 완전 괜찮네, 완성이네, 아니 나는 이런 거
　　　입혀놓고 뭐하는 거야

(26-가)는 여자가 남자의 외모(헤어스타일)를 괜찮다고 평가하는 장면이며, (26-나)는 남성이 여성의 외양(정장핏)을 긍정적으로 평가하는 장면이다. '괜찮다'가 외모를 평가하는 의미를 가진 것은 앞서 제시된 '예쁘다'와 자유롭게 교체되는 모습에서 알 수 있다.

(27) 〈 남녀 커플 옷 쇼핑에 나온 장면〉

여자1 : ①그럼 좀, 이거 안에다 넣고 입어 봐, 음, 이거 괜찮다,
　　　　어, 이거에 아까 산 코트 입어도 되고, 이쁜데?

남자1 : ②난 저거보다 이게 더 괜찮은 것 같은데?

여자1 : ③나도 이게 더 예쁜 것 같아

(27)은 여자1이 남성의 상의연출을 놓고 '괜찮다'와 '예쁘다'를 번갈아 사용하고 있는 모습(①)과 남자1의 괜찮냐는 물음(②)에 예쁘다로 대답하는 모습(③)으로, 두 어휘가 자연스럽게 대치가 가능해 둘의 의

미가 유사함을 보여주고 있다.

또한 외양과 함께 내면 등 상대의 매력을 인정하고 일정 정도 이상으로 호평을 할 때도 '괜찮다'가 사용된다.

(28) 가. 〈남자4가 동행이었던 여자1이 어떤지 물었을 때〉

세프 : ①괜찮아. 왜 왜 괜찮냐면 감수성도 풍부할 수 있을 것
　　　　　같고 그리고 내가 봤을 때 어느 정도 강단도 있고 지조
　　　　　도 있어서 인기가 좀 많을 타입이야

나. 〈데이트를 마친 남녀 사이에 대해 물어보는 중〉

여자2 : 너는 누구랑 했을 것 같아↗

남자3 : 나↗ 나, 엄청 예쁜 분

여자2 : 꽤 마음에 드는 데이트를 했나 봐↗

남자1 : ②괜찮[았나 봐]

남자3 : 　　　[그런가] 봐 나도 [잘 모르겠다]

남자1 : 　　　　　　　　　　[누구랑 했어]↗

상대의 외모, 성격, 태도 등 다양한 요소에서 일정 수준 이상이었다고 말하거나(가-①), 마음에 들 만큼 모든 면에서 일정 이상이었음을 평가할 때(나-②) '괜찮다'가 사용되고 있는 예로, 인간이 가진 다양한 면모를 대상으로 일정 이상이라고 평가할 때 사용되는 어휘임을 보여준다.

앞서와 달리 이성만이 아니라 동성 간에도 평가의 용어로 사용하는 경우가 있었는데, 아래 예시처럼 사람이 가진 능력을 평가할 때이다.

(29) 가. 〈여자1이 인생의 조언을 해주는 장면〉

남자1 : 제가 고용해도 될까요↗

여자1 : 괜찮죠↗

남자1 : 어, 합격입니다

여자1 : ①컨설팅 [괜찮죠↗]

남자1 :   [정말] 괜찮았습니다

　나. 〈선택의 운영방법에 대해 생각을 모으는 장면〉

　　남2 : 우리= 어제 문자 못 보냈잖아, 그래서 오늘, 공개적인 그
　　　　　러니까, 상대는 얘기하자, 네가 말하고 싶었던 말만 하
　　　　　는 거야

　　남3 : ②오, 그거 괜찮다

　　남4 : 그게 뭐야↗

　　여1 : 무슨 말이야↗

　　남3 : 문자 내용만 [말하는 걸로]

　(29-가)는 남녀 사이에서 '괜찮다'를 사용하여 그녀의 생각이 보통 이
상임을 평가하는 장면이며 (28-나)는 동성끼리 상대의 생각이 보통 이
상임을 평가하여 상대의 긍정적인 이미지를 살려주는 장면이다.

　지금까지 본 것처럼 상대방의 외모나 능력을 평가하는 자리에서 사용
된 어휘에는 '괜찮다'가 있었으며, 이는 남녀 이성간에는 외모나 패션센
스 혹은 이를 포함한 인품을 평가하는 데 사용되고 있었다. 성별을 나누
어 살펴본 결과, 모든 이들이 상대의 매력에 초점을 맞춰 긍정적인 미감
을 가진 의미로 '괜찮다'를 사용하고 있었는데, 이성 간에는 외모를, 동
성 간에는 상대의 정신작용을 중시하고 있음을 엿볼 수 있었다.

　'괜찮다'와 달리 특정 의미영역으로 제한되어 사용되는 어휘도 있다.
바로 '귀엽다'인데. 우선 사용현황을 제시하면 다음과 같다.

〈표4〉 남녀 출연자들이 사용한 귀엽다의 분포현황

	남→여	여→남	남→남	여→여	여→물	남→물	합계
귀엽다	24	17	0	4	39	20	104

가장 많이 사용된 것은 여성이 사람 이외의 것들을 대상으로 '귀엽다'를 사용한 경우(39회)인데, 남성들도 많이 사용하였다(20회).

> (30) 가. 〈여자2가 강아지를 데리고 나타난 장면〉
>
> 여2 : 루이 왔어요
>
> 남4 : 안녕하세요
>
> 여2 : 안녕하십니까↗
>
> 남4 : 진짜 귀엽다
>
> 여1 : (달려오며) 너무 귀여워 루이야
>
> 남4 : (간식을 먹으려 하자) 안돼
>
> 여1 : 진짜 귀여워
>
> 나. 〈남녀 편집숍에서 액세서리를 보고 감탄 중〉
>
> 여4 : 너무 귀엽다
>
> 남2 : 개와 고양이
>
> 여4 : 어떡해, 우리 하나씩 할까↗
>
> 남2 : 반지는, 너무 커플링 같고.

강아지나 작고 오밀조밀하게 만들어진 액세서리는 상대적으로 크기가 작은 것들이어서 '귀엽다'는 작고 어린 사람을 상대로 하여 잘 나타남을 알 수 있다. 이는 '귀엽다'의 사전적 의미를 바탕으로 추론가능한 바이다. 의미정의는 [예쁘고 곱거나 또는 애교가 있어서 사랑스럽다]로

돼 있지만, 예문으로 제시된 것을 분석하면, [-adult]를 가진 어휘들이 묘사대상이다.

(31) a. 아이의 뾰쪽 내민 입술이 귀엽다

　　b. 우리 집 막내의 어리광은 언제 보아도 귀엽다

　　c. 화초 모종을 심어 놓고는 날마다 귀엽게 들여다보았다.

　　d. 망아지가 귀를 규칙적으로 빨쪽빨쪽하는 것이 귀엽다

　나이가 어린 아이(가), 나이가 들어도 다른 형제들보다는 상대적으로 어린 막내(나), 모종(다), 말이 아니라 망아지(라) 등 대상은 [-adult]한 어휘들이다.

　이를 반영하듯 하트시그널 자료에서도 [-adult]한 대상을 묘사할 때 사용된다. 아래는 가장 나이가 많은 남자4를 상대로 귀엽다고 평가하는 장면인데, 대상은 그의 어릴 때 사진이다.

(32) 〈출연자들의 어릴 때 사진을 보는 중〉

　　남1 : 남자4씨, 사진 좀 보여주세요

　　남4 : 사진, 이것만

　　여2 : 아유,

　　여3 : 귀엽다

　　여2 : 응, 볼살이 지금이랑 많이 다르다, 여기가 동글동글하다

　　남4 : 뭐—뭐 한 거예요↗

　　여3 : 귀여[워서]

　　여2 : 　　[모찌]모찌

이처럼 귀여움은 자신보다 어리거나 작거나 어린 사람인 척 애교를 부리는 등 사용대상이 제한적이다. 따라서 여성 간에 귀엽다는 말을 할 때에도 자신보다 나이가 어린 사람이 그 대상이었다.

(33) 가. 〈사회초년생인 여자2가 대학생인 여자3을 평가하는 장면〉

여1 : 이제 얼마 안 남았어

여2 : 어, 빨라 빨라

여1 : 아니, 우리 요리할 때 너무 잔소리한 거 같애

여2 : 나는 여자3씨가 너무 <u>귀엽잖아</u>

여1 : 응

여2 : 챙겨주고 싶고

여1 : 응

위에서 살핀 것처럼 귀엽다는 [-adult]의 자질을 가지고 있음이 특징적이어서, 이성 간의 사이에서도 그러한 의미자질을 갖추었을 때 자연스럽게 나타난다.

(34) 가. 〈여자1이 술을 마신 뒤 모든 이 앞에서 게임 진행 중〉

여1 : 자리 선정 (주먹 쥐고)결과! 두구두구두구

남4 : 왜 이렇게 좋아해.

남1 : 재밌어

남4 : 아= 나 진짜 웃겨.

여1 : 자 꽝부터 [가겠습니다.]

남1 :   ①[여자1 왜 이렇]게 귀엽냐.

남4 : 오늘 장난 아닌데/

나. 〈서로에게 맘이 있는 남녀가 모여 다른 사람들 평가하는 중〉

여1 : 진짜╱ 잘했어. 나 남자1이 요새 제일 웃긴 것 같아

남4 : 왜

여1 : 네 명 중에

남4 : 왜 웃겨╱

여1 : 그냥 너무 웃겨, 웃기지 않아? ②아이, 귀여워

남4 :   ③[귀엽다고╱]

여2 : 이런 [말이 어울]릴진 모르겠는데, 귀여워

남4 : 내 앞에서 그렇게 얘기해도 돼

　

(34-가)는 여자 출연자의 술에 힘을 얻은 애교작전에 남자 출연자들이 감탄을 금치 못하는 장면에서 나온 말로 '귀엽다'(①)로 그녀의 행동이 평가되었다. (34-나)는 자신보다 나이도 많은 오빠에게 귀엽다(②)로는 말을 한 여자출연자를 이해하지 못하겠다는 남성출연자의 모습(③)을 보인 예로, 나이와 성별에서 [-adult]의 자질을 갖지 못한 상대에게 사용되었다. 그녀의 말에 반문이 나온 것을 보아도 '귀엽다'에는 [-adult]의 자질이 있음을 알 수 있다.

[-adult] 자질을 가진 귀엽다는 앞선 〈표4〉에서처럼 남자가 여자를 대상으로 가장 많이 사용하였으며, 여자 상호간에는 사용이 목격되었으나 남자들 간에는 사용하지 않은 것으로 나타났다. 심지어 나이차가 10살 이상 벌어져 [-adult]로 평가할 수 있는 남성4와 남성3 사이에서도 사용되지 않았다. 이는 남성들에게 '귀엽다'가 칭찬으로 여겨지지 않음을 보이는 것이어서 남녀 간에 칭찬의 방식이 서로 다름을 여실히 보이기도 했다.

남녀의 외양, 내면을 평가하여 긍정적으로 평가하는 어휘들을 정리하고 그의 사용양상을 비교해 보기 위해 앞의 표를 통합하여 제시하면 다음과 같다.

〈표5〉 남녀 간에 상대를 평가하는 데 사용된 어휘들의 사용현황

	남→여	여→남	남→남	여→여	합계
예쁘다	21	2	1	12	36
멋지다(있다)	3	4	4	7	18
착하다	2	2			4
대단하다		1			1
괜찮다	21	9	2	17	65
귀엽다	24	17	0	4	45
합계	71	35	7	40	153

상대를 평가하는 데 가장 많이 사용된 어휘는 괜찮다 〉 귀엽다 〉 예쁘다 〉 멋지다 〉 착하다 순으로 분포하였으며, 성별로는 남성이 여성을 향해 평가어휘를 사용한 횟수가 가장 많았다(71회). 물론 여성도 남성에게 칭찬을 자주 하는 편이었지만(35회) 동성인 여성 출연자들에게 사용한 횟수와 거의 동일하여(40회) 특별히 남성에게 더 많이 사용했다고 말할 수 없는 수준이었다. 세부적으로 보면, 전체 분포와 달리 남성은 여성에게 '귀엽다'를 가장 많이 사용하고 있음이 눈에 띄는데, 귀엽다의 변별자질([-adult])과 사전적 의미에 기대면 남성에게 여성은 아랫사람이거나 자신에게 기쁨을 주는 애교를 부리는 데 초점을 맞추고 있음을 알수 있다. 또한 남성은 '괜찮다/예쁘다'를 동성 남자에게는 거의 사용하지 않고(각각 2회, 1회) 상대의 능력을 평가대상으로 하는 '멋있다'를 가

장 많이 사용하고 있어, 동성 간에 평가의 척도가 달리 적용되는 모습을 확인할 수 있었다. 이는 앞서 봤던 [-adult]의 '귀엽다'와 함께 외양을 주요 대상으로 하는 '예쁘다'(21회)를 여성에게 가장 많이 사용하고 있는 모습과 대조적이며, 이를 토대로 남성이 여성을 대하는 시각이 여전히 외모지향적인 인습적 틀에서 벗어나지 못하고 있음을 알 수 있었다.

외양은 그 사람의 외면적, 내면적인 다양한 정보를 투영하고 있기 때문에 상대를 칭찬하는 데에 외양이 기준이 되는 것이 반드시 외모지향적인 시각으로 해석될 필요는 없다. 하지만 외모는 상대의 성향을 확률적으로 추정하게 해줄 뿐, 내면을 반영하는 창이 아니다. 더구나 외모가 스팩이 되는 현대 사회에서 '여성들'에게 어떤 외모를 가지느냐에 따라 그 사람의 가치를 평가하는 잣대를 들어대는 것은 그녀들에게 잘못된 허위의식을 가져다 줄 수 있다. 물론 이를 실행하는 남자들 스스로도 외모가 그의 우월감을 증명하는 수단이 될 수 있음을 심어줄 수 있기에 더 더군다나 적절한 현상은 아니다. 이런 의미로 본고에서 알아본 칭찬화행, 그 중에서도 상대의 어떤 면을 칭찬하느냐를 묻는 형용사의 분포현황은 현재 우리가 처해있는 문제점을 함께 생각해보는 계기가 될 수 있었을 것이다.

4. 결론

인간의 감각이 80%이상 시각에 의존하는 만큼 외양을 보고 상대의 호불호를 따지는 것은 어쩌면 당연해 보이는 결과이다. 내면에 숨겨진 마음을 알아채기는 보통의 인간에게는 불가능한 일이기 때문에 더더욱 그렇다. 따라서 칭찬화행에서 사용한 어휘나 상대를 긍정적으로 평가할 때 사용한 어휘를 조사하였을 때, 칭찬화행이 상대의 외모에서부터 시작하고 있다는 것은 놀라운 일이 아니다. 그러나 한 번 스치고 지나가는 인연이 아니라 오랫동안 부대끼며 지낸 사이에서 외모가 유독 칭찬화행의 주재료임은 다시 생각해 봐야 할 문제이다. 본고는 설문이 가진 한계로 인해 정당한 평가를 내리기 어려움을 인지하고 연애 프로그램을 선택하여 남녀 사이에 어떤 항목을 주요 평가대상으로 내렸는지를 살펴보았다. 그 결과 남녀 모두 상대를 평가하는 주요기준으로 외모가 1순위였다는 것은 시사할 만한 점이다. 더구나 평가의 대상이 주로 여성이었으며, 그녀들의 평가 기준이 외모 그것도 어린 외양이나 애교스러운 행동에 머무르고 있음은 시대가 지남에도 변함이 없는 과거유물적인 모습이어서 씁쓸함을 남긴다.

III. 여성의 표준발음지향성의 실제

1. 서론

인간은 타인으로부터 인정을 받고 사랑 받길 갈구한다. 이에서 자신의 존재가치와 의미를 찾는 사회적 동물이기 때문이다. 타인에게서 받는 사랑은 자신이 지닌 내면적 가치에서 비롯될 수 있지만 태어날 때부터 가지고 있었던 외면적 가치에서 오기도 한다. 과거에는 여자는 자신의 외양에 관심을 가지는 존재로 평가받아 왔다. 남성은 자신이 사회 안에서 이룩한 성취물로 평가받는데 비해 "여자들의 사회적 존재는 제한된 공간 안에서 보호, 관리를 받으며 그 여자들 나름으로 살아남으려고 머리 쓰고 애쓴 결과로 이룩된 것"(존 버거, 1972:54)이기 때문이다. 문제는 보호, 관리의 '대상'이었지 주체적으로 이루어낸 존재가치가 아니기 때문에 여성은 남성의 보는 '대상'에 머물렀다는 점이다. 주체적이지 않은 인간은 누군가에게 의존할 수밖에 없으며, 따라서 남성중심적인 사회에서 여성들은 피지배자로서 살 수밖에 없었고 그것이 언어 속에 묻어난 결과, 여성은 이중언어사용자였다.

본고는 여성이 남성의 권력이 지배하는 사회에 적응하고자 자신들이 어릴 때부터 사용한 언어와 구별되는 남성어를 습득한 이중언어사용자라는 말이 여러 현상을 이해하는 데 도움이 될 것으로 보고, 이번 장에서는 표준어의 사용과 관련한 여성어의 특징을 살펴보려고 한다. 이는 여성이 올바른 언어를 사용하는 것이 어떤 의미인지, 그리고 현재에도 여성의 표준어 사용은 지배적인 현상인지를 함께 살피는 과정으로 진행될 것이다.

2. 본론

2.1 표준어지향성에 얽힌 성차

R. Lakoff(1975)는 여성을 '이중언어사용자'라고 정의 내렸다. 즉, 자신이 사용한 언어와 남성중심적인 사회에서 사용되는 언어, 두 가지를 번갈아 구사하는 존재라는 말이다. 그렇다면 남성과 달리 여성이 굳이 또 하나의 언어가 필요한 이유는 무엇일까? 이는 여성이 사회에 진출하지 못하고 살았던 과거 역사에서 기인하는데, 호주제의 사례에서 보듯 여성은 그녀의 아버지, 남편, 심지어 자식의 사회적 지위에 의해 자신의 위치가 결정되었다. 따라서 그녀는 자신이 무엇을 하느냐보다는 어떻게 보이느냐에 신경을 쓸 수밖에 없었는데, 그 수단에는 단순히 외모나 옷차림만이 아니라 여성의 언어사용이나 언어예절도 포함된다. 자신의 교양 수준이나 교육 수준을 언어 사용과 언어예절을 통해서도 드러나기 때문이다.

이러한 특징은 Milroy(1980)의 '사회망 이론'으로도 설명된다. 사회망 이론은 관계망의 특정한 형태 속에 놓여있는 위치가 그들의 의식이나 효용(utility) 혹은 그들의 택한 행위에 대한 보상까지 영향을 미친다는 데 초점을 맞춘다. 이에 따르면 성별로 사회적 관계망의 형태가 달리 형성되면 남녀의 행위 역시 달리 나타난다는 것으로, 여성은 개방적이고 밀도가 낮은 관계를 지향하고, 남성은 폐쇄적이고 밀도가 높은 관계를 맺어, 여성에 비해 집단의 연대감을 중요시한다고 한다. 종종 화이트칼라 직종 종사자들의 관계망 연구에서 여성은 남성에 비해 그 범위가 제한되어 있다(Campbell, 1988)고 하는데, 이는 강한 유대(strong ties)로 구성된 연결망은 약한 유대(weak ties)가 지배하는 관계망보다 더 동질적이기 때문에(campbell, Marsden and Hulbert 1986) 다양성의 측면에서 제약되어 결과적으로 여성의 커리어 자원에 대한 접근을 막는 관계망을 낳을 가능성이 크기 때문이다.

이처럼 남성들이 강한 유대로 얽힌 좁은 관계망을 구성하다 보니 그들의 고리를 연결한 언어는 지역어(방언)이나 은어 등 소수에게만 허용되는 언어를 특징으로 하였다. 이에 반해 여성들은 넓은 관계망을 구성해야 하기 때문에 표준어를 사용하여 서로간의 벽을 낮추고 좀더 많은 이들과의 소통을 원활하게 하는 경향을 보여 남녀 간의 언어사용양상에 차이가 나타난다. 표준어는 기존의 말 중에서 가장 많이 쓰이고 있어 표준이 되는 말을 이른다. 또한 정의에서 보듯 소위 교양 있는 이들이 사용하는 말로 여겨져 여성의 표준어 사용은 교양 있는 사람으로 거듭 나기 위한 수단으로 여겨질 수도 있다. 그러나 지역적으로나 사회적으로나 우월한 말, 즉 사회적 우월성을 가지는 말이 표준어가 되는 것은 아니다. 표준어를 정할 때 가장 큰 기준은 얼마나 많은 지역에서 얼마나 많은 이들이 사용하고 있느냐의 여부이기 때문이다. 이런 결과를 놓고 보면 여성어의 표준어 지향성은 자신이 교양 있는 사람인 척 꾸미려는 것이 아니라 다수의 낯선 이들과의 소통을 위한 효과적인 수단을 확보하려는 것으로 해석할 수 있다.

그렇다면 여성의 표준어 지향성이 여성이 '어떻게' 보이는지에 관심이 많은 존재라는 해석은 어디에서 기인한 걸까? 이미 언급한 바와 같이, 여성의 표준어 지향성이 사회생활을 영위하는 데 효과적인 수단으로만 작용하지는 않는다. 그만큼 좀 더 많은 이들과의 유대는 좀 더 얇은 연대감을 낳게 되고 그것이 그녀들의 사회 진출에 약점이 되기도 하기 때문이다. 또한 Jespersen(1922)이 지적한 것처럼 표준어 지향성은 어휘 범위를 좁히는 결과를 낳기도 한다. 사투리는 우리 문화를 이해하는 직결통로이며 언어 변화양상을 예측하게 해주는 어휘 보물 창고이다. 따라서 자신이 간직한 보물창고를 외면한 채 표준어로 무장하려 하는 여성들은 결국 자산의 가치를 높이지 못한 우를 범하는 결과를 낳을 것이며, 앞서 설명한 사회망 이론과 결합되어 사회 내에서 남성보다 더 높은 자리로 올라가지 못하는 현재 여성의 사회적 위치를 설명해주는 이론으로 정립된 것이다.

지금까지 정리한 선행연구 결과를 종합하면, 여성에게 높은 표준어 지향성이 나타날 것으로 추측되며, 이는 여성이 사용하는 언어가 여성을 평가하는 데 큰 영향을 미치기 때문이라고 추측할 수 있다. 본고는 이를 실제 표준어발음법 몇 가지 사례를 중심으로 살펴보려고 한다. 여성의 표준어 지향성이 남성보다 높다면 한국인이라면 누구나 자주 틀리는 발음법에서 성차가 나타날 것이기 때문이다. 다음 절에서 그 구체적인 결과를 정리해 보이려 한다.

2.2. 한국인이 자주 틀리는 표준발음법

한국어는 자음모음으로 이루어진 음소문자이다. 소리 나는 대로 쓸 수 있는 것은 이들의 조합이 자유롭기 때문인데, 그러나 겹받침이나 이중모음은 글자 그대로 소리 내어 말할 수는 없다. 우리의 구강구조가 받침에 오는 두 개의 자음을 한꺼번에 발음할 수 없으며, 입술 모양이(나 혀의 위치가) 변경되는 이중모음도 하나로밖에 소리나지 않기 때문이다. 따라서 한국인들은 겹받침이나 이중모음 등 특정 현상에서 약점을 보이는 경우가 있다. 국립국어원에서 발행하는 어문규정집은 이를 설명하기 위해 규칙을 제기하지만, 다수의 예외현상의 존재는 규칙으로만 설명하기 어려운 경우가 많다는 것을 알려준다.

겹받침, 이중모음 등 한국인들이 자주 틀리는 발음을 정리하면 다음과 같다. 이는 민현식(1995 : 34)에 실린 것을 재인용한 것으로, 맞춤법과 관련을 맺고 있는 두 개를 제외하고 발음과 관련된 것만 정리하면 다음과 같다.

(1) 가. '의'의 변이음 여부 : 우리의 논의[우리의/우리에- 논의/논이]
　　나. 장단음 실현 여부 : 눈 : 보라-첫눈, 말 : 씨-참말 벌 : 리다-떠 벌리다
　　다. 겹받침 발음 여부 : 밟다[밥따] 밟지[밥 : 지] 밟는[밥 : 는]
　　라. 받침 발음 여부 : 꽃이[꼬치] 햇볕이[핻뼈치]
　　마. 동화음 여부 : 감기[감기] 옷감[옫깜] 이원론[이원논]

이중모음은 모음이 하나가 아니기 때문에 발음할 때 혀나 입술이 일

정한 상태에 있지 않고 한 번 움직인다. 핵심으로 기능하는 부분을 음절주음(音節主音)이라 하고, 그 주변부를 이루는 부분을 음절부음(音節副音)이라 하는데, 일반적으로 음절주음은 앞에 있는 모음이 담당하게 된다. 즉, 주음, 부음처럼 주로 발음되는 것이 있고 아닌 것이 있으며, 일반적으로 앞에 오는 주음에 따라 발음하고 뒤의 부음은 짧게 처리하는 것이다. 예를 들어 'j+a'로 이루어진 이중모음 'ㅑ'의 지배적인 발음은 앞에 오는 'ㅏ'이며 따라서 이는 길게 발음된다. ㅕ(ㅣ+ㅓ) [jə], ㅛ(ㅣ+ㅗ) [jo], ㅠ(ㅣ+ㅜ) [ju] 등 대부분이 그러하다.

그러나 'ㅢ'는 뒤에 오는 'ㅣ'가 주음이며 앞에 'ㅡ'는 짧게 처리되는 부음이다. 다른 것들과 다른 예외적인 모습을 보이는 이중모음이라는 말인데, 예외적이라는 것은 그만큼 불안정하다는 것이며, 사람들은 이를 발음할 때 자신이 편한 방식으로 발음하다 보면 틀리는 경우가 자주 목격된다는 말이다. 물론 'ㅢ'의 발음 역시도 대다수의 국민이 발음하는 대로 표준어에 수용하다 보니 인정되는 예외현상이 생겨났고 오히려 이 때문에 더 헷갈려하는 결과를 보이었다. 그래서 규칙처럼 외워야 하는 음운현상이 됐는데, 이를 도식화하면 (1)제1음절에서 단모음 '으' 또는 '이'[i]로. (2)제2음절 이하에서는 '이'로 (3)관형격조사 '의'는 '에'[e]로 발음되는 것을 허용한다. 아래는 'ㅢ'를 사용한 몇 단어의 발음을 예시로 든 것이다.

(2) 가. 의사의 의미는 무엇인가? [의사] [으미]
　　 나. 민주주의의 뜻을 아는가? [민주주의] [민주주이]
　　 다. 강의의 내용　　　　　　[강 : 의의] [강 : 이의] [강 : 의에]
　　　　　　　　　　　　　　　[강 : 이에]

(2)의 [강 : 의의]의 ' : ' 표기와 같이 우리말은 장단음을 가지고 있다. 게다가 동일한 모양을 한 단어가 장단음의 차이로 의미가 달라지는 경우도 있기 때문에 이 역시 한국어에선 중요한 변별자질 중의 하나이지만 실제로는 구별을 잘 하지 못한다. 특히 젊은 세대를 중심으로 무용론까지 제기될 만큼 의미를 갖지 못하기 때문에 성별 비교라는 연구목적에는 타당하지 않아 연구대상에 넣지 않았다.

세 번째 겹받침의 발음은 우리말에 자음이 두 개 이상인 겹자음이 존재하기 때문에 생긴 규칙이다. 우리말의 받침은 모두 소리 나지 않고 'ㄱ, ㄴ, ㄷ, ㄹ, ㅁ, ㅂ, ㅇ'의 7개 자음으로만 발음되기 때문에 이에 따라 하나만 선택하면 된다. 이른바 음절말 끝소리 규칙의 적용을 받아 7개의 대표형으로 발음되는 것인데, 겹받침은 둘 중의 하나를 선택해야 하기 때문에 이와는 달리 기억해야 한다. 우선 '여덟, 넋, 몫, 밟다, 없다, 닭이, 맑고'를 쭉 발음해 보라. 어떤 소리로 발음나게 되는가?

일단 앞 자음으로 발음 나는 것들이 있을 것이다. 'ㄱㅅ' 'ㄵ,ㄶ' 'ㄼ,ㄽ,ㄾ,ㅀ' 'ㅄ'이 그예이다. 이들은 각각 [ㄱ] [ㄴ][ㄹ][ㅂ]처럼 앞 자음으로 발음이 난다. 따라서 여덟[여덜], 몫[목] 삯[삭] 없다[업따]처럼 읽으면 된다. 이에 반해 'ㄺ/ㄻ/ㄼ'은 뒷자음으로 발음이 나서 닭[닥] 삶[삼] 읊다[읍따]처럼 읽는다. 그러나 '밟-'은 자음이 올 때는 ㅂ 발음이 되어 '밟다'는 [밥따]로 발음이 되는 예외현상이 존재한다. '맑-' 역시도 뒤에 'ㄱ'이 온 경우는 동일 자음을 회피, [ㄹ]로 발음되는 예외현상이 존재하여 맑다[막따] 맑게[말께]처럼 발음한다. 마지막으로 자음으로 끝난 음절 다음에 모음이 오는 경우는 겹받침 발음원칙에 따르지 않는다. 이는 뒤 자음이 첫소리로 옮겨 발음되는 연음현상이 적용되기 때문에 닭은 [닥]으로 발음하다가 '닭이'처럼 모음이 뒤에 오면 연음되어 [달기]로 발음된다.

네 번째 꽃이[꼬치] 햇볕이[핻뼈치]는 '꽃'과 '햇볕' 다음에 모음으로 시작하는 조사 '이'가 온 것으로 이 역시 앞의 연음규칙의 적용을 받아 밑받침이 다음 모음 앞으로 옮겨가야 한다. 따라서 '햇볕이'는 [핻뼈티]였다가 뒤의 '이' 때문에 구개음화 규칙이 적용되어 [핻뼈치]로 발음난다. 그래서인지 한국인들이 자주 틀리는 발음 중에 이들이 자주 섞여 나온다. 예를 들어 '무릎아[무르파]' '끝이[끄티]' '끝을[끄틀]'과 같은 단어를 때로는 음절말끝소리규칙을 적용하여 무릎아[무르바]로 발음하기도 하고 'ㅅ'음화를 적용하여 끝이[끄시]처럼 발음하기도 하고 혹은 구개음화를 적용하여 끝을[끄츨]처럼 발음하기도 한다. 특히 끝을[끄츨] 같은 경우는 구개음화의 환경과 완전 다르기에 혼동될 여지가 없는데도 자주 틀리는 발음이다. 구개음화는 끝소리가 'ㄷ', 'ㅌ'인 형태소가 모음 'ㅣ'나 반모음 'ㅣ' [j]로 시작되는 조사나 어미와 만나면 그것이 구개음 'ㅈ', 'ㅊ'이 되는 현상을 말하는데, 끝을[끄츨]처럼 뒤에 'ㅡ'가 오는 경우에도 적용하는 과잉반응을 보인 것이다. 게다가 그렇게 발음하는 국민들이 절반을 넘고 있다고 한다. 아래는 '끝'에 여러 조사를 붙여 발음해보라고 한 결과를 제시한 것으로, 국립국어원에서 펴낸 〈새국어소식〉 82호에 실린 표이다.

〈표3〉 '끝' 다음에 모음이 온 경우 국민들의 발음 현황

조사대상어	표준발음	마찰음화('ㅅ'음화)	기타
끝이	77.3 [끄치]	22.4 [끄시]	0.3
끝에서	89 [끄테서]	10.45 [끄세서]	0.55
끝을	24.5 [끄틀]	22.3 [끄슬]	53.2 [끄츨]
끝의	79.7 [끄틔]	12.45 [끄싀]	7.85
끝아	44.15[끄타]	40 [끄사]	15.85

우리나라 사람들이 자주 틀리는 마지막 발음법은 동화음 여부인데, 동화는 음운과 음운이 만났을 때, 한 음운이 다른 음운의 영향을 받아서 그와 같거나 비슷하게 소리가 나는 현상을 말한다. 이에는 유음화, 비음화, 원순 모음화 등 여러 가지가 들어있다. 유음화는 'ㄴ'이 'ㄹ'의 앞이나 뒤에서 유음인 [ㄹ]로 발음되는 현상으로, 난로[날로], 줄넘기[줄럼끼] 권력[궐력], 대관령[대괄령] 등이 대표적인 예이다. 규칙은 모두에게 적용되어야 규칙이라 할 수 있는데, 발음현상은 사람들이 쓰는 대로 바뀌기 마련이어서 예외가 항상 존재한다. 유음화 역시 마찬가지여서 몇몇 단어는 이에 적용을 받지 않는다. 앞서 나온 이원론[이원논]이 그 예로, [이월론]처럼 유음화되지 않고 '이원+론'으로 구별되어 '론'은 첫 단어로 나올 때 'ㄴ'으로 발음되는 두음법칙이 적용되었다. 상견례[상견녜], 횡단로[횡단노] 입원료[이붠뇨] 등등 다양한 단어들이 이에 해당된다.

옷감[옫깜]은 음절말 끝소리 규칙으로 'ㅅ'이 대표음 'ㄷ'으로 바뀐 다음 뒤에 오는 'ㄱ'과 만나 된소리화된 것이다. 앞이 'ㄱ, ㄷ, ㅂ'인 경우 뒤에 오는 'ㄱ,ㄷ,ㅂ,ㅅ,ㅈ'는 된소리로 바뀌게 되는데, 옷감은 이의 적용환경에 해당하기 때문이다. 물론 된소리 규칙은 앞서 말한 'ㄱ,ㄷ,ㅂ'가 오는 환경 이외에 'ㄴ,ㅁ'이 오는 경우 뒤에 오는 어미가 'ㄱ,ㄷ,ㅅ,ㅈ'인 경우 된소리로 바뀌는 현상을 포함한다. 앉고[안+고〉 안꼬] 감고[감+고〉 감꼬]가 그 예이다. 감기의 '기'는 뒤에 오는 '기'가 어미가 아니기 때문에 된소리 규칙의 적용을 받을 수 없고, 물론 끝소리 규칙도 적용되지 않는다. 따라서 [감끼] 혹은 [강기]처럼 발음하지 않는다.

선행연구 자료에 정리되진 않았지만 한국인들이 많이 틀리는 예로 된소리 규칙 3항을 들 수 있다. 3항은 관형사형 어미 'ㄹ'이 온 경우에 뒤의 평음이 된소리로 바뀌는 것을 말하는데, 보통 앞의 'ㄹ'은 갈등[갈뜽]

발달[발딸]처럼 뒤의 평음을 된소리로 만드는 것이 자연스럽다. 하지만 관형사형 어미 'ㄹ'이라는 것이 문제이다. 이는 뒤의 단어와의 사이에 띄어쓰기가 개입되어 있어 대부분의 사람들은 이를 'ㄹ'에 영향받는 단어라고 생각하지 않는다. 첫 소리라고 생각하여 먹을 것이[먹을 거시] 할 사람[할 사람]처럼 평음으로 발음하는 이들이 대부분이다. 따라서 한국인들에게 가장 많이 틀리는 것은 오히려 관형사형 어미가 오는 환경에서의 된소리 현상일 것이다[6]. 그리고 된소리는 특히 발음을 강하게 하여 자신의 의견을 강조하는 현상과 연결되어 있기 때문에, 소주[쏘주]와 사무실[꽈 사무실]처럼 어감을 강하게 내비치기 위해 된소리를 과잉사용하는 것이 문제이다. 따라서 앞의 설명에 이를 추가, 정리하는 것이 한국인이 틀리기 쉬운 발음법에 적절한 항목이라 할 수 있을 것이다.

마지막으로 된소리처럼 음운첨가이긴 하지만 제약이 많아 잘못 적용되는 경우가 많은 'ㄴ'첨가 현상 역시 한국인들이 자주 틀리는 발음법에 추가되어야 한다. 이는 합성어나 파생어라는 제약조건 아래 앞 단어의 끝이 자음이고 뒷 단어의 첫 음절이 '이, 야, 여, 요 유'인 경우로 제한된다. 이 조건 아래에서만 'ㄴ'을 첨가하여 [니, 냐, 녀, 뇨, 뉴]로 발음되는 것이다. 예를 들면 솜과 이불이 결합해서 만들어진 솜이불은 [솜니불]로 발음하고 접두사 맨과 입이 결합하여 만들어진 맨입은 [맨닙]으로 발음하는 것을 들 수 있다. 이들은 모두 합성어(솜이불)와 파생어(맨입)이면서 앞 단어에 자음이 있고 뒷 첫 음절이 '이'이기 때문에 'ㄴ'첨가의 제약조건을 갖춘 단어들이다. 이처럼 제약조건이 많고 합성어나 파생어

---

6) 물론 띄어쓰기를 인식하는 경우에는 평음으로 발음하는 것을 허용해 두었지만. 현재 연구대상인 설문은 구어체처럼 읽어가면서 발음을 표시했기 때문에 된소리 발음이 적용되어야 한다.

의 구별이 어려운 국민들에게 'ㄴ'첨가는 단어형성원리에 대한 감각을 가지고 있는지의 여부를 보여줄 수 있기 때문에 표준어 지향성 여부를 둘러싼 논의에 포함되어야 할 것으로 보인다.

앞선 논의를 바탕으로 한국인이 틀리기 쉬운 발음을 정리하면 다음과 같다.

(3) 한국인이 틀리기 쉬운 발음
  가. '의'의 변이음 여부 : 우리의 논의[우리의/우리에- 논의/논이]
  나. 겹받침 발음 여부 : 밟다[밥따] 밟지[밥 : 지] 밟는[밥 : 는]
  다. 받침 발음 여부 : 꽃이[꼬치] 햇볕이[핻뼈치]
  라. 동화음 여부 : 감기[감기] 옷감[옫깜] 이원론[이원논]
  마. 관형사형어미 'ㄹ' 다음의 된소리 : 할 사람[싸람]
  바. 'ㄴ' 첨가 : 밭이랑[반니랑]

2.3 성별 표준발음 사용 현황

본 연구에서는 여성의 표준어 지향성을 확인하기 위해 2020년 3월 구글을 통해 20대 남녀 100명을 대상으로 어느 정도 표준발음을 알고 있는지를 알아보았다. 그리고 그때의 결과와 비교하기 위해 국문과 전공 수업을 듣는 학생 40명(2021년)을 대상으로 동일한 문제를 풀도록 하였다. 대학교 3,4학년 생들이 많았기 때문에 어문규정에 관한 남다른 실력을 가지고 있었을 것으로 추정하며, 따라서 일반 여성들과는 다른 결과를 보일 수도 있을 것으로 예상하였기 때문이다.

먼저 겹받침의 발음은 'ㄼ'을 가진 '넓죽하다'를 대상으로 하였는데.

이는 '밟다'처럼 앞소리로 발음나지 않은 것이 특징이다. 따라서 [넙쭈카다]처럼 발음해야 하는데, 남녀 거의 비슷한 비율(35%)로 정답자를 냈다. 오답은 [널죽하다], [넙쭉하다]처럼 겹받침 'ㄼ'의 발음을 잘못 맞추거나 'ㅎ'과 결합하여 유기음으로 바뀌는 현상을 예측하지 못한 경우였다. 전자는 남자가, 후자는 여자가 더 높게 나왔다.

넓죽하다를 [넙쭉하다]로 답한 경우는 유기음화를 모르는 경우이므로 이를 측정하기 위해 꽂히다[꼬치다]의 발음여부를 함께 물었다. 그 결과 남녀 모두 95%를 넘는 비율로 [꼬치다]로 답하여 'ㅎ'의 발음을 아예 모르는 건 아님을 확인할 수 있었다. 즉, [넙쭉하다]로 답한 경우는 겹받침만의 문제로 해석하여 문제를 푼 학생들의 실수에서 비롯된 것을 판단할 수 있어 보이며, 그 결과 겹받침의 발음은 남성이 35%, 여성이 56%(넙쭈카다 35명, 넙쭉하다 21명)의 결과를 보인 것으로 파악하였다.

두 번째 단어 뒤에 모음의 어미나 조사가 오는 경우 연음이 되는 현상은 '팥으로'를 대상으로 점검하였다. 이는 방송매체에서 자주 틀리는 단어로 등장할 만큼 대중적인 인지도가 높을 것으로 보고 선정하였으나, [파트로]로 답한 경우는 남자 33%, 여자 30%의 정답률을 보였다. 오답률을 조사한 결과, 'ㅅ'음화를 적용한 [파스로]로 답한 경우는 남자 27%, 여자 28%였으며, 과잉 구개음화를 적용한 [파츠로]로 답한 경우는 남자 18%, 여자 28%로 나타났다. 이는 앞서 〈표3〉에서 제시한 일반 국민들을 대상으로 한 결과와도 일치하는 바이다. 즉 남녀별로 비슷한 수치를 보이는 정답률과 정답 → 'ㅅ'음화 → 구개음화 순으로 나타난 받침 'ㅌ'의 처리 등을 보건대, 연음을 둘러싼 발음법은 표준어에 대한 인식이 성차를 기준으로 나눌 문제는 아니라는 것을 보여준 것이다.

세번째 동화음 여부는 유음화(유음화 예외 조항)와 비음화를 둘러싼 일반인의 인식을 지적한 것이었는데, 이를 위해 설문지에서는 권력[궐력]과 결단력[결딴녁]을 제시하였다. 앞선 단어는 유음화의 대상이며 뒤의 단어는 유음화의 적용을 받지 않은 단어이다. 설문 결과는 권력[궐력]은 남녀 모두 높은 비율의 정답률(남자 89%, 여자 91%)을 보이었고 결단력[결딴녁]은 다소 낮은 정답률(남자 40%, 여자 44%)을 보이었다. 그러나 유음화의 예외조항임을 짐작하듯이 앞선 받침 'ㄴ'을 'ㄹ'로 바꾸지 않은 경우([결딴녁]과 [결딴력]으로 답한 경우)가 남자 60%, 여자 65%를 차지할 만큼 상당히 높은 비율로 존재하고 있었다. 게다가 남녀 성차에 구애 없이 비슷한 비율로 답을 하고 있어 표준어 지향성을 둘러싼 성차 여부는 유음화를 가지고서는 말하기 어렵다고 할 수 있겠다.

네 번째 관형사형 어미 뒤 경음화 현상에 대한 조사를 진행하기 위해 '갈 곳'과 '숲 속에서'를 제시하였다. 특히 '숲 속에서'는 문어체에서 띄어쓰기를 구별하여 경음화하지 않을 수도 있다는 예외규정을 고려하여 소설 속의 한 구절을 인용하여 발음을 물어보았다. 먼저 갈 곳은 [갈 꼳]으로 답한 사람이 남자12% 여자 19%이었다. 경음화를 적용시키지 않은 사람([갈 곧] [갈 곳]으로 답한 경우)이 대부분이어서 관형사형 어미 다음의 경음화는 일반인들이 놓치기 쉬운 발음법임을 알 수 있었다. 경음화 미적용의 사례가 띄어쓰기의 영향이 클지도 모른다는 판단 아래 제시한 숲 속에서[숩 쏘게서]는 남자 19% 여자20%의 결과를 보였다. 경음화를 적용하지 않은 경우([숩 소게서], [숲 속에서], [숩 속에서])는 남자46%, 여자45%를 차지하여, 대부분의 사람들이 띄어쓰기의 공백이 주는 거리만큼 음운규칙의 적용에도 마음의 간극을 가지고 있음을 알 수 있었다. 하지만 구어체로 제시한 '갈 곳' 역시도 띄어쓰기를 적용하여 발음을 표기한 모습은 아직까지 음운현상에 대한 인식도가 남녀 모두에게 낮음을 보여주는 것이었다.

마지막으로 'ㄴ'첨가 현상에 대한 인식도를 알아보기 위해 밭이랑[반니랑]과 꽃잎이[꼰니피]를 어떻게 발음하는지를 물었다. '밭이랑'과 '꽃잎이'의 첫 단어는 [받]과 [꼳]으로 동일하게 'ㄷ'으로 발음된다. 두 번째 '이랑'과 '잎'은 단어이므로 이는 동일하게 합성어이다. 단지 '꽃잎이'는 뒤에 조사가 오기 때문에 연음이 된다는 것만 차이를 가지기 때문에 동일한 현상을 가진 단어를 연이어 물어보는 것은 'ㄴ' 첨가의 정확한 특징을 이해하는지 파악하는 데 도움이 된다. 설문결과 [반니랑]으로 답한 이는 남자 15%, 여자 32%, [꼰니피]로 답한 이는 남자 32%, 여자 52%로 나타났다. 밭이랑은 밭과 이랑이 결합된 합성어이지만 이를 구별하지 못하고 과도한 구개음화 적용으로 [바치랑]에로 답한 이가 많았다(남자 33명 여자 33명), 따라서 이는 앞서 제시된 'ㅌ,ㅊ'가 뒤에 '이' 모음이 나오는 경우 자동적으로 구개음화를 적용하는 현상이 다수에게 존재하고 있음을 보여주는 결과로 해석할 수 있을 것이다. 이에 반해 '꽃잎이'는 조사'이'가 왔으므로 연음을 적용시킨 이들이 많았으나 이 역시 다수에게 인지되진 않아 [꼰닙이] [꼰이피] [꼰니비] 등 다수의 오답도 이어졌다. 하지만 '밭이랑'과 '꽃잎이' 두 가지를 통틀어 보건대 남성보다는 여성의 'ㄴ' 첨가 현상에 대한 이해도가 높음을 엿볼 수 있었다.

지금까지 'ㄴ' 첨가를 제외하고 남녀 간의 표준발음에 대한 인식도에서 큰 차이가 나타나지 않음을 살펴보았다. 이는 한국에서 태어나 한국인으로 살아왔기 때문에 어쩌면 당연한 결과일 수도 있다. 발음은 국어지식에 관해 특별히 신경쓰지 않아도 자연스럽게 체득되기 때문이다. 따라서 발음법 자체에 대한 일반인들의 의식을 묻는 조항을 첨가하였는데, 두음법칙의 적용을 받는 노인(〈로인〉), 구개음화의 적용을 받는 미닫이[미다지], 비음화의 적용을 받는 닫는다[단는다] 세 가지를 제시하고 이를 알고 있는지의 여부를 물어보았다. 그 결과 두음법칙은 남녀 모두 80% 이상이 인식하지 못하였으며 구개음화는 남자 57%, 여자 78%, 비음화는 남자 28%, 여자 50%가 알고 있는 것으로 조사되었다. 과도한 구개음화의 적용에서 알 수 있듯이 한국인은 구개음화에 대한 민감도가 사실상 가장 높은 것으로 나타났으며, 주로 한자어에 적용되는 두음법칙은 고유어가 아닌 관계로 규칙으로 인식하지 못하는 이들이 많은 것으로 해석된다. 하지만 이를 성차로 나누어 보면 남자에 비해 여자가 훨씬 더 음운규칙에 대한 인지도가 높아서 우리말의 운영원리에 대한 관심은 여성들이 더 많이 가지고 있다고 주장할 수 있을 것으로 보인다.

그러나 남자에 비해 여성의 정답률이 높았을 뿐, 대부분의 항목에서 50%를 넘지 못한 결과를 보인 것은 여성의 표준어 지향성이라는 정의 자체에 회의감이 들게 한다. 여성만의 정답률을 정리하면 꽂히다(94%)〉 결단력(44%)〉 넓죽하다(35%)〉 밭이랑(32%)〉 팥으로(30%)〉 갈 곳(19%) 순으로 나타나는데, 대부분 50% 이하, 심지어 20% 이하에 불과한 정답률을 보이고 있어 여성이 과연 표준발음을 잘 구사하고 있는지 의아심이 갖게 하기에 충분하기 때문이다. 따라서 이 결과는 성차가 아니라 20대 남녀 모두 표준발음에 그다지 신경쓰지 않고 살아가는 세대적 특징을 보이는 것으로 해석하는 것이 더 타당하다는 생각마저 들게 한다.

표준어, 표준발음은 다른 이들에게 자신의 생각을 전달하는 도구이다. 표준발음은 지역 억양의 색깔을 지운 특별한 점이 없는 발음이기 때문에 서로 간의 벽을 허무는 데도 중요한 역할을 담당한다. 따라서 표준어, 표준발음에 대한 깊은 관심은 성별을 불문하고 누구에게나 요구되는 것이며, 실제로도 사소하지만 애정어린 시선이 담긴다면 얼마든지 표준어, 표준발음에 대한 인식은 상승될 수 있다. 이러한 가정은 실제로 국어학에 관심이 있는 학생들을 대상으로 설문조사를 한 결과를 보면 더욱 설득적으로 느껴질 수 있다.

이를 입증하기 위해 국어학을 듣고 있는 학생들에게 학기 초에 표준발음에 대한 인지정도를 설문조사로 측정해 보았다. 단 몇 가지 항목은 조정을 했다. 앞서 설문조사에 올린 문항은 동일한 항목을 두 개씩 겹쳐서 물어보기도 했기 때문이다. '갈 곳'과 '숲 속에서'는 결국은 띄어쓰기에도 불구하고 경음화 현상을 적용시킬 것인가를 묻는 항목이었고 밭이랑과 꽃잎이는 'ㄴ'첨가 현상을, '권력'과 '결단력'은 유음화를 물어보는 항목이었다. 따라서 중복되는 문항은 삭제하고 앞서 20대 남녀에게서 많이 틀렸던 것으로 나온 항목들을 묶어서 질문지를 만들었다. 전공수업을 수강 중인 학생들은 모두 32명으로 이들을 대상으로 어느 정도 표준발음을 구사하고 있는지를 정리하면 다음과 같다.

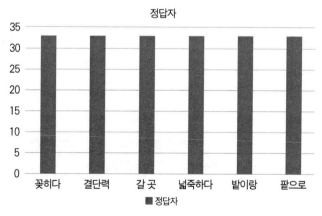

〈표4〉 전공생 정답 현황

앞서 조사한 결과와 이를 합하여 정리하면 다음과 같다

(3) 표준발음법에 대한 여성의 인식도

　　일반여성 : 꽂히다(94%) > 결단력(44%) > 넓죽하다(35%) >

　　　　　　밭이랑(32%) > 팥으로(30%) > 갈 곳(19%)

　　전공생 : 꽂히다(100%) > 결단력=갈 곳(97%) > 넓죽하다(90%) >

　　　　　　밭이랑(90%) > 팥으로(56%)

일반여성의 설문결과를 보면, '꽂히다'를 제외하고 거의 모든 항목에서 50%를 넘지 못한 것으로 나타나 여성의 표준어 지향성이란 용어 자체가 무색하게 보일 정도였다. 그러나 전공생의 경우에는 '꽂히다'를 모든 학생이 정답으로 맞힌 것을 비롯해 나머지도 90% 이상의 정답률을 보이었다. 가장 낮은 응답률을 보인 것은 '팥으로'(56%)였는데. 이 역시 과다 구개음화 적용인 '파츠로'로 답한 사람이 많았다.

지금까지 결과를 종합하면, 20대 남녀를 대상으로 표준발음법의 현재를 살핀 결과 남녀 동일한 수치를 보이고 있어 성차에 있어 표준발음법을 지향하는 정도에 차이가 있을 것이라는 기존 연구결과는 정확하지 않음을 알 수 있었다. 게다가 20대 일반 남녀에게서 나타난 지나치게 낮은 정답률(50% 이하)은 이들을 대상으로 표준어, 표준발음에 대한 관심도를 높일 수 있는 정책의 필요성을 제기한다. 이를 입증하기 위해 20대 여성을 대상으로 전공생과 일반인을 나누어 표준발음법의 현황을 조사한 결과, 전공생의 정답률이 거의 모든 항목에서 90%를 차지한 것으로 나타났는데, 이는 일반인의 50% 이하의 결과와 대조적이다. 따라서 표준발음법의 현재를 두고 성차를 논하기보다는 그들의 정확한 발음을 위해 어떤 언어 정책이 필요한지를 논하는 것이 더 시급하며, 적어도 모든 항목에서 50% 이상이 넘는 지점에 이르렀을 때, 그때서야 비로소 여성의 표준어 지향성이라는 담론을 논의할 수 있을 것으로 보인다.

3. 결론

여성들의 사회진출이 왕성한 요즘 같은 시대, 여성의 표준어 지향성은 적절치 않은 이론이 될 수 있다. 여성이 자신 스스로의 능력을 내세우기 힘들어 자신을 돋보일 수 있는 액세서리처럼 표준어를 사용한다는 것은 누구도 상상하기 힘든 시대이기 때문이다. 그러나 남성중심적인 세상에서 살았던 시기가 오래된 역사적 배경 탓에 무의식적으로 내면화된 성적 불평등이 담론으로 굳어져 남아 있을 수 있다. 본고는 여성의 표준어 지향성 역시 이런 맥락에서 살펴봐야 할 것으로 생각한다. 이는 앞에서 살펴본 설문결과처럼 성별로 표준어 지향성에는 차이가 없기 때문에 더더욱 그러하다. 앞으로 누가 더 표준발음법에 민감하느냐의 여부는 언어정책적 측면에서 접근해야 할 문제이지, 여성어 연구로서는 적절한 것이 아님을 강조하며 이 글을 마친다.

제2부

말차례를 둘러싼 여성어의 실제

Ⅰ. 총론; 말 끼어들기를 둘러싼 연구 방향

1. 서론

말 끼어들기는 현행 화자의 말차례가 다 끝나지 않은 상황에서 후행 화자가 말을 시작하여 말이 겹치는 행위이기 때문에, 현행 화자의 체면을 손상시킬 수 있는 비우호적 행위로 여겨진다. 그러나 실제 말 끼어들기는 상대방의 발화에 우호적 경우가 대다수이다.

(1) 〈D가 오연수를 좋아한다고 하자, 남편 이야기를 꺼냄〉

    사2 : 손지창 씨, 지금 무시하시는 겁니까↗

          페이더웨이 지금 [무시하시는 겁니까↗

    사4 :   ①[@페이더웨이@]

    출3 : 마지막 승부 [마지막 승부]

    출1 :   ②[마지막승부⌒]

    사2 : 고글 페이더웨이 무시하시는 거에요↗

(1)은 선배의 아내를 상대배우로 꼽는 출1을 구박하기 위해 그의 남편이 뛰어난 사람임을 서로 거들어가며 언급하는 예로, 남편이 나왔던 드라마 제목과 거기서 그가 보여준 농구의 기술을 이야기하고 있다. 사2가 유명 드라마 제목 대신 농구 기술을 언급하자 그게 웃겨서 따라 반복한 모습(①)이나 남편이 나왔던 드라마 제목을 같이 언급하여 대화를 공동구성하는 모습(②)은 현 화자의 메시지를 방해하려는 의도나, 현 화자의 말차례를 방해하겠다는 의도로는 보이지 않는다. 단지 현행 화자와의 친밀감을 증진시키거나 화자의 말차례에 도움을 주는 행위로 해석 가능할 뿐이다.

　이처럼 말 끼어들기는 현행 화자에게 비우호적으로 여겨지지만, (1)처럼 우호적인 행위이기도 하기 때문에, 연대, 유대적인 대화를 추구하는 여성어의 특성을 고려하면, 우호적 말 끼어들기가 자주 사용되었을 것이란 예측이 가능해진다.

　아래 전형적인 비우호적 말 끼어들기와 비교해보면 이를 더욱 용이하게 파악할 수 있다.

　　(2) (출1와 사4의 춤 실력에 대해 서로 잘한다고 우기는 상황)
　　　사4 : 항상 [저희가 논란이 있었]는데
　　　출1 :　　③[출1이 낫다는데]
　　　사4 : 항상 사이드는 저랑 출1였었어요, 근데두, 제가 이렇게 모니
　　　　　　터한거 보면, 좀 나아요 [솔직히]
　　　출1 :　　　　　　　　　④[아니야 너]는, 기럭지가 멋있는 거야.
　　　사4 : 아니=, 근데, [인정을 안 하는 거예요.]
　　　출1 :　　　⑤[그냥 허우대가 멋있는거지], 춤 자체를 보면은,

내가 멋있다구.

사4 : ⑥[야= $$$]

사4와 출1 중에 누가 더 춤을 잘 추느냐는 논쟁적인 대화 상황에서 출1이 본인이 더 낫다고 주장을 하거나(③) 사4는 춤을 잘 추는 것이 아니라 외양이 멋질 뿐임을 거듭 주장(④, ⑤)하여 현 화자 사4에게 반대의 사를 표현하는 상황이다. 따라서 상대방의 말에 반대를 표하는 비우호적인 말 끼어들기로, 결국 상대인 사4에게서 항의(⑥)를 받게 된다. 결과에서도 나타나듯이 비우호적 말 끼어들기는 현행화자에게 호감을 줄 수 없기 때문에 말차례를 뺏는다는 공격성을 내비칠 수밖에 없다. 우호적인 말 끼어들기와는 메시지와 말차례 모두에서 비우호적인 행위임을 알 수 있다.

따라서 이러한 구분 없이 말 끼어들기를 연구하다 보면, 남성의 경쟁적 대화진행방식에 따라, 말 끼어들기는 상대의 말을 가로채려는 행위로 해석되어 남성이 여성보다 더 많은 말 끼어들기를 행한다는 예측을 이끌 수도 있다. 민현식(1995 : 48)이 Zimmerman&West(1975, 1977)의 결과를 토대로, 남성의 말 가로채기가 압도적이며, 이를 남성의 주도권 다툼에 따른 결과로 해석한 것이 그 예이다. 그러나 어떤 성격의 말 끼어들기를 하고 있느냐가 더 중요한 문제(이원표 1999 : 53)이며, 더구나 실제 화행에서 성별 대화전략에 차이가 없다는 선행연구결과(김형민 2003, 백경숙 2010)를 염두에 두면, 이러한 전제가 타당한 것인지 의문이 든다.

따라서 말 끼어들기는 (1)말 끼어들기의 양상을 나누고 (2)그 세부적 의미기능을 성별로 나누어 살핌으로써 (3)기존의 말 끼어들기를 둘러

싼 남녀의 성차적 특징이 재해석될 여지가 있는지를 알아봐야 한다.

2. 연구의 방향

2.1 여성어 연구와의 융합

지금까지 여성어 연구는 음운, 통사, 화용 등 다방면에서 이뤄졌다. 기존연구들에서는 성차가 언어에 반영되어 있음을 보이는 결과들이 이어졌는데, 말 끼어들기는 화용적 특징과 연관되어 있다. 여성어의 화용적 특징은 Coates(1993 : 157-163), Tannen(1990 : 143-151)의 의견을 바탕으로 한 민현식(1995 : 46-7)의 정리가 대표적이다. 그는 남성이 지배적, 독립적, 경쟁적이고 여성은 협력적, 의존적, 친화적이라 특징짓고, 남성이 자기주도적이지만 여성은 누구나 고루 이야기하도록 하며, 남성이 공격적 대화를 진행하지만 여성은 경험공유적 대화를 진행하므로 신뢰와 지지를 보내는 편이라고 하였다. 이를 말 끼어들기와 관련해 보면, 여성의 말 끼어들기의 횟수는 남성보다 적으며, 신뢰와 지지를 보내는 우호적 말 끼어들기가 다수 존재할 것임을 예측하게 한다. 그러나 실제 연구결과를 보면 이에서 벗어나는 결과가 다수 보고되었다. 대표적으로 이원표(1999)를 들 수 있는데, 토크쇼에서 남성진행자(56회)가 여성 진행자(76)보다 말 끼어들기를 적게 하고 있었다. 말 끼어들기를 남성의 전유물처럼 보았던 West&Zimmerman(1975)의 해석을 수용한 민현식(1995)의 추측이 잘못일 수 있음을 보이는 결과이다. 특히 여자 진행자(47회)가 남성 진행자(25회)의 두 배로 초대 손님의 말에 끼어들기를 하고 있어서 여성들이 말 끼어들기에 적극적이라는 해석을 내릴 수 있었다.

이는 러시아어의 일상대화를 대상으로 말 끼어들기를 분석한 엄순천(2007)의 연구결과와도 일치한다. 그는 여성화자(55.9% 243회)가 남성화자(42.1%, 191회)보다 다소 많이 말 끼어들기를 행함을 언급하였다. 이는 이원표(1999)의 연구결과와 일치된 바이며, 일상대화에서 말 끼어들기는 남성화자의 주된 대화자질이 아니라 남녀 공히 언어 전략적으로 선택가능한 특징임을 알 수 있다. 그렇다고 해도 이 결과가 곧 성별로 말 끼어들기 전략이 동일하게 수행될 수 있음을 의미하는 것은 아니다. 이원표(1999)는 여성 진행자는 비우호적 말 끼어들기를 거의 사용하지 않으며(여성 0회 : 남성 8회), 특히 화제전환의 말 끼어들기는 주로 남성 진행자에 의해서 이뤄지고 있어서(남성 6회), 프로그램의 주도권이 남성 진행자에게 있다고 해석하였다.

본고 역시 성별 말 끼어들기 양상은 횟수만이 아니라 구체적인 의미기능에 따른 성별분포를 조사해볼 필요가 있음에 적극 동의한다. 그리고 이에 더하여 엄순천(200)에서처럼 화, 청자의 성차가 말 끼어들기에서 가지는 의미가 있는지도 살펴볼 필요가 있다.

엄순천(2007)은 이원표(1999)의 논의에서 더 나아가 이성과 동성 간에 말 끼어들기 양상을 살펴보았는데, 우호적 말 중단시키기는 여성이 남성의 말차례에, 비우호적 말 중단시키기는 남성이 남성의 말차례에 끼어드는 데서 자주 발견되었다고 한다. 그리고 이를 이성 간에는 우호적인 대화 분위기를 이끌려는 경향이 강하지만 동성 특히 남성화자들끼리는 '자신의 입장 관철', '대화에서의 우위 선점'이라는 전략이 더 강하게 작용한 결과로 해석하였다. 흥미로운 결과이지만, 이 역시 러시아어를 대상으로 한 연구결과인지라 우리말에도 동일하게 적용시킬 수 있을 것인지는 문제로 남는다.

지금까지 정리한 대로, 성별 말 끼어들기 양상은 여성어의 화용적 특징에 결정적 기여를 할 수 있는 부분이다. 따라서 선행연구의 미흡한 점을 보완하기 위해 다양한 자료를 확보하고, '남성과 여성은 어떠한 말 끼어들기를 가장 많이 행하고 있는가' 그리고 '남성과 여성은 각기 상대에 따라 어떠한 말 끼어들기를 행하고 있는지'를 살펴봐야 할 필요성이 있다.

2.2 연구대상별 말 끼어들기의 양상 연구

본고에서 샘플로 분석한 자료는 여러 가지지만, 우선 오락프로그램을 들면 다음과 같다.

〈표1〉 출연자의 성비를 기준으로 나눈 말 끼어들기의 양상-오락프로그램-

메시지		기능	〈자료1〉 남성	〈자료2〉 여성	〈자료3〉 혼성 남성		여성	
					남성	여성	남성	여성
우호	우호	청자반응신호	27	20		1	6	2
		선호반응	13	17			3	
		공동구성	32	12	0	3	1	
		친밀감	19	18		0	1	6
		합계	91	58		4	11	8
	비우호	재질문	7	0	3	3	3	1
		화제전개	30	2	0	4	6	4
		합계	128	60	3	7	20	13

비 우 호	우호	짜증	4	없음				
		의심	1					
		놀림	4					
	비우 호	반박	6	7	1	4	1	0
		화제전환	4	3	0	5	1	0
		합계	10	10	1	9	2	0

이 프로그램은 사회자 4명과 출연자들이 나뉘어 앉아, 사회자가 던지는 질문을 주제로 하여 자유로운 대화를 주고받는 토크쇼 형식의 프로그램이다. 사회자 → 사회자, 출연자 → 사회자, 출연자 → 출연자들 간의 말 끼어들기를 볼 수 있는데, 여기서는 사회자 → 사회자를 빼고 제시하였다.(' → '는 왼쪽이 오른쪽의 말차례에 끼어듦을 표시한다). 이 표를 토대로 남녀의 대화진행방식과 향후 연구방향을 제시하면, 다음과 같다.

첫째, 남녀를 불문하고 우호적 말 끼어들기가 가장 활발하여 기존의 연구결과와 동일한 모습을 보였다. 그러나 혼성 출연 시 동성보다는 이성 간의 대화에서 호응을 더 많이 보냈으며, 특히 남성은 동성인 남성에게는 관심이 없었다. 그러나 현재 자료가 남성MC로만 이뤄져 있어, 사회자의 성별 역할이 반영된 결과인지 아닌지를 판단하기 위해, 여성MC만으로 이뤄진 프로그램과의 대조분석이 필수적이다. 다음 장에서 여러 다양한 자료를 토대로 연구를 진행한 결과가 그 한 예가 될 것이다. 향후 더 많은 자료의 확보로, 연구의 결과가 일반적인 원리로 거듭나야 할 것이다.

둘째, 여성 출연자(178회)는 남성 출연자(84회)보다 더 적극적으로 말 끼어들기를 행하였고, 혼성대화에서 남성(남 → 남 7회, 남 → 여 20

회로 27회)보다 여성(여 → 남 22회, 여 → 여 13회로 35회)이 더 높게 나타나, 여성의 적극성이 돋보이는 것으로 해석할 수 있다. 이는 남성들과의 대화에서 여성은 침묵을 지키고 남성이 주도성을 발휘한다는 선행연구 결과(민현식 1995)와 반대되는 양상이어서, 자료를 확충하여 좀 더 연구를 진행해 볼 필요가 있다.

셋째, 가장 비우호적인 말 끼어들기는 반박(이의제기, 반론)과 화제전환인데. 이들은 말차례를 뺏어오는지의 여부에서 입증이 되어야 할 것이다. 비우호적 말 끼어들기는 남성들만 혹은 여성들만 출연한 회차에서는 큰 차이가 없었으나, 혼성대화에서는 남성 → 여성이 가장 높았다〈표1〉. 남성의 공격적 대화방식이 읽혀지는 결과이지만, 여성 역시도 활발하게 화제전환에 참여(여성 14회 : 남성 7회)하고 있어 여성의 대화의 주도권 역시 무시할 수 없을 것으로 보인다. 반박은 자신의 입장관철이 주목적이지만, 화제전개는 대화에서의 우위선점과도 연결되어 있어, 이 둘의 양상이 어떻게 나타날지 자료를 좀 더 확충하여 알아볼 필요가 있다. 그 결과 만약 이 둘의 사용양상에서 성별로 차이가 없다면, 여성의 입장관철, 우위선점 전략도 인정되어야 할 것이며, 따라서 여성어의 화용적 특징은 수정이 불가피할 것으로 보인다. 다음 장에서 말 끼어들기 이후의 결과를 검토하여 남녀의 성차가 말 끼어들기와 그 이후의 상황에 변인이 되어줄 것인지 살펴본 것도 그 한 예이다.

다음으로 사적대화를 살펴보면 다음과 같다. 앞서 오락프로그램에서 혼성팀의 경우 여성의 적극적인 말 끼어들기 전략이 시사되었는바, 사적대화에서도 비슷한 모습이 읽힌다. 두 자료 모두에서 우호적 말 끼어들기가 압도적으로 높게 나타난 것(자료1은 80%, 자료2는 81%)은 유사하다. 그러나 남녀혼성대화에서 거의 대부분의 말 끼어들기가 여성에 의해 이뤄지고 있으며, 여성끼리의 대화에서도 여성1이 압도적으로 높게 나타나 이들에 의한 대화주도권이 예측되고 있다. 이 자료는 말차례를 유지하는지의 여부를 토대로 메시지의 우호성 여부를 다시 나눈 결과를 제시한다.

〈표3〉 여성의 수다(왼쪽)와 남녀 연인대화(오른쪽)에서의 말 끼어들기 양상

	기능	〈자료1〉 여성 대화				기능	〈자료2〉 혼성대화	
		여1	여2	여3	여4		남1	여1
우호	친밀감형성	7	1	6	1	친밀감형성	1	8
	공동구성	8	1	1	0	공동구성	0	3
	선호반응	1	2	0	0	선호반응	0	0
	합계(28)	16	4	7	1	합계(12)	1	11
	재질문	1	0	0	0	재질문	0	0
	화제진개	6	6	5	5	화제전개	1	0
	합계(23)	7	6	5	5	합계(1)	1	0
비우호	놀림,무시	2	3	1	0	놀림	2	
	화제전환	4	5	1	0	화제전환	0	0
	반박	3	1	0	0	반박	1	1
	합계(15)	8	6	1	0	합계(3)	2	13

그러나 자료의 한정성으로 일반화하기는 어려우며, 향후 자료를 좀더 보충하여 여러 유형의 자료에서 여성의 말 끼어들기의 방식이 이들과 동일하게 나타나는지 비교해 볼 필요가 있다.

마지막으로 공적담화의 특징이 강한 토론, 토의 담화를 들 수 있다. 여기 일례를 든 것은 사회자를 중심으로 찬성, 반대 패널들이 앉아서 사회자의 논제제시에 따라 자신의 의견을 제시하는 형식으로 운영되었다.

따라서 패널끼리의 끼어들기는 자주 나타나지 않았다. 사회자에게 재질문을 던지고 사회자의 질문에 답변하는 등 사회자와의 관계를 우선적으로 하고 있었으므로, 말 끼어들기 역시 사회자와의 관계 속에서 가장 많이 이루어졌다. 따라서 사회자 → 패널, 패널 → 사회자 간의 끼어들기만 제시한다.

〈표4〉 무상급식을 주제로 한 토의에서 사회자와 패널 간의 말 끼어들기 양상

			여1	여2	여3	합계	남1
우호	청자반응신호	사회자→패널	33	8	11	52	43
		패널→사회자	4	6	7	17	5
	공동구성	사회자→패널	4	0	0	4	2
		패널→사회자	2	0	1	3	2
	선호구성	사회자→패널	0	0	2	2	0
		패널→사회자	2	1	0	3	1
	친밀감형성	사회자→패널	3	0	1	4	0
		패널→사회자	2	0	0	2	0
	화제전개	사회자→패널	0	2	1	3	2
		패널→사회자	5	3	2	10	2
비우호	반박	패널→사회자	3	0	0	3	0
	화제전환	사회자→패널	21	1	3	26	1

　토의자료 역시도 상대방의 메시지에 우호적인 반응을 보이는 말 끼어들기가 가장 많다. 사회자의 말차례에 끼어든 패널의 성별 비교에서는 남녀가 거의 비슷하였으나 일부분에서 여성의 공격성이 읽혀졌다. 반박만이 아니라 말차례를 뺏어서라도 현재 화제에 대한 자신의 의견을 진술하는 '현 화제에 대한 전개(및 발전)' 역시도 여성이 좀 더 많이 사용

하고 있었다. 아래 예는 '화제전개(및 발전)'의 양상을 보인 것이다.

   (4) 가. 사회자 : [나머지는] 다?

       여성1 : [예에]

       남성1 : 네네

       사회자 : 전면적인 무상급식을 [하고 있다]?

       여성1 :   ① [지금=],

           육십 어-우리나라가 지금 69%정도,

           지금,

           전면,

           무상급식을 [하고 있죠]

       사회자 :   [중학교는] 마찬가지구요?

       여1 : 네네,

         예=

         초중고 다 합했어요

  이러한 여성의 공격성, 적극성은 발언권을 종결시키려는 사회자의 말 끼어들기 역시 여성 패널에게서 더 많이 나타났다는 점에서 입증된다. 화제전환 중 발언권을 종결짓는 것은 여성 21회, 남성 0회로 나타났다.

   (5) 여1 : 그런데 그,

         홍지사님의 뜻은,

         쫌 본뜻은 그게 아니라고 생각합니다,

         정말 필요한 곳에,

         어- 그- 복지를,

선택과 그- 집중을 해서,

꼭 필요한 곳에 쓰겠다는 그,

취지로

①사회자 : 예.

　여1 : 좀 과한 표현이 되지 [않았]을까=

②사회자 :　　　　　　　　　　　　[예].

　여1 : [이런 생각이 듭니다].

③사회자 : [네, 선별적 복지를 찬성]하시는 쪽 입장이시구요.

　여1 : 예.

　여성 패널의 말이 길어지자 사회자가 일단 긍정의 신호로 끼어들었다가(①) 두 번째는 말 중간에 끼어들고(②) 마지막엔 말차례마저 뺏는 모습(③) 보인다. 사회자의 발언권 조정을 위한 절차이긴 하지만 이런 모습이 여성 패널의 경우에 자주 나타난 것은, 여성 패널의 발언권 확보와 사회자의 발언권 조정이 가장 첨예하게 대립된 것으로 해석할 수 있다. .

　몇 편의 자료를 토대로 살핀 결과, 토의자료나 혼성집단 내에서 여성들이 말 끼어들기를 활발하고 행하고 있고, 가장 비우호적인 말 끼어들기, 즉 반박과 화제전환에도 적극적으로 참여하고 있어, 기존의 여성어의 화용적 특징은 수정될 필요가 있을 것으로 보인다. 따라서 본고는 성별 말 끼어들기의 양상을 점검하고, 여성어의 화용적 특징을 다시 새롭게 정리해 보려 하며, 이에는 여러 방향의 자료들이 필요할 것으로 보인다.

2.3 역할별 말 끼어들기 양상 연구

　프로그램을 이끌어가는 사람과 출연자로서 등장하는 사람은 맡겨진 역할이 다르기 때문에 끼어드는 행위에 있어서도 차이가 나타날 수 있다. 더구나 발언권조차 확보되지 않은 오락프로그램에서는 자신의 발언 횟수를 늘리기 위해서라도 자주 끼어들 수밖에 없으며, 이는 우호적, 비우호적인 행위와 상관없이 일어날 것으로 보인다. 하지만 프로그램을 이끌어가야 하는 사회자라면 프로그램의 정해진 순서대로 화제를 이끌어야 하며, 출연자들의 발언에 호응도 보내고 동시에 자신의 발언권을 확보하기 위해 말 끼어들기도 행해야 한다. 여러 가지 경우의 수를 가지고 있는 사회자이기 때문에 출연자로서 나온 사람들보다는 더 자주, 그리고 다양한 의미기능을 보일 수 있을 것으로 생각된다. 따라서 역할별로 어떠한 의미기능을 보이는지를 검토해보는 것도 재미있는 주제가 될 수 있다. 일례로 두 프로그램에서 등장하여 한 번은 사회자(〈비디오스타 84회〉로, 한 번은 출연자(〈라디오 스타 465회〉)로 모습을 나타낸 여자 개그맨을 들 수 있다.

　출연자인 그녀는 여성 게스트의 말을 중단시키거나(1회) 남성 게스트의 말을 중단시키는(2회) 비우호적 말 끼어들기는 많이 사용하지 않았다.

　　(6) (A가 사귀고 싶어하는 남성 이야기를 하는 도중)
　　　사회자2 :　유명한 약수터지?
　　　남출연자1 : [유명합니다]
　　　A :　　①[아니 근데],

	지금도 늘 이미 유명해진 약수터이긴한데 그냥,
	그분을 빨리 좀더 알았으면 좋았을 걸 했던 게,
	박보검씨,
모두 :	에이
사회자4 :	잠깐만요,
	그분을 노린다고요/
A :	아니 그냥
사회자3 :	노리려면 그렇게 노리는 게 낫지,
	출연자1 노려서 까이나,
	박보검 노려서 까이나

(6-①)은 사회자의 말 중단시키기 예를 보인 것으로, 이러한 예는 소수에 불과하다. 대부분은 남성게스트, 남성사회자, 여성게스트 등 다양한 사람들을 상대로 친밀감을 증진시키기 위한 말 끼어들기(11회)를 자주 사용하였으며, 화제의 변화(2회), 선호반응 보내기(6회) 등 우호적 말 끼어들기를 자주 사용하였다.

(7) (A가 동료들이 개인기에 대해 고민할 때 조언해준다고 말하는 상황)
남출연자B : A가 어제 메이컵하고 있는 중에,
　　　　　　개인기 뭐하지 하고 있는데,
　　　　　　야 너 그거해,
　　　　　　이래서
남출연자C : 잘하네
　　　　　　감독이네
　　　　　　조력자네

A :	저는 개인기가 없습니다
사회자C :	박감독 사단이구먼
A :	아이 뭐 저희 패밀리입니다
사회자C :	박감독,
	구단주가 누군지 [알고 있지/]
A :	①[아유 그럼요]

사회자C를 구단주로 한 집단에서 자신의 역할을 강조하는 출연자의 모습을 보인 예문으로, 상대방이 묻기도 전에 미리 대답을 함으로써 자신의 충성스런 모습을 강조하고 있다. 이를 통해 사회자C의 기분을 좋게 하여 서로 간에 우호적인 분위기를 연출하려는 의도를 가진다.

〈비디오스타〉에서 사회자로 등장한 그녀는 출연자였을 때에 보이지 않던 대화의 공동구성에 자주 참여하였으며, 친밀감 증진은 2배 이상의 분포를 보이는 것이 특징적이었다.

(8) 남출2 : 애 데리고 나가서 목마 태우는 것 좀 해보고 싶었어요.

　　사2 : 그 전에는 한 번도 못 했어요/

　　남출2 : 못 한 거죠,

　　　　 늘 우리 아빠가 했죠,

　　　　아빠가 아빠 역할,

　　　　그날 실제로 [마트를 갔어요.]

　　사3 : ①[아, 대형마트.]

　　　　일부러 사람 많은 데.

남성게스트의 말에 호응을 보내는 사회자의 모습을 보이는 예(①)로,

상대방의 말을 예측하여 공동으로 대화를 완성해 가는 대화의 공동구성 예이다. 이러한 모습은 사회자로서 상대방의 말에 관심이 많다는 것을 나타내어 출연자의 분위기를 살려줄 수 있다. 그녀의 말 끼어들기 양상을 보면, 사회자로서 대화를 이끌어나갈 권한을 갖기 때문에 발화 자체가 많이 발생한 점도 인정이 되나, 담화기능도 달라졌음이 인상적이다.

또한 여성 게스트를 대상으로 한 우호적 말 끼어들기 횟수는 남성 게스트를 대상으로 한 말 끼어들기 횟수와 비교하면 3배나 적었다. 게스트가 남성 2명, 여성 2명이므로 이는 여성 게스트를 배려하였다고 해석하기는 어렵다. 게다가 여성 사회자끼리 우호적 말 끼어들기가 오히려더 빈번하게 일어나는 것으로 보아 동등한 입장에서 대화를 구성하려노력하기보다는 남성 게스트를 상대로 한 대화를 선호했다고 보일 수있다.

(9) 〈남자 게스트가 출연한 드라마에서 분량이 많이 삭제된 이야기를하고 있음〉

남출1 : 아섭지만,

세 아이를 키우는 아빠의 입장에서는,

노력한 것에 비해 출연료가 입금된 것은=

감사하게 [생각합니다.]

사3 : ①[현실적이야] 아버지니까 할 수 있는 얘기예요.

남자 출연자를 상대로 그의 대화에 동조하며 위로를 보내는 장면(①)으로, 여성 출연자에게는 보이지 않은 면모이다. 이처럼 남성 게스트를 상대로 한 대화를 선호하는 모습은 여성으로서 혹은 사회자로서의 위치 때문인지 좀 더 살펴볼 필요가 있다.

이러한 과제를 남기고 현재 진행된 말 끼어들기와 말 끼어들기 이후의 연구 5편을 제시해 보겠다.

Ⅱ. 토론담화에서의 말 끼어들기에 대한 연구[1]

1. 서론

각자 자신이 하고 싶은 대로 말을 한다고 생각하지만, 우리의 대화는 말차례교환법칙에 따라 체계적으로 이뤄진다. 실제 대화 자료를 전사, 분석하여 말차례 구성단위를 연구한 Ford & Thompson(1974)에 따르면 통사적 완결점, 억양단위로 측정되는 억양적 완결점 그리고 행위가 완결되는 화용적 완결점이 함께 일치하는 지점에서 말차례의 교환이 이루어진다고 한다. 이른바 복합적 추이적정지점(Complex Transition Relevance Places : CTRPs)에서 대다수의 말차례의 교환이 이루어지는 것이다.

그러나 CTRPs가 아닌 지점에서 말차례가 시작되거나 CTRPs를 지나서 계속 이야기하는 예외적인 경우도 발견된다. 이는 주로 화자가 상대

---

1) 이는 강소영, 「토론담화에서의 말 끼어들기 연구」, 『한국어의미학』 58, 한국어의미학회, 2017, 89~124쪽에 실린 글을 옮긴 것이다.

방에 대하여 우호적인(혹은 부정적인) 반응이나 평가를 내리는 특정 행위를 수행하는 경우이다. 토론담화는 각자의 주장이 지닌 타당성을 입증하기 위해서 공격적으로 말을 주고받기 때문에 부정적인 반응이나 평가를 내리기 위해 추이적정지점을 위반하여 말차례가 전개되는 사례가 다수 포착될 것으로 예상된다.

실제로 토론담화를 전사, 분석하였을 때 반박, 이의제기 등 비우호적인 행위를 수행하는 곳에서 CTRPs를 위반하여 말 끼어들기를 시도한 경우를 볼 수 있다.

(1) 가. 긍정1 : 예,

　　　　　거래가 서로=,

　　　　　거래처--

　　　　　학교와.(0.1)

　　부정2 : ①안 된다고 이[야기하셨죠]

　　긍정1 : ②　　　　　　[학교와] 학생간의 거래가 아닙니다,

　　　　　네,

나. 긍정2 : 순차적인 결과물로서 평가하는 것이지,

　　　　　처음부터 어떤=

　　　　　학생들을 지정해 놓은 것이 아닙니다,

　　　　　③[동의하십니까↗]

　　부정1 : ④ [지금 말씀하시는 게],

　　　　　어폐가 있는 게 ,

다. 긍정1 : [학생측에],

　　　　　학생측에 더—

　　　　　학교가,

　　,

만약 더 계속해서,

⑤지원을 [하면]

부정2 : ⑥　　　[이득이] 안 된다고--,

예,

아니오로만,

대답해 주시면 되겠습니다.

(1)은 '성적장학금은 정당한가'라는 주제 아래에 성적장학금은 학교와 학생간의 거래가 아니기 때문에 정당하다는 긍정 측의 논의를 부정측이 공격하는 장면이다. 논박이 지속되면서 서로 간의 말 겹침이 자주 발생하는데, 현 화자의 말차례인데도 의도적으로 끼어들거나(②, ⑥) 현 화자의 말차례가 끝났다고 보고 말을 시작하여(④) 말 겹침이 일어나고 있다.

상대의 의견에 논박을 가하기 위해서 자신의 말차례를 기다리지 않고 바로 말 끼어들기를 행하여 말 겹침이 발생하는 것은 토론담화에서는 불가피한 일로 보인다. 그런데 현 화자의 말차례 중간에 말을 시작하여 말 겹침이 발생했다고 해서 그 환경이 모두 동일한 것은 아니다. 상대의 의견을 아예 듣지 않고 말을 시작하기도 하지만(1-다), 상대방의 요지, 즉 하려던 말을 방해하지 않고 말을 시작하기(1-가)도 하기 때문이다. 앞 예문 (1-가)에서 ①과②의 겹침이 일어나는 지점은 인용절의 인용동사 부분이며, 인용절의 통사적 구조에 익숙한 청자로서는 인용동사는 굳이 듣지 않아도 예측 가능한 지점, 따라서 잉여적 부분으로 인식 가능하다.

정리하면, 본고는 (1) CEDA 토론담화를 대상으로 말 끼어들기 예들을 모아, 이의 유형을 분류하고 (2)현 화자의 메시지 완결성에는 별다른 영향을 미치지 않은 예들의 구조적 특징을 분석해 보려고 한다. 화자의 말차례가 완결되기 전에 말을 시작하였으므로 말차례 상으로는 비우호적 행위이지만, 화자의 메시지 완결성으로는 비우호적이지 않은 지점, 그래서 말 끼어들기가 용이한 지점을 설정할 수 있을 것이란 가정 아래에서이다. 이를 위해 (3) 말 끼어들기 이후 말차례 잡기의 성공확률과 차별화된 담화전략상의 특징이 있는지도 함께 분석해 볼 것이다.

2. 토론담화에서의 말 끼어들기

2.1. 말 끼어들기의 정의와 토론담화에서의 분포 현황

본고는 한 사람이 이미 말을 하고 있는 상태에서 다른 사람이 말을 시작하여 말 겹침이 발생하는 현상을 논의의 대상으로 하고 있다. 이는 기존 연구에서 말 중단시키기(interruption), 말 중복(overlap) 또는 말 끼어들기(interruption) 등으로 불리던 것이다.

말 중단시키기(interruption)와 말의 중복(overlap)은 Sacks et al(1974)에서 나온 것으로, 전자는 남의 발언권을 고의로 빼앗는 행위이며 후자는 추이적정지점을 잘못 예측하여 본의 아니게 동시 발화되는 행위를 이른다. 그러나 이원표(1999)에서 지적하였듯이 똑같은 동시발화인 경우에라도 현재 화자가 말을 그만둔 경우는 말 중단시키기로 분류되고, 현재 화자가 말을 이어나가는 경우는 우연적인 중복으로 나타날 수도 있어, 이를 엄밀히 구분하는 것은 어려운 일이기도 하다.

따라서 각기 다른 용어를 붙이기보다는 하나로 통합하여 쓰는 것이 타당하다고 보이며, 본고는 이원표(1999) 이래 여러 논문들(임규홍 2001, 박정진 2003, 차지현 2007 등)에서 명명한 말 끼어들기를 사용하려 한다. 본고에서 정의하는 말 끼어들기는 외형적으로 현재 화자의 말이 형식적으로 끝나지 않은 상태에서 다른 사람, 즉 청자가 말을 하는 경우를 이르는 용어로, 그 결과 말이 중복되거나 겹칠 수 있으며, 말 끼어들기로 말차례 교대가 이뤄질 경우 현재 화자의 입장에서는 말차례를 뺏기는 일이 일어날 수 있다.

그동안 이에 대한 연구는 정의와 분류(이원표 1999, 임규홍 2001 등), 담화 기능(이원표 1999, 차지현 2007 등), 그리고 말 끼어들기 이후 벌어지는 현상(차지현 2007, 박정진 2003 등) 등 다방면으로 이루어졌다. 그러나 이들은 추이적정지점에서의 말차례를 위반한 사례에 초점을 맞추었기 때문에, 추이적정지점보다 앞서서 이뤄진 말 끼어들기 현상 그 자체로는 별다른 연구가 진행되지 않았다.

그러나 한국어가 영어에 비해 맥락중심적 언어이며, 말차례 교대가 유연하게 이뤄지고 있음을 실증적 작업으로 밝힌 Park(2009)의 논의를 보면, 추이적정지점보다 앞서서 이뤄진 말 끼어들기 현상 중 다수는 한국어의 구조적 특성에 익숙한 한국 화자들만의 전략적 장치로 해석될 여지가 있다.

아래는 Park(2009 : 59-60)에서 미처 다 말하지 못하고 잘린 부분(Truncated unit)이지만, 말차례 구성 단위(TCU : Turn Constructional Unit)로 기능한 유형을 정리해서 보인 것이다.

(2) 가. Min : → 나도 옛날에 삼성.

Jee : 삼성? 아. hh. 나는 옛날부터 [삼성-

Min : [김현준씨 [있었잖아

나. Min : → 축구도 한 (.) 일 년에 한 번?

Jee : 일 년에 한 번?

Min : 어

다. P : 어, 그까 단대는 : 까 원래 : : 그까 작년에 몇 개가

비권에 동조를 했었는데

L : 어.

P : → 다시 한총련 계열로 다.

l : 아 그런 거였어?

라. sen : → 말 그대로 쇼.=

Jun : =쇼니까 :

마. E : → 도와주려고 해 : [도 :

S : [그래 가지고 메시지를 남겼는데

바. Sen : → 아니면 그냥 : 말 그대로 그냥 : 이유없이 그냥 : [문

지마

Ara : [아 : :

사. Park : 만약에 총학이, 한총련 계열이었다면 그렇게 수수방

관만 하고 있었을까

→ 라는 생각이

Lee : s.hh. 근데 왜 하 하필 하 한양대로 왔을까? 그 사람들이?

말차례의 교대가 이뤄지는 추이적정지점은 청자의 머릿속에서 추측
되는 존재로서 그 명시적인 위치는 화자 스스로가 말을 멈추고 다른 참
여자가 말할 수 있도록 물러남으로써 드러난다. 물론 이는 종결어미나

연결어미 등 주로 어미로 표시되는데(박성현, 2007 : 67), 한국어 구어는 (3)에서 보듯 종결(연결)어미 이전에 화자 스스로 말을 멈추어 말차례가 추이적정지점 이전에서도 교체될 수 있다. 즉, 좋아하다(가), 갈걸(나), 돌아섰어(다) 이다(라) 등의 서술어, 전화를 안 받아(마), 그러면서 쏜 거겠지 (바) 등의 후행절, 그리고 '확장된 명사구+주격조사 –이' 다음에 오는 서술어(사) 등, 뒤의 구성요소들이 생략된 채 말차례를 넘기는 것이 자연스러움을 알 수 있다.

본고는 이를 토대로 (2)과 같은 추이적정지점 이전에 이뤄진 말차례 교대 단위에 익숙한 화자들이라면 (2)의 잘린 부분을 말차례 교대의 적절지점으로 여겼을 가능성이 있으며, 따라서 (2)과 같이 특정 문법적 구조를 말 끼어들기가 가능한 지점으로 여겼을 수도 있었을 것이란 가정을 하였다. 따라서 본고는 (2)과 같이 추이적정지점 이전이지만 말차례 교대가 자연스럽게 이뤄질 수 있는 문법적 구조를 찾아보려 한다. 물론 이는 말 끼어들기 이후 말차례 잡기의 성공률이 높은지의 여부를 검토하여 용이 지점으로서의 가능성을 뒷받침해 볼 것이다.

기존의 말 끼어들기를 대상으로 한 연구들에서도 말차례가 바뀌었는지 아니면 계속 유지되었는지를 분석하여 제시(박정진 2003, 차지현 2007 등)하였지만, 이들은 말차례를 지속하는 조건, 즉 무시하기, 짧게 반응하기, 다시 끼어들기, 주제의 재도입 등 의미적 특징을 밝히는 데 초점을 맞추고 있어 말 끼어들기가 이뤄진 문법적 구조에 대해서는 자세히 살피지 않았었다.

본고는 말 끼어들기가 발생하는 다양한 유형들을 살피고 그들 중에서 어떤 경우에 말차례 교대의 성공률이 높은지를 살피려 한다. 그리고 이에 공통적으로 존재하는 언어사용상의 특징을 살펴, 말 끼어들기 용이

지점의 구조상의 특징으로 정리할 것이다. 이를 위해 본고는 토론자료 5편을 연구대상으로 선정하였다. 이는 상대방보다 더 많은 발언권을 잡아 자신의 의견을 피력해야 하는 토론의 진행 과정상, 말 끼어들기가 언어 전략적으로도 매우 중요한 쓰임새를 가질 것으로 예측되기 때문이다.

토론은 일상 대화와 달리 말차례 교환 순서가 형식적으로 정해져 있어 외견상으로는 말 끼어들기가 발생하기가 쉽지 않은 담화유형이다. 그러나 CEDA 토론진행방식은 상호질의나 자유논박 등 제한된 시간 내에 자신의 목적을 달성하기 위해 상대방의 말을 자르거나 자신의 말차례임을 주지시키는 행위가 자주 발생하고 있어(나은미, 2011 : 253), 우호적인 것만이 아니라 비우호적인 말 끼어들기도 자주 만날 수 있을 것으로 예상된다. 본고는 이러한 점을 감안하여, CEDA 토론담화 5편을 연구대상으로 선정하였다.

지금까지 토론담화를 대상으로 한 말 끼어들기 연구는 참여자들 간의 역학관계(박정진 2003, 이은희 2011 등)나 토론의 전략으로 다루어서(송경숙 2000, 박용한 2002 등), 말 끼어들기 지점에서의 문법구조상의 특징을 밝히려는 시도는 없었다. 더구나 그동안 토론담화 연구는 TV 시사 토론을 주요 연구대상으로 삼았었다. TV 토론담화는 사회자 위주의 말차례 교환이 자주 벌어져, 수평적 관계에 놓인 토론자들끼리의 말차례 교환, 이른바 대화가 지닌 말차례 교체의 원칙을 분석하는 것이 용이하지 않다(이은희, 2011 : 159). 따라서 본고는 사회자는 진행절차에 최소한도로 개입할 뿐, 참여자들끼리의 말차례 교대가 주도적 양상을 띠는 CEDA 토론 자료를 택해, 말 끼어들기 현상을 분석해 보려고 한다.

본고에서 택한 5편의 자료 중 두 편은 전국대학생 토론왕 대회(2007년

11월, 주제 : 한미 FTA는 한국 경제 발전에 동력이 될 수 있다)와 모 대학 교내 토론대회(2014년 5월, 주제 : 성적장학금 정당한가?)를 대상으로 전사한 것이며, 세 편은 교양 수업시간(2014년 6월 주제 : 정당방위, 대형마트 의무휴무제, CCTV 설치)에 진행한 토론을 전사한 것이다. 각 자료를 분석한 결과, 말 끼어들기의 분포현황을 제시하면 아래와 같다.

〈표1〉 CEDA 토론담화에서의 말 끼어들기

		주제	시간	말차례	말 끼어들기
1	전국	한미 FTA는 성장의 동력인가?	교차상호질문 11 : 45(m : s)	9	0
			자유반박 14 : 02(m : s)	24	8
2	교내	성적장학금은 정당한가?	교차상호질문 12 : 23(m : s)	130	47
			자유반박 29 : 58(m : s)	62	18
3		정당방위는 정당한가?	교차상호질문 10 : 5(m : s)	42	5
			자유반박 20 : 25(m : s)	94	15
4	수업	대형마트 의무휴무제는 실효성 있는가?	교차상호질문 09 : 18(m : s)	32	10
			자유반박 20 : 12(m : s)	88	12
5		CCTV 설치는 효과적인가?	교차상호질문 9 : 25(m : s)	42	22
			자유반박 19 : 05(m : s)	133	48
총합				656	185(%)

CEDA토론은 토론회마다 주어진 시간이나 횟수에서 차이를 갖긴 하지만, 대체로 교차상호질문(Cross-Over Interaction)과 자유논박(rebuttal)이 2차례씩 교대로 이루어진다. 교차상호질문은 서로 상대방의 주장에서 궁금한 것을 직접 묻는 코너로, 질문자의 주도로 전개된다. 이에 반해 자유반박은 자유롭게 논박을 주고받는 코너로 말차례 순서

는 정해지지 않았다.

분석대상인 5편의 토론담화에서도 2명이 한 팀을 이뤄 교차상호 질문과 자유논박에 교대로 참여하였으며, 각 자료별 말 끼어들기를 합한 결과는 전체 말차례 656회 중에서 28.2%를 차지한 185회였다. Levinson(1983)에서 말차례 중복(overlap)이 5% 이하라고 말한 것이나, 비록 예능프로그램를 대상으로 한 빈도이지만 8.2~12.5%였던 것(김수경, 구수연, 2012 : 112)과 비교하면, 토론담화에서의 말 끼어들기는 상당히 자주 일어나는 편이라 할 수 있겠다.

2.2 말 끼어들기의 하위 유형별 분포 현황

말 끼어들기는 이원표(1999)처럼 구조적, 해석적 접근법의 기준을 모두 적용한 유형 분류에 따라 행하려 한다. 이원표(1999)는 고의성과 담화에서의 기능에 따라 청자반응신호, 우발적 말 끼어들기, 우호적 말 끼어들기, 비우호적 말 끼어들기, 네 가지로 나누어 왔다. 청자반응신호는 청자가 현 화자가 말을 하는 동안 그 말에 대한 관심이나 참여 또는 관여의 표시로서 짧게 보내는 반응을 의미한다. 이는 차지현(2007 : 23)에서 지적했듯이, 말 겹침이 전혀 이루어지지 않기도 하기 때문에, 본고에서도 이는 제외하였다.

청자반응신호를 제외한 우발적/의도적 말 끼어들기의 분포현황을 볼 때, 각기 말의 첫 마디와 끝마디에서 일어나고 있어서 본고는 말 끼어들기가 발생하는 지점을 기준으로 나누려 한다. 그리고 첫 마디에서 일어나는 말 끼어들기의 경우는 크게 동시시작과 화자 혹은 청자의 과실로 분류하였다.

(3) 가. 긍정1 : 저희생각에는 상해죄는 아니고,

　　　　　　　　[상해치사죄가 된다는 게,

　　긍정2 : [과실치사죄]

　　긍정1 : 저희 쪽 입장인데요.

　　청중, 참여자들 : ①[@@@]

　　부정2 : ② [그 범주 설정은--],

　　긍정2 : ③ [저희가--],

　　　　　　덧붙이자면 ,

　　　　　　저희들 입장은 뭐냐면,

　　나. 긍정2 :　그렇게--

　　　　　　그렇게 공공장소에 설치되어 있는데 허가가,

　　　　　　허가를 안 받았거나 아니면.(0.01)

　　　　　　④ 그런 뭐냐--

　　　　　　⑤ [메시지가 망가져 있으면 --]

　　부정1; ⑥ [허가를 안 받았으면 안내판이] 안 달려 있으면,

　　다. 긍정2 : 소수자에게 몰아준다고 주장하신 거 맞습니까↗

　　부정1 : ⑦ 맞습니다,

　　　　　　⑧ [가능한 학생--]

　　긍정2 : ⑨ [하지만 성적]--

　　　　　　제가 말씀--

　　　　　　제가 계속해서 말하겠습니다,

　(3-가)는 정당방위의 범위를 넓히는 문제를 놓고 격론을 벌이고 있으며, (3-나)는 CCTV의 설치과정이 합법적이라는 긍정 팀의 주장에 부정 팀이 논박을 하는 장면이다. 그리고 (3-다)는 성적장학금이 불공평하다

는 부정 팀의 의견에 그나마 공정하다고 맞서는 긍정 팀의 모습을 담은 예이다.

토론은 주제가 정해져 있고 자신의 주장이 정당함을 설파해야 하기 때문에 사적대화처럼 말차례가 없어지는 경우는 그다지 많지 않다. 하지만 웃음이나 감탄 등 청중의 예기치 않은 반응으로 말차례가 중단되고, 이때 현행 화자의 말차례가 잠시 멈추기도 한다. (3-가) 역시 그때를 놓치지 않고 말을 꺼낸 부정2와 긍정2의 말차례가 겹친 경우로, 이는 동시시작으로 분류하였다.

이에 반해 (3-나), (3-다)는 대화 참여자들의 실수에 의해 끼어들기가 발생한 경우이다. (3-나)는 말이 생각나지 않아서 현재 화자가 말을 멈춰(④) 다른 이의 말 끼어들기가 발생(⑥)한 경우이며, (3-다)는 청자(긍정2)가 현 화자(부정1)의 말이 끝났다고 보고 끼어들었다가(⑨) 말 겹침이 발생한 경우이다. 특히 (3-다)는 종결어미가 사용되어(⑦) 긍정2로서는 추이적정지점이라 판단할 여지가 다분한 지점이다. 따라서 이들은 청자의 예측이 화자의 의도와 일치하지 않았을 뿐, 추이적정지점이라고 판단한 청자의 예측 자체는 잘못된 것이 아니라는 의미를 담아, 본고는 이를 과실에 의한 말 끼어들기라 명명하였다.

종결어미의 사용과 관련하여 말 끼어들기가 이뤄진 경우에는 화자의 추가어(increment)사용도 다수 포함되어 있다.

(4) 가. 긍정1 : ①그런 cctv--

　　　　　　②설치에 반대하십니까↗

　　　　　　③블랙[박스 설치를]?

　　부정2 :　　　 [그거는 본인]이--

아까 계속 말씀드렸지만,

나. 긍정1 : 공공―공공장소에 설치된 cctv에는,

④사생활 침해의 우려가 없다고 생각합니다,

⑤[솔직하게 말해서]

부정2 : ⑥[왜 없다고 생각하십]니까↗

　(4-가)는 긍정1이 정확하지 못한 어휘(①)를 고쳐서 문장이 모두 끝난(②) 뒤 덧붙인(③) 예이며, (4-나)는 자신의 생각에 대한 평가를 추가어(⑤)로 덧붙인 예이다. 추가어는 앞선 종결어미로 끝난 문장(②, ④) 내에 나왔어야 했으나 무질서하게 나온 긍정1의 말 때문에 뒤에 덧붙은 것으로써, 끼어드는 부정2로서는 예측할 수가 없는 부분이다. 이 역시 화자가 고의적으로 말을 분절시키려는 의도가 있었던 것은 아니기 때문에, 화자의 과실에 의한 말 끼어들기로 분류하였다.

　지금까지 살핀 말의 첫 마디에서 발생하는 말 끼어들기의 세부 유형을 정리하면 다음과 같다.

〈표2〉 말의 첫 마디에서의 말 끼어들기 현황

자료	유형	동시	과실		
			화자		청자
			분절	추가어	종결예측 실패
1	FTA	0	0	0	0
2	성적장학금	0	4	0	8
3	정당방위	1	4	0	0
4	의무휴무제	7	0	1	3
5	CCTV	0	7	2	11
		8	15	3	22
총계		8	18		22

두 번째로 첫 마디 이후에 발생하는 말 겹침, 특히 말의 끝머리에서 말 겹침이 발생하는 경우의 세부유형을 보면 우선, 상대방의 발화 환경을 고려한 말 끼어들기와 아무데서나 말 끼어들기를 시도한 경우로 크게 나눌 수 있다.

(5)가. 긍정1 : 그것은 뭐,

감수하고 찌른다,

①이런 고의 같은 경우가 아니라고 [생각--]

부정2 : ②   [그니까] 미필적 고

의를 말씀드리는 것은,

나. 부정2 : 자본축적 기간 동안 임시 책으로 그럼,

대형마트는 계속=

휴무를 해야 하나요↗

긍정1 : ③임시 책이 아니고 [₁ 그걸--₁]

부정2 : ④   [₁임시 책이죠₁] [₂ 그건 ₂]

긍정1 :   [₂아니= ₂],

임시 책인데도 불구하고 그--

(5-가)는 정당방위의 허용한도에 대해 논하는 장면이며, (5-나)는 재래시장의 현대화 사업을 위해 대형마트 휴무제를 실시하는 것이 임시방편 책인지 논하는 장면이다. 현 화자의 말이 끝나지 않았는데도 말 끼어들기를 시도(②,④)하여 고의성이 인정되지만, (가)와 (나)는 현 화자가 전달하는 메시지의 완결성에서 차이가 난다. ②는 메시지의 완결성에 지장을 주지 않았지만 ④는 현 화자의 메시지가 미처 완결되지 못한 상태에서 말 끼어들기가 일어난 것이다.

①에 담긴 메시지는 '그 예는 이런(미필적) 고의에 해당되지 않는다'
이다. 즉, 메시지를 전달하기 위해 필요한 요소는 인용절로 충분하며, 말
끼어들기가 이뤄진 주절의 서술어 '생각하다'는 누구나 쓰임이 예측되
는, 따라서 잉여적인 문장성분일 뿐이다. 결국 부정2의 끼어들기로 인한
말 겹침(②)은 메시지의 완결성에 별다른 영향을 미치지 않은 경우라
하겠다.

반면에 ④는 잘못된 어휘의 사용을 지적하기 위해 현 화자의 메시지
가 완결되었는지에는 관심 없이 즉각적으로 반박한 경우이다. 긍정1의
메시지(③)는 '현재 마련된 법체계를 임시 책이 아니라 다른 어떤 것으
로 해석할 수 있다.'이므로, '다른 어떤 것'을 막아버린 부정2의 말 끼어
들기(④)는 현 화자의 메시지에 손상을 가한, 전형적인 비우호적 말 끼
어들기의 예시라고 할 수 있다.

본고에서 (4-가)처럼 현행 화자의 발화를 미리 예측하고 메시지의 손
상 없이 말 끼어들기를 시도한 경우를 유형화하여 제시하면 다음과 같
다. 참고로 오른쪽엔 아무데서나 즉 불특정 지역에서의 말 끼어들기 분
포를 정리해 서로 비교해 보이었다.

〈표3〉 말의 끝머리에서의 말 끼어들기 현황

특징 \ 자료	특정 언어적 환경					불특정
	인용절	서술절	의문문	관용구	부가 의문문	
1. FTA	3	0	0	0	0	5
2. 성적장학금	10	3	0	3	0	37
3. 정당방위	6	4	1	0	0	4
4. 의무휴무제	2	2	0	0	0	7

5. CCTV	3	11	5	4	2	25
총계	24	20	6	7	2	78
	59					

물론 토론은 현재 화자의 의견에 논박을 가하고 자신의 의견에 우세함을 드러내려는 논쟁적 성격을 띠고 있어, 이들의 말 끼어들기는 현재 화자에게 우호적인지의 여부에 따라 다시 나뉠 수 있다.

〈표4〉 CEDA 토론담화에서의 우호적/비우호적 말 끼어들기

자료＼특징	우호적			비우호적				
	특정		불특정	과실		특정	불특정	
	보충	대답	보충	화자	청자	반박	수정	반박
1. FTA	0	0	0	0	0	3	0	5
2. 성적장학금	0	2	1	4	8	14	1	35
3. 정당방위	1	1	0	4	0	9	1	3
4. 의무휴무제	0	0	0	1	3	4	0	7
5. CCTV	2	2	1	9	11	21	2	22
총계	3	5	2	18	22	51	4	72
	13(0.7%)			167(88%)				

본고에서 정한 기준에 따르면, 현행 화자에게 우호적인 행위는 토론담화에서는 그다지 많이 나타나지 않는다(13회, 0.7%). 이는 토론담화에서는 일상대화에서와 달리 우호적 행위의 범위가 축소되었기 때문이기도 하다. 예를 들어 이원표(1999)는 우호적 행위로 (1) 대화의 공동구성, (2) 친밀감 증진, (3) 명료화 요청, (4) 화제전환, (5) 이야기진행을 제시하였으나, 본고는 모두 비우호적 행위에 해당한다고 판단하였다.

이원표(1999)는 명료화 요청 중 '기관총 질문'이 후속 질문이 앞 질문의 대답에 대한 확인을 요구하는 성격을 띠어 결과적으로 우호적인 행위로 처리할 수 있다고 하였다.

(6) 가.　　B : 그러게 힘만줘서 될 문제가 아닌걸로 저는 [생각이 드는
　　　　　　데요

　　　① A :　　　　　　　　　　　　　　　　　　　　　　　[아 그래요?
　　　　　　이게 이게 똑같은 대사라도 이게 두분이 틀립니까?=

　　　　D : =어::틀리죠=

　　　② A : 또옥같은 저쪽에서 정도전을 맡았다 하더라도 이분이
　　　　　　허는 것하고 다르게 헌단 말씀에요?

　　　　D :　　　　　　　　　　[아아 다르죠=

　　　　C : =예에 틀리죠

　　　③ A : [어떠 어떠케 틀려요, 더 더 크게? 더 더 더 무겁게?

　　　　　　　　　　　　　　　　　　(이원표 1999 : 40 재인용)

①은 연기자에 따라 발성방법이 다를 수 있다는 B의 이야기를 확인하는 A의 질문이 나오는 대목이며, ③은 D와 C에게 다시 한 번 구체적인 예를 들면서 확인을 시도하는 A의 질문이 나오는 대목이다. 둘 모두 확인질문을 하면서 놀람이나 새로운 인식, 흥미로움의 표현을 나타낼 수 있어 이원표(1999)는 우호적인 행위로 분류하였다.

그러나 토론에서 상대방에게 확인을 요구하거나 상대방의 잘못된 발언을 수정하는 행위는 상대방의 실수를 드러내는 행위로 이어져 비우호적인 행위로 해석될 수 있다.

(7) 부정2 : [1아니, 그것은 거래1]라는 것을 [2포함해서=2]

긍정1 :   [2거래라는 의2]미를--

부정2 : ① [3입장을 취하셨3]죠↗

긍정1 :   [3정의를 좀=3] 입론을 [4통해서--4]

이는 성적장학금은 상거래 행위가 아님을 주장하는 부정 팀에서 상대방의 장학금을 주는 행위를 '거래' 행위로 몰아가기 위해 2번 이상 확인질문을 하는 과정을 보인 예이다. 부정 팀의 확인질문(①)은 긍정 팀과 청중에게 긍정 팀의 논리가 잘못되었음을 각인시키는 행위로, 결국 긍정1이 입론에서 밝힌 자신들의 정의를 제대로 알고 질문해 달라는 재반박(⑤)을 하게 만들었다. (7)은 토론에서의 확인질문이 우호적인 행위로 분류될 수 없음을 보여주는 것이며, 따라서 본고는 이를 비우호적 행위로 분류하였다.

또한 사적대화에서는 친밀감의 증진을 보이는 '네'를 (1)상대의 질문에 가급적 빨리 대답을 해주는 경우만 우호적인 것으로 분류하였고, (2) 대답을 위장하여 말차례를 잡으려는 시도를 보일 경우에는 비우호적인 말 끼어들기로 분류하였다.

(8) 가. 부정2 : 예 아니오로만 대답해 주시면 [되겠습니다]

긍정1 :   [예]

나. 부정1 : 실제로 성적 장학금을 받아가는 학생들에게,

[공정성이라는 게 저소득층인데--],

긍정1 : [네, 공정성이--],

그 부분에 대해서는,

추후 말씀을 계속 하도록 하겠습니다.

(8-가)는 상대방의 질문에 미리 나서서 대답을 하여 우호적인 행위이지만, (8-나)는 부정1의 일부 발언에 동의를 표하면서 이를 반박의 기회로 삼으려는 긍정1의 의도 때문에 비우호적 행위로 다루었다. 이 외에 화제전환이나 이야기전환은 토론담화에서는 현행 화자의 메시지가 충분히 전달되지 않은 것을 이르므로 비우호적 행위로 처리하였다.

본고에서 우호적인 행위로 판단한 것은 앞선 (8-가)의 '네'와 동일 팀원의 수정, 보충 행위였다. 보충행위는 크게 보면 이원표(1999 : 37)에서 말한 대화의 공동구성 즉, 대화의 요지에 대한 자신들의 생각을 첨가, 확인하며 결국 대화를 공동으로 구성해 나가는 방식에 해당한다. 그러나 토크쇼에서처럼 상대방의 의견을 풀어 다시 말해준다거나 상대방의 의사를 인지하고 그가 할 말을 미리 꺼내서 대화를 한결 편안하게 이끌어나가는 방식은 아니기 때문에 용어를 달리 설정한 것이다.

(9) 가. 긍정1 : 질문의 연장선상에서,

　　　　　　　연장선상이긴 한데 만약에 내가

　　　　　　　위협을- 위협을 당했을 때,

　　　　　　　그러면,

　　　　　　　①당한 가해자 입장에서 어떠한 [식으로]

　　긍정2 : ②　　　　　　　　　　　　　[피해자]

　　긍정1 : 아,

　　　　　　　피해자 입장에서는 어떠한 식으로 방어를 해야 할까요

　나. 부정2 : 전부다 합법적인—

합법적으로 설치가 돼서 합법적으로 관리가 된다고 생

각을 하실 수 있습니까↗

긍정1 : ③그렇게 합법적으로 할 수 있도록 노력해야지

　　　　[그런 노력도] 하지 않고

부정2 : ④[그건] 본인의 생각 [아닙니]까

부정1 : ⑤　　　　　　　　　[그리고] 아까 계속=

　　　　합법적일 수 없는 예들만--

　　　　불법적인 cctv는 배제를 하신다고 하시는데,

　　　　그럼 앞으로 설치되는 CCTV에 관해서는 전부다,

　(9-가)는 자신의 팀원이 정확한 단어를 사용하지 못했을 때(①) 이를 수정(②)하기 위해 말 끼어들기를 행한 경우이며, (9-나)는 'cctv의 운영에 문제는 있을 수 없다'고 주장하는 긍정1의 의견(③)에 반박을 하는 부정1, 2의 말 끼어들기 예이다. 특히 (9-나)는 부정2(④)의 의견을 강화하려는 부정1의 말 끼어들기(⑤)가 연이어져, 동일 팀원끼리 공동전선을 형성하는 우호적인 행위로 분류할 수 있다.

　지금까지 토론에서의 말 끼어들기는 현행 화자의 말 첫마디에서 이루어지기(59회, 32.9%)보다는 화자의 말을 들으면서 말 끼어들기를 시도하는 경우가 더 자주 발생함(120회, 67%)을 알 수 있었다. 그 중에서도 현 화자의 말을 뒷받침해주는 우호적 행위보다는 현 화자의 논지를 논박하고 자신의 논리를 강화하는 비우호적 말 끼어들기(108회, 60.3%)가 가장 빈도수가 높게 나타나, CEDA 토론담화는 말차례를 잡기 위한 참여자 간의 치열한 입씨름의 현장이었음을 짐작할 수 있다. 일상대화나 오락 프로그램에서 우호적 말 겹침이 다수를 차지하고 있는 것(차지

현 2007, 김수경 구수연 2012)과 비교해 보아도 이들 대화의 성격이 확연히 다름을 확인할 수 있다.

3. 말 끼어들기 용이 지점의 특징

앞 절에서도 지적했듯이, 비우호적 말 끼어들기에는 현 화자의 메시지 전달에는 크게 영향을 미치지 않은 지점에서의 말 겹침이 다수 포함되어 있다. 따라서 말 끼어들기가 오히려 자연스러운 말차례 잡기의 일환으로 보이기도 한다. 아래는 (5)를 재인용한 것이다.

(5) 가. 긍정1 : 그것은 뭐,

　　　　　　　감수하고 찌른다,

　　　　　　　①이런 고의 같은 경우가 아니라고 [생각--]

　　부정2 : ②　　　　　　　　　　　　　[그니까] 미필적

　　　　　　　고의를 말씀드리는 것은,

　나. 부정2 : 자본축적 기간 동안 임시 책으로 그럼,

　　　　　　　대형마트는 계속=

　　　　　　　휴무를 해야 하나요↗

　　긍정1 : ③임시 책이 아니고 [1 그걸-- 1]

　　부정2 : ④　　　　　　　　[1임시 책이죠 1] [2 그건 2]

　　긍정1 : 　　　　　　　　　　　　　　　　[2 아니= 2],

　　　　　　　임시 책인데도 불구하고 그--

(5)는 동일한 말 끼어들기의 예이지만, 현 화자의 전달 메시지에 손상이 있느냐의 여부에서 차이가 난다. 메시지의 완결성에 지장이 없는 예는 (5-가)와 같이 잉여적 문장성분, 즉 인용절의 서술어에서 말 끼어들기로, 본고에서는 〈표3〉에서처럼 인용절, (명사구)서술절, 의문문, 관용구, 부가의문문으로 분석하였다. 이들은 현 화자의 메시지 완결성에 지장이 없어서 청자의 말 끼어들기가 자연스럽게 이뤄질 것으로 예상이 되는데, 본고에서는 이를 말 끼어들기 용이지점으로 부르고, 이 지점에서의 말 끼어들기 성공 확률을 살펴보았다. 말 끼어들기 용이지점은 결국 말 끼어들기 이후 청자가 말차례를 잡고 자신의 말을 이어나갈 수 있는지의 여부와 관련을 맺고 있기 때문이다. 아래는 대상 자료에서의 말 끼어들기 성공빈도수를 제시한 것으로, '/'의 앞은 발생횟수 뒤는 성공횟수를 기재한 것이다.

〈표5〉 CEDA 토론담화에서의 말 끼어들기 성공 빈도

특징 자료	우호적			비우호적				
	특정 환경	불특정 환경		과실		특정 환경	불특정 환경	
	보충	대답	보충	화자	청자	반박	수정	반박
1. FTA	0/0	0/0	0/0	0/0	0/0	3/3	0/0	5/0
2. 성적장학금	0/0	2/2	1/1	4/4	8/3	14/3	1/1	35/5
3. 정당방위	1/1	1/1	0/0	4/4	0/0	9/9	1/1	3/0
4. 의무휴무제	0/0	0/0	0/0	1/1	3/0	4/4	0/0	7/2
5. CCTV	2/2	2/2	1/1	9/9	11/2	21/20	2/2	22/1
총계	3/3	5/5	2/2	18/18	22/5	51/49	4/4	72/12
	10/10(100%)			167(88%)				

개별적으로는 우호적 말 끼어들기(10회, 100%)와 화자의 과실, 상대의 잘못된 어휘선택을 수정해 주는 비우호적 말 끼어들기(22회, 100%)가 가장 높았고, 다음으로는 특정 환경에서의 비우호적 말 끼어들기(49회, 96%)가 높게 나타났다. 가장 성공률이 낮은 지점은 화자의 말차례, 전달 내용 등에 개의치 않고 청자가 끼어들고 싶을 때 그냥 치고 나오는 불특정 지점에서의 비우호적 말 끼어들기(12회, 16%)였다.

토론의 참여자들이 말 끼어들기를 통해 얻고자 하는 바는 순서교대를 통해 대화의 흐름을 자신에게 가져오면서 동시에 이를 활용하여 상대방에게 불리한 내용을 전개하기 위함이다. 비우호적 말 끼어들기는 이의 전형적 예시인데, 특히 상대의 말차례에 개의치 않고 생각나는 대로 끼어드는 불특정 지점에서의 말 끼어들기는 상대방에게 불리한 내용을 전개하면서 대화의 흐름을 잡아나가려는 공격적 자세를 노출시키는 장면이다.

하지만 비우호적 말 끼어들기 중에서 본고에서 설정한 특정 지점에서의 끼어들기는 상대방의 메시지에는 별다른 영향을 미치지 않는다는 점에서 차별성을 가진다. 즉, 이는 현 화자의 메시지에는 별다른 손상이 가지 않는 범위 내에서 이뤄지는 말 끼어들기여서, 아무 데서나 끼어드는 비우호적 말 끼어들기보다는 순서교대의 가능성마저 높아, 말 끼어들기를 통한 대화의 주도권 확보에는 적절한 전략적 지점으로 읽힌다.

이러한 전제 아래, 본고는 현 화자의 메시지에는 손상을 주지 않는 범위 내에서 전략적으로 이뤄진 말 끼어들기 장면에 대한 검토를 하려 하는데, 〈표3〉에서 보듯 특정 언어 사용 환경에 분포하는 모습을 보이었다. 이를 다음 절에서 좀 더 구체적으로 알아보려 한다.

3.1. 말 끼어들기 용이 지점의 구조적 특징

3.1.1 화자의 실수-말의 분절

토론은 상대방과의 입씨름에서 이기기 위해 고도의 집중력을 발휘하긴 하지만, 심리적인 부담감도 크기 때문에 말의 흐름이 끊겨 말이 막히기도 한다. 이런 경우 말의 분절 현상이 나타나는데, 아래의 (10-가)는 말이 틀려서 수정하는 경우이며 (10-나)는 적절한 어휘가 생각나지 않아서 분절한 경우이다.

    (10) 가. 긍정1 : 자유와 평등에 대한 제 개인적인 생각을 ,
                  ①성적장학금과 지급과 관련지어서 말씀하라고.--
                  ②말씀[하시는]--
            부정2 : ③   [아=],
                  연관되어 있으니까 여쭤보는 겁니다.
            긍정1 : 자유와 평등 중에요↗
         나. 부정2 : 그러면 ,
                  한 가지만 묻겠습니다.
                  치사랑 살인이랑 뭐가 그렇게 다릅니까↗
            긍정1 : ④고의성의 그- [뭐-],
            부정2 : ⑤   [예]↑,
                  그 고의성의 차이죠,

(가)는 '성적장학금의 정당한가'의 상호질문의 한 장면을 보인 예로, 부정2의 '정당성=평등' 논리에 대해 긍정1이 답을 하고 있다. (나)는 살

인을 과실치사가 아니라 정당방위로 봐야 한다는 긍정의 논리에 대해 토론 중인 장면이다. (가)는 상대방의 말을 인용하면서 높임법이 틀렸다고 판단(①)하여 말의 수정을 위해 분절한 지점(②)에서 말 끼어들기가 발생한 경우이며, (나)는 생각이 나지 않아 적절한 어휘 탐색을 위해 말을 분절한 지점(④)에서 말 끼어들기가 발생한 경우이다. 말의 분절은 화자 자신의 실수로 상대방에게 말차례 전환의 기회를 준 것으로, 역으로 말하면 청자에게는 적절한 말 끼어들기의 지점으로 판단되는 곳이다.

토론은 참여자 모두 말차례를 잡기 위해 경쟁적으로 대화에 참여하고 있기 때문에 화, 청자 공유의 쉼(pause)이 발생하기가 쉽지 않다. 대신 적절한 어휘가 떠오르지 않거나 부정확한 단어를 수정하려 들 때 잠깐 동안의 탐색기간이 휴지로 나타난다. 따라서 대화의 규칙을 알고 있는 청자로서는 말 끼어들기를 행할 수 있는 자연스러운 지점으로 여길 수 있다. 이러한 이유로 본고는 말의 분절을 말 끼어들기의 용이 지점으로 설정하였다.

3.1.2 잉여 서술어-메시지의 완결 지점

토론은 상대방의 논리를 깨기 위해 그가 내세운 논거를 효과적으로 반박해야 하며, 따라서 상대방이 이전에 말했던 논거를 인용절로 취하여 이를 반박하는 장면이 자주 목격된다. 물론 자신의 주장이 갖는 합리성을 증명하기 위해서 자신이 이전에 말했던 논거를 인용, 전제로 내세워야 할 경우에도 인용절이 나타난다.

아래는 (5-가)를 재인용한 것이다.

(5) 가. 긍정1 : 그것은 뭐,

　　　　　 감수하고 찌른다,

　　　　　 ①이런 고의 같은 경우가 아니라고 [생각--]

　　부정2 : ②　　　　　　　　　　　　 [그니까] 미필적

　　　　　 고의를 말씀드리는 것은,

앞에서 언급했듯이, 인용구문의 인용동사는 그것이 단지 인용이었음을 표현할 뿐, 앞선 구절에 비해 반드시 들어야 할 메시지에 포함되지는 않는다. 상위절 주어는 주체이고 동사를 포함한 상위문의 서술부는 행위, 내용을 나타내는데, 메시지의 핵심은 여기에 있기 때문이다. 따라서 (5)의 예처럼 인용구문의 핵심 메시지를 듣는 순간 예측 가능한 인용동사, 생략 가능한 서술어 자리에서 말 끼어들기(②)가 일어나는 것이 자연스러워 보인다.

정연주(2015 : 87)에서 지적한 대로, 어떤 단어 연쇄 뒤에 어떤 단어가 이어진다는 것을 안다는 것, 즉 화자가 이 전체 단어 연쇄에 대한 덩어리 지식을 가지고 있어서 서술어 자리가 예측이 될 경우, 서술어는 잉여성을 띠게 된다. 잉여적이라는 것은 상대방의 말을 끝까지 듣지 않아도 됨을 의미하기 때문에, 이런 부분에서 말 끼어들기가 가능하다고 토론자들이 생각할 수 있다. 바로 이 때문에 청자의 말 끼어들기가 자연스럽게 이뤄지는 용이 지점이 된 것이다.

또한 지정사 구문의 '이다/아니다'를 서술어로 사용하는 '-는 것이다' 구문 역시 선행 관형절 이후에 말 겹침이 일어났다.

(11) 부정2 : 저희도 알고 있는 판례인데,

아내가 남편을 살해하기 위해서 한 게 아니라=

남편이 수시로 와서 흉기로 협박했기 때문에=

그거를 사전에 방지하려고,

칼을 숨겨놓은 [거였습니다].

긍정1 :   [그니까=],

숨겨놓은 건데,

이 남자가--,

이 남자는,

저 집으로 폭행을 하러 왔잖아요,

위 예문에서 부정2의 의견은 '(저희가 알고 있는 사례는)아내가 ~칼을 숨겨놓았다'이다. 행위의 주체와 그가 행한 행위를 선행 관형절에서 충분히 표현한 상태이므로, 화자의 생각을 강조하는 '-는 것이다'는 주 메시지 전달과는 상관이 없는 내용이다. 따라서 청자로서는 메시지의 완결성에 해를 끼치지 않으면서도 말 끼어들기로 말차례를 효과적으로 잡을 수 있는 위치로, 생략 가능한 잉여적 성분인 '-는 것이다'를 선택한 것으로 보인다. 그 결과 말차례 전환도 자연스럽게 일어났다.

앞선 예들과 마찬가지로 질문거리를 진술한 뒤에 이를 의문문으로 전환하기 위해 의문사를 넣는 경우, 이때의 서술어 역시 잉여적 성분이 된다. 의문사 의문문에서 의문사는 설명대상이 되는 미지항을 표시하므로, 의문어미가 없어도 의문사로만 의문문을 실현할 수가 있다. 따라서 의문사 의문문에서 의문사 이후에 나오는 서술어는 필수적 성분이 아니며, 이 부분에서의 말 겹침도 현 화자의 메시지를 전달하는 데 전혀 영향을 미치지 않는다.

(12) 긍정 : 경쟁이 만약에 장학금이 없어서―

　　　　　그럼 경쟁이 장학금이 없더라도,

　　　　　경쟁은 계속 생길 텐데,

　　　　　그 문제에 대해서는 어떻게 생각[하신지]╱

　　부정 : 　　　　　　　　　　　　　　[그래서] 그것은,

그리고 마지막으로 관용적 구문의 서술어 역시 일정화된 패턴으로 우리 머릿속에 저장이 되어서 서술어 자리가 예측 가능한 것이 특징인데, 이 경우 역시 말 끼어들기가 자연스럽게 이루어졌다.

(13) 가. 부정2 : 저희가 언제 타당성을 인정을 했는지 ,

　　　　　　　　[잘 모르겠구요].

　　　긍정1 : [아까 저희가] 말씀드린 후미에,

　　나. 긍정1 : 그럼 명확한 입장을 좀-

　　　　　　　　표현해 주시면 감[사하겠습니다]

　　　부정2 : 　　　　　　　[그리고=],

　　　　　　　　추가적으로 질문을 드리고 싶은 게,

(13-가)의 '-는지'는 주로 동사 '알다/모르다'와 함께 쓰여 추측을 나타내는 어미로 의미 기능한다. 따라서 '-는지'를 듣고 난 후 '모르다'는 필수적 메시지에 포함되지 않고 잉여성을 띤다. 마찬가지로 (13-나) 역시 주요 메시지는 '명확한 입장을 표현해 달라'이며 후속되는 '-면 된다(감사하다)' 는 자신의 명령을 완화시키는 관용적 표현이다. 따라서 '-하다'를 듣고 난 후 '-면 된다(감사하다)'는 예측가능한 내용, 생략가능

한 자리가 되어 말 끼어들기 용이 지점이 되는 것이다.

3.1.3 부가의문문—메시지의 완결 지점

부가의문문[2]은 'A는 B이다'의 문장을 'A는 B이지 않아요?' 'A는 B가 아니에요?'로 바꾸어 물음으로써, 청자의 동의를 얻으려 함이 목적이다. 그런데 원래 화자의 메시지는 'A는 B이다'일 뿐, 뒤의 부정형식인 '아니다'는 동의를 받기 위해 덧붙은 말에 불과하다. 토론에서도 상대방의 의견을 확인질문하여 자신의 견해를 강조하려 할 때 부가의문문의 사용이 목격되며, 이 지점에서 말 끼어들기가 일어난다.

(14) 가. 긍정1 : 그 안내판에--

.(0.1)

부정2 : 안내[판은--]

긍정1 : [대한] 것은

①$$$$ 말씀하신 것 [아닙니까/]

부정2 : ②   [아뇨]

정해져 있습니다,

나. 긍정1 : 아마=,

③이건 앞으로 설치하면 되는 것,

[아니겠어요/]

---

2) 부가의문문이란 용어 자체에 대해 여러 이견이 있을 수 있으나, 본고는 이 용어가 이미 빈번하게 사용되어 대부분의 연구자들에게 낯설지 않은 상태에 있다고 판단하여 부가의문문이라 칭하기로 한다. 더구나 '부가'라는 용어가 메시지의 잉여성을 보여주는 데는 적절하다 판단하였기 때문이기도 하다.

부정2 : ④ [그-지금까]지 긴 시간이 흐르는 동안,

광장히 긴 시간이 흐르는 동안,

한 구에서 그—

아산시를 예로 들었는데,

(14)는 CCTV 설치의 합법성을 놓고 찬반론을 펼치는 자료로, 긍정 팀은 CCTV의 사용설명서가 있기 때문에, 안내에 따라 설치하면 별문제가 없다는 논지를 펴가고 있다. 따라서 부정 팀에서 계속 문제시하고 있는 CCTV의 설명서(안내판)가 존재함을 거듭 확인(①)한다거나 법조항 대로 CCTV를 설치하면 된다는 자신의 의견에 동의를 구하고 있다(③).

그러나 부가의문의 구조적 특징상 뒤에 붙은 '-지 않다'는 자신의 의견을 확인하기 위한 장치일 뿐, 긍정1의 의견 자체이지는 않다. 따라서 앞서 말한 것처럼 이때 끼어드는 부정2는 현 화자인 긍정1의 메시지 완결성에 별다른 해를 끼치지 않으면서 말차례를 잡을 수 있다. 그 결과 부정2는 자연스럽게 자신의 말차례로 토론을 이끌어가고 있다.

지금까지 말 끼어들기 예 중에서 화자의 메시지에 별다른 영향을 미치지 않는 말 끼어들기 장면을 모아, 그들의 변별적인 언어사용상의 특징을 분석하였다. 그리고 이들이 (1) 화자의 실수로 말이 멈춰지는 지점 (2) 화자가 메시지의 완결성을 느낄 수 있는 지점이어서 (3) 청자의 말 끼어들기가 용이한 지점으로 판단될 수 있음을 알 수 있었다. 다음 절에서는 이들 지점에서의 화용적 특징을 살피고, 효과적으로 사용된 언어 책략들을 알아보려고 한다.

3.2. 말 끼어들기 용이 지점의 화용적 특징[3]

상대방의 말차례에 끼어들어 자신의 주장을 펼치려는 이유는 상대의 논의를 반박하고 자기 논의를 강화하기 위해서이다. 그러나 말 끼어들기는 현재 말차례를 바꾸는 행위이기 때문에 이에는 청자가 자신의 담화를 효과적으로 수행하기 위해 개입시키는 의도적인 언어표지들이 나타날 것으로 기대된다. 5편의 토론담화에서 말 끼어들기 현장을 분석해 본 결과, 청자는 끼어드는 첫 마디에 다양한 담화전략적 장치를 사용하였다.

3.2.1. 적극적 체면 보호 전략

말 끼어들기는 현 화자의 말차례를 중단시키고 자신의 말차례를 가져오는 행위이기 때문에, 상대방의 체면을 위협할 수 있다. 따라서 청자는

---

3) 말 끼어들기 행위가 갖는 부담성을 덜기 위해 다양한 담화표지가 사용되고 있음을 확인할 수 있었다. 본고의 연구대상인 토론담화 5편을 대상으로 조사한 결과, 각 지점별 사용된 담화표지를 보이면 다음과 같다.

〈표6〉 말 끼어들기 첫마디에서의 담화표지 사용 현황

담화표지 유형		화, 청자 간의 결속						화제 간의 결속			계
		네	아니	아	아이	음	그/저	전환	반박	부연	
동시								2	1		3
과실	화자								3		3
	청자	2	2	1				1	4		10
특정	우호									2	2
	비우호	8		2	1	1		2	7	2	23
불특정	우호										
	비우호	2	1				3	1	4	2	13

말 끼어들기의 성공을 위해서 다양한 장치를 동원하기 마련이며, 대표적인 것으로 상대방의 적극적 체면을 보호하는 '네'의 사용을 들 수 있다.

(15) 가. 부정1 : 경험적인 부분에서 들어오는 것도,

　　　　　　학업이라고 할 수 있거든요,

　　　　　　그 부분을 왜 그렇게 부정적으로 생각하시는지 [모르겠습니다].

　　긍정1 :　　　　　　　　　　　　　　　[네=일반적으로,]

　　　　　　그런 부분은 학업이라고 부르지 않구요,

　　나. 부정1 : 내리치고 죽이고 그런 것 같은데,

　　　　　　이런 것까지 정당방위로 봐야 한다고 생각[하십니까

　　　　　　↗]

　　긍정1 :　　　　　　　　　　　　　　　[네=],

　　　　　　방금 사례는 어--

　　　　　　주제에 적합하지 않다고—

(15)는 관용적인 서술어와 인용절의 서술어 부분에서의 말 끼어들기가 일어나는 예문으로 (가)는 학업을 기준으로 평가하는 성적장학금은 정당한 행위임을 강조하는 긍정 팀의 의견에 대해, (나)는 정당방위를 넓게 잡는 긍정 팀의 태도에 대해 논박하는 예이다.

앞서 보았듯이 긍정의 '네'는 '일단 상대방의 말이나 화행을 인정'(이원표, 2001 : 172)하는 행위로 해석되기 때문에 말 끼어들기에 효과적

토론담화 5편의 예에서 끼어드는 당사자의 발화 첫머리에 담화표지가 사용된 경우는 모두 44회로, 특정 환경에서 비우호적으로 말 끼어들기를 행할 때 담화표지 사용(51회 중 23번, 33%)이 제일 많이, 그리고 다양하게 분포하였다.

이다. 말차례를 뺏기는 상대방에게 그의 의견에 동의하는 것으로 여겨질 수 있어 말차례를 자연스럽게 넘겨줄 수 있기 때문이다. 따라서 본고의 연구대상인 특정 환경에서의 비우호적 말 끼어들기를 행할 때, (가)와 (나)처럼 상대방의 말에 반박을 하면서도 일정 부분 그의 의견을 수용하겠다는 태도를 취해, 상대방의 적극적 체면을 보호하면서 말차례잡기 역시 효과적으로 수행하고 있었다.

말 끼어들기 장면에 사용된 담화표지는 구절 단위로도 실현된다. 두 단어를 연이어 사용하여 화자와 화제의 동시 결속을 노리는 것을 예로 들 수 있는데, 상대에게 비우호적인 태도를 취하는 청자의 부담을 고려해서인지 비우호적 말 끼어들기 지점에서 좀 더 다양한 담화표지 연속체의 사용이 목격된다.

(16) 가. 부정2 : 아,

　　　　　　　공공선이 존재한다고 [이야기하셨습니다],

　　　긍정1 : 　　　　　　[네, 성적장학금]의 [문제에 대해서--]

　　　부정2 : 　　　　　　　　　　　　[네=알겠습니다],

　　　　　　　그러면 방금 도덕적 해이에 대해서,

　　나 긍정1 : [경쟁이라는 것은]

　　　　　　　지금 계속 발생되고 있고,

　　　　　　　장학금 때문에 경쟁이 일어나는 것이라고 [말하--]

　　　부정2 : 　　　　　　　　　　　　　　　[네, 맞습]니다,

　　　　　　　그 경쟁이라는 게

(16-가)는 불특정 지점에서의 비우호적 말 끼어들기의 예로, 상대의

말을 긍정하는 '네'에 상대방의 의견을 인지하였음을 표하는 서술어 '알다'를 붙여 상대방의 발언을 막고 말 끼어들기를 성공적으로 이루었다. 상대의 적극적 체면을 보호하는 '네'의 전략적 쓰임에 더하여 자신이 상대의 의견을 이미 인지하였다는 '알겠다'를 사용하여, 더 이상 부정2의 말은 듣지 않겠다는 발언 차단의 효과적 쓰임이 되었다.

(16-나) 역시 용이 지점에서의 말 끼어들기의 예로, 부정2가 동의의 '맞다'를 사용하여 말 끼어들기를 행하는 장면이다. 긍정1이 성적장학금 때문이 아니라 다른 요인으로 학생간의 경쟁이 심화되었다고 주장하였으나, 부정2는 긍정1의 말에서 경쟁의 심화만 인정하여 논의를 자신에게 유리한 쪽으로 이끌려는 의도를 가지고 있다. 따라서 긍정1의 의견에 동의를 표하는 '맞다'를 사용하여 긍정1의 적극적 체면을 보호하는 척 위장하여 자신의 말 끼어들기를 전략적으로 이끌고 있다.

이처럼 담화표지 연속체의 사용으로 현 화자의 적극적 체면을 보호하는 경우로는 '네 뭔지 알겠습니다' '오케이' '좋습니다' '네 마찬가지입니다' 등이 있다. 이들 모두는 청자의 과실이든 특정 환경 혹은 불특정한 곳에서 끼어들기든지 간에 위치와는 상관없이 모두 비우호적 말 끼어들기에서 사용되었으며, 따라서 동의를 표하여 상대방의 적극적 체면을 살려주는 담화표지의 사용이 비우호적 말 끼어들기 과정에서 효과적인 언어책략임을 알 수 있다.

3.2.2. 소극적 체면 위협/보호 전략

토론은 서로간의 입씨름이 비일비재하며 따라서 '그럼에도 불구하고' 끼어들어야 하는 상황이 생긴다. 그러나 이는 현 화자에게는 위협적 행위가 될 수 있으며, 청자 역시도 이를 불손한 행위로 인식할 수 있어, 두 사람 모두의 말이 끊겨 말의 공백이 존재하기도 한다. 이때 말차례를 잡을 사람은 상대방의 체면을 위협하거나 혹은 보호하는 전략을 구사하는데 먼저 소극적 체면을 위협하는 '원칙 제시하기'와 '재촉하기'의 예를 들면 다음과 같다.

(17) 가. 부정1 : 저희가 언제 타당성을 인정을 했다는 건지,

　　　　　　　　　[잘 모르겠구요]

　　　긍정2 : [아까 저희가=],

　　　　　　　말씀 드린--,

　　　　　　　① 후미에 말씀[드린 사항에 대해서--]

　　　부정1 : ②　　　　　　　[지금 저희가—],

　　　　　　　③ 저희가 말씀드리고 있습니다.

　　나. 긍정1 : ④그런 사람들은 동의를 하시는 것을 알고 계십니까╱

　　　부정2 : ⑤사실 알고 있다고 하더라도 [그]-

　　　긍정1 : ⑥　　　　　　　　　　　[아니-]

　　　　　　　⑦대답 좀 해 주십시오,

　　　　　　　동의를 하시면은,

　　　　　　　솔직히 동의를 하신다고 말씀을 해주시면

(17-가)는 성적장학금은 정당하다를 주제로 교차상호질문을 펼치는 예로, 부정 팀이 질문의 우선권을 가지고 있다. 따라서 긍정과 부정 팀 간에 말씨름이 벌어졌을 때 그리고 서로 말의 분절이 이뤄져 잠시 침묵이 흐를 때(①과 ②), 부정1이 자신의 말차례임을 주장하는, 이른바 원칙 제시하기의 표현을 사용(③)하여 말 끼어들기를 완성시킨 예이다.

상대의 소극적 체면을 위협해서라도 발언권을 확보하기 위해 부정1이 자신의 말차례임을 주장한 것이다.

(17-나)는 CCTV 중 일부인 수술용 카메라를 놓고 합법성을 주장하는 긍정 팀의 의견에 답변을 피하는 부정 팀(⑤)의 모습을 보고, 긍정 팀이 자신의 질문에 대답을 해달라고 요구(⑥)하는 예로, 상대방에게 대답을 재촉, 강요함으로써 그의 소극적 체면을 손상시키는 전략을 구사한 경우이다. 상대방의 체면을 위협해서라도 자신의 발언권을 확보하여 자신이 하고 싶은 말을 다 하려는 의지를 읽을 수 있다.

재촉하기는 1번, 원칙 제시하기 전략은 '제가 계속해서 말하겠다.' '제가 지금 말하고 있으니까' '저희 측 상호질문시간이기 때문에' '(시간을 확인하며)추후에 계속 하도록 하겠다' 등 다수 분포하였는데, 이는 주로 아무데서나 끼어들어 자신의 의견을 주장하는 불특정지역에서의 비우호적 말 끼어들기에 분포하였다.

마지막으로 '사과화행 후 원칙 제시하기'나 '의문형의 사용'으로 상대방의 소극적 체면을 보호하려는 전략도 말 끼어들기에서 사용되었다.

> (18) 가. 부정1 : 유통기한의 불확실성이나 카드기 문제,
>   그런 것을 말씀드렸는데
>   [현재 시설문제가-- 편의문제를--]
>   긍정1 : ①[그거는 우리가― 그거는 아까 워낙--]
>   ②저기 죄송하지만,
>   우리 차례인 거 아니에요.↗
>   나. 긍정1 : 이제 아,
>   성적장학금에―

성적을 최고로 보는 거구요.

지표 자체가 성적 말고는 다른 게

[타당한] 게 없을 것 같습니다

부정1 : [지금--]

아, 예,

말씀 다하셨나요↗

(18-가)는 대형마트 의무휴무제보다는 재래시장의 시설 낙후가 더 근본적 요인이라고 주장하는 부정 팀의 말차례에 끼어들어 자신의 말차례를 주장하는 예이며, (18-나)는 성적장학금의 기준으로 성적보다 더 나은 게 없다는 긍정 팀의 말에 끼어들어 말차례를 끝낸 것인지 확인받는 예이다. (가)는 말 끼어들기를 시도하였으나 성공하지 못하였을 경우(①), '죄송하다 제 차례이다'와 같이 '사과하기+원칙 제시하기'전략을 사용하여 효과적으로 말 끼어들기(②)를 이룬 예이다. 말 끼어들기 행위 자체가 가진 체면 위협성을 사과화행으로 보상한 경우로, 상대방의 소극적 체면을 보호하는 전략적 쓰임이다. (나) 역시 상대방에게 질문이 완료되었는지를 확인, 질문함으로써 자신이 말차례를 확보하려는 전략으로, 간접적으로 자신의 차례를 확인받음으로써 상대방의 소극적 체면을 보호하는 전략이 돋보인다. 이들 소극적 체면 위협/보호전략은 동시 시작과 불특정 지점에서의 비우호적 끼어들기 양자에 걸쳐 나타났다.

지금까지 본 것처럼 CEDA 토론담화는 자료의 성격상 상대방의 의견에 반대를 표명하는 발언이 잦았으며, 이때 서로 간의 체면을 보호하기 위해 담화전략적 장치들을 사용하고 있음을 알 수 있었다. 특히 본고에서 말 끼어들기 용이 지점으로 선정한 곳에서는 주로 상대의 적극적 체면을 인정하는 방식이 사용되었고 나머지 지점에서는 이뿐만 아니라 소극적 체면을 보상하거나 위협하는 좀 더 다양한 방식이 사용됨을 확인할 수 있었다.

4. 결론

지금까지 CEDA토론담화를 대상으로 말 끼어들기가 이뤄지는 장면을 모아, 이를 유형화해 보았다. CEDA 토론담화는 서로의 주장이 갖는 타당성을 주장하기 위해 논박을 펼치는 것이 주 목적이므로, 상대방에게 비우호적인 말 끼어들기가 자주 나타날 것으로 예상된다. 기존의 연구결과를 수용, 토론자료 5편을 대상으로 한 말 끼어들기 장면을 분석한 결과도 이와 일치되는 모습(88%의 비우호적 말 끼어들기)을 보였다.

그러나 비우호적인 행위일지라도 화자의 말차례를 뺏는다는 의미에서 비우호적일 뿐, 화자의 메시지 완결성에는 해를 끼치지 않아 비우호적이라 부를 수 없는 말 끼어들기가 존재하였다. 본고는 이의 구조상의 특징을 살펴보았는데, 말 실수와 같이 화자 스스로 말차례를 고집할 수 없다거나 통사구조상 예측이 가능한 잉여적인 문장 성분이 사용된 곳이었다. 특히 이는 말 끼어들기 이후 청자의 말차례 잡기로 분위기 전환에 성공한 확률이 다른 곳보다 높게 나타났다(100~96%). 따라서 본고는 추이적정지점보다 앞서서 말 끼어들기가 이뤄졌지만 화자의 메시지 완결성에는 영향을 끼치지 않아 말 끼어들기가 용이한 지점으로 이를 선정하였다.

또한 말 끼어들기를 행하는 청자는 자신의 행위가 현행 화자에게 비우호적인 행위임을 인지하여 다양한 언어책략들을 사용하고 있는데, 주로 첫머리에 다양한 담화표지와 담화표지 연속체를 사용하여 화자의 적극적/소극적 체면을 보호하고 있었다. 다른 곳과 달리 말 끼어들기 용이 지점에서는 담화표지를 두루 사용한다거나 적극적 체면보호전략을 주로 구사하는 등 특징적인 모습을 보이었다.

현재는 CEDA형 토론담화 일부를 대상으로 한 연구이므로 섣부른 단정을 내릴 수는 없지만, 향후 자료의 범위를 넓히고 각 자료에서 보인 비우호적 말 끼어들기 지점의 언어사용 현황을 종합적으로 정리하면 말 끼어들기의 다양한 모습을 재해석할 수 있을 것으로 보인다. 이는 향후 연구과제로 남긴다.

Ⅲ. 오락프로그램에서의 말 끼어들기[4]

1. 서론

언어의 첫 번째 기능이 메시지의 정확한 전달이라고 할 때 한 번에 두 사람이 동시에 말을 하는 것은 적절치 않다. 한 번의 말차례에는 한 사람이 말을 하고 그 사람의 말이 끝났을 때 다른 사람이 말을 이어받아야 한다. Sacks et al.(1974)는 이처럼 한 번에 한 사람만이 말을 할 수 있으며, 그 사람에게 말을 끝낼 권리가 있음을 전제로, 현재 화자가 다음 화자에게 말을 넘겨줄 수 있는 잠재적인 전이 위치를 가리켜 추이적정지점(Complex Transition Relevance Places : CTRPs)이라 불렀다. 추이적정지점은 통사적 완결점, 억양단위로 측정되는 억양적 완결점 그리고 행위가 완결되는 화용적 완결점이 함께 일치하는 지점인데, 실제 대화를 녹음 전사하다보면, CTRPs가 아닌 지점에서 말차례가 시작되어 두

---

4) 이는 강소영, 「성(性)과 말 끼어들기와의 관계」, 『이화어문논집』 45, 이화어문학회, 2018, 51~83쪽에 실린 글을 옮긴 것이다.

사람의 말이 겹치는 경우를 자주 볼 수 있다. 아래는 그 다양한 경우를
포함한 예시를 보인 것이다.

(1) 〈몸치 출연자1과 사회자4에게 춤 시합을 붙이는 상황에서 먼저 시
범으로 출연자4가 춤을 춤〉

사2 : 자, 자, [자].

사4 : ①　　　[아,] 뭐예요⌒

사2 : 여러분 선수를 보셨어요, [선수의 자유안무].

출3 : ②　　　　　　　　　　　　　[멋도 있으면서도].

사2 : 이제 출1, 먼저--

출1 : (출4 끌고 나가면서) 너 먼저 해.

모두 : @@@

사4 : (출3에게 손짓하며) 너, 너, 일루 와봐.

　　　 (출3을 끌고 나감)

출1 : (춤출 준비하고)　자, [이제--]

사3 : (앞의 멤버들에게)　③[원래], 원래 라인이에요↗

출2 : 예, 라인이에요.

사1 : ④ [아=]

사3 :　　 [아 정]말↗

사2 : (출1과 출4를 가리키며) 출4라인, 출4 [라인]↗

사1 : ⑤　　　　　　　　　　　　　　　[자], 그럼 자, 출1부터

　　　 (둘의 춤시합이 끝나고 나서)

사1 : 자, 공개 투표로 하죠. 우리, 아예 보는[데서 하죠 그냥].

사4 : ⑥　　　　　　　　　　　　　　[뭘 공개로 해요]↗

출1 : 아니 저 사실, 사실 진짜로 그, 원래는 처음에는 사4가 춤을

잘 췄어요.

①은 대본에도 없던 출연자4의 춤 시범에 항의를 하기 위해, ⑥은 원하지 않던 점수공개에 항의하기 위해 끼어드는 상황이며, ③은 출연자1의 말을 듣지 않고 다른 멤버에게 질문을 던져서 현재 화자인 출연자1의 말차례를 중단시킨 말 끼어들기의 예이다. 그리고 ⑤는 수다를 끝내고 원래대로 춤 대결로 화제를 이끄는 장면으로, 이들은 모두 항의, 무시, 화제전환 등 현재 화자의 메시지에 비우호적인 행위를 연출하고 있다.

이에 반해 ②는 사회자2가 말한 '선수'를 수식하는 내용을 보태기 위해, ④는 앞 화자의 말에 감탄을 표하여 친밀감을 증진시키기 위해 끼어들었기 때문에 이 둘은 선행 화자의 말차례에 우호적인 행위이다.

이처럼 말 끼어들기는 현행 화자에게 비우호적이기도 하지만 우호적인 행위이기도 하기 때문에 끼어드는 행위가 단지 나쁜 행위로만 여겨지지 않는다. 연대, 유대적인 대화를 추구하는 여성어의 특성을 고려하면 (1-④)와 같은 우호적 말 끼어들기가 자주 사용되었을 것이란 예측이 가능하다.

그러나 이러한 구분 없이 말 끼어들기를 연구하다 보면, 남성의 경쟁적 대화진행방식에 따라, 말 끼어들기는 상대의 말을 가로채려는 행위로 해석되어 남성이 여성보다 더 많은 말 끼어들기를 행한다(민현식 1995 : 48)는 예측을 이끌 수도 있다. 그러나 칭찬, 청원, 사과화행 등 구체적인 화행에서 남녀의 성별차가 극복되고 있다는 선행연구결과(김형민 2003, 백경숙 2010)를 염두에 두면, 이러한 전제가 타당한 것인지 의문이 든다. 특히 이원표(1999)를 수용, 논의를 발전시킨 김형민(2003)

은 대학생들의 칭찬화행과 응답화행에서 남녀의 성비보다는 문화권별로 차이를 보이고 있음을 언급하여, 본고와 같이 연령이 젊은(20대 후반-30대초) 출연자가 많이 참여한 TV오락프로그램에서는 기존의 연구 결과와는 다른 현상이 목격될 수도 있음을 예측하게 한다.

따라서 본고는 말 끼어들기의 세부적 의미기능을 성별로 나누어 살핌으로써 기존의 말 끼어들기를 둘러싼 남녀의 성차적 특징이 재해석될 여지가 있는지를 알아보고자 한다. 이를 위해 (1) 대중매체(TV)에서 남녀의 대화방식을 가장 잘 보여줄 수 있는 토크쇼 형식의 프로그램 3편을 선정하여 연구를 진행해 나가려 한다. 구체적으로는 (2) 말 끼어들기로 인한 말 겹침의 장면만을 모아 현행 화자에게 우호적이었는지, 비우호적이었는지를 분석하여 (3) 그 분포가 성차에 따라 달리 나타나는지를 비교분석해 보려 한다.

2. 선행연구 정리와 문제제기

2.1. 여성어에 대한 연구

지금까지 여성어 연구는 음운, 통사, 화용 등 다방면에서 이뤄졌다. 기존연구들에서는 성차가 언어에 반영되어 있음을 보이는 결과들이 이어졌는데, 특히 여성의 불리한 사회적 위치가 여러 언어현상에 투영되어 있음을 지적한 결과들이 많았다. 음운상의 특징으로는 여성의 표준발음지향성(이익섭 1994, 민현식 1995 등)을 들 수 있는데, 표준발음지향성을 사회에 진출하지 못하는 여성들이 자신이 '무엇'을 하는지보다 '어떻게' 비치는지에 관심을 더 가지다보니 나타난 현상으로 해석하였다.

여성이 주체로서 거듭나지 못한 사회, 문화적 배경이 언어적 특징에 반영되어 있음을 지적한 이러한 연구는 여성어의 통사적 특징에서도 동일하게 보고되었다. 여성의 애매어법, 부가의문문, 보고의 선어말어미 '-더-'의 사용 등을 여성어의 통사적 특징으로 정리한 결과(민현식 1995)에 따르면, 이는 불확신과 자신감의 결여와 같은 여성의 심리적 특성들이 반영되어 있는 것으로 설명된다. 즉 남성은 사태의 서술표현을 단언적 표현인 평서문으로 하는 편이지만, 여성은 단언하지 못하고 동의확인적인 의문문을 사용하거나 애매하게 과거의 사태를 보고하는 선어말어미 '-더-'를 사용하고 있다는 것이다. 그러나 의문문을 세분화하고 의사의문문을 구별하여, 이들을 화행의 강도를 약화시켜 상대방에게 부담을 완화해주는 공손한 표현, 상호작용적인 대화행위의 일환으로 해석한 강소영(2013)을 참조하면, 동일한 현상일지라도 세부유형을 구체적으로 나누어 분석하면 다른 해석이 나올 수 있음을 짐작하게 한다.

여성어의 화용적 특징은 대화의 진행방식과 관련한 여성의 친교적 행위로 정의되는데, 대표적으로 민현식(1995)을 들 수 있다. 그는 Coates(1993), Tannen(1990)을 토대로, 성별로 말하는 방식이 서로 다름을 주장하였다. 즉, 남성이 지배적, 독립적, 경쟁적이고 여성은 협력적, 의존적, 친화적인 특징을 가지고 있어, 남성이 자기 주도적이지만 여성은 누구나 고루 이야기하도록 하며, 남성이 공격적 대화를 진행하지만 여성은 신뢰와 지지를 보내는 경험공유적 대화를 진행하는 편이라고 하였다. 이를 말차례와 관련해 보면, 여성의 말 끼어들기의 횟수는 남성보다 적으며 신뢰와 지지를 보내는 우호적 말 끼어들기가 다수 존재할 것임을 예측하게 한다.

코퍼스 자료를 분석대상으로 한 김혜영(2011)의 연구결과에서도 부정과 긍정의 대답이 성별로 특징지어진다는 결론이 도출되었는데, 이역시 우호적 말 끼어들기를 여성이 더 자주 사용할 것임을 예측하게 한다. 그의 분석에 따르면, 여성은 맞장구치기의 '네' '맞어'를, 남성은 부정적 응답의 '아냐'를 자주 사용한다고 하였다. 이는 여성은 긍정적인 대답에 적극적임을 보이는 것(김혜영 2011 : 104)이며, 따라서 여성은 상대에게 긍정적 메시지를 전달하는 우호적 말 끼어들기를 자주 사용할 것임을 예측하게 한다.

지금까지 선행연구결과를 토대로 본고는 (1) 성별로 말 끼어들기의 양상은 다를 수 있으며, 특히 (2) 상대방에게 맞장구치거나 신뢰와 지지를 보내는 우호적 말 끼어들기는 여성의 대화에서 더 많이 지적될 것임을 가정하고, 이를 구체적인 자료에서 검증해 보려고 한다.

2.2. 말 끼어들기에 관한 연구

기존의 말 끼어들기에 관한 연구는 말 끼어들기의 세부 유형을 나누는 것(이원표 1999, 차지현 2007, 박정진 2009 등)과 말 끼어들기에서 여성과 남성의 성차적 특징이 나타남을 보인 것(민현식 1995, 이원표 1999, 엄순천 2007)으로 나누어 설명할 수 있다. 전자는 다음 절 '말 끼어들기의 유형'에서 설명할 것이므로 여기서는 여성과 남성의 성차적 특징과 관련한 연구로만 한정하여 정리해 본다.

앞서 보인 것처럼 민현식(1995)은 남성과 여성의 대화주도적인 자세에서의 차이를 반영하듯, 말 끼어들기는 남성이 더 자주 행할 것으로 예측하였지만, 실제 연구결과에서는 이에서 벗어나는 모습이 목격된다.

대표적으로 이원표(1999)를 들 수 있는데, 토크쇼의 남녀진행자 중에서 여성 진행자의 말 끼어들기 횟수가 많음을 보이었다.

〈표 1〉 각 진행자에 의한 말 끼어들기 현황

	초대손님			상대방 진행자		
	우호적	비우호적	계	우호적	비우호적	계
남자진행자	23	2	25	25	6	31
여자진행자	47	0	47	29	0	29
계	70	2	72	54	6	60

〈표 1〉에서 보이듯이 남자 진행자는 총 56회, 여자 진행자는 총 76회의 말 끼어들기를 하고 있다. 말 끼어들기를 남성의 전유물로 보았던 West& Zimmerman (1975)의 해석을 수용한 민현식(1995)과 상반되는 결과이다. 특히 〈표 1〉에서 보듯이 여성 진행자(47회)가 남성 진행자(25회)보다 거의 두 배로 초대 손님의 말에 끼어들기를 하고 있어서, 여성들의 적극적인 말 끼어들기 사례로 해석될 수 있을 것이다. 이는 러시아어의 일상대화를 대상으로 말 끼어들기를 분석한 엄순천(2007)의 연구결과와도 일치한다. 그녀는 191회(42.1%)의 남성화자보다 다소 많은 243회(55.9%)의 말 끼어들기를 여성화자가 행하였음을 언급하였다. 이는 이원표(1999)의 연구결과와 일치된 바이며, 일상대화에서 말 끼어들기는 남성화자의 주된 대화자질이 아니라 남녀 공히 언어 전략적으로 선택가능한 특징임을 보여준다.

그러나 〈표 1〉에서 보듯 여성 진행자는 우호적인 말 끼어들기만 행하고 있어 특정 유형의 말 끼어들기를 선호하고 있을 가능성을 내비쳤다. 이는 아래 〈표 2〉에서 우호적, 비우호적 말 끼어들기의 세부유형을 나눈 결과에서 더 정확하게 나타나는데, 여성에 비하여 남성 진행자는 비우호적 행위, 그 중에서도 화제전환의 말 끼어들기를 다수 행하고 있음이 특징적이었다.

〈표 2〉 각 진행자에 의한 말 끼어들기의 유형

끼어들기 / 성별	우호적					비우호적	
	대화의 공동구성	명료화 요청	화제의 전개 및 발전	선호 반응	친밀감 증진	반대	화제 전환
남성	20	4	12	1	11	2	6
여성	51	2	4	0	19	0	0

  본고 역시 여성의 말 끼어들기는 횟수만이 아니라 구체적인 의미기능을 조사, 분석하여 현재 화자에게 어떤 의미를 가진 말 끼어들기였는지를 알아볼 필요가 있음에 적극 동의한다. 그런데 이원표(1999)는 1편의 토크쇼를 대상으로 하고 있으며, 여성, 남성 진행자의 말 끼어들기에만 초점을 맞추고 있어 아쉬움이 남는다. 토크쇼는 자유롭게 서로 대화를 주고받는 것이므로, 진행자만이 아니라 출연자들의 말 끼어들기 역시 잦을 것으로 예상되기 때문이다.

  또한 성별이 화행전략의 주요변인이 될 수 있음을 언급한 선행 연구들(임지룡, 배문경 2003)에 기반하여, 말 끼어들기 과정에서 대상자의 성별이 어떤 의미로 작용하는지도 알아볼 필요가 있다. 이러한 논의의 필요성은 엄순천(2007)의 연구에서 힘을 받게 되는데, 엄순천(2007)은 출연자들의 성별을 기준으로 말 끼어들기를 분석하였다. 그 결과, 우호적 말 중단시키기는 여성이 남성의 말차례에 끼어드는 데서 자주 발견되었으며, 비우호적 말 중단시키기는 남성이 남성의 말차례에 끼어드는 데서 자주 발견되었다고 한다. 그리고 이는 이성 간에는 우호적인 대화 분위기를 이끌려는 경향이 강하지만 동성 특히 남성화자들끼리는 '자신의 입장 관철', '대화에서의 우위 선점'이라는 전략이 더 강하게 작용하고 있음을 보이는 근거로 해석되었다. 흥미로운 결과이지만, 이 역시 러시아어를 대상으로 한 연구결과인지라 우리말에도 동일하게 적용시킬 수 있을 것인지는 문제로 남는다.

지금까지 본 것처럼 성별 말 끼어들기 연구는 여성어의 화용적 특징을 밝히는 데 일정한 역할을 할 수 있을 것으로 기대되지만, 몇 편이 되지 않는 연구 성과로 인해 경향성을 파악하기가 어려운 상황이다. 현재 구체적 화행을 중심으로 성별 언어 전략적 쓰임이 차이를 거의 보이지 않는다는 연구결과가 이어지고 있음을 염두에 두면, 말 끼어들기에서의 성차적 특징 역시 이전의 연구 성과들과는 차별화된 모습이 나타날 것으로 예측된다. 따라서 말 끼어들기에서의 성별 차이에 대한 검증은 필요한 일이며, 이는 여성어의 화용적 특징을 새롭게 정리하는 데 필수적인 요소가 될 것이다. 본고는 이러한 전제 아래 다음과 같은 사항을 분석대상으로 하여 연구를 진행하려 한다.

첫째, 성별로 말 끼어들기 양상은 다를 수 있으며, 상대에게 우호적 말 끼어들기는 여성이 더 많이 사용할 것이다.
둘째, 말 끼어들기를 행할 때에 상대 화자의 성차에 영향을 받아 각기 다른 말 끼어들기 양상을 보일 것이다.

3. 말 끼어들기의 유형 및 현황

3.1. 말 끼어들기의 유형

기존의 연구는 이원표(1999)의 분류를 수용, 이의 세부유형을 좀 더 정교하게 다듬는 방향으로 이루어졌다. 이원표(1999)는 고의성과 담화에서의 기능에 따라 청자반응신호, 우발적 말 끼어들기, 우호적 말 끼어들기, 비우호적 말 끼어들기로 나누고, 그 아래 세부유형을 나누어 살피었다. 이에 비해 박정진(2009)은 우호적, 비우호적 말 끼어들기는 끼어드는 당사자의 고의성이 인정된다고 판단하여 이들을 의도적 말 끼어들기로 묶고, 우발적 말 끼어들기와는 구별 지었다. 우발적, 의도적 말 끼어들기의 구체적인 예시를 보이기 위해 앞서 (1)의 예문을 부분, 재인용하였다.

    (2) 〈출1과 사4와의 춤대결〉
        사2 : 자, 자, [자].
        사4 : ①   [아,] 뭐예요⌒
        사2 : 여러분 선수를 보셨어요, [선수의 자유안무].
        출3 : ②   [멋도 있으면서도].
        사2 : 이제 출1, 먼저--
        출1 : (출4 끌고 나가면서) 너 먼저 해.
        모두 : @@@
        사4 : (출3에게 손짓하며) 너, 너, 일루 와봐.
            (출3을 끌고 나감)

출1 : (춤출 준비하고) 자, [이제--]

사3 : (앞의 멤버들에게)③ [원래], 원래 라인이에요∕

출2 : 예, 라인이에요.

　(2)에서 ①과 ③은 선행 화자의 말차례 중간에 끼어든 것으로, 따라서 그것이 우호적이든 아니든 관계없이 끼어드는 당사자의 고의성이 엿보인다. 하지만 　②는 선행화자인 사회자2의 말차례를 완결 짓는 지점에서의 말이 겹친 예이다. '여러분 선수를 보셨어요'는 통사적 완결점이자 억양점 완결점인 종결어미로 끝났고, 선수(출연자4)의 춤을 보았다는 소개의 메시지도 완결된 상태여서 화용적 완결점이기도 하다. 따라서 추이적정지점이라 할 수 있는데, '선수'를 좀 더 보완, 설명하기 위해 추가어를 덧붙인 사회자2때문에 출연자3과의 말이 겹쳐 발생하였다. 앞선 예에 비하여 말차례를 고의적으로 방해하지 않았으며 우연히 둘의 말이 겹친 것이므로, 이는 우발적 말 끼어들기의 예이다.

　본고는 이처럼 우호, 비우호적 말 끼어들기는 끼어드는 당사자의 고의성이 인정된다고 판단하여, 이를 의도적 말 끼어들기로 묶은 박정진(2009)의 체계를 따르기로 한다. 이원표(1999)와 박정진(2009)의 분류 체계를 요약, 제시하면 다음과 같다.

<표 3> 이원표(1999 : 좌측)와 박정진(2009 : 우측)의 말 끼어들기 분류

대분류	소분류	대분류	중분류	소분류
청자반응신호		우발적		
우발적				대화의 공동구성
우호적	대화의 공동구성	의도적	우호적	명료화 요청
	명료화 요청			청자반응신호
	화제 전개 및 발전			친밀감 증진
	선호반응			말차례 넘기기
	친밀감 증진		비우호	말 중단
비우호적	반대, 이의제기			보채기
	화제전환			미리 나서기
			중립적	짧게 반응하기
				말차례 넘기기

앞서 설명한 대로 우발과 의도, 두 기준을 도입하여 분류한 것 이외에 박정진(2009)은 이원표(1999)가 설정한 청자반응신호를 우호적 말 끼어들기의 하위 부류로 처리한 점이 특징적이다. 청자반응신호는 상대방의 말에 대한 관심 표현으로 주로 '네. 음, 어' 등의 감탄사로 나타난다.

(3) C : 특히 인제 뭐 민속촌 이런 데 촬영나가며는,

A : 네=

C : 사실(0.5) 그 안에 뭐](0.2) 커피숍이 있는 것도 아니고.

A : 네=

C : 그냥 (1.0) 민속촌 안에서 그저, (0.9) 왔다갔다 해야 되니까는,

A : 네=

C : 여자분들이 어렵죠.

A : 네[=]

C : [그]리구 (1.0) 겨울철에도 (1.0) 추워두= 뚱뚱하게 보이니까는,

A : 네=

C : 아무래도 (1.0) 남자들보단 들= 껴입게 되죠.

B : 그렇죠.

(이원표 1999 : 32 재인용)

(3)은 초대손님 C가 여자 탤런트들이 겪는 어려움을 이야기하고 있을 때 남자 진행자인 A가 여러 번 청자반응신호를 보이는 예이다. 상대방의 말에 호응을 보내는 것이므로 우호적 말 끼어들기로 볼 수 있겠으나, 이는 일종의 화석화된 것 내지 관례적인 것이므로 구별하는 것이 좋다고 판단되어 이원표(1999)에서는 따로 분류한 것이다.

본고는 차지현(2007), 박정진(2009) 등 다른 많은 선행연구들과 같이, 청자반응신호를 우호적 말 끼어들기로 분류하였다.

(4) 출3 : 옥타곤걸은 세계 3대 이종종합격투기 UFC 경기[가 있]어요.

　　사1 :　　　　　　　　　　　　　　　　　　[UFC]

　　출3 : ①네, 그 링이 이렇게 육각형으로 [돼] 있어요,

　　사1 :　　　　　　　　　　　　　　　[네].

　　출3 : 그 링을 옥타곤이라고 하거든요,

　　사1 : ②네.

청자반응신호는 상대방의 말에 관심이 있음을 표하는 방식이며, 따라서 상대의 말차례나 말의 흐름에 방해를 끼치려는 목적을 가지지 않았

다. 그 결과 현 화자의 말차례 중간이든(4-①) 말미든(4-②) 어느 순간에든 자신의 관심을 자유롭게 표할 수 있다. 따라서 이들은 상대방의 말에 자신의 관심, 집중도를 드러낸 것이므로 우호적 말 끼어들기로 분류한 것이 타당해 보인다.

본고에서 우호적 말 끼어들기로 분류한 것은 기존의 연구들처럼 메시지를 기준으로 한 것일 뿐, 말차례를 방해하였는지의 여부와는 관계가 없다. 아래는 우호적 말 끼어들기의 예로, 상대방의 말차례를 방해하는 경우이다.

> (5) 〈자신의 희망결혼시기에 대해 이야기를 나누는 중〉
> 　　2 : 나이가 이천칠 년이 내 나이야,
> 　　1 : 스물여덟?
> 　　2 : 아홉 육박,
> 　　1 : …
> 　　2 : 서른은 안 돼 〈vocaldesc= '웃음'〉〈@진짜 서른은 안돼.@〉,
> ①　 [진짜 서른은…],
> ②　1 : [여자가 서른 넘으면은],
> ③　2 : 서른 신부 진짜 미워.
> 　　1 : 아 그게 아니라 여자가 서른 넘어가면은, 임신하기 힘들다니깐
> 　　　　　　　　　　　　　　　　　　　　(차지현 2007 : 39-40 재인용)

(5-②)는 상대의 말을 예측하여 끼어들어 대화를 공동으로 구성하는 우호적 말 끼어들기의 예이다. ②는 현행 화자의 메시지(서른이 넘었을 때 나타나는 부정적 현상)에 도움을 주기 위해 끼어드는 것이므로 우호적인 말 끼어들기이지만, 현행 화자(화자2)의 말차례를 방해하는 행위

이다. 이는 자신의 말차례가 다 끝나지 않았기 때문에 현행 화자가 잠시 말을 분절(①)하였다가 다시 이어나가는 것(③)에서도 알 수 있다.

물론 아래처럼 상대방의 말차례를 방해하지 않으면서 메시지에 우호적인 반응을 보이는 경우가 대부분이다.

(6) 〈여대에서 성적을 잘 받기 힘들다는 내용〉

　　4 : 레포트 다 제출하고, 시험도 다 봤어, 근데 디를 맞은 거야 디
　　　　제로, 디 제로까지 줘, 근까 되게 기가 막히잖아, 우린 레포트
　　　　하나

　　① 안 내고 이래도 씨뿔 정[돈 맞]잖아

　　② 5 : 　　　　　　　　　　[씨뿔]

　　4 : 까 걔네는 그게 상상이 안 되는 거야 근데 걔네는, 여대는, 모든
　　　　여자 애들이 다 출석을 하니까 우선 출석은=, 상관이 없어.

(차지현 2007 : 63 재인용)

(6-②)는 화자의 말에 적극적으로 호응(반복하기)하여 친밀감을 증진시키는 우호적 말 끼어들기의 예이다. 현 화자의 메시지에 긍정적 신호를 보내는 것이므로 우호적 말 끼어들기의 범주에 속하나, 이는 현재 화자의 말이 중단되지 않고 계속 이어져 나오고 있어 앞의 예문과 구별된다. 이와 같이 우호적 말 끼어들기는 (6)처럼 현 화자의 말차례에 방해를 하지 않을 수도 있고 (5)처럼 방해를 할 수도 있으나, 이들 모두 화자의 메시지에 우호적인 신호를 보내고 있음이 공통적이다. 따라서 본고는 말차례와는 상관없이 현 화자의 말에 긍정적이지 아닌지의 여부에 따라 우호적 말 끼어들기와 비우호적 말 끼어들기로 분류하였다.

물론 박정진(2009)의 중립적 말 끼어들기는 '발언권 정리하기, 발언권 청하기' 등 토론담화의 특수성 때문에 설정된 것이라 판단되어, 본고의 연구대상을 분석하는 데에는 적절하지 않아 제외하였다. 그리고 비우호적 말 끼어들기 역시 제지, 중단, 보채기, 미리 나서기 등 사회자의 진행 방식에서의 말 끼어들기(박정진 2009)를 제외하고, 오락프로그램의 성격에 맞는 이원표(1999)의 분류를 따라 반대, 이의제기와 화제전환으로 나누어 살펴보려고 한다.

(7) 가. 〈출연자3이 호텔 사장과 밥을 먹었다고 이야기하는 상황〉

사3 : S랑은 둘이 밥도 한번 안 먹고,

모두 : @@@

사3 : ① S는 사장이 아니라서 그런거야／ 왜= 안 먹으려고 그러고, S는 그럼 뭐가 됩니까.

사2 : S가 사장하고 같애／

사3 : 와=, S도 pc방 사장인데,

모두 : @@

사3 : 사장인데 [무시하고],

출3 : ②　　　　 [그래서] 알바했잖아요.

사2 : 알 바 [몇 시간--],

출3 : 　　　 [그 정도] 했으면 됐지,

나. 〈출연자 세 명이 모두 성형을 했다는 화제를 꺼낸 상황〉

사3 : [아니]=, 세분 다- 아니 뭐, 성형설, 요런 게 [있어서],

사2 : 　　　　 [그쵸],

사1 : 조금씩 있으니까.

사3 : 아니 특히, P씨는,

출1 : 네[=]

사4 : ① [그], 이런 분이 계신데요. 성형한 부위를 보면, 본인

　　　이 고친 부위가 똑같이

　　　아픈=, 무속인이 계신데,

사3 : 정말↗, [되게 웃기다].

사4 : 　　　　[계시대요].

　(가-②)는 사회자3이 자기의 친구인 동네 pc방 사장하고는 밥을 안 먹는다고 타박을 놓자(①) 출연자3이 그 대신에 pc방에 가서 공짜로 알바를 해줬으니 차별대우하는 게 아니라고 반박하는 예이다. 그리고 (나-①)은 사회자들과 출연자1 사이의 대화에 끼어들어 갑자기 생각난 에피소드(성형수술을 감지하는 무속인)로 화제를 전환한 예시로, 현재 말을 주고받는 출연자1과 사회자3에게는 비우호적인 말 끼어들기로 볼 수 있다.

3.2. 말 끼어들기의 분포 현황

　지금까지 본 것처럼 본고는 상대방의 메시지에 우호적인지의 여부에 따라 우호적, 비우호적 말 끼어들기로 나누고 그 아래 의미기능에 따라 하위유형들을 나누어, 이들의 유형별 분포양상을 결정하는 데 성차가 변인이 될 수 있는지를 살펴보려고 한다. 이를 위해 본고는 오락프로그램을 연구대상으로 선정하였다. TV프로그램인 만큼 정해진 대본이 있

긴 하지만, 드라마나 영화처럼 모든 대화를 미리 짜놓고 시작하는 것이 아니라 전체적인 흐름만을 그려놓고 즉흥적이고 일상적인 대화로 풀어나가고 있어, 사적대화와 비슷한 모습을 보일 것으로 생각하기 때문이다. 또한 말 끼어들기의 세부 유형 모두를 대상으로 하는 것이 아니라 다양한 의미기능을 가진 의도적 말 끼어들기만을 대상으로 하려 한다. 우발적 말 끼어들기는 현 화자의 발화종결지점을 잘못 예측하여 본의 아니게 말이 겹친 것이어서, 끼어드는 당사자의 의도를 우호적, 비우호적으로 판단하기가 어렵기 때문이다.

본 연구에서 분석대상으로 택한 것은 라디오스타이며, 이는 4명의 진행자와 평균 4명 정도의 출연자들이 등장한다. 평소에 궁금했던 내용을 서로 묻고 답하는 프로그램으로, '출연자와의 인사-〉근황토크-〉음악토크'순서로 진행된다. 그러나 이는 대략적인 순서일 뿐, 출연자들과의 대화는 정해진 대본 아래에서 진행되는 것이 아니어서, 예상하지 못한 질문에 당황하거나, 말을 더듬거나 때로는 자신의 감정을 토로하느라 대립각을 세우기도 하여, 말 끼어들기의 제반 양상을 보여주는 데 적합할 것으로 기대된다.

우선, 본고에서 연구대상으로 삼은 자료에서의 말 끼어들기 분포현황을 제시하면 다음과 같다.

〈표 4〉 오락프로그램에서의 말 끼어들기 양상

자료	특집 명	시간	말차례		말끼어들기	
1	오래된 녀석들	1시간2분15초	남 사회자 4인 968회 남 출연자 6인 610회	1578	164 219	373
2	두근두근쿵쿵	1시간5분53초	남 사회자 4인 807회 여 출연자 3인 476회	1283	189 145	334

3	어중간한 스타	1시간9분18초	남 사회자 4인 695회 여 출연자 2인 245회 남 출연자 2인 218회	1158	141 176	317
합계				4019	1034 (25.7%)	

〈표 4〉에 정리한 대로, 자료1, 2, 3은 각기 출연자가 남성만, 여성만 그리고 남녀혼성(각2명)으로 출연한 것으로, 전체 말차례 4019회 중 말 끼어들기는 1034회(25.7%)를 차지하였다. 프로그램에서의 말 점유율을 비교해 보면, 남 사회자(4인)가 2470회, 남 출연자(6인)가 610회, 여 출연자(3인)가 476회, 혼성출연자(4인)가 463회의 말차례를 기록하였다. 사회자 1인은 한 프로그램에서 평균 15%의 말차례를 점유하였는데, 이는 출연자 1인의 평균 말차례 점유율(남 출연자 6.5%, 여 출연자 12%, 혼성 출연자 9.7%)보다 더 높아, 프로그램에서 사회자 4인의 비중이 크다는 것을 알 수 있다.

말 끼어들기는 전체 1034회 중에서 출연자의 끼어들기가 540회(남 출연자 1인 당 36회, 여 출연자 1인 당 48회, 혼성 출연자 1인 당 44회), 사회자의 끼어들기가 494회(1인 당 41회)로 분포하였다. 전체 말차례에서 점유율이 떨어지던 출연자들의 말 끼어들기가 사회자들과 엇비슷하게 나타난 것으로, 이는 출연자들이 사회자의 질문에 응답만 행하는 수동적인 입장이 아니라 다른 이의 말에 적극 호응하고 반대, 이의를 제기하는 등 자신의 존재를 돋보이려는 적극적 대화참여자임을 보여준다.

다음 절에서는 말 끼어들기의 세부 유형별로 사회자와 출연자 각각이 어떻게 나타나고 있는지를 구체적으로 제시하고자 한다. 그리고 말 끼어들기를 행하는 데 성별이 변인이 될 수 있는지를 살펴보려 한다.

4. 오락프로그램에서의 말 끼어들기 현상 분석

4.1. 여성은 우호적 말 끼어들기를 자주 행하는가?

〈라디오스타〉는 고정된 사회자 4명과 매회 바뀌는 게스트(출연자)들이 모여서 출연자들의 근황에 대해 이야기를 나누는 프로그램으로, 진행자는 전체적인 화제의 흐름을 조정하고 출연자들에게 공정한 발언권을 보장하기 위해 발화과정에 적절히 개입한다. 예능프로그램의 특성상 유쾌한 분위기를 조성해야 하기 때문에 대화과정에 끼어들어 재질문, 농담하기, 비꼬기 등을 의도적으로 행하기도 한다.

한편, 출연자들은 질문보다는 대답을 위주로 대화를 진행해 나가며 주로 진행자의 허락 하에 발언권을 확보한다. 프로그램의 진행과정에서 출연자 개개인의 신상토크가 많은 비중을 차지하기 때문에 주로 듣고 호응을 보낼 것으로 예상되지만, 상대방의 비논리적이고 감정적인 발화에는 과감히 끼어들어 반대, 이의제기를 드러낸다.

우선 사회자와 출연자는 어떠한 말 끼어들기를 좀 더 많이 사용하고 있는지를 살피려 한다. 말 끼어들기는 현재 화자의 말차례를 방해하는 행위이기 때문에 나쁜 것으로 여겨지지만, 현재 화자의 말에 호응을 보내거나 말을 더하는 등 우호적인 행위이기도 하다. 따라서 본고에서 살피려는 첫 번째 과제, 즉 '성별로 말 끼어들기 양상은 다를 수 있으며, 상대에게 우호적 말 끼어들기는 여성이 더 많이 사용할 것'임을 알아보는 방법이 될 것이다.

〈표 5〉 출연자 간의 말 끼어들기

자료 / 말 끼어들기 유형		동성출연자		혼성출연자			
				남		여	
		남	여	남	여	남	여
우호	청자반응신호	27	20	0	1	6	2
	선호반응	13	17		0	3	0
	공동구성	32	12		3	1	0
	친밀감	20	12		0	0	5
	맞장구	8	6		4	1	1
	재질문	7	0	3	3	3	1
	화제전개	30	2	0	4	6	4
	합계	137	60	3	11	20	13
비우호	반박	6	7	1	4	1	0
	화제전환	4	3	0	5	1	0
	합계	10	10	1	9	2	0

〈표 6〉 출연자와 사회자 간의 말 끼어들기

자료 / 말 끼어들기 유형		사회자→출연자				출연자→사회자			
		남	여	혼성		남	여	혼성	
				남	여			남	여
우호적	청자반응신호	85	98	14	40	16	32	6	13
	선호반응	0	0	0	0	16	10	7	7
	친밀감	2	5	2	0	0	6	3	7
	맞장구	4	0	5	4	2	0	4	11
	공동구성	14	16	3	5	14	16	3	5
	재질문	4	19	2	7	4	19	2	7
	화제전개	12	9	10	21	27	16	5	21
	합계	121	147	36	77	56	64	28	60
비우호	반박	7	5	7	17	16	3	5	14
	화제전환	7	7	6	3	5	8	2	6
	합계	14	13	13	20	21	11	7	20

〈표 5〉를 보면, 우호적 말 끼어들기는 남자 출연자들끼리 나왔을 때가 가장 높게 분포(137회)하였으며, 혼성출연자들 속에서는 남성(14회)보다 여성(33회)이 더 많이 행하고 있었다. 〈표 6〉에서 출연자가 사회자의 말차례 중간에 우호적으로 끼어든 행위는 여성(64회)이 남성(56회)보다 높았으며, 혼성자료에서는 여성(60회)이 남성(28회)보다 2배 이상 높게 나타났다. 이들 결과만을 놓고 보면, 남성보다 여성 출연자들의 우호적 말 끼어들기가 비교적 높을 것으로 예상되지만, 남성 출연자들만의 말 끼어들기에서 우호적인 행위가 고빈도로 나온 〈표 5〉를 고려하면 남성들끼리의 우호적 말 끼어들기 역시 자주 일어날 것임을 예측해 볼 수 있다. 그렇다고 해서 혼성출연자들이 나온 회차에서 보듯 여성들의 우호적 말 끼어들기가 상대적으로 높게 나타났다는 점에는 변함이 없으며, 따라서 본고는 여성들이 신뢰와 지지를 보내는 우호적 말 끼어들기를 자주 사용한다는 선행연구들과 동일한 결과를 보인 것으로 정리하였다.

다음으로 우호적 말 끼어들기의 세부유형에서의 차이점에 주목해 보면, 우선 〈표 5〉에서는 남자 출연자들이 재질문과 화제전개의 말 끼어들기를 비교적 자주 사용한 데 비해, 여성 출연자들은 선호반응이 높게 나타났다는 점이 눈에 띈다. 아래는 남성 출연자들이 자주 사용하였던 재질문과 화제전개의 예시를 보인 것이다.

(8) 가. 〈팀원 중에 막내가 리더가 탐난다고 말한 상황〉
　　　사2 : 여러분께서는 지금, 15년차 그룹이, 꼴등 안 하기 위해,
　　　　　　[애쓰는 모습을 보고 계십니다.]
　　　출연자들 : [@@@]

출3 : 근데, 판가름 할 수가 없을 것 [같아].

출4 : ①   [왜] 없어요↗

　

나. (서로 누가 더 좋냐는 장난을 끊임없이 치는 모습을 보인 후)

출4 : ① 저희 이런 걸 [해요 저희끼리].

출2 : ②   [쓸데없이 계]속 해요, 그니까는, 메이크

업을 이제, 받고 있으면, 시간이 지루하고 또=

　

　(8-가)는 누가 더 나은지 판단하기 어렵다고 하자 왜 없는지 이유를 묻는 '재질문'의 예이다. 그리고 (8-나)는 '서로 ○○라인이라는 말을 할 만큼 밀착돼 있는 팀원이 있느냐'는 사회자의 질문에 자신들끼리도 그 질문을 자주 한다는 말을 하면서 화제를 종결지으려는 순간(나-①) 메이크업 시간처럼 대기시간이 너무 길어서 그런 것 같다는 이유를 제시하여 화제를 확대, 발전시키는 출연자2의 끼어들기를 보인 예(나-②)이다.

이처럼 남자출연자들이 재질문, 화제전개에 우세한 양상을 보인데 비해, 여자 출연자들만 나온 회차에서는 선호반응이 우세하였으며, 청자반응신호, 친밀감형성, 맞장구치기 등은 남성출연자들과 큰 차이를 보이지 않고 분포하였다.

　

　(9) 가. 〈출연자2의 의상이 나쁘지 않음을 이야기하는 상황〉

출2 : 약간은 헐렁한, 방송 편하게 [하고 싶어]서,

출1 : ①   [맞어 맞어]

출2 : 이런 거 입고, 조금은 그래도 덥기도 하니깐

나. 〈출연자들의 꽉 끼는 의상이 숨이 막힌다고 말하는 상황〉

출1 : [저는], 가끔씩 안돼서 갈아입을 [때가 있어요]

모두 :   [@@@]

출1 : 진짜루요, 몇 번 갈아입었어요,

       음[식 먹다]가 체하기도 하고

출2 : ① [@몇 번]

다. 〈출연자1의 근황토크로 여주홍보대사를 맡은 경위를 듣는 중〉

사1 : 그래도 여주 홍보대산데.

사4 : [그러게].

사3 : [그래서] 어떻게 되신 건데요╱

출1 : 제가 여주가 고향이에요.

사3,4 : 아아=

출3 : 여주 사[람이에요]╱

출1 : ①   [네, 여주]가 고향이에요.

    (9-가)는 옷을 편하게 입고 싶다는 출연자2의 말에 출연자4가 맞장구를 치는 예이며, (9-나)는 상대방의 말이 재미있어서 그 말을 따라하면서(①) 상대방과의 친밀감을 증진시키는 경우이다. (9-다)는 상대의 질문에 미리 답을 하는 것(①)으로, '질문-(예견된)대답/무답'으로 이루어진 인접쌍에서 앞선 질문에 대해 더 선호되는 반응, 즉 대답이 나온 경우이다. 이는 선호되는 반응을 말 끼어들기를 통해 제시함으로써 현화자에게 긍정적인 반응을 더 적극적으로 보내기 때문에 우호적 말 끼어들기의 예로 볼 수 있다.

    앞선 (8)과 (9) 모두가 우호적인 말 끼어들기인 것은 동일하나, (9)에 비해 (8)은 대화의 흐름에 초점을 맞추는 끼어들기라는 점에서 주목할 만하다. 즉, 청자반응신호나 맞장구치기, 친밀감 조성, 선호반응과 같은 끼어들기는 상대방의 말에 호응을 보내고 상대방과의 정서적 연대를 강화하는 데 도움을 주지만, 재질문, 화제전개는 현행 화자의 메시지를 예측해보고 현재의 화제가 순리적으로 흘러갈 수 있도록, 대화의 흐름을 조율하기 위해 끼어드는 행위인 것이다. 이들 사이에서 남녀 성차가 발견된다는 것은 여성어의 특징을 보이는 데 근거가 될 수 있을 것으로 보인다.

다음으로 사회자의 말차례 중간에 끼어들어간 예(〈표 6〉)를 보면 화제 전개 및 발전을 위한 말 끼어들기를 남성들이 더 자주 사용한다는 것은 〈표 5〉와 동일하다. 단지 남성은 화제전개 및 발전에서 비교우위를 보이고 여성은 재질문에서 비교우위를 보이는 것이 다른 점이다. 여성의 예 하나를 보이면 아래와 같다.

> (10) 〈출연자1이 리포터 시절에 만난 기아한 PD에 대한 이야길 하는
>   상황〉
>   사2 : ① [자기 옷을 주고↗]
>   사4 : 갑자기 8미리짜리 꺼내는 거 아니에요↗
>   [이렇게↗]
>   출1 : [근데].
>   사실 내가 봤는데, 눈썹을 다 밀어버[린@]
>   모두 :   [@@@]
>   사1 : ② 눈썹[을 다 밀었다고↗]
>   출2 :   [어머 어떡해]

사2 : 왜↗

출1 : 눈썹도 얇게 해야 된대, 자기가 메이크업 배웠대요.

사3 : [크하@@]

사4 : ③ [남자분이↗]

출1 : 예. 그래서 막 맛있게 먹고, 사장님 이 맛집의 비밀이 뭔가
　　 요↗그러면서,

(10)은 사회자와 여성 출연자 간의 대화를 보인 예로, 이는 재질문을
통해 계속적으로 출연자 1이 대화를 이어나갈 수 있게 돕는 말 끼어들
기의 예이다. 출연자1이 PD에 대한 일화를 소개하자 그의 행동을 구체
화해서 묻거나(①) 눈썹을 민 기이한 행동을 의아해하거나(②) 그것을
메이크업이라고 주장한 사람을 명확히 하는(③) 등 앞선 화자의 말에
질문을 던져서 PD에 관한 일화를 연이어 꺼낼 수 있도록 유도하는 말
끼어들기로, 여성 출연자들 사이에서 많이 나타난 유형이다.

앞서 진술한 것처럼 재질문과 화제전개 및 발전은 대화의 흐름을 적
극적으로 이끌어간다는 점에서 다른 끼어들기와 구별된다. 하지만 둘
은 선행 화자에게 기대어 논의를 발전시키는지 아닌지에서 구분이 된
다. 즉 재질문은 선행 화자의 이야깃거리에서 화제를 발전시켜 가는 것
이며, 화제 전개 및 발전은 또 다른 소주제로의 이동, 화제의 흐름을 확
대, 발전시키는 과정을 포함하고 있어서 좀 더 적극적으로 대화의 흐름
을 조율하는 것은 후자이기 때문이다.

(11)가. 〈이혼한 사회자1과 공개 이별한 출연자3의'이별'이 화제임〉

사1 : ① 헤어지면은 당연히, 각자의 인생을=.

사3 : [그럼요.]

사1 : [그쵸], 각자의 인생을 [가야죠].

출3 : ②   [어떻게] 보면은 근데, 더 좋은 사

람 만났음, 이런 바램도 있을 거 아니에요.

나. (출연자1이 사기를 당해 맛집 리포터를 해준 일화를 들려줌)

출1 : 또, 남자정장 같은 거를, 위 아래로 주시는 거예요

사1 : [왜=]

사4 : [응↗]

출2 : 박시한--

출1 : 응, 박시한 [정장--]

출2 : ①   [그걸 입고] 하래요↗

출1 : 회색자켓에 [박시한 정장]

출2 :   [자기 거] 갖고 온 거 아니에요↗

사4 : ② 집에서 갖고 온 [거 아니에요↗]

출2 : ③   [본인 거예요↗]

(가)는 사회자와 남성 출연자 간의 대화를 보인 예로, 화제전개 및 발전을 위한 말 끼어들기의 예시이다. 이혼하고 오랫동안 혼자 지내는 사회자1이 이별이란 다시 각자의 인생을 살아가는 과정(①)일 뿐이라며 이혼에 의미를 덧붙이는 걸 거부하자, 곁의 사회자들이 이에 동의한다. 그런데 여기서 끝나지 않고 '이별은 새로운 만남을 위한 것'(②)임을 꺼내 이별의 의미를 확대, 발전시키는 출연자3의 끼어들기를 보인 것이다. (나)는 출연자1이 리포터를 할 때 방송국에서 준비해 준 의상에 대해 이야기를 하는 장면으로, 박시한 정장이 시켜서 입은 옷인지 질문(①)하

거나 그 옷의 소유자가 본인이 아니냐는 질문(②)에 더해 자신의 옷인지 확인질문(③)하는 출연자2의 말 끼어들기 예이다. 이를 통해 출연자1의 의상에 대해 질문을 거듭하면서 화제(의상)를 진전시키고 출연자1의 의사를 명료하게 표현할 수 있도록 돕는다. 화제의 흐름에 기여하는 것은 동일하나, 앞선 (가)와 달리 선행 화자에게 질문을 던져서 화제를 전개시키는 점이 (나)의 특징이다. 따라서 대화의 흐름을 조율하려는 과정에서 가장 적극적인 끼어들기로 해석되는 화제의 전개 및 발전은 남성이, 좀더 소극적인 재질문은 여성이 자주 사용하는 말 끼어들기라고 요약할 수 있을 것이다.

지금까지 출연자끼리 그리고 사회자의 말차례에 남녀 출연자가 끼어든 경우를 비교해 본 결과, (1) 우호적 말 끼어들기는 여성의 빈도가 상대적으로 더 높게 나타났고, 그 세부유형을 따졌을 때 (2) 상대방의 의견에 동조하거나 대화를 진전시키는 데 기여하는 우호적 말 끼어들기를 여성이 자주 사용하였으며, (3) 대화의 흐름을 조율하려는 과정에서 남성이 화제의 발전 및 전개와 같은 더 적극적인 말 끼어들기를 사용하고 있다고 요약할 수 있을 것이다. 이를 토대로 남녀의 대화에서의 특징적 모습을 살펴보면, 남성은 선행연구와 같이 대화의 흐름에 적극적으로 개입하여 대화를 지배하려는 특성을 가지나, 여성은 상대방과의 교류, 교감에 관심이 많으며 소극적으로 대화의 흐름을 발전시키는 데도 관심을 가지고 있다고 할 수 있을 것이다.

4.2. 여성의 말 끼어들기는 상대방의 성차에 영향을 받는가?

앞서 보았던 것처럼 여성은 우호적 말 끼어들기를 자주 행하였고, 그

중에서 호응을 보내거나 재질문의 화제전개 기법을 사용하고 있음이 특징적이었다. 그러나 이는 출연자가 동성인 경우에 특징적으로 나타난 것이었을 뿐, 출연자가 혼성으로 나왔을 경우에는 다른 모습을 보이기도 한다. 앞서 제시한 표에서 혼성출연자들의 말 끼어들기 양상만 모아 보이면 다음과 같다.

〈표 7〉 출연자의 말 끼어들기 현황

끼어든 자 유형	대상	사회자의 말차례		출연자의 말차례			
		남	여	남	여	남	여
				남		여	
우호적	청자반응신호	6	13	0	1	6	2
	선호반응	7	7	0	0	3	0
	친밀감증진	3	7	0	3	1	0
	맞장구	4	11	0	0	0	5
	공동구성	3	5	0	4	1	1
	재질문	2	7	3	3	3	1
	화제전개	5	21	0	4	6	4
	합계	28	60	3	11	20	13
비우호	반박	5	14	1	4	1	0
	화제전환	2	6	0	5	1	0
	합계	7	20	1	9	2	0

〈표 7〉에서 보듯 남성 사회자와의 말 끼어들기에서 여성은 우호적 말 끼어들기(여성 60회, 남성 28회)만이 아니라 비우호적 말 끼어들기(여성 20회, 남성 7회)에서도 빈도수가 높다. 또한 혼성출연자들 사이에서도 여성은 여성보다는 남성의 말차례에 우호적이든 비우호적이든 비교

적 더 많은 말 끼어들기를 행하였다. 엄순천(2007)에서 우호적인 것은 여성이 남성의 말차례에, 비우호적인 것은 남성이 남성의 말차례에 끼어드는 경우가 높다고 하였는데, 현재 결과로 보면 모든 말 끼어들기에서 여성이 남성의 말차례에 상대적으로 높은 비율로 말 끼어들기를 행하였음을 알 수 있다.

물론 우호적인 말 끼어들기의 세부유형 결과에서도 여성의 적극적인 모습이 읽힌다. 청자반응신호가 자주 사용된 것은 선행연구 결과와 동일하나, 대화의 흐름에 초점을 맞추는 적극적인 말 끼어들기로 해석된 '화제 전개 및 발전'은 여자 출연자가 사회자의 말차례에 끼어든 경우가 가장 많았다.

우호적 말 끼어들기에서의 여성출연자의 우위는 혼성출연자가 나온 경우에도 동일하여, 남성 출연자는 여성 출연자보다 말 끼어들기에서 적극성을 보이지 않았다(남성 14회, 여성 33회). 세부적으로는 여성이 동성(13회)보다는 남성 출연자의 말차례에 좀 더 많은 말 끼어들기(20회)를 행한 데 비해 남성은 남성의 말차례 중간에 끼어든 경우가 거의 없었다(재질문 3회). 기존 연구에서 여성은 남자와 같이 있을 때 남성의 무례함에 입을 닫고 침묵을 지킨다고 하였으나, 이번 연구결과에서는 정반대로 여성이 더 적극적으로 말차례를 뺏는 언어전략적 쓰임새를 보여주었다고 할 수 있을 것이다.

여자들의 능동적, 적극적 태도는 아래처럼 사회자에게 반박을 하거나 화제를 전환하는 등 비우호적 말 끼어들기에 적극 나서는 모습(남 7회, 여 20회)에서도 확인할 수 있다.

(12) 가. 〈출연자3이 호텔 사장과 밥을 먹었다고 이야기하는 상황〉

사3 : S랑은 둘이 밥도 한번 안 먹고,

모두 : @@@

사3 : ① S는 사장이 아니라서 그런거야↗ 왜= 안 먹으려고 그
       러고, S는 그럼 뭐가 됩니까.

사2 : S가 사장하고 같애↗

사3 : 와=, S도 pc방 사장인데,

모두 : @@

사3 : 사장인데 [무시하고],

출3 : ②   [그래서] 알바했잖아요.

사2 : 알바 [몇 시간--],

출3 :   [그 정도] 했으면 됐지,

나. 〈여자출연자1의 결혼반지가 비싸다는 소문을 전하는 중〉

출1 : ① 자기가 만들어서 하는 가게를, 고런 데서 산 은반지
       였어요.

사1 : 은-은[반지]

여출1 :   [네에], [그런데]

사3 : ②   [돌리면 나]오는 거,

여출1 : 돌리면 나오는 거 아니에요

남출1 : 이렇게 [₁집는 [₂거@@@₂]₁]

모두 :   [₁@@@₁]

여출1 : ③   [₂아니 근데=₂] 그런 걸 요롷게 골라가지고,
        [₃이₃]거 한국 가, 누구도 끼고 있지 않을 [₄것이다=₄]

사1 :   [₃네₃]

사3 : ④   [₄오오오=₄]

(12-가)는 (7-가)를 재인용한 것으로, 출연자3이 사회자3의 의견에 맞서서 반박을 가하는 예이다. (12-나)는 여자 출연자1의 화제전환을 위한 말 끼어들기 예를 보이는 것으로, 화제는 출연자1의 비싸고 화려하다고 소문난 결혼반지이다. 여자 출연자1이 거리에서 쉽게 보는 싼 반지라고 교정을 하였으나(①), 사회자3이 알을 돌리면 그 안에서 비싼 다이아몬드가 나오는 것 아니냐(②)고 놀리면서 출연자 모두가 여자 출연자1을 놀리는 데로 화제 일탈되었다. 이들을 지켜보던 여자 출연자1이 '아니 근데'로 화제복귀를 시도(③)하고 결국 자신의 반지가 가진 의미를 다시 강조하였다. 이 과정에서 ③과 같이 여자출연자는 남자 출연자의 말차례에 비우호적인 말 끼어들기를 행하였다.

여성의 말 끼어들기가 활발한 결과는 기존 연구와는 구별되는 것이며, 동일하게 남성 역시도 기존 연구결과와 달리 여성을 상대로 한 말 끼어들기를 좀 더 자주 사용하였다. 기존에는 남성이 남성의 말차례에 끼어드는 것이 가장 높았을 뿐, 여성의 말차례 사이에는 끼어들기를 자주 행하지 않았다(엄순천 2007). 그런데 비록 빈도수는 높지 않지만 상대가 남성인 것보다 여성인 경우 더 말 끼어들기를 자주 행하고 있어, 남녀 모두 이성이 상대일 때 말 끼어들기를 자주 행한다는 결론에 이를 수 있을 것으로 보인다.

지금까지 성별로 끼어들기의 양상을 살핀 결과, (1) 어느 자료에서든 여성 출연자가 우호적 말 끼어들기를 더 자주 사용하고 있었으며 (2) 남녀 출연자들만의 출연 회차를 비교해본 결과에서 알 수 있듯이 상대방과의 정서적 교감, 연대를 위한 말 끼어들기는 여성이 더 자주 사용하고 있었다. 그러나 (3) 혼성 출연자가 나온 경우에는 여성이 대화를 이끄는 화제전개 및 발전에서 우위를 보인다거나 반박이나 화제전환 등의 비우호적 말 끼어들기 역시 좀 더 자주 사용하고 있었다. 기존의 연구결과에서는 여성은 남성과의 대화에서 우호적인 말 끼어들기를 자주 사용한다고 보고되었으나, 본고에서는 (4) 우호만이 아니라 비우호적 말 끼어들기 역시 남성을 상대로 하여서 많이 행하고 있어, 자신의 입장관철, 대화 우위 선점 전략을 더 강하게 구사하고 있는 여성의 모습을 볼 수 있었다. 따라서 성차를 변인으로 말 끼어들기 현상을 분석한 결과에 따르면, 적극적이고 공격적인 여성어의 화용적 특징이 엿보이는 것으로 정리할 수 있을 것이다.

5. 결론

지금까지 여성어의 화용적 특징을 연구한 결과에 따르면, 남성은 힘에 근거한 지배적 대화를 추구하지만, 여성은 유대감에 근거한 협동적 대화를 추구한다고 알려져 있다. 따라서 여성은 우호적 말 끼어들기를 더 자주 사용하는, 친절한 청자로 인식되어 왔다. 이를 가정하고 오락프로그램을 토대로 남녀의 말 끼어들기를 분석해 본 결과, 여성이 우호적 말 끼어들기를 자주 사용하는 면모를 보였고, 특히 화제의 흐름에 관여하기보다는 상대방과의 정서적 교류, 연대감을 살리는 말 끼어들기를 자주 사용하였음을 보이었다. 이는 기존의 연구결과들과 동일한 내용이며, 따라서 여성어는 상대방에게 정서적 친밀감을 살려 대화를 원활하게 이끌어가는 화용상의 특징을 가진다고 할 수 있을 것이다.

하지만 혼성 출연자가 나온 프로그램에서는 여성의 적극성이 엿보이는 말 끼어들기 결과가 나타나 여성어는 변화과정 중임을 보이었다. 기존의 결과에서와 같이, 여성과 남성 고루 이성과의 말차례에서 말 끼어들기가 더 많이 목격되었으나, 여성의 경우는 이성만이 아니라 동성끼리의 말차례에도 적극적으로 끼어들어 화제를 전개시키기도 하고 상대의 말에 반박을 가하기도 하는 등 공격적인 대화진행방식을 보이었다. 더구나 선행연구에서는 혼성일 경우 남성의 독점적 대화방식에 상처받은 여성이 침묵을 지킨다고 하였으나, 본고의 연구 결과에 따르면, 여성이 남성보다 더 적극적으로 말 끼어들기를 행하였고, 화제의 흐름을 지배하거나 자신의 입장을 관철해 나가는 말 끼어들기에서도 여성이 상대우위적 쓰임을 보이어서, 현재 여성어에는 공격적이며 적극적인 대화진행방식이 존재한다고 말할 수 있을 것이다.

물론 이는 오락프로그램 3편만을 대상으로 한 결과이므로 한계를 가진다. 뿐만 아니라 사회자가 남성으로만 설정되었으며, 출연자끼리의 친밀도 혹은 사회자와 출연자끼리의 친밀도에 따라서 결과가 달라질 수 있다는 문제점도 있다. 향후 점유율이 높은 사회자 위주의 끼어들기 현상을 살피거나 현재 프로그램과 비슷한 포맷이지만 여성 사회자가 출연한 경우와 비교하는 등 좀 더 연구를 진행해 나가면 논의가 정확해질 것을 기대하며 여기에서 글을 마친다.

IV. 말 끼어들기 이후와 성별 특징[5]

1. 서론

구어담화는 현장성, 즉흥성을 특징으로 하기 때문에 대화참여자들의 말이 시나리오대본처럼 질서정연하게 구사되지 않는다. 말을 하다가 더듬을 수도 있고 수정하기도 하며 갑자기 말을 그만둘 수도 있다. 물론 다른 이의 말차례에 개입하여 자신의 말차례로 가져올 수도 있다. Sack et al(1974)의 말차례 규칙에 의하면, 한 번에 한 사람만이 말을 할 수 있으며 다음 말차례는 현행화자의 지시에 따르기 때문에, 말차례 교대는 현행 화자에게 주어진 권리이지만 이의 위반은 비일비재하다.

'위반'이라는 말에서 알 수 있듯이 말 끼어들기는 현행화자의 말차례에 방해가 되는 것처럼 보이지만, 모두 그렇지는 않다. 아래는 TV오락프로그램의 일부를 전사한 것으로, 후행화자의 말 끼어들기에 별다른 영

---

5) 이는 강소영, 「말 끼어들기에 대한 반응을 둘러싼 성별특징」, 『이화어문논집』 51, 이화어문학회, 2002, 564~595쪽에 실린 글을 옮긴 것이다.

향을 받지 않는 현행화자의 모습을 보인 것이다

(1) 〈출3이 앨범 PD를 맡으면서 멤버의 소중함을 느꼈다고 말함〉
　　출3 : 정신적으로나 육체적으로 되게 힘들어요, 아, 아시잖아요, 앨
　　　　　범 만드실 때 보면. 근데 이제, 그, 봄 햇살 기운처럼 마음이
　　　　　풀리게 하[는 게],
　　사1 : ①　　　[아=]
　　출3 : 어[떤 거냐면], 멤버들의 어떤- [그, 한마]디예요
　　출4 : ② [가사 같잖아]요　　　　　③[봄 햇살]

　(1)은 현행화자인 출연자3이 앨범을 제작하면서 멤버들 간의 격려가
제일 중요했음을 말하는 대목으로 사회자1과 출연자4는 그의 말에 호
응을 보내고 있다.(①, ②, ③) 물론 현행화자인 출연자3의 신호 없이 그
의 말 중간에 끼어든 것은 사실이지만, 출연자3은 후행화자의 말 끼어
들기에 별다른 영향을 받지 않고 자신의 말차례를 지속시키고 있다.
　그러나 현행화자의 말이 후행화자의 끼어들기에 막히는 경우도 있다.
(2)는 이를 제시한 것으로, 출연자와 사회자의 말 겹침 장면에서 현행화
자의 발화는 중단(③)되고 말차례는 후행화자에게 넘어갔다.

(2) 〈출3의 춤을 본 후 출연자1과 사회자4에게 춤시합을 붙임〉
　　사2 : 자, 자, [자--].
　　사4 : ① [아,] 뭐예요⌒
　　사2 : 여러분 선수를 보셨어요, [선수의 자유안무].
　　출3 : ②　　　　　　　　　[멋도 있으면서도--]
　　사2 : 이제 출1, 먼저.

출1 : (사4 끌고 나가면서) 너 먼저 해.

모두 : @@@

사4 : (출3에게 손짓하며) 너, 너, 일루 와봐.

(출3을 끌고 나감)

출1 : ③ (춤출 준비하고)　자, [이제--]

사3 : ④ (앞의 멤버들에게)　 [원래], 원래 라인이에요↗

출2 : 예, 라인이에요.

사1 : [아=]

사3 : [아 정]말↗

사2 : (출1과 사4를 가리키며) 출4라인, 출4[라인]↗

사1 : ⑤　　　　　　　　　　　　　　　　 [자], 그럼 자,

출1부터.

(둘의 춤 시합이 펼쳐짐)

말차례 유지는 현행화자에게 주어진 권리이므로 후행화자의 발화 중
단(②)은 자연스럽지만, 현행화자가 말을 중단하는 것(③)은 예외적이
다. 그렇다면 사회자3의 말 끼어들기(④)가 갖는 의미기능이 이에 작용
했을 가능성이 높은데, 현재 ④의 말 끼어들기는 현행화자인 출연자1의
말을 무시하고 다른 화제(팀원끼리도 라인이 있는가?)로 옮긴 상태이
기에 비우호적인 행위임이 특징적이다. 따라서 후행화자의 비우호적 말
끼어들기가 현행화자에게 부담을 줘 말을 중단시킨 것으로 예측할 수
있다.

하지만 비우호적인 말 끼어들기라도 해서 모두 현행화자의 말이 중단
되는 것은 아니다. 원래 화제로 복귀를 원하는 사회자1의 비우호적 말
끼어들기가 일어난 (2-⑤)에서는 현행화자의 발화가 마무리 되었다. 자

신의 질문에 대한 답이 들어오기 전에 사회자1의 화제전환(⑤)이 이어졌기 때문에 출연자2와의 연속된 대화가 이루어지지는 않았지만, 질문은 완료된 상태이다. 동일한 비우호적인 말 끼어들기인 ④와 ⑤는 말 끼어들기 결과를 놓고 보면, 현행화자에게는 ⑤보다는 ④가 더 부담스런 행위였다고 해석할 수 있다. ④와 ⑤처럼 메시지 우호성 여부를 기준으로 넣을 수 없을 때에는 참여자 간의 관계 즉 출연자와 사회자 간의 역학관계에서 그 이유를 찾을 수도 있을 것이다. 따라서 본고는 참여자 변인, 특히 성차가 말 끼어들기를 대하는 현행화자의 반응에서 읽혀질 수 있을지를 살펴보려 한다.

종합하면, 본고는 메시지의 우호성만이 아니라 말차례 유지의 여부를 함께 비교해 보는 것이 현행화자에게 말 끼어들기가 어느 정도 우호적이었는지를 따지는 데 필요하다고 보고, (1) 말 끼어들기를 당한 현행화자의 말차례가 유지되는지를 기준으로 말 끼어들기 장면을 분석해 보려 한다. 그리고 말 끼어들기와 같이 공격적인 행위에서 (2) 성차(gender)가 말차례 유지의 변인이 될 수 있는지를 함께 판단해 보려고 한다. 기존의 연구에서 여성은 친교적, 상호관계적인 대화진행방식을 선택하고 있어 남성과 구별된다고 하였는데, 말 끼어들기가 일어날 때 여성화자가 자신의 발화를 중단한 채 말차례의 이동을 허용하는지를 살펴, 이를 여성어의 화용적 특징으로 해석해볼 여지를 갖기 위해서이다.

2. 논의의 전제

2.1. 말 끼어들기와 여성어의 특징

지금까지 여성어 연구는 성차가 언어에 반영되어 있음을 보이는 결과들이 이어졌다. 특히 여성의 불리한 사회적 위치가 음운, 형태, 통사적 특징에 반영되어 있음을 지적한 결과들이 많았다. 말 끼어들기는 여성어의 화용적 특징과 관련이 있는바, 본고에서는 화용적 특징만 정리하려 한다.

여성어의 화용적 특징은 대화의 진행방식과 관련한 여성의 친교적 행위로 정의되는데, 남성은 지배적, 독립적, 경쟁적인 대화를, 여성은 협력적, 의존적, 친화적인 대화를 진행한다고 한다. 기존의 연구결과를 성별 말 끼어들기에 적용시켜 보면, 남성은 비우호적인 말 끼어들기를 자주 사용하거나 말 끼어들기 이후 주도적으로 말차례를 잡아 나갈 것으로 예측된다. 반면 여성은 누구나 고루 이야기하도록 대화를 조정해 나가는 호스트로서의 역할을 수행하다 보면, 비우호적 말 끼어들기나 말차례 가져오기 등 적극적이고 공격적인 시도를 남성보다 덜할지도 모른다는 예측이 세워진다.

실제로 말 끼어들기를 조사, 분석한 결과에서는 대부분의 사람들이 우호적 말 끼어들기를 더 자주 사용하지만, 남녀 사회자의 말 끼어들기만을 비교한 결과, 남성이 [화제전환]이나 [반박] 등의 비우호적 말 끼어들기를 더 사용하고 있다고 보고되었다(이원표 1999 : 23-59). 성차를 둘러싸고 우호, 비우호적 말 끼어들기의 사용양상이 달리 나타날 수 있음을 보이는 예이다. 그러나 강소영(2017)에서는 혼성출연자들 중 여성 출연자들의 비우호적 말 끼어들기 횟수가 남성 출연자보다 많았음을 토대로, 여성들의 자기주도적인 대화진행방식을 예고하기도 했다.

본고는 이러한 연구결과들을 토대로, 6편의 오락프로그램에서 (1) 말 끼어들기가 일어나 현, 후행화자의 말이 겹쳤을 때 현행화자의 말차례가 유지되는지를 정리해 보고 (2) 성차가 분포에 영향을 미치는지 분석해 보고자 한다. (3)이를 토대로 여성들은 말 끼어들기 순간에 지배적, 경쟁적인 대화진행방식을 보이는지, 혹은 친교적 협력적인 대화진행방식을 보이는지를 알아볼 것이다.

2.2. 연구의 대상과 연구방법

말 끼어들기에는 성차적 요인이 나타날 수 있으며, 따라서 본고에서 예측한 대로 말 끼어들기 이후의 현행화자의 말차례 지속에서 성차가 변인으로 작용할 수도 있다. 이를 알아보기 위해 본고는 남성 사회자(〈라디오스타〉)와 여성 사회자(〈비디오스타〉) 아래, 남자 출연자만 나온 경우, 여자 출연자만 나온 경우 그리고 혼성 출연자가 배치된 경우, 6편을 연구대상으로 선정하였다.

〈라디오스타〉와 〈비디오스타〉는 사회자 4명이 이끄는 오락프로그램으로 평균 4명 정도의 출연자들이 등장한다. 출연진들과의 자연스런 대화의 흐름을 갖고 있지만, 대략적으로 '출연자와의 인사-〉근황토크-()음악토크'순서로 진행이 된다. 물론 이는 대략적인 순서일 뿐이어서, 출연자들과의 대화는 우발적으로 이뤄지는 경우가 많고, 따라서 예상하지 못한 질문에 당황하거나, 말을 더듬거나 때로는 상대방과 대립각을 세우기도 한다. 편집이 들어간 부분이 있기는 하지만, 일상적으로 주고받는 대화패턴을 가지고 있어, 말 끼어들기의 제반 양상을 보여 주는 데 적합하다고 판단된다.

우선, 본고에서 연구대상으로 삼은 자료에서의 말 끼어들기 분포현황을 제시하면 다음과 같다. 자료1,2,3은 〈라디오스타〉 (남사회자)이며, 자료4,5,6은 〈비디오스타〉 (여사회자)를 분석한 것이다.

〈표 1〉 오락프로그램에서의 말 끼어들기 양상

자료	특집 명	시간	의도적 말 끼어들기		우호 비우호	말 끼어 들기	말 차례
1	오래된 녀석들	1:02:15 1:02:15	남 사회자 4인 남 출연자 5인	362	249 113	770	1978
2	두근두근 쿵쿵	1:05:53 1:05:53	남 사회자 4인 여 출연자 3인	421	333 88	1099	1683
3	어중간한 스타	1:09:18	남 사회자 4인 여 출연자 2인 남 출연자 2인	300	198 102	954	1758
합계				1083	780 303	2823	5416
4	아무말 프리덤	1:12:17	여 사회자 4인 남 출연자 4인	261	194 67	819	2069
5	맥락 있게	1:06:53	여 사회자 4인 여 출연자 4인	287	224 63	631	2192
6	사람이 먼저다	1:18:44	여 사회자 4인 여 출연자 2인 남 출연자 2인	727	593 134	1255	2075
합계				1275	1011 264	2705	6336

〈표 1〉에서 보이듯이 전체 말차례(11,752회)에서 말 끼어들기는 47%(5528회)를 차지할 만큼 대단히 높은 빈도수를 차지한다. 구체적으로 보면, 〈라디오스타〉(2823회, 52%)에서 〈비디오스타〉(2705, 42%)보다 말 끼어들기가 10% 정도 앞서 있지만, 현행화자의 말에 우호, 비우호적인 의도를 갖고 끼어드는 '의도적인 말 끼어들기'는 〈라디오스타〉(1083, 38%)보다 〈비디오스타〉(1275, 47%)에서 9%정도 높게 나타났다. 이는 여성 사회자를 내세운 프로그램에서 상대방의 말에 의도를 갖고 접근한 적이 더 많았음을 보여주는 것이다.

그렇지만 성별 우호적, 비우호적인 말 끼어들기만을 놓고 보면, 우호적 말 끼어들기는 〈비디오스타〉에서 높고(1011회, 79%/ 〈라디오스타〉는 780회, 72%), 비우호적 말 끼어들기는 〈라디오스타〉에서 높아(303회, 27.9%/ 〈비디오스타〉는 264회, 20%) 선행연구에서처럼 남성의 공격적, 지배적 대화특성을 내보이기도 한다. 물론 성차를 떠나 두 자료 모두 비우호적 말 끼어들기보다는 우호적 말 끼어들기를 더 많이 행하고 있어, 상대방과의 원활하고 효율적인 의사소통을 위해 말 끼어들기를 사용하는 것을 대원칙으로 함은 선행연구 결과와 동일하다.

이런 결과는 말차례 교대의 결정권을 가진 현행화자의 말차례 지속이 일반적일 것으로 예상되지만, 반대로 상대방과의 원활한 의사소통을 위해 말차례를 양보할 수도 있을 것이란 예측을 낳는데, 다음 절에서 말 끼어들기가 일어났을 때 현행화자의 말차례 유지를 둘러싼 현황을 살펴보고자 한다.

3. '말 끼어들기 이후'의 분류

3.1. 말차례 유지하기와 넘기기

말 끼어들기를 대하는 현행화자의 반응에 대한 연구는 토론담화를 대상으로 한 연구(박정진 2003)와 오락프로그램을 대상으로 한 연구(이원표 1999)로 나뉜다. 전자는 말차례 유지하기와 말차례 넘기기 두 가지 유형으로 나누어 말차례 유지하기에 초점을 두고 기술하였다.

(3) 토론자3 : 아니 토 토론자4교수님은 굉장히 예단을 많이 하고 계십니다(비우호적 말 끼어들기) 내가 그러나 (중략) 뭔가 이상하게 본다든가 이렇게 되면 안 되는 겁니다. 〈바로 그게,

　　토론자4 : ① 아니, 토론자3박사님〉 정말로 〈잘못된 예단이죠〉 (비우호적 말 끼어들기)

　　토론자3 : ② 제 얘기 듣고 나서 말씀하세요.〉 아니 제 얘기가 끝난 다음에 (말 차례 유지하기)

　　토론자4 : ③ 왜냐하면 국제 문제를 통해서 문제를 푸는 방법을 전개하는 것을 예단으로 생각하고 〈선입견을 갖는다면 안 되죠.(말차례 유지하기)

　　토론자3 : ④ 아니, 얘기 들으시라니까요〉 들은 다음에 말씀을 하십시오(말차례 유지하기, 말차례 끼어들기)

(위의 글, 137 재인용)

(3-②, ④)는 토론자3이 토론자4의 말차례에 끼어들어 자신이 하려

던 말(화제)로 복귀하려 대화의 원칙을 내세우는 장면으로, '말차례 유지하기'의 예시이다. 말차례를 유지하기 위한 다툼은 결국 여러 차례의 말 끼어들기와 말 겹침으로 나타났다. 본고는 여러 번에 걸친 말 끼어들기를 한데 모아 살피기보다는 말 끼어들기 매 순간마다 현행화자의 말이 지속되었는지의 여부를 살피려 한다. 동일하게 토론자3은 '내 차례이므로 내 말부터 듣고 말하라'는 메시지를 전달하려 했지만, 중단(②)되거나 마무리(④)되는 등 양상이 달리 나타났으며, 중단보다는 마무리를 짓는 ④에서 토론자3의 대화지배력이 더 돋보이기 때문이다. 따라서 본고에서는 후행화자의 말 끼어들기로 말 겹침이 생겼을 때, 현행화자가 자신의 말을 지속 혹은 중단하는지의 여부를 추가하여 말 끼어들기에 대응하는 현행화자의 태도를 정리해 보려고 한다.

오락프로그램을 대상으로 한 연구 역시도 현행화자와 후행화자 둘 사이에서 벌어지는 말 겹침을 분석대상으로 삼아, 말 끼어들기에 어떻게 현행화자가 반응을 보이는지를 살펴었다. 그리고 말차례 유지하기, 발화 중단하기, 대꾸하기 세 가지로 나누었는데, 김유정, 구수연(2012)에서 제시된 분류를 구체적인 예를 들어 보이면 다음과 같다.

(4) 가. 말차례 유지하기

유재석 : 그 당신에는 사실 저희들끼리 그냥 우열을 가리고 티
격태격했지①만 어~, 다양한 집단에서 바로 우리 여
러분들을 모시고!^

노홍철 : ② 그래, 석사 박사 이런 분들!

유재석 : ③ 바로 대결을 펼치도록 하겠습니다

나. 발화 중단하기

　　박명수 : ① 아, 예, 21세기는 정보화 시대입^//

　　유재석 : ② 아, 저기 그런 얘기 말고 저기 그냥 간단하게

　　　　　　(김유정, 구수연 2012 : 128 재인용)(번호는 필자 주)

　(가)는 유재석의 '다양한 집단의 여러분'을 노홍철이 부연설명하는 우호적 말 끼어들기를 행하였을 때(②) 유재석이 그 말을 무시하고 자신의 말차례를 유지(①-〉③)하는 '말차례 유지하기'의 예이고, (나)는 박명수가 자신의 말차례에서 발화를 끝맺지 못한 '발화 중단하기'의 예로 제시되었다. 여기서는 발화의 중단만을 논하고 있으나, 본고는 '발화 중단하기'를 후행화자에게로 말차례가 넘어간 것으로 해석한다. (4-나)에서 화제전개의 키잡이인 주 진행자 유재석과 보조 진행자 박미선의 역할 차를 염두에 두면, 이는 박미선이 말차례 이동을 용인하는 자세로도 읽을 수 있기 때문이다. 마지막으로 '대꾸하기'는 짧게 반응하기와 길게 반응하기 둘로 나뉘는데, 말 끼어들기의 환경이 다를 뿐, 기존의 말차례 유지하기와 같은 모습을 보이고 있어특별히 따로 분류할 필요는 없어 보인다. 아래는 각기 그 예를 재인용한 것이다.

　(5) 가. 현정화 : 근데 저 고충은 제가 더 잘 알죠. 정말 힘들겠다는 생

　　　　　　　　각을^//

　　　　유남규 : 그런 명분을 쌓아서 이걸 하는 거죠

　　　　현정화 : ① 그렇죠

　　나. 박명수 : 무식은 죄가 아니죠^//

　　　　유재석 : ① 아니, 저 그런 얘기 말고

박명수 : 할 게 없어요 　　　　　　(위의 글, 131 재인용)

짧게 반응하기는 주로 '예? 진짜?'와 같은 확인이나 놀람을 나타내는 질문의 담화기능이나 '그렇죠'처럼 동조의 담화기능을 가진 말 끼어들기(2012 : 132)이며, 길게 반응하기는 질문이나 새로운 화제로의 전환 표지로 인식하여 적극적으로 반응하는 끼어들기(2012 : 133)이다. 둘 모두 따로 정의를 내리지 않아 예시와 해설을 토대로 정리해 보면, 기존 발화자의 발화가 종료된 이후(^//)에 말 겹침이 발생한 예시임이 특징적이다. 그러나 짧게 반응하기(1-가)처럼 단타로 끼어든 경우(①)에는 그걸로 마무리되는 경우가 많아 상대에게 말차례를 넘겨줄 가능성이 높지 않다. 이는 짧게 대꾸하기의 예로 나온 [감탄하기]의 말 끼어들기 예에서 추론가능한데, 현행화자의 무시가 동일하게 나타난다.

(6) 가. 출연자 : 아, 저는 새우가 날뛰는 모습을^//
　　　하　하 : ① 우와!
　　나. 하지원 : 저는 부담감을 안고 이제 체육관에 갔는데^ 할수록
　　　　　　　　저는 실력도 안 늘고 제 몸에 안 맞는 거예요.
　　　유재석 : ① 어유! 　　　　　　(위의 글, 114 재인용)

따라서 본고는 대꾸하기 역시도 말차례 유지 여부와 관련을 맺고 있다고 판단하여 기준으로 세우진 않았다. 특히 '대꾸하기'는 후행화자의 입장에서 정리된 용어이기도 해서, 현행화자의 발화지속성 여부로 그의 말차례 유지하기를 살피는 본고의 논의에는 어울리지 않아 뺀 것이기도 하다. 종합하면 결국 말 끼어들기에 대응하는 현행화자의 태도는 말

차례 유지하기와 말차례 넘기기 즉 이동을 용인하는 둘로 나눌 수 있을 것이며. 물론 이에는 다양한 양상이 포함되어 있어 다음 절에서 이를 살 펴려 한다.

3.2. 말차례 유지하기와 넘기기의 세부유형

본고는 현행화자의 말차례에 후행화자가 말 끼어들기를 시도할 때 일 어날 수 있는 경우의 수를 다섯 가지로 나누었다. 현행화자를 기준으로 보면, 자신의 말차례를 유지하거나 유지하지 못하거나 둘 중의 하나일 것이며, 후행화자 역시 말차례를 가져오거나 가져오지 못하는 둘 중의 하나일 것이다. 가장 일반적인 것은 말차례 지속의 권리를 가진 현행화 자가 자신의 말차례를 유지하는 경우이며, 이 경우에 후행화자는 자신 의 발화를 중단하게 된다. 이는 앞서 (2)의 예시를 재인용하여 보인다.

   (7) 〈춤 시합 전에 출3의 예시를 먼저 봄〉

     사2 : 자, 자, [자--].

     사4 :   [아,] 뭐예요⌒

     사2 : ① 여러분 선수를 보셨어요, [선수의 자유안무].

     출3 : ②   [멋도 있으면서도--]

     사2 : 이제 출1, 먼저.

     출1 : (사4 끌고 나가면서) 너 먼저 해.

     모두 : @@@

   (7)은 출연자3이 사회자2와 함께 춤 시범을 행한 자신에 대한 공동평

가(②)를 내린 예이다. 우호적 말 끼어들기 [공동구성]의 예시로, 현행화자는 자신의 말차례를 유지하고 있고 후행화자는 중도에 말을 멈췄다.

물론 후행화자의 말 끼어들기가 동조나 감탄처럼 짧게 발화되는 경우에는 현행화자의 말차례에 영향을 미치지 못하기도 한다. 따라서 자연스럽게 현행화자의 말차례가 유지되는 경우가 있는데, 이는 (1)을 재인용하여 제시한다.

(1) 〈출3이 앨범 PD를 맡으면서 멤버의 소중함을 느꼈다고 말함〉
　　출3 : 정신적으로나 육체적으로 되게 힘들어요, 아, 아시잖아요 앨범 만드실 때 보면. 근데 이제, 그, 봄 햇살 기운처럼 마음이 풀리게 하[는게],
　　사1 : ①[아=]
　　출3 : 어[떤 거냐면=], 멤버들의 어떤- [그, 한마]디예요
　　출4 : ②[가사 같잖아]요　　　　③[봄 햇살]

후행화자는 출연자3의 말에 감탄(①)하거나 그가 머뭇거릴 때 적절한 단어를 찾아내고 있을 뿐(③), 말차례를 잡겠다는 의지를 드러내진 않는다. 따라서 자연스럽게 현행화자의 말차례는 유지되고 있다.

두 번째는 현행화자가 자신의 말차례를 더 이상 유지하지 않는 경우인데, 이는 후행화자에게로 말차례가 넘어가거나 혹은 현행, 후행화자 모두 발화를 중단하여 제3자에게 넘어가는 경우로 나눌 수 있다. 먼저 현행, 후행화자 모두 발화를 중단한 경우를 제시하면 다음과 같다.

(8) 〈출1의 미모에 모두 감탄해 하는 상황〉

　　사4 : ①지금 스튜디오 모든 남성분들이=

　　사3 : 네

　　사4 : ②저희 [매니저분들이--]

　　사2 : ③[이런 식이면--]

　　사3 : ④다 쳐다 봐, 그렇다고 망원렌즈 끼면 안 됩니다

　(8)은 현행화자(사회자4)가 스튜디오 있는 모든 남성들의 시선에 대해 이야기하는 중(①과 ②), 후행화자(사회자2)가 그들의 시선 때문에 발생할 일을 언급하려 끼어든 경우(③)로, [화제전개]의 우호적 말 끼어들기 예이다. 후행화자는 화제를 전개시키려는 우호적 말 끼어들기를 행하였으나, 둘의 말이 겹치자 현행화자도, 후행화자도 모두 발화를 중단한 채 말을 잇지 않고 제3자(사회자3)에게로 말차례가 넘어갔다.(④)

　또한 후행화자에게 말차례가 넘어오는 경우는 다시 두 가지로 나뉘는데, 먼저 현행화자가 발화를 중단하여 후행화자에게 말차례가 넘어가는 경우이다.

(9) 〈멤버의 소개시간, 경제활동이 전무한 출연자5에게 질문〉

　　사4 : ①신화방송 촬영 이외에는, 집에서 강아지 곰돌이만 키우며,
　　　　　사료 값만 축냄,

　　모두 : 　　　아~

　　사4 : ②요런 이유에서 [출5씨가--].

　　사2 : ③　　　　　　　　[아니아니], 개인활동 왜 안 한 거에요,╱
　　　　　벌어 논 게 충분히 있었다는, 뜻인가요╱

　　출5 : 많이 번 것도 사실-사실인데, 제가 많이 쓰지를 않아요

(9)는 사회자4가 말한 출연자5의 소개사항(①)에서 화젯거리를 찾아내 전개, 발전(③)시킨 예로, 현행화자가 발화를 중단(②))하여 말차례가 후행화자에게로 넘어간 경우이다.

이처럼 둘의 말이 겹쳤을 때는 한 사람이 자신의 발화를 중단시키는 것이 일반적이나, 현행화자가 자신의 말차례를 고집하지 않는 경우가 많아, 자연스럽게 자신의 발화를 마무리 짓고 후행화자에게 말차례를 넘기는 경우도 보인다. 아래 예가 이에 해당한다.

(10) 〈출2의 첫사랑을 고백시킨 후〉
　　 출3 : 아 이렇게 하면 다 나오구나 이게, 뭔가 다, 말할게 나와요,
　　　　　 이게
　　 출1 : 자연[스럽게 말--]
　　 출3 : ①　　　　　　　 [되게 잘]하는 거　[같아요.]
　　 출2 : ②(사회자1 보며)　　　　　　　[골프 좋아]하시죠／저는 학
　　　　　 교CC였는데, 저[도 한=] 4년 교제를 했거든요
　　 사1 :　　　　　　　　 [네]

(10)은 출연자3의 말에 호응하지 않고 화제를 전환한 출연자2의 비우호적 말 끼어들기 예로, 현행화자의 발화는 마무리(①)되고 더 이상 유지되지 않는 반면, 후행화자는 말 끼어들기 이후 자신의 발화를 지속하고 있다.(②) 현행화자의 발화가 자연스럽게 마무리되면서 말차례가 후행화자에게로 넘어가는 유형으로 정리할 수 있을 것이다. 김유정, 구수연(2012)에서는 화자가 자신의 발화를 이어가지 못하고 그대로 '종료'하였다고 설명하였으나, 본고는 '마무리'를 용어로 택하였다. 이는 완결

의 의지를 드러내는 종료보다는 정리에 초점을 두는 '마무리'가 말차례를 자연스럽게 넘기는 현재 출연자들의 태도에 어울린다고 판단하였기 때문이다. 더구나 '마무리'를 설정함으로써, 후행화자의 말 끼어들기를 앞에 두고 현행화자가 말을 중단하는 것과 자신의 발화를 마무리 짓고 말차례를 자연스럽게 넘어가게 하는 것에서 현행화자의 태도를 읽을 수 있을 것으로 기대하고 있다. 즉 후자는 후행화자의 말 끼어들기에 비우호적인 반응으로 보이지 않아, 상대방을 바라보는 태도의 차이를 읽어낼 수 있을 것으로 생각하기 때문이다.

지금까지 설정한 대로 다섯 가지의 경우를 정리하면 아래와 같다.

〈표 2〉 말 끼어들기에 대한 반응의 세부유형

말차례 유지하기	현행 / 발화 지속	후행 / 발화 중단
	현행 / 발화 지속	후행 / 발화 마무리
말차례 넘기기	현행 / 발화 마무리	후행 / 발화 지속
	현행 / 발화 중단	후행 / 발화 지속
	현행 / 발화 중단	후행 / 발화 중단

이들 적용하여 연구대상에서의 '말 끼어들기에 대한 반응'을 분석한 결과, 우선 현행화자의 말차례가 유지되는 것과 아닌 것(말차례 넘기기)으로 나누어 제시하면 다음과 같다.

<표 3> 말차례 유지하기를 기준으로 한 분포현황

자료 / 유형	라디오스타(남성 사회자)						비디오스타(여성 사회자)					
	남자만 유지		여자만 유지		혼성 유지		남자만 유지		여자만 유지		혼성 유지	
	+	−	+	−	+	−	+	−	+	−	+	−
우호적 선호반응	10	7	15	26	7	28	2	0	9	37	69	65
우호적 친밀감	60	10	117	19	18	16	56	30	19	37	147	128
우호적 공동구성	55	29	46	41	31	39	46	30	17	50	46	51
우호적 명료화요청	7	5	18	5	16	1	3	1	18	10	18	27
우호적 화제전개	16	50	20	26	19	23	10	16	11	16	15	27
합계	148	101	216	117	91	107	117	77	74	150	295	298
비우호 반박	15	52	15	12	26	32	12	25	14	20	31	38
비우호 화제전환	10	26	15	24	4	32	11	10	0	17	4	30
비우호 무시	4	6	11	11	4	4	0	9	6	6	8	23
합계	29	84	41	47	34	68	23	44	20	43	43	91

〈표 3〉에서 보이듯이 우호적 말 끼어들기는 대체로 현행화자의 말차례가 유지되고(앞 숫자 큼), 비우호적 말 끼어들기는 유지되지 못한다(뒷 숫자 큼).

(11) 가. 〈출연자3의 과거 회상 질문 중〉

　　　출3 : 근데 제 이름을, 얘기하는 거예요, 너무 깜짝 놀라 가지고 또 저는, 어렸 을 때부터 호기심천국, 을 [워낙 봤기 때]문에,

　　　사2 : ①　　　　　　　　　　　　　　　　　[호기심천국]

　　　사3 : ②　　　　　　　　　　　　　　　　　[그렇지]

출3 : 그때부터 반해있었던 거죠, [그래]서 방송에서 또 출연

　　　자1 누나가,

사3 : ③　　　　　　　　　　　[아=]

출3 : 저를 이상형이라고 이야기해 주신 거예요

나. 〈사3이 출연자3을 선배 가수에 비유하여 소개하는 장면〉

　　사3 : 소방관의 정원차 아니고

　　사1 : 아니에요 [아니에요]

　　사3 : ①　　　　[소방차의 정]원관

　　사1 : 다시 다시, 소방차, 소방차

　　사2 : ② 자, 소방관의 정원관의--

　　사3 : ③ (사2에게 대본 지적하며) 여기 지[시에--]

　　사2 : ④ (앞의 작가들에게 짜증)　　　　[야=], 니네가 여기

　　　다 써놨네 소방관이라고, 어쩐지 입에 안 붙더라.

　　사4 : 작가님,

　　(11-가)는 상대방의 말에 맞장구를 치거나(②) 동조의 반응(①, ③)을 보이는 우호적 말 끼어들기의 예로, 현행화자(출연자3)는 그에 아랑곳없이 자신의 말차례를 유지해 나가는 모습을 보인다. 현행화자가 자신에게 우호적인 말 끼어들기에는 구애를 받지 않고 자신의 발화를 지속시키고 있음을 알 수 있다.

　　(11-나)는 출연자3의 뚱뚱한 몸을 선배가수(소방차의 정원관)에 빗대어 소개하였다가 이름을 잘못 불러 사회자3이 혼나는 장면을 제시한 예이다. 사회자3의 거듭된 수정(①)에도 불구하고 여전히 말실수가 거듭되고 있자(②), 사회자3이 그의 실수를 타박하는 순간(③) 이를 무시

하고 사회자2가 앞의 작가들에게 타박을 놓는, [무시]의 비우호적 말 끼어들기(④)가 일어났다. 말을 꺼냈던 사회자3은 말을 끊고 사회자2의 잔소리를 지켜보는 중이다. 이처럼 비우호적 말 끼어들기가 일어난 경우, 현행화자는 자신의 말을 끊고 상대방의 말을 들어주는 모습이 자주 연출되었다.

이 둘의 예시처럼, 6편의 오락프로그램에서의 말 끼어들기를 종합한 결과, 현행화자에게 우호적인 말 끼어들기는 현행화자의 말차례 유지가 높게 나타났으며, 상대방이 자신에게 던지는 항의, 반박 등 비우호적인 행위에서는 일단 물러나는 태도를 보이고 있었다.

그러나 이는 대략적인 결과이며, 누가 누구에게 행한 끼어들기였느냐에 따라 다시 나누어 살펴, 각각의 경우에 성별 차이가 반영되어 달리 해석될 여지가 있는지 다음 절에서 살펴보려고 한다.

4. 출연자와 사회자 간의 성별 분포 현황

4.1. 말차례 유지와 넘기기를 기준으로 한 분포현황

본고는 '말 끼어들기에 대한 반응'에서 성차적 특징이 반영되어 있는지를 살피기 위함이 목적이므로, (남/여)사회자와 출연자 간의 말 끼어들기만을 대상으로 국한하여 살피려 한다. 사회자끼리와 남자(여자)출연자들만의 말 끼어들기는 동성 간의 경우에 해당하기 때문에 우선은 제외한 것이다.

먼저 출연자에게 사회자가 끼어드는 경우를 도표화하면 다음과 같다.

물론 후행화자에 대한 현행화자의 말차례 유지가 더 높은지를 살피기 위함이어서 둘다 분절한 경우는 제외한 현황이다. 앞은 현행화자(출연자)의 말차례가 유지되는 경우이며, 뒤는 후행화자(사회자)가 현행화자의 말차례를 이어받는, 즉 말차례가 넘어간 경우이다.

〈표 4〉 출연자에게 사회자가 끼어드는 경우

	자료 유형	라디오스타(남성 사회자)			비디오스타(여성 사회자)		
		남자만	여자만	혼성	남자만	여자만	혼성
우 호 적	선호반응	2/0	8/0	4/0	0/0	0/0	4/0
	친밀감	19/4	83/2	17/4	36/17	22/28	58/14
	공동구성	15/10	17/2	15/8	14/16	8/3	24/5
	명료화요청	5/3	16/2	12/0	1/7	3/1	10/16
	화제전개	11/11	5/6	8/3	2/3	0/4	4/4
	합계	52/28	129/12	56/15	53/43	33/36	100/39
비 우 호	반박	6/15	8/5	4/11	13/6	5/8	3/8
	화제전환	1/7	1/11	0/7	0/3	0/4	0/9
	무시	0/0	2/2	1/2	1/5	0/4	0/5
	합계	7/22	9/18	5/20	14/14	5/16	4/22

전체 합계로는 우호적 말 끼어들기에서 현행화자인 출연자의 말차례가 유지되는 경향(앞의 숫자가 큼)을 보였고, 비우호적 말 끼어들기에서는 후행화자인 사회자의 말차례로 넘어가는 경향(뒤의 숫자가 큼)을 보였다. 아래는 남자 사회자-남자 출연자가 나오는 자료의 예로, 우호적 말 끼어들기는 현행화자의 말차례 유지(12)가, 비우호적 말 끼어들기는 현행화자의 발화 중단으로 말차례가 넘어가는 것(13)을 볼 수 있다.

(12) 〈출연자4의 신조어가 공인되지 못하는 상황을 토로하는 중〉

　　출4 : 그거에 대해서, 내가 원조다, 라고 당당하게 얘기를 못 하

　　　　는 게, [사실은 깜]놀도 똑같은 거 같[아요 세상에는]

　　사4 : [그쵸, 뭐]　　　　　　　　　①[그럴 수 있어요]

　　출4 : 누군가는 한 번[! 쯤은] 썼을만한 , [단어거]든요.

　　사2 : ②　　　　　　[그렇죠]　　　　[네=]

(13) 〈출연자들이 사회자2에게 곡을 달라고 요청하는 장면〉

　　출3 : 아니 우리 사회자2 형님! 두

　　출2 : 주세요, [곡을]

　　출3 : 　　　　[잘쓰시]니깐, [주시면은--]

　　사1 : ①　　　　　　　　[아니야] 근데, 의뢰를 해야지만 해

　(12)는 출연자4에게 적극 공감을 표하거나(①) 간단히 맞장구를 치
는(②)[친밀감 조성]의 우호적 말 끼어들기이다. 둘 다 단타로 끝나 현
행화자의 말차례에는 별다른 영향을 미치지 않는다. 반면에 (13)은 ①
의 '아니야'에서 알 수 있듯 출연자3의 의견에 반대를 표명하는 비우호
적 말 끼어들기의 예로, 현행화자(출연자3)의 말은 중단되었다. 이처럼
우호적인 경우는 말차례 유지, 비우호적인 경우는 말차례 넘기기로 보
이는 것은 〈표4〉처럼 남자 사회자이든 여자 사회자이든 출연자가 남자
이든 여자이든 혹은 혼성이든 상관없이 동일한 모습이었다.

　물론 우호적 말 끼어들기의 화제전개는 우호적인데도 불구하고 현행
화자의 말차례가 유지되기보다는 후행화자(사회자)로의 말차례 넘기
기가 더 높게 나타났다. 끼어들기의 분류상으로는 우호적인데, 말차례
유지하기만을 놓고 보면 비우호적인 행위처럼 보인다. 그러나 이는 끼

어드는 후행화자(사회자)가 프로그램의 순서를 관리하는 역할을 담당하고 있음에 기대면, 남, 여 출연자들이 나온 회차에서 우호적인 말 끼어들기인데도 불구하고 후행화자(사회자)로의 말차례 이동이 다소 높은 것이 이해가능하다. 비슷한 맥락에서 여자 사회자에 한해 있지만, 상대방의 질문에 궁금증을 드러내는 명료화 요청의 말 끼어들기에서도 사회자가 출연자의 말차례를 자연스럽게 이어받고 있다. 즉, 명료화 요청이 화제의 심화, 발전이라는 이원표(1999)의 견해를 고려하면, 결국 명료화 요청을 포함하여 화제전개에서 현행화자의 말차례 유지하기가 다소 낮게 나타난 것은 사회자로서의 역할에 따른 것으로 해석할 수 있을 것이다.

다음으로 사회자에게 출연자가 끼어드는 경우, 그 결과를 보면 다음과 같다. 앞은 현행화자(사회자)의 말차례가 유지된 경우이며, 뒤는 후행화자(출연자)에게 말차례가 넘어온 경우를 정리한 것이다.

〈표 5〉 사회자에게 출연자가 끼어든 경우

유형	자료	라디오스타(남성 사회자)			비디오스타(여성 사회자)		
		남자만	여자만	혼성	남자만	여자만	혼성
우호적	선호반응	3/1	5/18	7/10	0/0	0/0	7/18
	친밀감	20/0	21/0	5/2	13/4	9/10	14/0
	공동구성	3/3	6/0	10/11	11/11	8/31	5/8
	명료화요청	2/2	1/0	2/0	0/0	1/3	0/1
	화제전개	2/8	5/4	1/6	1/7	1/2	3/5
	합계	30/14	38/22	25/29	25/22	19/46	29/32
비우호	반박	5/24	3/2	4/14	7/10	5/9	3/8
	화제전환	1/3	3/17	1/8	1/9	0/8	1/11
	무시	1/2	5/7	0/0	0/6	0/3	1/1
	합계	7/29	11/26	5/22	8/25	5/20	5/20

〈표 5〉에서 보듯, 비우호적 말 끼어들기에서는 앞선 결과들처럼 후행
화자(출연자)가 말차례를 잡는 비율이 높았다. 사회자와 출연자의 위치
에 상관없이 '비우호성'이 갖는 의미가 큼을 알 수 있다.

(14) 〈 출연자1의 엉덩이 사이에 나무젓가락 끼우는 중〉

    남출1 : 잠깐만요, 거꾸로 낀거 같애.

    남출2 : 아 그러네, 이게 [뒤야].

    여출12 :   [아악] 대참사다, 이건

    사3 : 이건가, 아 맞다맞다.

    남출1 : 정말 대참사가 일어날 뻔 했네요, 근데 이게, 팔이 짧아
             서 올려-
             (갑자기 아래를 내려가 보다가) 아이구

    사1 : ①근데 뭘 어떻게 하길래 [이렇--]

    남출1 : ②   [잠깐만], 나 이거, 앞에 있는
             게스트들 괜찮아요╱

(14)은 사회자1의 질문을 무시하고 남자 출연자가 다른 이들에게 자
신의 상태를 되묻는 비우호적 말 끼어들기([무시])예이다. 역시 상대방
의 말을 끊고 자신의 말차례를 개시, 유지시키려는 출연자의 의도(②)
아래 현행화자인 사회자의 발화는 중단되었다(①). 비우호적 말 끼어들
기에서 현행화자의 말차례 유지가 다소 낮은 것은 전체결과나 출연자
와 사회자를 나누어 살핀 결과와도 일치한다.

  그러나 〈표 5〉에서 보이듯이 우호적 말 끼어들기는 현행화자(사회
자)의 말차례 유지에서 성별로 차이가 난다. 즉, 여자 사회자가 나온 〈비
디오스타〉에서는 '친밀감 조성'을 제외한 거의 모든 경우에서 후행화자

(출연자)가 말차례를 이어받은 경우가 많았다. 아래는 여성 사회자와 여자출연자 간의 말 끼어들기를 보인 예이다.

(15) 〈출연자3의 드라마 속 역할에 대해서 이야기를 나누는 중〉

　사3 : 돈 많고 남자 꼬시는 허영심 많은 승무원을, 이렇게, 예쁘게 포장 하시는 거에요↗

　출3 : [@@@]

　사3 : ① [결혼도] 힘들고, 직장도 빡빡하고, 뭔 애[긴가 했더 니--]

　출1 : ②　　　　　　　　　　　　　　　　[제가 예전에 했던] 드라마 역할이랑 똑같아요

(16) 〈사회자3의 기이한 바지와 그녀의 포즈에 놀라는 중〉

　사3 : 아, 그럼 이런 거 어때요 이런 거, 이 구멍은 안돼요↗ 안 [되는 거야↗]

　출4 : ① [그런 건], (사3의 자세 따라하면서) 그래서 하이패션에 이게 있[는거]예요

(15)는 드라마 속 출연자2의 역할에 대해 사회자3이 논평을 하자(①) 출연자1이 그 역할이 자신이 맡았던 것과 같다고 화제를 전개(②)시켜 나가는 우호적 말 끼어들기의 예이다. 그리고 (16-①)은 사회자의 요구에 미리 대답(선호반응)하는 우호적 말 끼어들기의 예로, 둘 모두 후행 화자(여성 출연자)의 말 끼어들기 이후 현행화자는 더 이상 자신의 말 차례를 유지하지 않고 있다. 이 경우 후행화자는 말차례를 이어받아 자신이 할 말을 자연스럽게 전개해나갈 수 있어 대화장악력에 있어 그 비

중이 높아 보인다.

이처럼 〈라디오스타〉(남성 사회자)와 달리 여성 사회자 군의 우호적인 말 끼어들기에서는 후행화자(출연자)의 발화 지속이 다수 나타났다. 이는 프로그램을 이끌어가는 구조상, 비교우위에 놓일 수 있는 사회자가 자신의 말차례 유지를 고집하지 않는다는 것이며, 또한 출연자의 말 끼어들기에 적극적으로 반응하고 있다는 것이다. 따라서 출연자와의 상호작용을 더 중요시여기는 사회자의 모습에서 기존의 여성어의 화용적 특징, 즉 배려, 친교적인 대화진행방식을 읽을 수 있다.

하지만 이는 현행화자가 발화를 중단하거나 혹은 자연스럽게 자신의 말을 마무리한 것을 구분하지 않고, 후행화자가 말차례를 이어받은 것으로 통합, 처리한 경우에 한해서이다. 현행화자가 자신의 말을 마무리하고 후행화자에게 말차례를 넘기는 것은 말차례를 양보하는 대화진행방식이기도 하기 때문에, 본고는 말차례의 이동을 좀더 구체적으로 나누어 보려 한다. 다음 절에서는 현행화자의 발화가 중단되었느냐 혹은 자연스럽게 마무리되었느냐를 기준으로 그 세부양상에서 성차적 특징이 나타나는지를 살펴볼 것이다.

4.2. 발화의 중단과 마무리를 기준으로 한 분포현황

앞 절에서 지적한 바와 같이, 후행화자가 말차례를 이어받은 경우는 (1)현행화자가 아예 발화를 중단한 경우와 (2)자연스럽게 자신의 말을 마무리 짓는 경우로 구별된다.

우호적, 비우호적 말 끼어들기에서 발화의 중단은 자주 나왔기 때문에 여기에서는 현행화자가 자신의 발화를 마무리 짓는 예시를 들어 보인다.

(17) 〈사회자3의 기이한 바지와 그녀의 포즈에 놀라는 중〉

    사3 : 아, 그럼 이런 거 어때요 이런 거, 이 구멍은 안돼요↗

        안 [되는 거야↗]

    출4 : ① [그런 건],

    (사3의 자세 따라하면서) 그래서 하이패션에 이게 있[는 거]예요

(18) 〈평소 무기력한 출연자4가 요즘 열심히 한다는 이야기 중〉

    출3 : ① 네. 어제 그런 얘기를 했었거든요, 근데 오랜만에 보는

        것 같아요, 너무 좋아요 [세상 열심히 해서]

    사1 : ②   [근데 너무 열심]히 해줬는데, 근데

    여기서 출연자4씨 또 굴욕이 있습니다.

재인용된 (17)은 미리 대답을 하기 위해 끼어든 우호적 말 끼어들기([선호반응])의 예이며, (18)는 출연자4에 대한 칭찬(①)에서 굴욕(②)으로 화제전환을 하는 비우호적 말 끼어들기의 예이다. 이들은 우호적이든 비우호적이든 상관없이, 모두 현행화자가 자신의 발화를 마무리짓고 더 이상 자신의 말차례를 유지하지 않음이 공통적이다.

따라서 이들은 동일하게 후행화자가 말차례를 넘겨받았더라도 현행화자에게 다소 위협적인 발화의 중단과는 차이를 가진다. 현행화자가 자신의 발화를 마무리지어 후행화자에게 자연스럽게 말차례가 넘어간 모양새이기 때문이다. 앞에서 말한 대로 이는 상대에게 양보, 배려하는 여성어의 화용적 특징과 맞물리는바, 이를 기준으로 분포현황을 살피면 성별 특징이 나타날 가능성이 커져 보인다.

이를 위해 후행화자에게 말차례가 넘어간 경우를 다시 정리해 보았는데, 먼저 출연자에게 사회자가 끼어들었을 때이다. 앞은 현행화자(출연자)가 발화를 중단한 경우이고 뒤는 현행화자가 자신의 발화를 마무리하여 더 이상 자신의 발화를 지속시키지 않는 경우이다.

〈표 6〉후행화자(사회자)의 말차례 이어받기 시 현행화자(출연자)의 발화 중단/마무리 현황

자료 유형		라디오스타(남성 사회자)			비디오스타(여성 사회자)		
		남자만	여자만	혼성	남자만	여자만	혼성
우호적	선호반응	0/0	0/0	0/0	0/0	0/0	0/0
	친밀감	2/2	1/1	3/1	2/15	0/28	3/11
	공동구성	8/2	1/1	0/8	5/11	2/1	0/5
	명료화요청	3/0	2/0	0/0	1/6	1/0	5/11
	화제전개	5/6	3/3	2/1	1/2	2/2	0/4
	합계	18/10	7/5	5/10	9/34	5/31	8/31
비우호	반박	10/5	5/0	9/2	2/4	7/1	1/7
	화제전환	5/2	7/4	7/0	0/3	1/3	4/5
	무시	0/0	2/0	2/0	0/5	2/2	2/3
	합계	15/7	14/4	18/2	2/12	10/6	7/15

앞선 결과와 달리, 〈비디오스타〉(여성 사회자)에서 현행화자가 발화를 마무리 짓고 자연스럽게 말차례를 후행화자에게 넘기는 경우가 많음을 확인할 수 있다. 더구나 우호적 말 끼어들기만이 아니라 비우호적 말 끼어들기에서도 중단이 아니라 마무리로 나타나, 〈비디오스타〉에서의 말 끼어들기는 현행화자에게 그다지 공격적이지 않은 행위로 여겨진다.

아래는 〈라디오스타〉 (남성 사회자)에서의 말 끼어들기 예로, 현행화자의 발화가 중단된 모습을 볼 수 있다.

(19) 〈출연자1의 과거 가출사건에 대해 이야기하는 중〉

    사1 :   [집은] 왜 나간 거예요↗

    출1 :   어, 뭐 그때는 다 그렇잖아요↗

    모두 :   웃음

    사 :   다 그때가 있어요

    출1 :   ① 에=, 다 이제 한번씩, [인제--]

    사2 :   ②   [어디루] 가출을 했어요↗

(19)는 여자 출연자1에게 남성 사회자들이 질문을 하는 경우로, 출연자1의 과거사건(가출)에 대한 화제를 이어나가고 있다. 그런데 출연자1의 가출한 장소를 묻는 명료화요청의 말 끼어들기(②)는 출연자1의 발화 중단(①)을 낳았다. 명료화요청은 출연자1에게 좀 더 명확한 화제를 이끌어나갈 수 있도록 도와주는 우호적 말 끼어들기의 예인데, 여기에서 사회자2의 말만 지속되고 있어 그의 우호적 말 끼어들기가 출연자1에게는 우호적이지만은 않았음을 알 수 있다.

다음으로 〈비디오스타〉 (여성 사회자)를 볼 차례인데, 아래에서처럼 출연자들이 자신의 말을 마무리 짓고(①) 말차례를 자연스럽게 넘기는 (②) 경우가 많다.

(20) 〈평소 무기력한 출연자4가 요즘 열심히 한다는 얘기 중〉

    출3 : 네. 어제 그런 얘기를 했었거든요, 근데 오랜만에 보는 것

        같아요,

①너무 좋아요 [세상 열심히 해서]

사1 : ②　　　　　　[근데 너무 열심]히 해줬는데, 근데 여기서
출연자4씨 또 굴욕이 있습니다.

이러한 현상은 후행화자가 출연자인 경우 역시 마찬가지였다. 아래는
사회자에게 출연자가 끼어들었을 때 말차례 넘기기의 예만 분석한 것
으로, 〈비디오스타〉(여성 사회자)에서 현행화자의 발화 중단보다 마무
리가 더 많이 나타났다. 여성 사회자 군에서 후행화자의 말 끼어들기가
갖는 공격성이 무뎌 보이는 결과를 낳은 것이다.

〈표 7〉 후행화자(출연자)의 말차례 이어받기 시 현행화자(사회자)의 발화 중단/마
무리 현황

자료 유형		〈라디오스타〉 (남성 사회자)			〈비디오스타〉 (여성 사회자)		
		남자만	여자만	혼성	남자만	여자만	혼성
우 호 적	선호반응	0/1	3/15	9/1	0/0	0/0	1/17
	친밀감	0/0	0/0	2/0	2/2	5/5	0/0
	공동구성	2/1	0/0	4/7	1/10	12/19	0/8
	명료화요청	1/1	0/0	0/0	0/0	1/2	1/0
	화제전개	6/2	0/4	6/0	1/6	2/0	1/4
	합계	9/5	3/19	21/8	4/18	20/26	3/29
비 우 호	반박	15/9	2/0	11/3	3/7	1/8	1/7
	화제전환	3/0	16/1	7/1	0/9	4/4	2/9
	무시	1/1	7/0	0/0	3/3	2/1	0/1
	합계	19/10	25/1	18/4	6/19	7/13	3/17

〈표 7〉에서처럼 남성 사회자 군은 우호적, 비우호적 말 끼어들기 모두 사회자가 자신의 발화를 중단하는 경우가 높게 나타났다. 〈표5〉의 결과까지 종합하면, 상대적으로 남성 사회자 군에서 상대방의 말 끼어들기를 더 부담스럽게 받아들이고 있다고 말할 수 있을 것이다. 그러나 〈표6〉에서처럼 〈표7〉 역시도 여성 사회자 군에서는 현행화자가 자신의 발화를 마무리짓고 후행화자에게 말차례를 자연스럽게 넘기는 경우가 다수 발견되었다. 상대방의 말 끼어들기에 비우호적으로 반응하지 않은 모습을 보인 것이다. 이는 현행화자가 여성 사회자이든 출연자이든 그리고 상대가 남성이든 여성이든 혼성이든 모든 곳에서 공히 나타난 현상으로, 기존 연구에서처럼 여성의 배려, 친교적 대화방식을 보여주는 것이기도 하다.

지금까지 상대방의 말 끼어들기에 대한 반응으로 현행화자가 자신의 말차례를 유지시켰는지를 살핀 결과, 성별에 상관없이 우호적 말 끼어들기는 말차례 유지, 비우호적 말 끼어들기는 말차례 넘기기가 높게 나타났음을 확인하였다. 하지만 말차례 유지 시 현행화자의 발화 중단 여부가 기준으로 부여되면서, 성별 차가 드러나기 시작했다. 〈비디오스타〉 (여성 사회자)에서는 여성 출연자와 사회자 모두 후행화자에게 말차례를 넘겼어도 자신의 발화를 마무리짓는 경우가 많았는데, 이를 통해 현행화자의 말이 마무리되어 자연스럽게 말차례가 이어질 수 있도록 상대방의 발화를 지원, 완성하는 협동적 대화진행방식이 읽혀지기도 했다.

지금까지의 결과를 한데 모아 정리하면 다음과 같다.

〈표 8〉 말 끼어들기에 대한 반응을 둘러싼 성별 분포현황(밑줄 : 예외적인 부분)

			남자사회자	여자사회자
출 ↑ 사	우호		①모두 말차례 유지	남자만, 혼성(유지) ②여자만(넘김)
		넘김	③남자만(중단) ④여성만, 혼성(마무리)	⑤모두 마무리
	비우호		⑥모두 말차례 넘김	
		넘김	⑦모두 중단	⑧모두 마무리
사 ↑ 출	우호		⑨남자만, 여자만(유지) ⑩혼성(넘김)	남자만(유지) ⑪여자만, 혼성(넘김)
		넘김	⑫남자만, 혼성(중단) ⑬여자만(마무리)	⑭모두 마무리
	비우호		⑮모두 말차례 넘김	
		넘김	⑯모두 중단	⑰모두 마무리

　　모든 끼어들기를 종합하였을 때 우호적인 말 끼어들기는 현행화자의 말차례 유지가, 비우호적인 말 끼어들기는 후행화자의 말차례로 넘기는 것이 지배적이었다. 그러나 이에서 벗어나는 경우들이 다수 포착되었는데, 먼저 남자 사회자들이 혼성팀의 우호적 말 끼어들기를 대할 때 자신의 말차례를 유지하지 않은 횟수가 다소 많았으며(⑩), 여성 사회자 군에서는 여자만 출연한 경우 혹은 혼성으로 출연한 경우에서 사회자든(⑪) 출연자든(②) 후행화자에게 말차례를 넘겨주는 횟수가 다소 많았다. 우호적인 말 끼어들기의 일반적인 형태가 상대방의 말 끼어들기를 무시하고 자신의 발화를 지속시키는 다소 공격적인 방식이었는데, 이들 간에는 다소 드물었다고 할 수 있다. 따라서 이들이 여성 사회자 군에서 다소 더 많이 나타났다는 것에서 여성들의 상대방을 배려하는 친교적

대화진행방식을 추측해 볼 수 있었다.

여성 사회자 군에서 또한 특이한 것은, 여자만 혹은 혼성출연자의 우호적 말 끼어들기(②, ⑪)에서 후행화자에게 말차례를 자연스럽게 넘겨주는 횟수가 많아, 상대방의 말 끼어들기를 비우호적으로 대하지 않는 모습을 볼 수 있다는 점이다. 그리고 우호(⑤, ⑭)만이 아니라 비우호적인 말 끼어들기 모든 경우(⑧, ⑰)에서조차 현행화자의 발화가 중단되기보다는 마무리되는, 즉 가장 자연스럽게 후행화자에게 말차례를 넘겨주는 경향성을 띠어, 의미기능에서 비우호적이지만 말차례 유지의 관점에서는 비우호적으로 작용하지 않았음을 볼 수 있었다.

이에 반해 남성들끼리의 말 끼어들기는 다소 공격적인 형태로 나타났다. 남성 사회자와 남성 출연자 간의 말 끼어들기는 우호는 모두 말차례 유지(①, ⑨), 비우호는 모두 말차례 넘기기(⑥, ⑮)였으며, 특히 말차례를 넘길 때 우호든 비우호든 발화의 중단(③, ⑦, ⑫, ⑯)으로 나타나 가장 공격적인 방식으로 해석될 수 있었다. 우호적인 말 끼어들기에 별다른 반응 없이 자신의 말차례를 유지해 나가는 것이 많았다는 것은 지배적인 대화 운영을 보이는 것이며, 비우호적인 말 끼어들기를 할 때는 모두 발화를 중단하여 그 공격성을 보였기 때문이다.

이는 기존의 남녀 대화진행방식과 비슷한 해석이지만, 본고에서는 이에서 더 나아가 여성 사회자 집단 내에서 현행화자의 말차례가 마무리되어 후행화자에게 자연스럽게 말차례를 넘기는 상황이 월등히 많다는 점에 주목하고자 한다. 이는 여성 사회자 군에서, 사회자이든 출연자이든 지위와 상관없이, 여성이든 남성이든 성별에 구애받지 않고, 상대방의 말 끼어들기가 비우호적으로 여겨지지 않았음을 보인 것이기 때문이다. 즉 자신의 발화를 마무리 지으면서 상대방에게 자연스럽게 말차례를 넘기는 관계지향적 행위들이 어디에서나 목격되며, 특히 이들 집단 내에서는 남성 역시도 동일한 대화진행방식을 보이고 있어, 여성어의 관계지향적, 협동적 대화방식은 성차를 넘어 일반적으로 사용될 수 있는 면모를 가지고 있다고 판단되어 더욱 의의가 높다.

4. 결론

본고는 말 끼어들기의 우호적, 비우호적 행위만으로 말 끼어들기의 우호성이 결정되는 것은 아니라는 판단 하에, 현행화자의 말차례 유지 여부를 유형화하여 제시하였다. 그리고 이를 오락프로그램에 적용하여 그 분포현황을 성별로 나누어 조사, 분석하였다. 그 결과, 우호적 말 끼어들기는 현행화자의 발화 지속, 즉 말차례 유지가 높게 나왔고, 비우호적 말 끼어들기는 현행화자의 발화 중단이나 마무리로 말차례 넘기기가 높게 나왔다. 우호적 말 끼어들기는 현행화자의 말차례에도 영향을 미치지 않는 우호적인 행위이며, 비우호적 말 끼어들기는 말차례마저 후행화자에게 넘어가는 비우호적 행위였음이 드러난 것이다.

그러나 후행화자에게 말차례가 넘어간 경우는 현행화자의 발화가 중단되는 것만이 아니라 발화의 마무리를 포함하고 있어, 본고는 이를 기준으로 현황을 다시 살펴었다. 아무리 비우호적 말 끼어들기라도 해도 현행화자의 말이 중단되었을 때의 공격성과 마무리되었을 때의 공격성은 달리 평가될 수밖에 없을 것이기 때문이다. 그 결과, 〈비디오스타〉(남성 사회자)에서는 비우호적 말 끼어들기에서 현행화자의 발화 중단이 높게 나타나는 등 남성의 공격적인 대화진행방식을 읽을 수 있었다.

하지만 〈라디오스타〉(여성 사회자)는 우호와 비우호적 말 끼어들기 모두 발화의 마무리가 높게 나타나, 서로 간에 상대를 배려하며 대화를 진행한 것으로 해석할 수 있었다. 요컨대, 말 끼어들기에 대한 현행화자의 반응을 말차례의 유지라는 관점에서 정리한 결과, 〈라디오스타〉(여성 사회자)에서는 비우호적인 말 끼어들기조차 자신의 발화를 마무리하고 후행화자의 말차례로 자연스럽게 넘겨주고 있어, 여성은 기분 좋은 청자일 뿐 아니라 상대방과의 마찰을 피하면서 효과적으로 자신의 메시지를 전달할 수 있는, 효율적인 언어사용의 기능을 수행하는 데 더 뛰어난 화자라는 설명도 가능할 것으로 보인다.

V. 말 끼어들기와 말 끼어들기 이후[6)

1. 서론

구어담화에서 대화의 순서는 무작위적이다. 말을 하다가 갑자기 중단하기도 하고, 상대방의 말차례에 끼어들어 발화를 지속하기도 하는 등 자유자재로 이뤄진다. 다른 이의 말차례에 끼어든 경우는 그의 말차례를 방해하는 부정적인 행위로 여겨지지만, 의미기능에 따라 우호적일 수도 있고 비우호적일 수도 있어 반드시 방해 행위로 여겨지지는 않는다.

(1) 〈출연자2의 랩 배틀에 대한 이야기 중〉

女사2 : ①다들 뭐, 앙금이 남아 있거나 그[렇진 않아요/]

女출2 : ②   [어, 그런 건] 저희가 뭐,

③다 쿨하게, 그거는 다 룰이었으니까 [그냥 뭐--]

---

6) 이는 강소영, 「성별 대화 진행방식」, 『이화어문논집』 56, 이화어문학회, 2022, 115~150쪽을 편집하여 올린 것이다.

女사3 : ④   [아니 근데 그게]

        그래도, 그렇=게 디스전 하고 나면은 뭔가,

        [약간 감정이 좀 생길 것] 같은데.

女사2 : ⑤[네, 웬만한 있을 텐데.]

女출2 : ⑥사실 서로 감정이 있을 만한, 가사는,

        그렇게 없었던 거 [같아요.]

출연자2가 랩 배틀에서 자신의 팀원을 공격한 일로 화가 났다는 이야기를 듣고, 사회자들이 지금도 감정적 앙금이 남아 있는지 묻는 장면이다. 사회자2의 질문에 출연자2가 아니라고 부인을 하거나(②) 이에 이의제기를 하기 위해 사회자3이 끼어들기를 하고 있다.(④) 상대의 말을 부인하거나 이의제기 하는 것은 그의 의견에 반하는 행위이기 때문에 비우호적으로 여겨진다. 따라서 (1-③)처럼 상대방의 말이 중단되기도 한다. 그러나 상대방의 말에 미리 대답(②)을 하거나 동의(⑤)를 하는 경우는 그 행위의 우호성에 걸맞게 상대방의 말이 중단되지 않고 지속, 완료되었다.

(1)만 놓고 보면, 끼어드는 행위의 비우호성이 현행화자의 말차례 중단에 영향을 미치는 것처럼 보이지만, 아래처럼 우호적인 경우에도 현행화자의 발언은 중단될 수 있다.

(2) 〈출연자2의 날씬한 몸매와 가는 허리를 보며 감탄 중〉

    女사3 : 우리는, 죽어야만 한 줌 재로 나오는데,

    모두 : @@@

    女사3 : (손가락으로 허리를 재듯이 펼쳐서) 한줌이 되네요.

女사2 : ①어떻게 하면 [저렇게—]

女사3 : ②　　　　　　[심지어] 묶었는데도, 허리가 저렇게 얇으니.

女사2 : ③응, [야=]

女사3 : ④　　　　　　[대표]로 어떻게,

　　　　핫바디 포즈로 소개 좀 부탁드리겠습니다.

　(2-②)는 화제('가는 허리')를 지속해 나가는 말 끼어들기로 우호적인 행위이다. 하지만 현행화자의 말은 중단(①)되고 말차례는 후행화자에게 넘어갔다. 자신의 말차례를 유지시키지 못한 현행화자는 이후 후행화자의 말(④)에 감탄만 더할 뿐이어서(③), 대화의 주도권은 말 끼어들기 이후 후행화자에게 넘어간 것을 확인할 수 있다. (1)과 동일하게 우호적인 말 끼어들기였지만, 현행화자의 말차례가 유지되지 못한 (2)는 (1-②, ⑤)에 비하여 우호성이 떨어진다고 할 수 있다.

　본고는 이처럼 우호적 말 끼어들기라고 해도 현행화자의 말차례가 지속되고 있는지의 여부에서 우호성은 달리 평가될 수 있다고 보고, 기존에 우호적인 말 끼어들기로 분류되었던 예들을 중심으로 말 끼어들기 이후의 양상을 살펴보려고 한다. 그리고 말 끼어들기 이후 후행화자가 말차례를 잡은 경우에 말 끼어들기의 의미기능이 변인이 되는지, 만약 그렇다면 이에 성차적 특징이 존재하는지를 알아볼 것이다. 이를 통해 말 끼어들기만이 아니라 말 끼어들기 이후에 내재한 성별 대화진행방식을 살펴볼 수 있을 것이다.

2. 선행연구 정리와 연구의 방법

말 끼어들기는 Sacks et al(1977)의 '한 번에 한 사람만이 이야기를 한다(one speaker-at-a-time)"와 "말하고 있는 사람은 말을 끝낼 수 있는 권리가 주어진다'는 말차례 규칙을 전제로 하고 있다. 이는 달리 말하면 현행화자는 자신의 메시지를 완결 지을 수 있는 권리를 가지고 있으며, 대화참여자들도 이를 알고 있음을 의미한다. 따라서 현행화자의 말 중간에 끼어드는 것은 현행화자에게 비우호적인 행위로 여겨질 수 있으나, 강소영(2020)의 연구에 따르면, 담화기능상 우호적인 말 끼어들기는 현행화자의 말차례 완료에 별다른 영향을 미치지 않았다. 내용의 우호성과 말차례에서의 우호성 사이에 관련성이 있음을 보여주는 결과로 자못 흥미로운 의견이었으나, 자세한 분석이 이어지지 않아 아쉽다. 따라서 본고는 우호적 말 끼어들기의 세부 의미기능별로 말차례의 지속 여부에 대해 알아보고자 한다.

우호적 말 끼어들기의 세부 의미기능은 학자들마다 분류가 다르기 때문에 우선적으로 이를 재검토 해봐야 할 필요가 있다. 말 끼어들기의 세부 유형에 관한 기존 연구의 대다수는 이원표(1999)를 모델로 하고 있다. 이원표(1999)는 화석화되고 관례적인 청자반응신호를 제외하고, 끼어들기의 의도성에 초점을 맞춰 우발적 말 끼어들기([-의도성])와 의도적 말 끼어들기([+의도성])로 나누고, 의도적 말 끼어들기는 화자에게 우호적인지의 여부를 따져 우호적 말 끼어들기([+우호적])와 비우호적 말 끼어들기([-우호적])로 나누었다. 또한 우호적 말 끼어들기는'대화의 공동구성, 친밀감 증진, 명료화 요청, 선호반응, 화제 전개 및 발전'의 5가지로 나누어, 그 아래 여러 예시를 들었다. 대다수의 학자들도 이에 따라 분류를 행하고 있는데, 5가지 유형 아래에 포함되는 예시들에 차이가 존재한다. 이를 제시하면 다음과 같다. 가장 세밀하게 나눈 차지현(2007)을 병치시켜 놓았다.

의미	세부의미	
	이원표(1999)	차지현(2007)
대화의 공동구성 : 대화참여자들이 문장이나 담화를 함께 만들어가는 과정	적절한 표현제공 예측 풀어 말하기 논평	예측 첨가/부가 의견제시 부연설명 평가/논평
친밀감 증진 : 유대감 형성	공감, 칭찬, 인정, 반복 등	동의/공감 놀람/관심 반복 협력
명료화 요청 : 현 화자에게 좀더 정확하게 해줄 것을 요청	확인요구하기 연달아 질문하기	확인요구 동일대상+세부질문
선호반응 : 인접쌍에서 선호되는 두 번째 구성성분이 먼저 반응을 보여 말 끼어들기 형성		질문과 대답 요청과 수락/거절
화제의 전개 및 발전 : 주제와 요지에 부합하는 화제의 전개		

본고 역시도 이에 동의하여 5가지 의미유형으로 나누었다. 단지 의미기능별 범위 설정에 차이가 있어서 다음 절에서는 이를 중심으로 말 끼어들기의 세부 유형을 재정리하려 한다.

말 끼어들기 이후 반응에 대한 연구는 차지현(2007), 박정진(2009),

김유정, 구수정(2012), 강소영(2020)에서 연구되었다. 차지현(2007)은 Kennedy&Camden(1983)에 토대하여 말 끼어들기 후의 발화 양상을 분류하였다. 이는 말차례와 내용을 지속해나가느냐의 여부에 따라 '유지'와 '상실'로 나누고, 그 외에 다시 말 끼어들기, 주제의 재도입, 협력으로 나누었다. 기본적인 취지에는 동감하나, 이는 여러 개의 말 겹침을 한데 모아 '다시 말 끼어들기'로 분류하듯, 한 번의 말 끼어들기 장면만을 연구대상으로 선정, 분포현황을 제시하는 본고와는 차이가 난다.

차지현(2007)과 달리 강소영(2020)에서는 말 겹침이 일어나는 장면 하나하나를 분리해 연구대상으로 하고 있어, 본고와 연구 방향이 동일하다. 강소영(2020)은 기존의 연구에서처럼 말차례를 유지와 중단 외에 후행 화자에게 말차례를 넘겨주는 '마무리'를 설정하였다. 강소영(2020 : 578)을 재인용하면 다음과 같다.

(7) 〈출2의 첫사랑을 고백시킨 후〉

女출3 : 아 이렇게 하면 다 나오구나 이게, 뭔가 다, 말할게 나와요, 이게.

女출1 : ①자연[스럽게 말--]

女출3 : ②　　　[되게 잘]하는 거 [같아요.]

女출2 : ③(사회자1 보며)　　　[골프 좋아]하시죠／ 저는 학교CC 였는데, 저[도 한=] 4년 교제를 했거든요.

男사1 :　　　　　　　[네]

(7-③)은 출연자3의 말에 호응하지 않고 화제를 전환한 출연자2의 비우호적 말 끼어들기 예로, 후행화자는 말 끼어들기 이후 자신의 발화

를 지속하고 있다. 후행화자의 말 끼어들기가 지속으로 결과되는 것은 출연자3도 동일(②)한데, 이는 현행화자의 말차례가 중단(①)되어 더이상 유지되지 않은 반면, (7-③)은 현행화자의 말차례가 자연스럽게 마무리(②)되는 점이 다르다.

본고 역시 현행화자의 말이 마무리되어 후행화자의 말 끼어들기가 말차례 넘겨받기처럼 여겨질 수 있다는 점, 그리고 이에 성, 계층. 문화적 차이가 존재할 수 있다는 점에 동의한다. 따라서 지면상의 한계로 강소영(2020)에서 다루지 못한 말 끼어들기가 자연스럽게 마무리되는 지점에 대한 논의를 진행하려 한다. 그리고 이에 성차적 특징이 나타나는지도 함께 살피려 한다. 말차례를 자연스럽게 넘겨받아 말의 주도권을 잡을 수 있는 지점에서의 성차적 특징은 성별 대화진행방식을 좀더 선명하게 밝혀줄 것이기 때문이다.

3. 우호적 말 끼어들기와 말 끼어들기 이후에서의 성차

3.1. 담화상 의미기능을 중심으로 한 말 끼어들기

앞에서 살핀 대로, 우호적 말 끼어들기는 대화의 공동 구성, 친밀감 증진, 명료화 요청, 선호 반응, 화제 전개 및 발전이라는 틀을 동일하게 유지하면서, 학자들마다 세부 유형을 조금씩 달리한다. 이는 각 항목의 정의를 달리 적용하고 있기 때문인데, 본고 역시 마찬가지이다. 먼저 '대화의 공동 구성(co-construction)'은 현재 말차례를 유지하는 현행화자의 말에 끼어들어 공동(co-)으로 메시지를 완성하는 것을 이른다. 차지현

(2007)에서는 공동구성을 통해 대화를 확장하는 것으로 정의하였으나, 본고는 대화의 확장은 공동구성의 정의에서 배제하였다. 대화의 확장은 의사소통의 전체 과정을 염두에 두고 정의내려야 하기 때문이다. 그렇지 않을 경우 모든 우호적 말 끼어들기는 대화의 공동구성에 포함될 우려가 높다. 따라서 본고는 co-construction 즉, 현행화자가 현재 전달하려던 메시지를 '함께' 완성해 나가는 경우로 제한하여 다룬다.

구체적으로 예를 들면 적절한 표현 제공하기, 공동제안/질문, 공동대답이다. 아래 (3)은 예측하여 적절한 표현 제공하기의 예이다.

(3) 〈머리 잡아 늘리기로 키 크는 걸 시범 중〉
　女사3 : [와와아], 쫙쫙 늘[려주세요.]
　女사2 : 　　　　　　　　[머리카]락을--
　女사3 : ①자, 자, 지금은 [169정돈]데,
　女출3 : ② 　　　　　　　[168.9]
　女사 : 　　　　　　네=

(3)은 머리를 잡아당겨 키를 크게 한 결과를 체크하는 장면으로, 출연자3은 사회자3의 말에 끼어들어 함께 발화하고 있다. 사회자3의 말차례에 끼어들어 적절한 표현을 제공하는 '대화의 공동구성'의 예이다.

다음으로는 공동제안, 공동질문 등 현, 후행화자가 동시에 반응을 보이는 예이다.

(4) 가. 〈출연자 소개 시간〉
　女출3 : 저는, 그냥, 마리텔 출연자, 양○○입니다, 반갑습니다

女사4 : 네, 아우=예뻐요.

女사1 : ①양○○씨도 인사를, 포즈=[로 같이--]

女사2 : ②　　　　　　　　　[나와 해봐요.]

女사1 : 네, 부탁드려요.

女출3 : 저 그런 거 못하는데.

나. 〈출연자4가 사회자3의 이미지에 어울리는 단어를 생각 중〉

男출4 : 낙동대교↗

女사4 : 낙동대교↗

女사2 : ①낙동대교는 [부산 쪽에 있는데↗]

女사4 : ②　　　　　　[그런 데도 있어요↗]

男출4 : ③이건 그냥 이름이 어울려서 지어봤어요.

모두 : @@@

(4-가)는 사회자들이 출연자에게 인상적인 포즈로 자기소개를 하라고 제안하는 장면으로, 사회자1의 말(①)에 사회자2(②)가 끼어들었다. 인상적인 포즈를 '함께'권유하고 있어 공동으로 메시지를 완성시킨 예라 할 수 있다. (4-나) 역시 사회자3의 이미지를 엉뚱한 말로 표현한 출연자4에게 사회와2와 사회자4가 함께 질문을 던지는 장면(①과 ②)이다.

두 번째로 친밀감 증진은 상대방의 말에 호응을 보내 대화를 매끄럽게 유지해 나가는 끼어들기로, 구체적으로 동조(맞장구), 동의, 공감(감탄)을 예로 들 수 있다.

동조는 상대방의 말에 '덩달아' 반응을 보이는 것으로, 상대방의 의견에 자신의 판단을 덧붙이는 동의와 달리 상대방에게 보조를 맞추는 것이 특징이다. 구체적으로는 상대의 말에 맞장구를 치거나(맞아), 감정을 고조시키거나(아 진짜?), 현행화자의 말의 일부를 반복하여 그의 감정에 자기의 감정을 일치시키는 행위 등이 있다. 아래는 '아 진짜?'와 반복의 사용 예를 제시하였다.

(5) 가. 〈출연자들에게 깜짝 선물을 나누어주는 중〉

　　女사3 : 아, 여러분이 사전 인터뷰 때, 아 우리 애는 금붙이를

　　　　　좋아해 [₁이랬으면은₁], (0.1) 금[₂을 준비했을 건데.₂]

　　女사1 : ①　　　　[₁아 진짜~↗₁]

　　女사2 :　　　　　　　[₂금 드렸죠.₂]

　　나. 〈출연자1이 거의 눕다시피한 자세를 취하자 말리는 중〉

　　女사2 : 출연자1씨, 여기서 이러면 안 돼요.

　　女사1 : 여기서-여기서 이러시면 안 돼요.

　　　　　①여기[서 이러심 안 돼요.]

　　女사2 : ②　　[여기서 이러시면 안] 된대 @

　　女사1 : 예, 이렇게 바로 앉으셔서 [마이크를—]

　　(가-①)은 사회자3의 농담에 진심으로 놀랐다는 듯이 반응을 보여 분위기를 고조시키는 사회자1의 끼어들기를 제시한 예이며, (나-②)는 현행화자의 말(나-①)이 재미있어서 인용, 반복한 예이다. 이들은 현행화자의 말에 호응하는 후행 화자의 모습을 명시적으로 나타내, 상대방과의 친밀한 감정을 형성시키는 데 기여하고 있다.

　친밀감 증진의 또 다른 유형인 공감은 현행화자의 말에 자신의 느낌을 덧붙여 감정적으로 공명하는 행위로, 감탄사를 사용하는 것(①)이 대표적이다. 아래는 [새로앎]의 '아'를 사용하여 상대방의 말에 놀람의

감탄을 전달하는 예로, 상대의 생각에 직접 참여하는 모습을 보여준다.

(6) 가. 〈출연자2의 몸관리에 대해 이야기하는 중〉

    女사2 : 이렇게 복근이 있는 거면, 기[본적]으로 운동을 엄청나

    게 했다는 거거든.

    女사3 : ①   [아=]

또한 현행 화자의 말에서 전제되거나 결과되는 바를 추측, 상대방의
생각이나 느낌을 공유하고 있음을 표현하는 것을 들 수 있다.

(7) 〈출연자2의 우결 출연 뒷이야기를 듣던 중〉

    男사4 : ①출4씨는 만약에 우결을 찍는다면,

    같이하고 싶은 분 있[나요 혹시↗]

    男사2 : ②   [아, 출4씨]도 괜찮지 않을까요↗

    男출4 : 저요↗

    男사1 : 여군중사.

(7-②)는 현행화자의 말에 전제되는 내용을 표현해, 상대방의 말에
공감하고 있음을 표현한 예문이다. '연애 프로그램에 출연자4가 출연할
경우 상대는 누가 좋겠냐(①)'는 '출연자4가 우결에 나갈만한 사람'이라
는 점을 전제로 하는데, 이를 말 끼어들기로 표현한 것(②)이기 때문이
다.

우호적 말 끼어들기의 세 번째로 들 수 있는 것은 선호 반응이다. '질
문과 대답''요청이나 수락'과 같이 인접쌍(adjacency pair) 중에서 선호
되는 두 번째 구성성분이 더 신속하게 반응되는 경향이 있어 말 끼어들

기를 낳을 수 있다(이원표 1999 : 43). 구체적으로 미리 끼어들어 답하거나(가-②) 동의하기(나-②) 등이 이에 해당한다. 특히 선호 반응임을 명시적으로 드러내기 위해 '그러니까/그래'나 '네'등 [동의]의 담화표지를 선행시키는 경우가 많다.

> (8) 가. 〈출연자들의 장기자랑 중 출2가 무대로 나가는 상황〉
>   女사3 : ① 아, 설마 이거 또,
>   스틱 돌리는 것도 오늘 [보여주--]
>   女출2 : ②   [네, 보여줄려구요.]
>   나. 〈출연자2가 출연자1의 행사 몸값에 대해 말하는 중〉
>   男출2 : 근데 그 금액을 들어봤더니, 천만 원을 부른 거예요, 노
>   래는 딱 한곡이었어요.
>   女사1 : [아=]
>   女사4 : ①[한 곡]하고 [천만 원이요↗]
>   男출2 : ②   [네, 한곡에]
>   男출4 : 아이 좀 쎈데,

우호적 말 끼어들기의 네 번째는 재질문으로, 더 명확한 답변을 통해 의사를 명확하게 해줄 것을 요구하는 것이다. 이에는 질문의 기능을 가진 예들이 포함되며, 구체적으로 확인 질문과 동일 대상에 대한 추가 질문(전지현2007 : 48)을 들 수 있다.

> (9) 가. 〈출연자2의 애로사항에 대해 듣는 중〉
>   女출2 : 전 그게 아니라 진짜로 이게, 띵할 때가 있어요,
>   ①그래서 이렇게 [해줘야] 되거든요.

女출1 : ②　　　　　　　　[스트레칭／]

男사 :　③ 실제로 상체가 좀 이제, 글래머이신 분들은

나. 〈출연자들의 몸매 관리 비법에 대해 듣는 중〉

女출1 : ①다리를 인제 이렇게, 한번 씩(다리 올리는 동작)

　　　　　　[이렇게.]

모두 :　[아=]

女사2 : ②뒤꿈치를／

女출1 : 뒤꿈치를 [이렇게].

女사4 : ③　　　　[어디에] 좋은 거에요／

女출1 : 그러면은 이제 다리 라인--[에] 좋죠.

(가)는 출연자2가 가슴이 커서 디스크 증세가 있고 이를 해결하려 스트레칭을 한다고 설명하는 장면으로, 출연자2의 설명에서 막연한'이렇게(①)'를 '스트레칭'이 맞냐고 확인 질문(②)하는 장면이다. (나)는 출연자1의 다리를 올리는 동작(①)에 연이어 질문(②,③)을 한 경우로, (나-③)은 동일 대상에 대한 추가 질문의 예이다.

우호적 말 끼어들기의 마지막 유형은 화제 지속 및 발전으로, 상대방이 내민 화제를 발판삼아 이를 확대, 발전시켜 나가는 것이다. 따라서 앞의 화제와 연결되어 있다는 것을 가시적으로 표현하는 담화표지 '그래서, 그러니까, 그럼' 등의 사용이 눈에 띈다.

(10) 〈출연자2의 성격에 대해 이야기하는 중〉

男출3 : ①되게 싫어해요.

男사2 : 뭐 빌려주[는! 거／]

男출2 : ②　　　　[빌려]서 써도 안 되구,

[정말 싫어하는데--]

男사2 : [어=, 그런 스타일]이구나.

男출3 : 자기 꺼(꽉 움켜쥐는 몸짓)

男출3 : 출5는 차가 나오면, 한번 타봐, 이러고 키를 줘요.

(10)은 출연자2의 성격에 대해 말을 꺼낸 출연자3(①)에 이어 이를 발전시키는 말 끼어들기의 예로, 출연자2가 무엇을 싫어하는지 구체적으로 말하고 있다(②).

이들을 분류기준으로 하여 각 자료에 나타난 우호적 말 끼어들기를 정리하려 한다. 먼저 연구대상 자료부터 제시하면 다음과 같다.

〈표1〉 오락프로그램 6편의 말 끼어들기 분포현황

자료	특집명	시간	말 끼어들기		말차례
			전체	우호 비우호	
남남	오래된 녀석들	1 : 02 : 15	770	249(77.8%) 113	1978
남여	두근두근쿵쿵	1 : 05 : 53	1099	309(77.8%) 88	1683
남혼성	어중간한 스타	1 : 09 : 18	954	198(66%) 102	1758
여남	아무말 프리덤	1 : 12 : 17	854	198(74.7%) 67	2069
여여	맥락있게	1 : 06 : 53	631	223(77.9%) 63	2192
여혼성	사람이 먼저다	1 : 18 : 44	1255	333(71.3%) 134	2075

말 끼어들기 전체는 의도적, 우발적 말 끼어들기를 합한 횟수인데, 우호적 말 끼어들기에서 청자반응신호와 친밀감 증진(감탄)의 구별이 잘못돼 앞 절과 달리 여-혼성은 숫자가 많이 줄어들었다. 수정된 〈표 1〉를 통해 알 수 있는 것은 말 끼어들기 내에서 의도적 말 끼어들기는 30~40%대에 머무는데, 의도적 말 끼어들기 내에서 우호적 말 끼어들기는 60~70%를 차지할 만큼 많은 수로 분포하였다는 점이다. 오락프로그램답게 서로 간의 우호적인 감정을 북돋울 수 있는 말 끼어들기의 사용이 잦았음을 알 수 있다. 이는 앞선 결과와 동일한 것으로, 틀린 숫자와 상관없이 지배적 분위기는 동일함을 알 수 있다.

다음으로는 우호적 말 끼어들기의 세부 유형별 분포현황이다.

〈표2〉 오락프로그램에서의 우호적 말 끼어들기 현황

	남성 사회자				여성 사회자				
	남	여	혼성	합계	남	여	혼성	합계	총계
공동	60	45	33	138 / 18%	50	48	87	185 / 24%	323 / 21%
친밀감 증진	54 / 21%	100 / 32%	59 / 30%	213 / 28%	63 / 32%	64 / 29%	113 / 34%	240 / 32%	453 / 30%
재질문	14	22	14	50 / 6%	8	19	31	58 / 7%	108 / 7%
선호 반응	30	56	40	126 / 16%	29	54	58	141 / 19%	267 / 17.6%
화제 지속	91 / 36%	86 / 27%	52 / 23%	229 / 30%	48 / 24%	38 / 17%	44 / 13%	130 / 17%	359 / 23.7%
횟수	249	309	198	756	198	223	333	754	1510

분포의 순서대로 나열하면, 친밀감증진〉화제지속〉공동구성〉선호반응〉재질문이다. 가장 낮게 분포한 재질문(7%)은 다른 이의 말차례에 끼어들어 앞서 나왔던 내용을 다시 물어보는 것으로, 굳이 확인요청을 할 만큼 중요한 화젯거리를 다루지 않는 오락프로그램의 성격에 기인한 것으로 보인다. 가장 높게 분포한 친밀감 증진(30%) 역시 상대방에게 우호적인 감정을 심어주어 효율적인 의사소통이 가능하게 해주기 때문에 가장 높게 나타난 것으로 보인다.

하지만 이는 남녀를 통합한 결과이며, 남녀별로 가장 높게 분포한 것은 차이를 가진다. 성별로 나열하면 남자는 화제지속(30%)〉친밀감증진(28%)〉공동구성(18%)〉선호반응(16%)〉재질문 순이며, 여자는 친밀감증진(30%)〉화제지속(23%)〉공동구성(21%)〉선호반응(17.6%)〉재질문 순이었다. 남자는 화제지속(30%)이, 여자는 친밀감증진(32%)이 가장 많이 사용된 것이다.

현재 말해지고 있는 화제나 초점은 고정된 것이 아니어서 그 진행 과정에서 다소 조정 내지 협상될 수 있다(Hobbs 1990). 화제 지속 및 전개의 끼어들기는 '우호적인' 조정 행위이며, 앞, 뒤 화제들의 긴밀성을 형성하는 데 기여하는 행위이다. 남녀의 차이가 여기에서 나타났다는 것은 여성과 달리 남성은 화제의 흐름을 주도해 나가는 데 관심이 많음을 보인 것이다. 대신 여성은 친밀감 증진이 가장 높게 나타나 이원표(1999 : 54)에서 밝힌 대로, 프로그램의 주도권보다는 친밀한 인간관계의 형성에 더 관심이 많은 여성의 특징을 다시 한번 입증하였다. 오락프로그램을 중심으로 말 끼어들기를 살핀 앞 절에서도 성차를 변인으로 살폈으나, 이는 남자사회자 프로그램만 대상으로 하여 온전치 못하였다. 이 절에서는 여자사회자 집단의 프로그램과 대조적으로 살피고 있어 발전적이라 할 수 있다.

본고는 이러한 결과가 말 끼어들기 이후에도 유지되는지를 살피려 한다. 끼어든 이후 현, 후행화자는 어떠한 태도를 취했는지를 살펴보고, 말 끼어들기와 마찬가지로 말 끼어들기 이후 역시도 성별로 그 결과가 달라지는지를 검토해 보려 한다. 이는 말 끼어들기뿐만 아니라 사회언어학적 변인을 중시하는 타 연구분야에도 중요한 의미를 차지할 수 있다.

3.2. 말차례를 중심으로 한 말 끼어들기 이후

한 번에 한 사람만이 말할 수 있는 말차례 규칙상, 두 사람이 같이 지속해나갈 수는 없다. 말 끼어들기 역시 마찬가지여서 말의 겹침 뒤엔 누군가 말을 그만두고 한 사람만이 말을 지속해나가야 한다. 따라서 말이 겹칠 때는 말차례를 가지고 있던 현행화자 중심의 말차례 유지하기나 중단하기로 나누어볼 수밖에 없다. 하지만 강소영(2020)에서 보인 대로 현행화자의 말차례 유지는 후행화자의 중단 이외에 현행화자의 말차례가 자연스럽게 마무리되면서 후행화자에게 말차례가 넘어가는 경우도 있다. 앞선 (8)의 예를 제시하면 다음과 같다.

(8) 〈출연자2의 우결 출연 뒷이야기를 듣던 중〉
　　男사4 : ①출4씨는 만약에 우결을 찍는다면,
　　　　　　　같이하고 싶은 분 있[나요 혹시↗]
　　男사2 : ②　　　　　　　　[아, 출4씨]도 괜찮지 않을까요↗
　　男출4 : 저요↗

(8)은 후행화자의 끼어들기가 현행화자의 마지막 추가어에서 이뤄져 현행화자의 말이 마무리되면서 후행화자에게 자연스럽게 말차례가 넘어온 예이다. 이처럼 현행화자의 발화가 완료되었느냐의 여부는 완료만이 아니라 마무리되어 후행화자에게 말차례를 넘긴 것까지 포함한다. 따라서 말 끼어들기 이후는 현행화자의 말차례가 완료(말차례 유지 후 완료와 마무리)되는 것과 중단되는 것으로 나누어 정리할 수 있다. 아래는 말 끼어들기 이후의 결과이다. 앞 절에서 말 끼어들기 이후를 살폈기에 자료는 동일하나 앞 절에 제시한 표는 사회자와 출연자 간의 대화만 연구대상으로 한 데 비해, 아래 표는 사회자 간, 출연자 간의 대화까지 포함하여 완성된 자료라는 차이가 있다.

〈표3〉 말 끼어들기 이후 분포 현황

	남자 사회자						여자 사회자						합계	
	남-남		남-여		남-혼성		여-남		여-여		여-혼성			
	완료	중단	완료	중단	완료	중단	완료	중단	완료	중단	완료	중단	완료	중단
공동구성	49	11	34	11	30	3	46	4	41	7	73	14	273 84.5%	50
친밀감증진	47	7	96	4	54	5	57	6	60	4	109	4	423 94%	30
재질문	11	3	22	0	12	2	8	0	16	3	26	5	95 87.9%	13
선호반응	27	3	51	5	36	4	27	2	46	8	54	4	241 90.2%	26
화제지속	61	30	66	20	38	14	35	13	28	10	29	15	257 71.5%	102
합계	195	54	269	40	170	28	173	25	193	30	300	33	1300	210
백분율	78	21	87	13	86	14	87	13	87	13	90	10	86.09	13.9

〈표3〉에서 제시된 것처럼 우호적 말 끼어들기는 현행화자의 말차례가 완료된 것(86%)이 중단된 것(13%)보다 훨씬 많다. 이는 강소영(2020)에서 제시된 바와 같이 우호성 여부가 말 끼어들기 이후 말차례를 유지해 나갔는지의 여부에 변수가 될 수 있음을 보이는 바이다. 물론 큰 차이는 아니지만, 대체로 남자사회자 자료(634회, 83.8%)보다는 여자사회자 자료(666회, 88.3%)에서 완료가 조금 높게 나타났고, 이를 반영하듯 가장 낮은 비율은 남-남(78%)에서, 가장 높은 비율은 여-혼성(90%)으로 나타나, 현행화자의 말차례를 유지에 성차가 존재하고 있음을 알 수 있다.

세부 의미기능별 분포는 친밀감증진(94%) 〉 선호반응(90.2%) 〉 재질문(87.9%) 〉 공동구성(84.5%) 〉 화제지속(71.5%)으로 나타났다. 상대방에게 호의적이고 적절한 반응을 보내는 친밀감 증진은 현행화자의 말차례에도 별다른 영향을 미치지 않기 때문에 가장 우호적인 말 끼어들기라 할 수 있을 것이다. 반면에 상대방의 화제를 이어받는 화제지속 및 발전의 경우는 현행화자의 완료가 가장 낮게 분포하였다. 전체 말 끼어들기는 〈표2〉에서처럼 친밀감증진(453회) 다음으로 화제지속(359회)이 높았는데, 완료는 이 중에서 가장 낮게 분포한 것이다. 〈표2〉와 〈표3〉의 분포현황을 종합한 결과, 화제지속은 현행화자의 말차례가 완료되는 것이 상대적으로 낮아 우호적 말 끼어들기 중에선 가장 비우호적인 행위임을 알 수 있다. 게다가 이는 여성(92회, 13.8%)보다 남성(165회, 26%)에게 높게 나타나고 있어, 남성들의 말 끼어들기는 다소 경쟁적으로 이루어지고 있다고 말할 수 있을 것이다.

지금까지는 현행화자의 말차례를 마무리와 유지는 완료로, 나머지는 중단으로 나누어 정리하여 보았다. 그러나 각각의 경우의 수를 따져보면 세부적으로 여러 유형이 존재한다. 지속과 중단, 마무리로 가능한 경우를 상정하고 예시를 찾아 정리하여 아래와 같은 유형을 찾았다.

〈표4〉 말 끼어들기 이후의 세부 유형 정리

후행＼현행	지속	중단	마무리
지속	불가능	②-2 후행지속 ③현행재시작	②-1후행지속
중단	②-2 현행지속 ③ 후행재시작	①모두 가능 =〉3자, 현, 후행재시작	①-2 모두 가능 =〉예시 없음
마무리	②-1 현행지속	①-2 모두 가능	①모두 가능 3자, 현, 후행재시작

둘 다 말차례를 지속하는 경우는 한 번의 말차례에 한 사람만이 말할 수 있다는 말차례 규칙을 어기기 때문에 불가능하다. 현, 후행화자의 마무리와 중단이 겹쳤을 경우 역시도 모두 가능해 보이나 현재 자료에서는 후행화자의 짧은 끼어들기(마무리)와 현행화자의 중단이 말 겹침으로 나타난 것밖에 없었다. 따라서 최종적으로 유지, 중단, 마무리 세 가지 측면을 토대로 현, 후행화자의 말 겹침 후 나타날 상황을 재구해 보려 한다.

먼저 누구든 말차례를 이어갈 수 있는 경우로 둘 다 분절할 때를 들 수 있다. 현행화자의 중단으로 말차례 유지에 공백이 생겨 누구나 이어갈 수 있기 때문이다. 아래는 둘 다 말이 중단되었을 경우이다.

(11) 〈출연자2가 출연자1과 소문이 난 남 개그맨을 궁금해 함〉
　　女출2 : ① [근데 너무] 궁금해, 누구에요／

사회자들 : [@@]

女출2 : ②계속= [아까부터 너무--]

男사2 : ③   [유상무는--]

男사3 : ④유상무가 지금, 제일 슬퍼=

男사4 : [유상무씨--]

男사3 : [유상무씨는], 한국인들두 잘 몰라요.

(11)은 출연자와 소문이 났던 남자 개그맨에 대한 이야길 하는 중, 그 사람이 누구인지도 모르는 출연자2의 질문(①)이 나온 예이다. 그녀의 궁금증은 사회자2의 설명(③)과 겹쳐 둘 다 분절이 되었고, 결국 후행 말차례는 의문의 1패를 당한 남자 개그맨을 언급한 제3의 화자(사회자 3)가 이어가고 있다. 제3자가 말차례를 이어나간 예로, 현행화자의 말차례는 상실된 상태다.

모든 이들이 말차례의 주인공이 될 수 있는 두 번째는 현행화자의 말 끝에 후행화자가 짧게 끼어들기 하여 현, 후행화자 모두 자연스럽게 말차례가 마무리된 경우이다. 말차례의 마무리는 추이적정지점에서의 교체가능을 의미하며, 따라서 누구든지 말차례를 이어나갈 수 있다.

(12) 가. 〈출연자1의 혼전여행을 키워드로 여행을 떠나라 권유 중〉

　　　女출2 : 떠나세요, 여러분들 떠나세요.

　　　男사4 : ①자 떠나자, [혼전여행을.]

　　　女출2 : ②   [혼전여행을.]

　　　모두 :   ③@@@

　　　男사4 : ④출연자1에게, 이제 곧, 함께할 그 분이란↗

나. 〈미래의 신랑에게 혼자라도 잘 살 만큼 씩씩하자고 당부 중〉

　女출2 : 다들 그르잖아, 다들 만났다가 헤어지다가,

　女사4 : 지금--

　女출1 : 왜 그래╱

　女사4 : ①별통보하란 얘기[가 아니고요].

　女출4 : ②　　　　　　　　　[다시 다시.]

　女출2 : ③예, 저- 아니 그러니까, 내일을 두려워하지 않고,

　사회자4가 메시지 완결 후 추가한 목적어 자리(①)에 말이 겹친 예로, 출연자2의 공동구성 때문에 생겼다. 사회자4의 말을 예측하여 마지막 자리에 말 끼어들기를 해서 둘 다 말차례가 자연스럽게 마무리되었다. 따라서 후속은 누구든지 가능하지만, (12-가)처럼 모두의 웃음 뒤에 현행화자가 다시 말차례를 잡을 수도 있고(④), (12-나)처럼 제3자(출연자2)가 말차례를 잡을 수도 있다(③).

　또한 후행화자의 마무리와 현행화자의 중단이 겹쳤을 때에도 누구나 말차례를 잡을 수 있다. 현, 후행화자 모두 말차례를 지속할지 여부를 결정하기 전에 제3자가 말차례를 넘겨받을 수 있기(13-①) 때문이다.

(13) 가. 〈홍대에 오래 살아온 출연자2에게 장사 제안 중〉

　男사2 : 1층에, 홍대에서 먹으러 다녔던 거를 다 합쳐가지고,

　　　　　[뭐라도--]

　女출2 : [맛집을╱]

　男사3 : ①아니면, 아기용품, 뭐 이런 거, 엄맘마=(아기 안고 달래는 자세)

말 겹침이 발생하였을 때 말차례 운영의 두 번째 예는 현, 후행화자 각자 자신의 말차례를 지속해 나가는 경우이다. 현행화자는 말차례를 자신이 넘기지 않는 한, 말차례유지의 권리를 가지고 있으므로 당연한 결과이며, 후행화자는 현행화자의 마무리로 자신에게 말차례가 넘어왔기에 지속이 가능한 경우이다.

(14) 가. 〈출연자4가 각목 깨기 시범을 보이는 중〉

男사4 : 정말, 깔끔한 소리, 아= 정말,

男사2 : ① 청산의지를 보이기 위해서,

　　　　[몇 개-몇 개까지] 시도하겠습니까/

男사3 : ②[청산의지를 위해서],

男출3 : ③ 일단 4개,

나. 〈출연자1의 신곡 소개 중〉

男사2 : 신곡이 러브래시피,

女출1 : 네,

男사2 : ①약간 초반에, 많이 했던 노래=제목이랑 [비슷한데 요]

女출1 : ②　　　　　　　　　　　　　　　　[네, 좀]

　　　　달콤하고, 이렇게 좀, 밝은 분위기의 노래,

(14-가)는 사회자2의 말(①)에서 재미있는 걸 발견한 뒤, 이를 반복 따라하는 친밀감 증진(②)의 예로, 후행화자의 말 끼어들기에 전혀 구애받지 않고 현행화자는 자신의 말차례를 완료, 질문에 대한 답(③)까지 얻어내고 있다. (14-나)는 사회자2의 말에 미리 동의를 표하며 말 끼

어들기를 시도해 현행화자가 자신의 말을 자연스럽게 마무리하고 후행화자에게 말차례를 넘긴 예이다.

다음으로는 한 사람의 말이 중단되어 상대방의 말차례가 지속되는 경우를 들 수 있다.

 (15) 가. 〈출연자3이 사회자2의 곡을 퇴짜 놓았다고 타박 중〉

    男출2 : 아, 아니 근데, 근데, 곡을 주셨는데,

    男사3 : 음원 정도도 듣지도 않고, 사회자2란 이름만 듣고 뭐

    男출2 : ①아니 아니 [그--]

    男사2 : ②   [난] 출연자3이, 퇴짜 놓을 준 몰랐어요,

       곡을 주면 좋을 줄 알았는데.

   나. 〈출연자3의 음주 경험에 대해 말하는 중〉

    男사1 : 다리 하나 건[너서 우리도] 가자구.

    男사3 : ①   [동호대교--]

    女출3 : ②다리에서 소주 먹어두 괜찮아요.

(가-①)은 현행화자의 중단, (나-①)은 후행화자의 중단의 예로 각기 상대방의 말차례 지속, 완료(②)에 방해가 되지 않고 있다.

말 겹침 이후 나타날 세 번째 경우는 현행화자나 후행화자의 말이 중단되었을 때, 상대방의 말이 완료될 때를 기다려 재시작(또는 협력)하는 것이다.

 (16) 가. 〈남자들 소변 방향 이야길 여자에게 적용시켜 농담 중〉

    女사3 : ①[잠시만요], 요즘은 방향이 없을 텐데,

　　　　　그쪽으로 가는 [게--]

　女사2 : ②　　　　　　　　[난 아직] 가능해.

　女사3 : ③가능해／

　女사2 : ④난 가능해.

　나. 〈출연자들에게 개인기를 장려하는 중〉

　　女사3 : 사실 저희 이 비스-,비스가요,

　　　　　①광고주분들이 굉장히 또 많이 [보고 계시고--]

　　女사2 :　　　　　　　　　　　　　　[아 많이 보시죠],

　　　　또 이 짤로 만들어지면 [엄청 돌아댕기]니까,

　　女사3 : ②　　　　　　　　　　[아 그렇죠.]

　　(16-가)는 현행화자의 말 중단(①)으로 말차례가 후행화자로 교대(②)되었다가 그의 말이 끝나자 재시작하여 다시 농담을 주고받는 장면(③과 ④)으로, 현행화자의 중단 후 재시작 예(③)이다. (16-나)는 현행화자의 중단(①) 후 재시작(②)은 동일하나 상대방의 말에 맞장구를 치는 협력의 예이다. 이들은 모두 상대방의 말이 완료된 뒤 다시 현행화자가 말을 시작하는 경우이며, 아래는 후행화자의 말이 중단(①)된 뒤 다시 시작(②)하는 경우이다.

　　(17) 〈출연자2가 부르고 싶은 노래로 결혼 축가곡을 선택함〉

　　男사1 : 왜 이곡을, [선택을] 했어요／

　　女출2 : ①　　　　[이곡을--]

　　女출2 : ②선택한 이유는, 원래 저는 축가=를 받고 싶-은 마음

　　　　　이, 사실은 없-없는 스타일이에요.

지금까지 본 것처럼 두 사람의 말이 겹쳤을 때 나타나는 경우는 모두 세 가지이다. (1)현, 후행화자의 중단이나 자연스러운 마무리로 제3자나 현, 후행화자 모두 발화를 시작할 수 있는 경우 (2)상대의 중단이나 마무리로 나의 말차례가 자연스럽게 유지, 지속될 수 있는 경우 그리고 (3)중단하였다가 상대가 완료하면 다시 끼어들어 재시작(협력 포함)하는 경우로 나눌 수 있다.

 이 중에서 본고는 (2)에 주목하려 한다. 〈표3〉에서 보듯 대부분의 우호적 말 끼어들기는 현행화자의 지속, 완료로 결과되었으나, 이 경우에는 현행화자의 말차례를 후행화자가 넘겨받을 수 있는 현행화자의 마무리가 포함되었기 때문이다. 이를 명확히 하기 위해 말차례의 완료를 현행화자의 지속(말차례 지속 후 완료)과 마무리(후행화자로의 말차례 넘김)로 나누어 분포현황 정리해 보았다. 그 결과는 아래와 같다.

〈표5〉 말차례 완료 후 현, 후행화자의 지속

	남성 사회자군						여성사회자군					
	현행지속, 완료			현행 마무리 후행지속			현행지속, 완료			현행 마무리 후행지속		
	남	여	혼성	남	여	혼성	남	여	혼성	남	여	혼성
공동 구성	49	33	27	0	1	3	38	38	70	8	3	3
친밀 증진	38	92	47	9	4	7	50	53	100	7	7	9
재 질문	6	21	5	5	1	7	7	3	10	1	13	16
선호 반응	8	16	10	19	35	26	6	15	21	21	31	33

화제지속	8	0	0	37	46	24	5	0	2	30	30	36
합계	109	162	89	70	87	67	106	109	203	67	84	97
	360(61.7%)			224(38.3%)			418(62.7%)			248(37.3%)		

후행화자의 말 끼어들기로 말이 겹쳤을 때, 남녀 모두 친밀감 증진〉대화의 공동구성〉재질문 순으로 현행화자가 말차례를 이어나가고 있었고, 화제지속 및 발전〉선호반응 순으로 후행화자가 말차례를 지속해나가고 있었다. 성별로는 현행화자의 말차례 지속은 여성이 다소 높고(남 61.7%, 여 62.7%), 후행화자의 말차례 지속은 남성이 다소 높게 분포(남 38.3%, 여 37.3%)한 것이 특징적이다.

화제지속은 상대의 말을 이어서 동일한 주제로 말을 해나가는 것으로, 말차례가 따로 정해지지 않은 오락프로그램의 성격상 후행화자의 지속이 많을 수 있다.

(18) 〈출연자들의 치킨 광고 진출기에 대해 이야기하는 중〉

男사2 : 사실, 가장 어린친구들한테 지금, 핫한,

[분들한]테 들어오는 광고거든요.

男출3 : [맞아요.]

男출4 : ①그래서 즐겁게 찍었던 [것 같아요.]

男사2 : ②　　　　　　　　　　[그거 원래] 에프엑스가 하던 거

라는 얘기[가 있던--]

男출2 : 　　　　　　　[맞아요 맞아요]맞아요.

(18)은 '(장수 아이돌에겐 들어오기 힘든)치킨광고 출연 → 이전은 에

프엑스가 출연했다'로 화제지속의 예이다. 출연자4의 말끝에 사회자2
가 끼어들어 자연스럽게 말차례를 넘겨받는'후행지속'이다.

　또한 선호반응 역시 후행지속이 좀 더 높다. 이는 현행화자가 원하는
대답을 미리 들을 수 있어서 자신의 말차례를 더 이상 고집할 필요가 없
기 때문이다. 아래 예시처럼 후행화자에게 말차례가 넘어오는 것(②)이
자연스럽다.

(19) 〈다둥이 엄마 출4에게 질문하는 중〉

　　女사2 : 임신 잘 되는 팁을 물었더니, 나는 원래 임신이 잘 돼=

　　　　①(0.1)라고 [그러셨죠.]

　　女사1 : ②(출4를 보고) [그랬어요╱]

　지금까지 본 것처럼 화제지속과 선호반응은 우호적 말 끼어들기 중
에서 후행화자의 말차례 지속에 유리한 면이 있었다. 더구나 이들은 남
성만이 아니라 여성 역시 동일한 결과여서, 성별 구애 없이 현행화자에
게서 자연스럽게 말차례를 넘겨받을 수 있는 자리로 정리할 수 있을 것
이다. 이뿐만 이 아니라 이들은 공통적으로 (18)와 (19)의 예에서 보이
듯 후행화자의 끼어들기가 현행화자의 메시지 완료에는 별다른 방해
를 주지 않는 범위에서 이뤄지고 있었다. 즉, (18)은'[그래서 즐겁게 찍
었-]+[-것 같다]'와 같이 명제내용에 화자의 추측의 표현 '-것 같다'가
덧붙었으며, (19)는 '[임신이 잘 돼]+[라고 말하다]'와 같이 인용문의 서
술어가 뒤따른다. 둘 모두 화자가 전달하려는 핵심 내용이 아닌, 덧붙은
데서 끼어들기가 이뤄진 것이다.

3.3. 추이용이지점에서의 말 끼어들기

본고는 현행화자가 전달하려는 핵심내용이 아닌, 덧붙은 데서 끼어들기가 이뤄져 현행화자의 마무리를 유도하게 되었다고 보고, 이러한 위치를 강소영(2017)에서 말한 추이용이지점으로 정의하려 한다. 강소영(2017)에서 정리한 추이용이지점은 억양적, 통사적, 화용적으로 말차례가 완료되는 추이적정지점이 아니다. 이는 그보다 조금 이전에 형성되어 후행화자에게 말차례가 교대되기 용이한 지점으로, 현행화자의 메시지 완료에 별다른 영향을 미치지 않는 것이 특징이다. 즉, 〈표3〉에서 현행화자의 완료에 해당되지만, 후행화자가 현행화자의 말차례를 방해하지 않고 자연스럽게 넘겨받는 〈표5〉의 후행화자 지속에 포함된 것들이다.

강소영(2017)은 토론담화를 대상으로, 현행화자의 말끝에서 상대방의 발화환경을 고려하여 끼어들었을 경우 성공률이 높다고 하였다. 아래는 몇 가지 예시를 재인용한 것이다.

(5) 가. 〈정당방위의 허용한도에 대해 논박 중〉

　　긍정1 : 그것은 뭐, 감수하고 찌른다,

　　　　　①이런 고의 같은 경우가 아니라고 [생각--]

　　부정2 : ②　　　　　　　　　　　[그니까] 미필적 고

　　의를 말씀드리는 것은,

나. 〈대형마트 휴무제는 재래시장 활성화의 임시방편책임을 논박〉

　　부정2 : 자본축적 기간 동안 임시책으로 그럼, 대형마트는 계

　　속=, 휴무를 해야 하나요↗

긍정1 : ③임시책이 아니고 [그걸--]

부정2 : ④　　　　　　 [임시책이죠] [그건]

긍정1 :　　　　　　　　　　 [아니=] 임시책인데도

　　　불구하고 그--

(강소영 2017 : 100-101 재인용)

둘 모두 현행화자의 말이 끝나지 않았는데 끼어들기를 시도(②, ④)하여 고의성이 인정되지만, (5-가)와 (5-나)는 현행화자의 메시지 완결성에서 차이가 난다. (가-②)는 메시지의 완결성에 지장을 주지 않았지만 (나-④)는 현행화자의 메시지가 미처 완결되지 못한 상태에서 끼어들기가 일어난 것이다. 말차례 교환의 원칙은 화자의 메시지 완결성을 포함한다. 따라서 메시지가 완결되는 지점에서의 말 끼어들기는 현행화자의 메시지의 전달에 방해가 되지 않으면서 자연스럽게 말차례를 잡을 수 있는 지점으로 읽힌다. 강소영(2017 : 107)에 따르면, 이는 인용절이나 명사구의 서술절, 의문문, 관용구, 부가의문문처럼 특정 언어적 환경에서의 끼어들기이며, 현행화자의 메시지에 방해가 되지 않아 자연스럽게 말차례를 교대할 수 있는 곳이었다. 앞선 (5-가)는 인용절의 서술어 예시이며, 아래는 의문사절, 관용구 서술어, 부가의문문의 예시를 옮긴 것이다.

(12) 〈성적장학금은 정당한 행위인가 논박 중〉

　　가. 긍정 : 경쟁이 만약에 장학금이 없어서,

　　　　　　 그럼 경쟁이 장학금이 없더라도,

　　　　　　 경쟁은 계속 생길 텐데,

①그 문제에 대해서는 어떻게 생각[하신지]

부정 : ②　　　　　　　　　　　　　　[그래서] 그것은,

나. 긍정1 : 그럼 명확한 입장을 좀-,

① 표현해 주시면 감[사하겠습니다]

부정2 : ②　　　　　　　　　　[그리고=],

추가적으로 질문을 드리고 싶은 게,

(14) 〈CCTV 설치 찬반 토론〉

가. 긍정1 : 아마=,

①이건 앞으로 설치하면 되는 것,

[아니겠어요↗]

부정2 : ② [그-지금까]지 긴 시간이 흐르는 동안,

굉장히 긴 시간이 흐르는 동안,

한 구에서 그-

아산시를 예로 들었는데,

(강소영 2007 : 112-114 재인용, 숫자표시는 필자가 넣은 것)

(가-①)은 의문문의 예이다. 의문문에서 의문사는 설명대상이 되는 미지항을 표시하므로 필수적이지만, 서술어는 그렇지 않다. 따라서 반드시 있어야 할 메시지에 포함되지 않기 때문에 필수적 정보성을 띄지 못하며, 말 끼어들기의 용이지점이 되는 것이다. 이는 (나-①) 관용구 '-면 감사하다'의 서술어나 (다-①) 수사의문문(의 부정의문사구) 역시 마찬가지로. 이들은 일정화된 패턴으로 우리 머릿속에 저장이 돼 있어서 예측가능한 것이기에 말 끼어들기의 용이지점이 될 수 있는 것이다.

본고에서 제시한 선호반응과 화제지속의 경우에 말 끼어들기 용이지

점에서의 특징이 자주 목격된다. 아래는 앞선 추측의 표현(18), 인용절 (19)과 함께 추이용이지점으로 논의된 의문문의 서술어 예이다.

(20)〈사회자들이 출연자2의 날씬하게 보정된 사진을 보며 감탄 중〉
  男사1 : [네=, 거의] 마네킹 수준인 데요.
  男사2 : 요것도 수정, [손, 손]본 것 [아닙니까?]
  女출2 : ①   [아=]   [이건 손]본 거일 거예요.
  男사2 : 아, 네,

(20-①)은 부정의문사구에서 끼어든 예로, 후행화자가 말차례를 지속, 완료한 경우이다. 이는'[요것도 수정, 손 보-]+[-것이 아니다]'처럼 현행화자의 메시지 전달에는 별다른 영향이 없는 부분에서의 끼어들기이다. 따라서 추이용이지점에서의 말 끼어들기로 설정 가능이다.

본고의 연구대상인 6편의 자료에서 추이용이지점에서의 끼어들기를 제시하면 다음과 같다. '/' 뒤는 추이용이지점에서의 말 끼어들기 횟수이며, 앞은 말차례가 후행화자에게 넘어간 경우이다.

〈표6〉 추이용이지점에서의 끼어들기

	남자사회자			여자사회자		
	남	여	혼성	남	여	혼성
공동구성	0	1/1	0	3/7	0	0/4
친밀감 증진	3/6	0/3	0/3	3/11	3/4	4/10
재질문	0/1	0/2	2/2	0/1	1/1	2/3
선호반응	8/9	5/5	5/5	10/10	8/8	14/14
화제지속	13/13	4/4	4/4	5/5	5/5	5/5

선호반응과 화제지속은 〈표5〉 처럼 횟수도 높지만 〈표6〉 처럼 추이용이지점에서의 끼어들기 횟수 또한 높다. 그리고 추이용이지점에서의 끼어들기는 거의 모든 경우에 말차례를 넘겨받아 대표항으로의 설정이 가능하다. 특히 선호반응은 여자사회자 군에서, 화제지속은 남자사회자 군에서 상대적으로 높게 분포하였다. 구체적인 예시를 보이면 다음과 같다.

(21) 가. 〈출연자1의 최근 출연작은 미스캐스팅이라는 이야기 중〉

男사2 : 아무래도 이거 미스캐스팅인 것 같다고,

①[₁애[₂길 해주₂]셨어요]

女사3 :　　　　[₁어,[₂왜왜╱₂]

男출1 : ②　　　　[₂어＝ 얼₂]마 전에＝], 굉장히 시청자분들게 많

은 사랑을 받고 종영이 됐는데,

나. 〈 출연자들의 장, 단점을 묻는 중〉

女사2 : 뭐가 힘들었어요╱

①가장 힘든 게 [뭡니까╱]

女출1 : ②　　　　　　　[그게＝] 다 한문이에요.

다. 〈출연자1의 가족사진을 보면서 감탄 중〉

女사4 : 예쁘다. 진짜 [예쁘다.]

女사1 :　　　　　　[진짜] [예쁘다.]

女사2 :　　　　　　　　　　[아니] 나이차이가 나니까,

①더 좋은 [거 같애.]

男출1 : ②　　　　[아니 정말] 감사한 거에요

선호반응의 (가-②)와 (나-②) 그리고 화제지속의 (다-②)는 모두

후행화자가 자신의 말 끼어들기 이후 다른 이의 방해를 받지 않고 말차
례를 지속, 완료한 경우이다. (21-가)는 출연자2의 인터뷰 말을 인용하
는 장면(①)에서 끼어들기가 이뤄진 것으로, 인용절 보문자 이후는 반
드시 필요한 정보가 아니다. (21-나) 역시 '무엇이 힘들었느냐'를 어순
만 변경하여 반복함으로써 후행화자에게 서술어 '무엇이냐'(②)는 예측
가능한 구절, 듣지 않아도 되는 정보가 됐다. (21-다)의 '-것 같다' 역시
화자의 추측의 표현(②)으로, 앞선 명제내용만큼 필수적이지 않다. 따
라서 이들 모두는 현행화자의 메시지 전달에 방해가 되지 않는 부분에
서 끼어들기를 시도함으로써 이후 후행화자의 말차례가 지속된 것이라
할 수 있겠다.

현행화자의 말차례에 적절하게 끼어들어 후행화자의 말차례를 유지
해 나가는 모습은 아래처럼 의문문의 예에서도 보인다.

(22) 가. 〈사회자2의 머리를 들어올리는 요가동작에 대해 항의 중〉

女사3 : ①그러니까, 서울 구경 시키는 [거 아니에요╱]

女출3 : ②   [물리적인 힘을] 쓰지

않고=, 다 쿨하게, 그거는 다 룰이었으니까

[그냥 뭐--]

男사3 : [아니 근데 그게] 그래도,

나. 〈출연자2의 아이들 중 누가 더 영재인지 이야기 중〉

女출2 : 라율이가 되게 잘 외워요.

女사1 : [아 귀여워.]

女사2 : [아 그러네.]

①아, 라율이가 훨씬 좀 빠르네요, [그쵸╱]

女사4 :   [아 근데] 확실히 이게,
엄마가 아이돌이라 그런지 애들이 바운스가 달라요,

　(22-가)는 현행화자의 연이은 추궁(①)에 후행화자가 자신의 생각을 미리 말하는 선호반응이며, (22-나)는 아이들의 칭찬릴레이가 이어지는 화제지속의 예이다. 모두 현행화자의 메시지 완료에는 무리가 없는, 수사의문문의 부정의문사구(가-①), 의문사구(나-①)에서 말 끼어들기가 이뤄졌다.

　마지막으로 현행화자가 문장을 종결지은 뒤 덧붙인 말에서도 후행화자의 말차례 유지가 자연스럽게 이어졌다. 먼저 선호반응의 예를 보이면 다음과 같다.

　(23) 가. 〈출연자4의 아이들을 보면서 미래를 상상하는 중〉
　　　女사2 : 자, 출연자4 씨.
　　　女사3 : 그 때는, 여덟째인지, 아홉째인지를--@@
　　　女사2 : ①이제, 여섯째가 스무 살 된 거에요. [이제=]
　　　女사1 :   [그렇네], 성년식.
　　　女사2 : 성년식.
　　나. 〈출연자 중에서 춤실력이 꼴지인 사람을 뽑는 중〉
　　　男사2 : ① 그래도, 최하위는 누굽니까 [둘중에].
　　　男출2 :   [그거!를], 저희가 모르
　　　　　겠는데
　　　男출1 : 사4보단 제가 낫죠.
　　다. 〈출1의 노출 수준에 대해 말하는 중〉
　　　女사3 : ①아, 이건 마지노선, 아버지랑 합의된 거에요↗

[여기까지가/]

女출1 : [요정도=],　　요정도까지에서 끝.

女사3 : 아 끝.

　　현행화자의 메시지는 평서형어미 '어(요)'(가의 ①)와 의문형어미 '-니까"-어요'(나, 다의 ①)에서 보이듯 종결된 상태인데. 앞서 했던 말을 강조하거나 빠진 말을 보충하기 위해 붙인 추가어와 후행화자의 말이 겹쳐 나왔다. 시간의 부사어(가-①), 제한된 범위의 부사어(나-①), 주어(다-①) 등 추가어들은 다양하였으며, 추가어라는 용어에서 알 수 있듯이 반드시 필요한 성분은 아닌 것이 특징이다. 따라서 후행화자의 말 끼어들기는 이처럼 화자의 핵심 메시지를 방해하지 않은 선에서 이뤄져 자연스럽게 자신의 말차례를 유지, 완료할 수 있었다. 이는 아래처럼 화제지속의 경우에도 동일하게 나타난다.

(24) 가. 〈출연자2의 술 마시는 연기를 보고 말하는 중〉

　　女출3 : [아 보는 내가--]..(0.2)

　　女사1 : [정말 시원하게] 드시네=

　　女사3 : ① 취하는 줄 알았어 [무알콜에=]

　　女출3 : ②　　　　　　　　[근데 무알콜도] 이렇게 원샷하기가

　　　　　　[쉽지 않죠.]

　　나. 〈사진 속 인물 찾는 중〉

　　女사1 : [저는] 지금 머리색깔 봐선=

　　女사4 : ①출연자2 같은데 [밴드한 데가.]

　　女사2 : ②　　　　　　　　　[어= 출연자3]씨 갑니다.

다. 〈자식이 5명인 출연가4가 결혼축하곡을 부르면 벌어지는 일〉

　　女사3 : 아니 그럼, 그런 분들도 있을 것 같애, 노래만 들은 게
　　　　　　아니고, [손 한번만] 잡아달라,

　　女사4 : 　　　　　　　　[진짜로 막--]

　　男출4 : ①아 엄청 많죠 [엄청 많죠.]

　　女사2 : ②　　　　　　　　[아니 그거] 프로그램에 넣어요, 노래
　　　　　　를 하고 나서! [노래를 하고 나서--]

　　추가어인 부사어(가-①), 주어(나-①) 그리고 반복구(다-①)과 같이
현행화자의 메시지 완료에 방해가 되지 않는 범위 내에서 후행화자의
말 끼어들기가 이뤄져 후행화자의 말차례 지속이 자연스럽다.

　　지금까지 본 것처럼 여러 명이서 자유롭게 여러 주제를 가지고 이야
기를 나누는 사적대화에서도 추이용이지점의 설정이 가능하였으며, 선
호반응과 화제지속처럼 특정 의미기능들은 추이용이지점을 적절히 이
용하여 말 끼어들기를 성공적으로 완료할 수 있었음을 확인할 수 있었
다. 특히 화제지속은 남-남의 압도적인 비율로 남자사회자 군에서 높았
으며 선호반응은 여자사회자 군에서 높게 나타났다. 이는 앞선 말 끼어
들기에서 친밀감 증진은 여성이, 화제지속은 남성이 더 높게 분포한 것
과 비슷한 결과이다. 현행화자의 말차례를 방해하지 않고 자신의 말차
례를 확보할 수 있는 언어전략적 장치의 사용이 성차에 구애 없이 동일
하게 나타난 것은 고무적이지만, 의미기능별로 봤을 때, 화제주도적인
남성과 달리 여성은 상냥한 청자로서의 역할을 다하고 있어서 기존의
여성어 연구와 동일한 결과를 보이기도 했다.

4. 결론

본고는 현행화자에게 우호적인 말 끼어들기만을 골라서 그들의 세부 의미유형을 살피고 이의 분포현황을 제시하였다. 그 결과 우호적 말 끼어들기가 비우호적 말 끼어들기에 비해 압도적으로 많이 사용되고 있었으며, 세부의미별로는 친밀감 증진(여)과 화제지속 및 발전(남)이 높은 비율로 나타났다. 두 번째로 현행화자의 말차례 완료를 기준으로 할 때에는 완료가 높아 우호적 말 끼어들기는 현행화자의 말차례를 거의 방해하지 않음을 확인할 수 있었다. 그러나 상대적으로 낮게 분포한 화제지속 및 발전은 다른 말 끼어들기에 비해 비우호적인 행위였다고 평가되었다. 세 번째로 말차례 완료를 지속과 마무리로 나누어 분석하였을 때는 여성이 다소 높았던 친밀감 증진, 대화의 공동구성, 재질문은 현행화자의 지속이, 남성이 다소 높았던 화제지속 및 발전과 선호반응은 후행화자의 지속이 높았다. 특히 선호반응과 화제지속 및 발전은 추이용이지점 즉 후행화자가 현행화자의 말차례를 자연스럽게 가져올 수 있는 지점에서의 말 끼어들기가 많았으며, 성별로 나누어 보면 여성은 선호반응에서, 남성은 화제지속 및 발전에서 더 많이 분포되었다. 화제지속 및 발전은 우호적 말 끼어들기 중 현행화자의 말차례에 가장 비우호적인 행위로 평가되었는데, 앞서 정리한 것처럼 이들은 유독 남성 사회자군에서 눈에 띄는 분포를 보였다. 즉, 우호적 말 끼어들기에서 여성은 친밀감 증진이, 남성은 화제지속 및 발전이 높은 분포를 보이었고, 현행화자의 말차례를 마무리시키고 후행화자가 말차례를 넘겨받은 횟수는 남성사회자군의 높은 분포에 힘입어 화제지속 및 발전이 가장 높았다. 추이용이지점을 활용한 말 끼어들기에서도 여성은 선호반응이, 남성은 화제지속 및 발전이 높게 분포하고 있었다. 여성은 친밀감 증진, 선호반응 등 상대방의 말에 반응을 보이는 청자지향적 말 끼어들기가 주요 특징이었으며, 남성은 화제지속 및 발전과 같이 화제주도형 말 끼어들기가 주요 특징으로 부각된 셈이다. 이는 청자지향적, 상호교류적인 대화운용방식을 가진 여성과 달리, 상대에게 다소 비우호적인 말 끼어들기를 사용하여, 경쟁적, 대화주도적인 대화운영방식을 가진 남성으로 정리할 수 있으며, 이는 기존의 연구에서와 같은 성차에 따른 대화운영방식을 확인해주는 바이다.

VI. 우발적 말 끼어들기와 그 이후

1. 서론

구어대화는 말차례가 따로 정해지지 않았으며 따라서 서로간의 말 겹침은 피할 수 없는 일이다. 그러나 말 겹침의 과정은 현행화자의 말차례를 빼앗아서 진행되기도 하고 말차례를 빼앗을 생각이 전혀 없었는데도 나타나기도 한다.

(1) 가. 사3 : 우=, 와, [대박]

사4 : ①[와=], 눈이, 어디 가야하는지, 모르[겠어요]

사3 : ②   [야=],

우리 졌다 졌어, 졌어요

나. 사1 : 진짜 난리나셨네, 얼굴이 빨개지시고 난리나셨어요

사3 : ③기분이 좋으세요?

사1 : ④[어=진짜]

사2 : ⑤[항상 웃는] 분들이었어요?

사1 : ⓖ 그러니까, 우리 남성제작진들의 열기가, 여기까지 느
껴지는데요, ⓖ한 분씩, 각자, 인사 부탁드리겠습니다.

　(1)은 출연자들이 등장하는 순간 사회자들의 반응과, 이를 지켜보는
제작진들의 반응을 묻는 사회자들의 모습을 담은 장면이다. (1-가)는
사회자4의 말차례가 아직 끝나지 않았는데(①) 서술어 '모르겠어요'에
서 말 겹침이 일어난 것으로, 이는 의도적인 말 끼어들기이다. 그 중 사
회자4와 함께 출연자들의 미모를 강조하기 위해 끼어들었으므로, 동조
를 표하는 우호적 말 끼어들기의 예라 할 수 있다. 반면에 (1-나)는 사
회자1과 사회자2이 말 끼어들기가 우발적으로 일어난 경우이다. (나-
③)에서 사회자3의 질문이 끝났으므로 누구에게나 말차례를 시작할 수
있는 상태인데, 사회자1과 사회자2가 우연히 동시에 시작하였기 때문
이다. 두 사람이 우연히 말 겹침이 발생하였다는 것은 둘 다 말차례를
잡고 대화를 진행해나갈 수 있음을 의미하는데, (1-나)는 사회자1이 사
회자2의 멘트까지 포함하여 상황을 정리하고(나-ⓖ) 다음 순서로 넘어
가는 것(나-ⓖ)으로 보아 사회자1의 주도권을 엿볼 수 있다.
　본고는 이처럼 우발적으로 말 끼어들기가 발생하여 둘 혹은 그 이상
의 사람들의 말 겹침이 발생하였을 때 그 이후에는 어떤 결과가 발생하
는지를 검토하고 이에 참여자들의 힘(power)이 관여하는지 혹은 이를
발현시키는 데 성차(gender)가 개입되었는지를 살펴보고자 한다. 이를
통해 여성의 대화운영방식을 살펴보는 데 도움을 줄 수 있을 것이다. 다
음 절에서는 우선적으로 연구대상자료에 나타난 우발적 말 끼어들기의
현황부터 정리하고 우발적 말 끼어들기 이후는 어떻게 결과되었는지
차례대로 살펴볼 것이다.

2. 우발적 말 끼어들기의 분포현황

2.1. 성차를 기준한 우발적 말 끼어들기의 분포

우발적 말 끼어들기에 대한 선행연구는 아직 제대로 정리되어 있지 않다. 둘 혹은 그 이상의 사람들이 동시에 말을 시작하였기 때문에 우발이란 정의를 붙였을 뿐, 어떠한 방식으로 이루어지는지 또는 왜 말이 겹치게 되었는지 말 겹침 이후에 누가 말차례를 잡아나갔는지에 대한 연구는 진행되지 않았다. 그러나 대화의 속성상 상대방의 말에 답변을 하거나 혹은 질문을 던지는 둘 중의 하나에 속할 것이다.

(2) 가. (출연자 소개 장면)

출2 : 네, 안녕하세요, 원더걸스 **입니다

사3 : [와=]

사4 : [와하=]

사1 : [와=]

나. (사회자2가 이전과 달리 이번 프로그램에 정착했다는 말을 하는 장면)

출1 : [맞아요], 아니 정말 그때는, 조금 약간의 그, 쩜오 느낌╱
이 있었어요

사3 : 뭐[라고╱]

사1 :　 [쩜오╱]

사2 : 쩜오, 쩜오

사3 : 쩜오╱

사2 : 점오, 점오

사3 : 왜 쩜오입니까↗

(2-가)는 출연자2의 자기소개에 모든 사회자들이 환호를 보내는 장면으로 상대방의 말에 답변을 하는 예에 해당한다. 이에 반해 (2-나)는 출연자1의 말에 확인 질문을 하는 장면으로 사회자3과 사회자1의 말차례가 겹쳐 나왔다.

이처럼 우발적 말 끼어들기는 상대방의 말에 답변을 하거나 질문을 던지거나 두 가지로 나뉘는데, 이 둘이 섞여 나올 수도 있다. 앞선 (1-나)는 사회자3의 질문에 호응하듯 동조의 감탄을 보내는 사회자1(④)과 사회자3의 질문을 받아 재질문을 던지는 사회자2의 모습(⑤)을 보인 예로, 답변과 재질문(화제전개)이 섞여 있는 경우이다. 이를 좀더 명확히 보이기 위해 (1-나)를 재인용했다.

(1) 나. 사1 : 진짜 난리나셨네, 얼굴이 빨개지시고 난리나셨어요

     사3 : ③기분이 좋으세요?

     사1 : ④[어=진짜]

     사2 : ⑤[항상 웃는] 분들이었어요?

     사1 : ⑥ 그러니까, 우리 남성제작진들의 열기가, 여기까지 느껴지는데요, ⑦한 분씩, 각자, 인사 부탁드리겠습니다.

이처럼 우발적 말 끼어들기는 질문을 던지거나 혹은 답변을 하거나 그렇지 않으면 두 가지가 섞여 나오는 형태를 보이는데 이를 각 자료에 적용하여 분포현황을 보이면 다음과 같다.

〈표1 우발적 말 끼어들기 분포현황〉

		질문			답변			혼성		
		사⇄사	사⇄출	출⇄출	사⇄사	사⇄출	출⇄출	사⇄사	사⇄출	출⇄출
남자 사회자	남출	11	13	7	38	25	29	1	5 / 10	4
	여출	16	1	0	67	47	7	25	20	0
	혼성출	8	9	1	29	17	14	0	13	0
합계		35	23	8	134	89	50	26	48	4
		66(16.2%)			273(67%)			78		
여자 사회자	남출	2	4	0	43	42	4	15	22	0
	여출	1	3	0	23	21	1	13	11	0
	혼성출	2	2	1	48	44	3	9	14	1
합계		5	9	1	114	107	8	37	47	1
		15(4.5%)			229(69.6)			85		

우발적 말 끼어들기는 남녀 사회자군을 가리지 않고 상대방의 말에 대한 답변에서 많이 이루어졌다. 아래는 상대방의 말에 놀람의 감탄사를 사용하여 호응을 보내는 예이다.

(3) 출2 : [아 예/ 맞아요] 그때 진짜 열 [받았어요]

사2 :   [그때 진짜] 한 대 칠라고 그랬죠／

출2 : 진짜 열 받았어요.

사3 : ① [아=]

사1 : ② [아=]

사2 : 보였어!

사1 : 네, 보였어요.

(3)은 출연자2의 랩 배틀에 얽힌 일을 회상하는 장면으로 출연자2의 사연에 적극적으로 호응하고 있다. 이러한 호응은 남녀 사회자군을 가리지 않고 사회자들끼리의 답변에서 우발적인 말 끼어들기가 자주 일어나는 것을 목격할 수 있다. 출연자들의 일상사를 주제로 수다를 떠는 프로그램의 특성상 사회자들의 호응은 필수적인 것이어서 이는 성차보다는 역할(사회자)에 더 우선시되는 분포현황을 보이었다. 또한 사회자의 질문에 출연자들의 답변이 주요 패턴으로 이뤄지는 프로그램의 특성상 사회자끼리의 호응이 많고 출연자끼리의 호응은 그다지 많지 않음도 특징적이었다.

성차적인 특징이 엿보이는 것은 남성사회자군의 자료에서 동시질문, 동시화제지속 등 화제전개 및 발전에 어울리는 우발적 말 끼어들기가 더 많이 분포했다는 점이다. 〈표1〉에서 보이듯이, 여성 사회자군은 주로 상대방의 말에 답변을 하는 장면에서 우발적 말 끼어들기가 집중 분포되어 있는(질문 : 답변=15회 : 229회) 반면에 남성 사회자군은 상대적으로 추가질문 등을 통한 화제전개에 더 많이 분포되어 있다(질문 : 답변=66회 : 273회). 이는 남성 사회자군의 우발적 말 끼어들기는 상대방의 대화를 엮어 더 큰 화제로의 발전을 꾀하는 참여자들의 태도를 엿보이게 한다.

(4) 〈총감독을 맡은 출연자2의 자아도취에 대해 이야기하는 중〉
　　출1 : ①(출연자2가) 내가 하니까 잘되지, 디렉터 옆에 있는데=
　　사3 : 옆에 있는데↗
　　국 : [역시 그--]
　　윤 : [친하니까 그렇지]

출1 : ②[1우리 다시 하자]

출3 : ③[1촬영─촬영하기 전에--]

출1 : ④어떻게 옆에 있는데

(4)는 출연자2에 대한 험담을 하는 장면으로 출연자1과 출연자3이 그의 자아도취적인 태도에 어떻게 반응을 보였는지 보여주고 있다. 출연자3의 말은 분절(③)되어 그의 의도를 끝까지 짐작할 수는 없지만 출연자1은 출연자2의 행동에 대한 그의 의견(①)을 지속(②,④)해 나가고 있어, (4)의 우발적 말 끼어들기는 화제를 전개해나가기 위한 출연자들의 노력에서 빚어진 것으로 보인다.

이러한 종류의 우발적 말 끼어들기가 많다는 것 이외에, 남성 사회자 군에서의 자료를 검토해본 결과에서도 특이한 점이 목격된다. 즉, 여성 출연자들이 나온 회차에서는 질문의 우발적 말 끼어들기가 그다지 많이 나오지 않은 데(17회, 9%) 비해, 남성출연자들이 나온 회차는 높게 (31회, 23.4%) 분포했다는 것이다.

이는 기존의 여성과 남성의 말하기 방식에서의 차이를 연상케 한다. 즉 Tannen(1990)에서 지적한 대로, 남성은 주도적 공격적 대화진행방식을 선호하는 데 비해 여성은 청자지향적, 상호교류적인 대화진행방식을 선호한다고 한다. 논의 대상인 오락프로그램은 사회자와 출연자를 합해 8-10명에 이르는 대집단이 모인 자리이다. 출연자들은 다수 속에 파묻혀 자신의 발언권을 확보하기도 힘들 수밖에 없다. 그럼에도 불구하고 남자 출연자들은 화제를 전개하고 때로는 전환하는 중요한 역할을 맡아하기 위해 다른 이들과의 말차례 겹침을 신경쓰지 않고 대화에 나선 것이기 때문에, 화제지속의 질문들이 다수 우발적 말 끼어들기로 겹쳐 나온 것이며 따라서 이를 통해서 남성은 대화 주도적인 대화진행방식을 선호하고 있음을 이에서 추론해낼 수 있을 것이다.

지금까지의 결과는 우발적 말 끼어들기를 질문과 답변의 단순한 틀에서 다룬 것이며, 다음 절에서는 그 의미기능에 따라 다시 세분화하여 살펴보려 한다. 이는 강소영(2022)에서 말 끼어들기의 세부유형별 접근에서 성차적 특징이 목격되었던 것에서 기인한 바이다.

2.2. 담화상 의미기능을 중심으로 한 분포

말 끼어들기의 세부유형은 이원표(1999) 이래 의도적 말 끼어들기와 우발적 말 끼어들기로 나눈 후, 의도적 말 끼어들기는 후행화자의 끼어들기가 현행화자에게 우호적이었는지의 여부에 따라 우호적, 비우호적 말 끼어들기로 나누었다. 또한 우호적 말 끼어들기는 대화의 공동구성, 친밀감 증진, 명료화요청, 선호반응, 화제 전개 및 발전의 5가지고 나누었다. 본고에서 살피는 우발적 말 끼어들기 역시 상대방과의 대화 과정에서 발생하는 것이므로 우호적, 비우호적 행위 여부는 세부유형을 나누는 데 기준이 될 수 있다.

먼저 대화의 공동구성의 예부터 보이면 다음과 같다.

(5) (섹시한 포즈를 각자 따라하는 중, 출1이 이상한 포즈를 취하자)

사1 : 아유, 출연자1씨, [아니야=]

사2 :   [여기서 이러시면] 안 됩니다.

사3 :   [아닙니다]

사4 :   [출연자1씨 오바이니다]

대화의 공동구성은 상대방의 말을 미리 예측하여 공동으로 대화를 완성하는 형태로, (5)는 사회자1이 해야 할 말을 모든 사회자가 같이 출연자1에게 하는 장면이다. '출연자1의 행동은 하면 안 된다'는 내용을 동일하게 발화하여 대화를 완성해 나가는 형태이므로 이때의 우발적 말끼어들기는 대화의 공동구성을 위한 것이라 할 수 있다.

두 번째로 친밀감 증진의 예로, 동조(맞장구), 동의, 공감(감탄) 등 상대방의 말에 호응을 보내 대화를 매끄럽게 유지할 수 있다.

(6) 가. (출연자들의 경제 순위를 매기는 장면)

　　사1 : 꼴등이 출4이니까 되게 있어 보여

　　사3 : ①어 [진짜=]

　　사1 : 　　　[출4! 씨는--]

　　출3 ② 　[진짜] 반대로 그렇다

　나. (출연자1의 매력에 대해 말하는 중)

　　사3 : 제가 봤을 땐, 동남아에서 대시를 좀 많이 받으신 것 같은데

　　사2 : 아우, 항상 동남아만 나가요

　　사4 : ① [@@]

　　출1 : ② [@@]

　　사3 : ③ [그렇겠네요]

　　사1 : ④(고개 끄덕이며) [음-]

(6-가)는 사회자1의 말에 적극적으로 동의하는 두 사람의 말 겹침을 보인 예로, '진짜'를 사용하여 상대방의 말에 100% 일치한다는 태도를 보이고 있다. (6-나)는 출연자2, 3의 대화를 듣고 웃겨서 웃는 참여자들

의 모습(①,②)과 동의(③), 맞장구(④)를 보내는 모습으로, 상대방의 말에 적극 공감하는 태도를 표현해 사회자2의 말이 정말로 위트넘치는 것임을 말하고 있다.

세 번째로 명료화 요청은 앞선 이의 말에서 미진한 부분이 있을 때 이를 명확하게 해주길 요청하는 것으로, 단순 확인 질문이나 좀더 명확한 설명을 요청하는 경우로 나뉜다. 질문이 일단 나온 뒤에 질문의 형태를 띠고 있는 것이므로 이들을 포괄하는 데는 재질문이 더 어울릴 것으로 판단하여, 본고는 이를 재질문이라 칭한다. 아래는 우발적 말 끼어들기에서의 용례이다.

> (7) (괴상한 사회자3의 행동을 모델포즈에도 있다는 칭찬의 말로 바꾸
> 는 장면)
> 출3 : [근데], 사실 이 방법이, 모델들, 맨 처음 워킹 수업 할 때, 하
> 는 방법 중에 하나예요.
> 사1 : ①[진짜╱]
> 사3 : ②[진짜]요╱
> 사2 : ③[아 그]래요╱
> 출3 : ④근까, 워킹 맨 처음 시작할 때 벽에 붙어서,
> 사2 : 네
> 출3 : 이렇게 서면, 이거를, 누가 나를 끌어올리고 있다라고 생각하
> =면서, 이렇게, 자세가 잡거든요.

이상한 포즈로 시선을 끈 사회자3의 모습이 웃긴 게 아니라 모델 포즈에도 나올 만큼 지극히 정상적이라는 사실을 표명한 출연자3의 말에 모두들 놀라서 진짜인지를 확인하는 장면이다. 놀라서 튀어나온 말이기

때문에 우발적 말 끼어들기로 인한 말겹침이 발생하였으며, 그들의 질문에 출연자3의 대답(④)이 이어져 질문을 명확히해주고 있다. 전형적인 '재질문-답변'의 말 끼어들기라 할 수 있다.

네 번째 선호반응은 상대방의 말을 미리 예측하여 반응을 보이는 모습인데. 둘 이상의 사람이 동시에 반응을 보이는 유형은 나타나지 않았다.

다섯 번째 화제 전개 및 발전은 다수 나타났는데, 다음과 같은 예를 들 수 있다.

(8) (다리가 길어보이는 포즈를 취하는 중)
사1 : ①[사회자3씨]. 아까보다 지금이 훨씬 다리가, 길어보이는데요
사3 : (이상한 자세 취하면서) 아 그래요／ 길어보이는 거 맞나요／
출3 : 다리--(다시 쳐다보는 중)
사3 : 길어보[이나요 지금／]
출3 : ②   [어디가 길어보이나요 지금／]
사1 : ③   [아니면 아니면], 지금 사회자3씨, 지금 다리를= 사선으로 해가지고= 약간, 사선으[로 해서=], 자 어깨 펴고, 머리 (잡아 당기는 포즈)

(8)은 출연자3이 다른 참여자들에게 길어 보이는지의 여부를 물어 화제의 범위를 넓히는 모습(②)과 사회자1이 자신이 꺼낸 주제(①)를 발전시키고 있는 장면(③)이다. 다리가 길어보이는 포즈라는 화제 아래 서로 각기 생각을 펼쳐 화제를 전개 시키고 있는 것이므로, 이들의 말겹침은 화제 전개 및 발전의 우발적 말 끼어들기라 할 수 있겠다.

지금까지 살펴본 우발적 말 끼어들기의 분포현황을 제시하면 다음과 같다. 〈표1〉에서 혼동으로 제시된 예를 제외하고, 둘 이상의 참여자가 동일한 의미기능을 가진 우발적 말 끼어들기의 분포현황만을 제시한다.

〈표2〉 동일한 의미기능을 가진 우발적 말 끼어들기 현황

	남성사회자									여성사회자								
	남자			여자			혼성			남자			여자			혼성		
	사사	사출	출출	사사	사출	출출	사사	사출	출출	사사	사출	출출	사사	사출	출출	사사	사출	출출
공동구성		1		4	1					4			3	5		5		
친밀감증진	38	25	25	63	45	6	28	17	14	34	40	3	17	15	1	43	43	3
재질문	4	2	1	7			4			1	4		2	3		1	2	
화제지속	7	11	6	9	1		4	9	1	1			1			1		
야유						3	2	1	1	5	2	1	3	1			1	1

우발적 말 끼어들기는 〈표2〉에서 보이듯이 대부분 현행화자에게 우호적인 행위(565회)이고 공동으로 항의하거나 야유를 보내는 등 몇 가지 예(21회)에서만 비우호적인 행위로 나타났다. 아래는 비우호적인 행위를 보인 예이다.

(9) 〈출연자3의 몸매가 몇 등일 거냐는 질문 중〉

출3 : 근데 제가 봐도, 다들 너무 좋으셔가지고 지금

사2 : 그래서 몇등↗시원하게 갑시다

출3 : 전 4등[에요 저는]

사3 : ①　　[에이]

사1 : ②　　[에이=]

사4 : ③　　[아뇨=]

사2 : ④   [에이=]

출4 : 왜 이래요 [정말= 우리끼리=]

출3 :   [아니 그게 마음이] 편해요

사3 : ⑤에[이 정말=]

사4 : ⑥ [에이= 아니지]=

①~④는 출연자3의 겸손한 멘트가 맘에 들지 않은 사회자들의 야유가 이어지는 예이며, ⑤와 ⑥은 출연자3의 멘트에 불만을 표현하는 예이다. 이들은 현행화자(출연자3)의 말에 모두 항의로 답하는 경우이므로 비우호적인 행위이다. 이와 같은 비우호적인 우발적 말 끼어들기는 다수를 차지하지 않아 말 끼어들기 행위 자체는 현행화자에게 우호적인 행위였음을 보이었다.

우발적 말 끼어들기의 세부 유형을 나누어 본 결과, 우발적 말 끼어들기는 상대에게 우호적인 행위였음은 성차적 특징과 상관없이 동일하게 나타났으며, 더군다나 다수를 차지한 친밀감 증진의 말 끼어들기 역시도 성차에 구애받지 않고 가장 많이 나타났다(남자 261회, 76.6%, 여자 199회 83.5%) 여러 명이서 현행화자의 말에 긍정의 대답을 보내거나 동조하거나 '진짜, 너무' 등의 강화수식어를 사용한 적극 공감을 표현하는 의미기능이 우발적 말 끼어들기의 필수조건임을 보인 것이다.

오히려 성차적 특징을 보이는 것은 앞서 제시한 야유나 불평 등의 비우호적인 행위에서 여성사회자 군이 좀더 많은 수를 보인 것(남 : 여=7회 2% : 14회 5.8%)과 화제지속의 말 끼어들기에서 남성 사회자 군이 좀 더 많이 나타난 것(남 : 여=48회 : 3회)이다. 특히 화제지속의 말 끼어들기에서 남성사회자군의 빈도수가 높다는 것은 앞서 남성사회자군에서 질문의 말 끼어들기가 더 많다는 점과 연관돼 있다. 상대방에게 질문을 하는 행위에는 앞선 화제를 지속, 발전시키겠다는 의도를 포함하기 때문이다. 따라서 세부유형별로 살펴본 결과에서도 앞서 설명한 남성들의 대화주도적인 대화진행방식을 읽을 수 있었다.

앞서 살핀 예들은 우발적 말 끼어들기의 행위가 동일한 의미기능을 가지고 있을 때를 분류한 것이다. 그러나 상대방의 마음을 예측하기란 하늘의 별따기와 같은 것이어서 항상 두 사람이 동일한 말을 꺼낼 수는 없다. 아래의 예시가 그 대표적인 예이다.

> (10) 가. 〈사회자2의 자세 교정 중〉
>
> 　　사1 : 직접 자세 교정 좀 부탁드립니다 [어떤 자세를 취하면
>
> 　　　　좋을지]
>
> 　　사2 : (사회자3 보며)　　　　　[나 되게 꼿꼿하게 앉아있는데]
>
> 　　사3 : ① [꼿꼿하다고요?]
>
> 　　사1 : ② [아니—아니에요]
>
> 　　출3 : 어깨 펴고 계세요(뒤로 잡아당김)
>
> 　나. 〈출연자1의 이야기를 나누는 중〉
>
> 　　사4 : 착한 남자 종결판인 미스터 김은, 스무살의 나의 모습과
>
> 　　　　닮았다.
>
> 　　사3 : ③아[=]
>
> 　　출3 : ④ 　[근]데 그건 제가 얘기를 했었어요.

(10-가)는 사회자2가 자신은 꼿꼿하게 앉아 있다는 말을 꺼내자 이에 동의하지 못한 사회자3의 재질문(①)과 사회자1의 부정대답(②)이 우발적으로 겹친 예문이다. (10-나)는 출연자1이 출연한 드라마의 캐

릭터와 출연자1이 닮아가고 있다는 대화를 나누는 도중, 이에 호응을
보내는 사회자3의 호응(③)과 그 화제를 지속, 발전시키려는 출연자3의
대화(④)가 겹쳐 나온 예문이다. 이처럼 우발적으로 겹친 행위가 서로
다른 의미기능을 가진 경우는 여럿 나타난다.

(11) 〈출연자들의 경제 순위를 매기는 장면〉
  사1 : ①꼴등이 출4이니까 되게 있어 보여
  사3 : ②어 [진짜=]
  사1 : ③   [출4! 씨는--]
  출3 : ④   [진짜] 반대로 그렇다
  출1 : 야 일등 되게 불편하다=
  출3 : [정말 그렇][2 다]
  사1 : [어어=]

(11)은 출연자들이 이번 해에 벌어들인 수익률에 대해 이야기를 나
누는 장면으로, 의외의 인물인 출연자4가 꼴등이라는 발표가 나온 뒤에
벌어진 대화를 옮긴 것이다. 사회자1의 결과에 대한 촌평(①)에 대해 사
회자3과 출연자3은 동의의 말(②와 ④)을 건네고 있고, 사회자1은 출연
자4의 생각을 묻는 발화(③)를 시작하였다. 답변(호응)과 질문(화제지
속 및 발전)이 동시에 나온 경우이다.

둘다 답변을 하는 경우도 있으나, 한 쪽은 호응을 보내는 데 비해 한
쪽은 부정적인 답을 보내는 경우도 있다. 아래 (12)가 그 예로, 사회자3
은 긍정의 호응을 보내나 출연자4는 이에 반대되는 의견을 표명한 경우
이다.

(12) 〈출연자1이 드라마 촬영하면서 겪은 일 토로 중〉

　　　출1 : 드라마, 요번에 촬영하면서 굉장히 저 스스로도, 치료가 좀

　　　　　　많이 됐어요 치유가.

　　　사3 : ①[음=]

　　　출4 : ②[아직] 안된 것 같은데.

또한 앞선 주제에 대해 대답을 이어나가는 화자와 이에 대해 딴 소리
를 해서 화제를 전환하려는 화자의 말이 겹쳐 나오기도 한다. 아래는 춤
순위를 매기자는 제안에 대답 중인 출연자1(①)과 출연자1, 사회자4의
춤 순위는 엎치락뒤치락한다는 또다른 화제전개로 논의를 이어나가는
출연자2(②)의 말 겹침이 발생한 예이다.

(13) 〈출연자들 중에서 춤 순위를 매기자는 제안 중〉

　　　출2 : 그래도, 최하위는 누굽니까 [둘중에].

　　　출4 : 　　　　　　　　　　　[그거! 를], 저희가 모르겠는데.

　　　출1 : ①[사회자4]보단 제가 낫죠.

　　　출2 : ②[항상--]

　　　　　　봐, 이렇게 얘기해요.

　　　사4 : 근까, 이게, 항상 [저희가 논란이 있었]는데,

마지막으로 상대방의 말에 반박의 답변을 하는 사람과 또 다른 질문
을 던지는 사람의 말이 겹쳐나오는 경우도 있다. 아래는 사회자4의 제
안에 반대를 표하는 출연자1(①)과 사회자4의 컨디션을 챙기는 출연자
4의 질문(②)이 겹쳐나온 경우이다.

(14) 〈출연자들의 춤 순위를 매기는 중〉

　　　사4 : 이거를 하고, 5위 6위가 결정이 되면, 앞으로 뭐, 이거 없기

　　　　　로.

　　　출1 : ①[다시 해야지 그]러면

　　　출4 : ②[자신 있는 거야/]

　　　사2 : 아=니 아[니 아]

　　　사1 : 　　　　[그래], 인정! [합시다 우리]

　우발적 말 끼어들기는 서로 간의 협의 없이 우연히 일어나는 경우이
므로, 두 사람의 말이 정확히 동일한 방향으로 향할 수는 없어 여러 유
형으로 분화되어 나타날 수 있다. 따라서 이처럼 여러 유형으로 나타나
는데, 그렇다면 이런 경우에 누구의 말차례로 연결되는 것일까? (14)는
출연자들간의 순위 경쟁이므로 사회자들의 중재로 이야기가 마무리되
는 모습을 보이는데, 앞서 (13)은 출연자1의 말차례가 끝나자 다시 말을
이어받아 자신의 말차례를 완성하는 모습을 보인다. 화제의 당사자인
출연자1의 대답 우선권을 염두에 두면 출연자2의 중단 → 재시작은 말
차례에 주도권을 가지지 못한 이의 모습으로도 읽힐 수 있다. 따라서 우
발적 말 끼어들기에서 누가 더 우선권을 가지고 말차례를 이끌어가는
지를 살피는 것은 참여자들간의 역학관계를 살피는 데 도움을 줄 수 있
다. 다음 절에서는 이를 살펴보려고 한다.

3. 우발적 말 끼어들기 이후

3.1 힘과 친연성에 의한 말차례 잡기

말차례는 현행화자에게 우선적으로 주어진 권리인데 우연히 서로 말차례가 겹쳤을 때는 말차례를 선점할 권리가 없는 상태이다. 따라서 우발적 말 끼어들기 이후, 말차례를 갖는 사람은 대화에서의 주도권을 잡고 있다고 볼 수 있다.

> (15) 〈출연자의 어릴 적 사진을 놓고 이름 맞추는 중〉
>
> 사2 : 이건 출연자1씨[는 아니에요]
>
> 사4 :   [출연자2—아니 출연자2씨]
>
> 사3 :   [출연자3씨]
>
> 사2 : 이건 냉정하게
>
> 사4 : [₁네]
>
> 사2 : ①[₁누]군지[₂[₃는 모르겠지만₂] 출연자1씨는 아니에요₃]
>
> 사1 : ②   [₂[₃어 그래서= 세 분 중 한 분인데₃],
>
> 사4 : ③   [₂출연자₁씬 아닌데=₂]--
>
> 사1 : ④(누굴 가리키며) [맞죠/]
>
> 사2 :   [저는] 지금 머리색깔 봐선

여러 명의 말이 겹치는 순간에 대화의 주도권을 좌우하는 것은 그들 간의 힘(power)과 친연성(solidarity)이다. 다른 이보다 더 힘을 많이 가진 사람은 대화를 그의 지위를 이용해 대화를 좌우해나갈 수 있고 다른

이와 가까운 사람은 그들 사이의 관계를 이용해 말 끼어들기를 자유롭게 할 수 있기 때문이다. 여자 사회자집단이 등장한 프로그램은 사회자들의 나이에서 사회자1〉 사회자2〉 사회자3〉 사회자4 순서로 배치되었다. 한국 사회에서의 나이는 사람들 사이의 관계를 규정지을 수 있는 변인이 될 수 있음을 염두에 두면 사회자들의 말 끼어들기 이후 그들 사이의 '나이' 순서에 따라 말 잡기가 형성될 수 있을 것으로 보인다. (15)의 예에서 사회자1과 사회자4가 동시에 사회자2의 말에 반응을 보였을 때 사회자4가 분절하고 말을 멈춘 것은 그들 사이의 힘(power)때문인 것으로 보인다. 물론 사회자1이 말겹침 이후 말을 지속하는 것(④) 역시도 자신의 지위를 이용한 효과를 누리는 것이라 할 수 있다.

아래의 출연자끼리의 말 겹침에서도 대화의 지배권을 엿볼 수 있다.

(16) 〈출연자2의 사진 촬영에 대한 이야기를 하는 중〉

사3 : 아, 운동하시는 분들은, [몸바디체크]라고 해서,

사4 :   [변하니까]

사3 : 본인 몸매를 [찍더라구요]

사2 :   [아, 올누드로] 찍는다구요↗

출2 : ① [₁네, 저는--]

출1 : ② [₁핸폰 조심해야겠다]

출2 : ③ ₂네, 정말 조심해야]해요

사3 : ④ [₂아 정말 조심해야겠네]

사회자2의 질문은 출연자2를 향한 것이었으나, 출연자1과 출연자2의 말 겹침 후에 대화를 지속해나가는 것은 출연자2였다. 이는 출연자들

사이의 역학관계에 따른 것으로 보이는데, 출연자들 간의 말차례를 계산해 보면, 출연자1 179회, 출연자2 107회, 출연자3 134회, 출연자4 82회이다. 출연자들 중에서 출연자1이 가장 적극적으로 대화에 참여했음을 보이는 것으로, 그들 간의 관계를 고려하면 출연자1과 말차례가 겹쳤을 경우에는 그의 우선권이 점쳐질 수 있다. 이는 출연자1에게 말차례를 양보(①)하고 그녀의 화제에 호응을 보내는 참여자들(③,④)의 모습에서 확인가능하다.

또한 특정 출연자에게 대화의 주도권이 주어진 장면에서는 그 사람이 대화 주도력을 갖게 된다.

> (17) 가. 〈출연자3이 사회자2의 자세 교정 중〉
>
> > 사1 : 직접 자세 교정 좀 부탁드립니다 [어떤 자세를 취하면
> > 좋을지]
> >
> > 사2 : ①(사회자3 보며)　　　[나 되게 꼿꼿하게 앉아있는데]
> >
> > 사3 : ②[꼿꼿하다고요?]
> >
> > 사1 : ③[아니—아니에요]
> >
> > 출3 : ④어깨 펴고 계세요(뒤로 잡아당김)

출연자3이 여러 사람에게 올바른 자세에 대해 이야기를 하는 중, 사회자2의 자세가 문제가 있음을 지적한 장면에서 사회자2가 부정대답을 보냈다(①). 이에 사회자3과 사회자1이 논평을 하는 장면인데, 둘의 말이 우발적으로 겹쳐 발생했다. 이 경우 사회자들 간의 관계를 고려하여 말차례를 이어나갈 사람을 결정할 수 있겠지만, 자세 교정의 주도권이 있는 출연자3에게 우선권이 주어지며 따라서 그녀의 지시가 이어지게

된다(④).

또한 대답을 해야 할 당사자가 우발적 말 끼어들기로 말이 겹쳤을 경우에는 자신의 말차례를 지속해나갈 가능성이 높다.

(18) 〈사장이 출연자2 대신 사회자2의 쇼케이스에 갔다는 불평을 듣고〉

출2 : 그런데 언니쓰는 가신 거에요

사4 : ①[우와=]

사3 : ②[흑]

사2 : ③[그게], jyp가 처음 리허설 때 보러온 거라 하더라고

사1 : 근데 그건 jyp가, 다른 팀들은 준비가 완=벽하게 돼서 갈 필요가 없었는데

출연자2와 사회자2가 동시에 쇼케이스를 열었을 때 소속 기획사 사장이 출연자2가 아닌 사회자2의 장소에 나타났다는 불평을 말하는 장면에서 해명을 해야 하는 당사자는 사회자2이다. 따라서 출연자2의 말 이후에 사회자끼리 말이 겹쳤을 때(①, ②, ③) 사회자2가 말차례를 잡아 자신의 말을 전달하는 모습(③)을 보인다. 이는 답변의 당사자라는 점을 염두에 두면 대상이 사회자이든 출연자이든 동일하게 적용될 수 있는 것으로 말차례를 잡는 데 우선시되는 조건이라 할 수 있겠다.

이처럼 우발적으로 말 끼어들기가 일어나 말 겹침이 생긴 후에 누가 말차례를 이끌어나가는지 결정적 요인은 성차가 아니라 힘을 염두에 두어야 함을 알 수 있었다. 그러나 다른 예시들에서는 이런 원칙이 적용되지 않기도 한다. 다음 절에서는 이를 살펴보려 한다.

3.2. 메시지의 경중에 의한 말차례 잡기

앞서 대화 참여자들 간의 관계, 즉 힘과 친연성 등의 자질에 따라 우발적 말 끼어들기가 일어났을 경우 말차례를 잡는 사람이 결정될 수도 있음을 보였다. 그러나 대화에서 화자, 청자만이 아니라 그들 사이를 오가는 내용, 즉 메시지의 중요성은 참여자들의 관계보다 우선시되곤 한다.

> (19) 가. 〈출연자들의 재테크에 대한 이야기를 나누는 중〉
>
> 　　출1 : 저도 신화 초기에는, 어머니한테 다 맡겼다가, 어머니가
> 　　　　　보증을 잘못 쓰셔가지고, [그때부터--]
>
> 　　사2 : [이렇게 보니]까, 어머님들이 다 잘하는 건 [아니에요=]
>
> 　　모두 : ①　　　　　　　　　　　　　　　　　[@@]
>
> 　　출2 : ②　　　　　　　　　　　　　　　　　[네=]
>
> 　　출3 : ③　　　　　　　　　　　　　　　　　[맞아요]
>
> 　　사1 : ④자 그렇습니다, 폭로와 배신이 난무하는, **와 함께하
> 　　　　　는 라디오스타,
>
> 　　나. 〈출연자들의 자리가 재력 순위임을 말하는 중〉
>
> 　　출2 : [저기 일년] 전엔 제가 끝자리였죠.
>
> 　　사1 : [으응]
>
> 　　사3 : [예]
>
> 　　사2 : 이 자리에 출연자4와 같은 캐릭턴 처음이에요

(19-가)는 맞장구(③)와 동의의 웃음(①)이 겹쳐 일어났을 때 그들의 반응을 접고 다른 이가 화제전환(④)을 시도한 예이다. 이처럼 호응을

보내는 이의 말차례잡기는 거의 나타나지 않는데, 이는 대화참여자들의 역할과 상관없이 일어난다. (19-나)는 사회자들끼리의 말 겹침에서의 장면을 보인 것으로 앞선 예와 동일하게 화제지속이 우선권을 갖는다.

(20) 가. 〈출연자4의 몸매에 대한 이야기를 나누는 중〉

　　　　출4 : 그래 가지고/제 기준에 그냥/ 만족하는 거라서

　　　　사3 : ① [아=]

　　　　사1 : ② [이=]

　　　　사4 : ③ [어=]

　　　　사2 : ④ [아=]

　　　　출1 : ⑤ [나는] 출연자4가 1등 몸이에요

　　　　사1 : 어 1등 출연자4 씨, 이유는요↗

　　　　출1 : 하튼 부러워하는 몸이니까, [예=] 제가

　　나. 〈출연자1이 헤어스타일을 이용하여 섹시포즈를 잡는 설명 중〉

　　　　출1 : 머리를 약간 볼륨감을 넣어서 여기를 이러케 하면

　　　　사3 : ①[어], 다른 의미도 있[네요]

　　　　사1 : ②[아=]　　　　　　　[다르다]

　　　　사4 : 　　　　　　　　　　[오유=]

　　　　출1 : ③[음, 다르게 나와요]

　　　　사2 : ④[근데 우리 출연자1씨가], 보고 깜짝놀란 게, 출연자1

　　　　　　　씨, 화면이 낫네

(20-가)는 사회자들이 출연자의 말에 호응을 보내는 와중(①~④)에 출연자1이 화제를 진전시키는 발언(⑤)을 하는 장면인데, 단순 호응보

다는 화제지속이 말차례를 지속하는 결과를 낳고 있다. (20-나)는 반대로 출연자1의 말에 사회자들이 호응(①과②)을 보내고 난 후 우발적 말끼어들기가 발생한 경우인데, 반복으로 상대의 말에 감응(③)하기보다는 출연자1의 또 다른 모습으로 화제를 전환한 사회자2의 말차례 지속(④)이 나타났다.

(20-나)에서 말차례를 지속한 이가 사회자이기 때문에 사회자와 출연자 간의 역학관계를 고려해야 할 필요가 있다고 주장할 수 있다. 그러나 사회자는 프로그램의 승패를 좌우하는 출연자들의 답변을 중요시여기고 있기 때문에 사회자의 발언권이 더 우선시된다고 말할 수 없다. 아래가 그 예이다.

(21) 〈출연자4의 유행어를 만든 일화를 설명하는 중〉
사3 : 출연자4 씨인 줄은 알고 계셨구요╱
출4 : 아 몰랐죠
사2 : 왜죠╱ 그랬더니, 아, 웬 눈 먼 놈이 하나 나타났다고,
출3 : ①자기가 [당한 줄도--]
사2 :   ②   [제대로 씌]웠어요
사2 : ③[그런 소리--]
출4 : ④[아, 그리고 나서, 이제, 한참 후에 이게 얘기가 나온 거
      예요

(21)은 출연자4가 중고마켓에 물건을 내놓고 엉뚱한 답변을 해서 구매자가 당황했다는 일화를 말하는 장면으로 그의 행위에 사회자2와 출연자3이 논평을 했지만 이때는 말차례를 지속해오던 사회자2의 승리

(②)로 끝이 났다. 그러나 사회자2와 출연자4가 우발적으로 말이 겹쳤을 때에는 화제의 중심인 출연자4가 말차례를 잡고 이야기를 이끌고 있다(④). 사회자와 출연자의 역할보다는 화제를 지속해 나가는 과정에서 메시지의 경중에 따라 말차례 잡기가 좌우되는 것을 확인할 수 있다.

따라서 상대방의 말에 단순반응을 보이는 것보다 부연설명을 넣어 자신의 의사를 구체화하는 경우 화제지속의 의도가 뚜렷하기에 말차례 지속의 가능성이 높음을 알 수 있다.

아래는 출연자1이 상대의 말차례를 끊고 자신의 화제를 지속시킴(①)을 보이는 예이다.

> (22) 〈출연자1이 아버지의 직업 때문에 제약이 많다는 이야기를 하는 중〉
> 출1 : 저는 그래서 영화나=, 이런 거에서 무슨 행위를 하는 건 안돼요
> 사2 : [아= 행위는 안돼]
> 사3 : [아= 행위는 안돼요=], 그럼 아버지를 보고 꿈꾼 [것--]
> 출1 : ①   [아니],
> 그렇죠, 총도 많이 보고, [옆에서] 보고

또한 낯선 출연자들과 여러 명의 사회자 집단이 출연자들의 소소한 일상을 재료로 삼아 대화를 이끌기 때문에 화제지속보다는 화제전환이 더 말차례를 지속시키는 경향이 높다.

> (23) 가. 〈출연자1이 모 프로그램을 자주 본다는 말을 듣고〉
> 사2 : [서프라이즈 덕후네요] 그냥

출1 : 아, 정말 그냥 보면, [지식]들이 많이 알려주더라구요

사2 :   [네=]

출1 : ① [1연산군이-]-

사2 : ② [1그럼] 역사공부는 뭘로 [2통해서―]

출1 : ③   [2역사도] 서프라이즈를 통

　　　해서

　　출연자1의 화제지속(①)과 사회자2의 화제전환의 질문(②)이 겹쳤을
때 질문에 답하는 출연자1의 모습(③)에서 보듯이 새로운 화제로의 전
환이 더 우선권을 가지고 있음을 보여준다. (23)은 사회자와 출연자 간
의 대화이기에 사회자의 우선권을 염두에 두고 해석할 수도 있겠으나,
아래처럼 사회자 간의 말 끼어들기에서도 화제전환의 끼어들기가 말차
례를 가져가는 것을 볼 수 있다.

　　(24) 〈사회자2의 쇼케이스에 왔다는 사장 이야기 중〉

　　　　사2 : 아니 근데 그거, 우리 때는 오고, 이쪽에는 왜=

　　　　사3 : 그러게

　　　　사2 : ①안 [오는 건 좀--]

　　　　사3 : ②   [아니 그것도] 좀 그렇고, SNS가 좀 [충격적이]었어

　　　　사1 : ③   [맞아=]

　　　　사4 : ④   [네]

　　　　사1 : 같이 [올렸어야지]

　　사회자들은 나이 순에 따라 사1〉 사2〉 사3〉 사4의 서열을 보이고 있
지만, (24)에서는 사회자2의 화제지속(①)보다는 사회자3의 화제전환

(②)이 더 말차례를 지속시키는 데 유리함을 보이고 있다. 사회자3이 사용한 '아니 그것도 좀 그렇고'는 앞의 상황을 부정적으로 전제(아니)하고 이를 별것이 아니라고 생각해도(그것도 그렇다)의 의미를 가지기 때문에 화제전환의 표지로 쓰인 구절이라 할 수 있다. 따라서 유표적으로 화제전환의 표지를 사용한 사회자3에게 자연스럽게 말차례가 넘어와서 사회자1과 4의 호응(③과 ④)까지 얻어내 주도권을 사회자3이 잡았음을 보여준다.

마지막으로 상대방에게 단순히 질문을 하는 행위보다는 화제지속의 말 끼어들기가 말차례를 잡는 확률이 높음을 알 수 있다.

> (25) 〈출연자3이 베르나르 베르베르를 만났으나 그의 책은 안 읽었다
>   는 이야기 중〉
>   출3 : ①솔직히, [안 읽어] 봤죠.
>   사2 :   [빠삐용]
>   사2 : (다른 이를 보며) 읽어 봤어요╱
>   ②(출연자1과 출연자4이 손을 들자)
>   출3 : 솔직히, 진심입니까╱
>   출2 : 거짓말이에요, 진실이에요╱
>   출3 : ③[혹시 저, 개미--]
>   사2 : ④[아! 주식 얘기] 아닙니다.
>   출4 : 베르베르가 누구에요╱

(25)는 출연자3이 파리여행에서 만난 베르나르 베르베르에 대한 이야기를 나누다가 사회자2가 그의 책을 읽어봤느냐 묻자 읽지 않았다고 고백한 장면(①)이다. 다른 이들 역시 동일할 것으로 생각한 사회자2의

의도와 달리 출연자1과 출연자4가 손을 들자(②) 이를 의심하는 사회자 2의 보충설명(④)과 어떤 책인지 묻는 출연자3(③)의 우발적 말 끼어들기가 말 겹침을 발생시켰다. 이 경우 화제를 지속해 나가는 쪽이 새롭게 질문을 하는 이보다 더 말차례를 유지할 확률이 높았다. 화제지속은 앞선 화자의 말에 자연스럽게 자신의 말을 더하는 과정이므로 모든 이들이 그의 말을 더 쉽게 받아들일 수 있는 구조이기도 하다.

지금까지 두 사람 이상의 우발적 말 끼어들기가 겹쳤을 때 어떤 메시지가 더 우선권을 가지는지를 살펴었다. 그 결과 '답변〈질문〈화제지속〈화제전환'의 서열을 보임을 알 수 있었다. 다음은 이를 현 자료에 적용하여 통계를 낸 결과이다. 앞의 예와 달리 이 절에서는 세 사람 이상이 서로 다른 의미기능을 가진 경우는 분포를 내는 데 혼선을 줄 수 있어 제외하고 두 사람이 겹친 경우로 한정해서 냈다. 물론 세 사람 이상의 말 겹침에서도 이와 동일한 분포현황은 변화가 없음을 확인하였다.

〈표3〉 우발적 말 끼어들기 이후 말차례 잡기 분포현황

	남성사회자									여성사회자								
	남자			여자			혼성			남자			여자			혼성		
	사사	사출	출출	사사	사출	출출	사사	사출	출출	사사	사출	출출	사사	사출	출출	사사	사출	출출
화제지속 (전환)	1	4		3	11	12	1			9	8	8	13	8	5		1	
비우호 답변				1							1	1	4		2			
질문					1					1				4				

성차에 상관없이 그다지 높은 비율로 나타나진 않지만 대부분 화제지속의 말 끼어들기가 말차례를 이어나갈 확률이 높음을 보이고 있다. 특

히 여성사회자 군에서는 항의를 통해 그의 의지를 피력하고자 하는 출연자들의 의도가 말차례 잡기로 이어지는 걸 확인할 수 있는데, 특히 말차례 분절 후 재시작을 통해서라도 그의 말을 끝내려는 확고함이 엿보이기도 했다.

(26) 〈출연자2가 아들의 조기교육으로 연기연습을 시킨다고 하자〉

  사2 : 아니, 유아인처럼, 멋진 배우가 되길 바란다면서, 대사 연
    습을 막 시키고,
  사1 : ① 예[／대사 연습이요／]
  사3 : ② [아=그건 좀--]
    ③ 조기교육 과한데요, [약간]
  사1 :   [반전]이다. 이[건 약간]
  사3 :   [욕심없다고=]
  사4 :   [아니―음==]

출연자2의 행위에 놀라서 혹은 항의를 취하는 사회자들의 태도를 보이는 예문으로, 사회자1의 말과 말차례가 겹치자 분절 후 (②) 상대방의 말이 끝나자 자신의 말을 다시 이어나가는, 분절 후 재시작(③)의 예이다.

3. 결론

우발적인 말 끼어들기는 동시에 말차례를 시작하는 경우에 발생하며, 따라서 상대방의 말에 반응을 보이거나 질문을 던져 화제 지속 및 발전

을 이끌 때로 나뉜다. 우발적 말 끼어들기는 의도하지 않게 겹쳤기 때문에 그 순간에 어떤 이가 말차례를 이어나가는지 살피는 것은 말차례 주도권을 알 수 있는 방법이며, 따라서 성별 대화운용방식을 보여주는 데 도움을 줄 수 있을 것으로 기대하였다. 그러나 큰 틀에서는 성차를 보이지 않아, 우발적 말 끼어들기는 대부분 우호적인 말 끼어들기 과정에서 발생하였으며 상대방의 말에 호응, 감탄, 동조의 의도를 내비치기 위해 여러 명이 동시에 끼어드는 과정에서 가장 많이 발생하였다는 공통점을 가지고 있었다. 사회자와 출연자의 지위를 이용한 말 겹침 후 말차례 주도권은 우발적 말 끼어들기에서는 그다지 많이 나타나지는 않았다. 단지 사회자의 연령이나 말차례 주도권 등을 염두에 두고 다른 이보다 더 우선순위에 놓인 사람들이 말차례를 이끌 확률이 높았는데, 이 역시도 성별에 큰 차이를 가지진 않았었다. 성차보다는 구성원들의 힘(power)과 친연성(solidarity)에 기반하여 말차례를 이끌어가는 사람을 결정하는 것이 더 눈에 띄었다는 것이 특징적이었다. 그러나 이는 두 사람 이상의 사람들이 동일한 의미기능을 가지고 우발적 말 끼어들기로 인한 겹침이 생겼을 때의 일이며, 두 가지 이상의 의미기능을 가진 우발적 말 끼어들기 상황에서는 메시지의 중요성에 따라 말차례 잡기가 이뤄짐을 알 수 있었다. 즉, 답변〉질문〉화제지속〉화제전환의 순으로 이뤄지는 말차례 잡기의 사례를 검토한 결과, 성차보다는 어떤 메시지를 전달하느냐가 더 중요시되고 있었으며, 따라서 의사소통과정에서 좌중을 리드할 수 있는 길은 단순 호응보다는 화제를 선점할 수 있는 위치에 서는 것임을 대화참여자들은 숙지하고 있어야 할 것임을 알려주었다. 상대가 남녀이든 누구든 가리지 않고 말이다.

제3부

전사자료의 구축

1. TV토론자료[1]

(뉴스) 역사교과서논쟁이 심화되고 있습니다. 최근 심의를 통과한 우경화 된 좌우교과서 논쟁이 다시 시작된 것입니다. 진보진영에서는 해당교과서가 김구와 안중근을 테러활동을 한 테러리스트로 표현하는가 하면 5.16을 혁명으로 미화하고 4.19를 학생운동으로 폄하하고 있다고 주장합니다. 본 심사를 통과한 본 교과서는 그러나, 해당집필진이 생각은 다릅니다. 공개되지도 않은 교과서의 내용이 왜곡돼 인용된다 주장, 오히려 현행 교과서가 좌편향적이어서 역사교육을 왜곡해 왔다고 주장합니다. 우리의 역사교과서 무엇이 문제인지, 어디로 갈 것인지, 그 내용과 방향을 함께 고민해 봅니다.

---

[1] 이는 〈EBS난상토론(역사교과서 무엇인 문제인가)〉(2013년 7월5일자 방송)를 전사한 자료이다.

스크린 제목 : 역사교과서 무엇이 문제인가

사회자 : 안녕하십니까. 송OO입니다. 역사교과서 논쟁이 심화되고 있습니다. 최근 뉴라이트 왜곡된 역사교과서를 거부하겠다는 해당교과서 집필 진들은, 현행 6편의 역사교과서 내용이 왜곡되었다고 주장하고 있습니다. 역사교과서 무엇인 문제인지, 어떤 내용을 담아야 하는지, 공주대 역사교육과 이OO 교수님 나오셨습니다. 뉴데일리 대전대 민족문제연구소 박OO 교육홍보실장이 나오셨습니다.

이OO : 안녕하세요↗

박실장 : 안녕하세요↗

사회자 : 토론 지켜보시면서 좋은 의견 부탁드리겠습니다. 생방송 도중에, 난상 디피에쓰 에듀토크로 이 역사교과서 논쟁에 대한 시청자여러분의 좋은 의견 부탁드리겠습니다. 검정을 통과하면서 교과서에 대한 좌우 이념이 논쟁이 한창인데요, 이 논쟁 어떻게 생각하시는지, 좌우토론 자분들, 의견 들어보면서 시작하는 시간 갖겠습니다. 이OO 교수님 말씀해 주시죠

이OO : 네, 최근 역사교과서 현대사학회가 논쟁의 한축을 형성한다는 건, 상당히 행복해야 할 입장이어야 하는데, 왜냐면 요즘 교과서 논쟁이 학술적이지 않고, 선동적이고, 더 나아가서 정치화되는 그런 양상을 띠고 있기 때문에, 상당히 안타깝게 바라보고 있구요. 다만 현대사학회에 관해서도 정치적이라고, 비판적이라고 바라보고 있는 사람들이 있습니다. 자유민주주의에 맞춰, 현대 교학사를 통해서 교과서 검증신청을 했습니다. 이런 것에 대해서 정치적이다, 이렇게 얘기를 하면은, 전 그게 광의의 의미에서 정치적인 성격을 가진다, 그러면 인정을 하겠습니다. 그러나 현대사 활동이 어떤 정파적 성격에 의해서 된다거나, 선거를 의식해서 하는 것이라고, 으례 정치적 성격을 가진다, 현대

사학회 활동이 선거를 의식해서 한다거나 이런 것은, 전혀 없다는 것을 말씀 드리구요. 현대사학회에서 하는 활동들은 관련학회로서는 당연히 해야 할 일을 하고 있는 거다. 말씀드리고 싶습니다.

사회자 : 네

이○○ : 또 그렇게 진행되었으면 좋겠습니다.

사회자 : 네 모두 발언이시구요. 그럼 도○○ 교수님 역시 교과서논쟁 어떻게 보십니까/ 말씀해 주시죠,

도○○ : 네, 저는 2008년도인가요, 그때 금성출판사에서 나왔던 교과서 문제로 논란이 시끄러울 때, 역사학계 서명운동을 주도를 한 경험이 있습니다. 그때 제 입장은 이제, 좌우 이런 것을 떠나가지고, 이미 검인정을 거쳤고, 국가와 교육부에서 다 허가를 내주었는데, 그런 교과서에 대해서 다시 바꾸라는 것이 상당히 부당하다고 봤기 때문에, 학문의 자유를 침해하는 행위라고 서명운동에 나선 것이구요. 오늘 나온 것은 이제, 역사교과서 논쟁이 상당히 이상한 방향으로 흘러간다는 생각이 들어서 나왔는데, 아직 나오지 않은 교과서를 가지고 논란이 많다는 거죠. 그래서 만약에 논의가 진행이 된다면, 제가 지켜야 할 입장이 뭐냐면, 이게 역사교육이라는 것이 당장 정치적인 것에 좌우되는 것이 아니거든요. 현재 10대들이 10년 20년 지나면서 이 사회의 중심이 되었을 때, 어떻게 살아갈 것인가, 그런 그 예비지식을 주는 것이 역사교육인데, 그것을 위해서 가장 소중한 자세는, 민주적이고 평화적인 시민으로 자라나는 것입니다. 이런 자세를 키워줄 수 있는 그런 교과서가, 바람직한 교과서라는 입장 하에서, 저는, 논쟁을 전개해 나가려고 합니다.

사회자 : 네 네 박○○ 주필님 말씀해주시죠 네

박실장 : 네, 아직 나오지도 않은 교과서에 대해서 음해가 있고, 심지어 민주당의 김○○ 의원같은 경우는, 교과서 집필을 주도했던 권○○ 교수의 소

속기관인 한국중앙-한국학연구소를, 집-찍-찍어서, 권교수의 지난 수년간의 모든 지출상황과 활동상황에 관한 표적감사를 주도하는, 그런 비열한 행위를 하고 있는데요, 어, 저는, 이런 논쟁의 배경에 깔려 있는 게 뭐냐면, 그, 우리가 현대문명을, 우리 한국민족이 어떻게 받아들이고 소화하고 해석했느,를 해석하는, 해석관점의 차이에요.

사회자 : 네

박실장 : 그러니까, 그것이 자유민주주의와 세계 시장을 중심으로 받아들인 것이 잘한 것이다,라고 보는, 그런 세계관이 한쪽에 있고, 다른 한쪽은, 북한 전체주의도 괜찮다, 같은 민족이다, 그거 실패라고 함부로 규정할 수 없다, 라는 그런 배경을 가진 그런, 관점이 있는 거예요. 그래서, 이런 논쟁이, 지금이라도 시작되었다는 것이, 저는 굉장히 다행이라고 생각[하구요]

사회자 :   [네]

박실장 : 역사라는 것은, 지극히 가치지향적인 해석활동입니다. 그러니까, 가치관과 가치관이 피터지게 싸워야 하는 그런 활동이라는 거죠. 지금까지 그런 싸움이 없이 방치되었다는 것이, 거구로 뒤집어 말하면, 우리 사회의 지식인들이 얼마나 나태하고 배부르고 기름기 꼈는지를, 아-어-방증하는, 그런 증거라고 생각합니다. 그래서 이런 논쟁이 지금이라도 시작되었다는, 정말 행복하게 [생각합]니다.

사회자 : [네] 박 실장님 말씀해 주시죠. 네

박실장 : 별로 여기 오늘 나온 사람들은 별로 기름기가 안 꼈는데, 네, 저는, 오늘 교과서는 아까 이 교수님이 말씀하셨듯이

사회자 : [네]

박실장 : [정]말 학술적이기를 바랍니다. 문제는, 제가 오늘 나온 이유는, 진보와 보수의 논쟁이 아니라는 것입니다. 다시 말하면, 어, 자유민주주의 이름 속에서 색깔론, 그리고 그네들의 교과서가 좌경화되었다, 남로

당식 사람이다, 박헌영식 사관이다, 이렇게 나오고 있어요. 비판의 축이, 한국 역사학계가 충격을 받을 정도입니다. 검인정 교과서를 거쳐서 나온-나오고 있는 그쪽 교과서만 해도, 집필교수님은 상당히 중도보수쪽인 분이에요. 온건하시고. 그런 분이 좌경화되고 있다고 말씀하시고, 그래서, 첫 번째 색깔론에-을 통한, 역사교과서에 대한 개입에 대해서, 역사학계의 상식적인 대응이라는 게 문제[라는] 것이고

사회자 :   [네]

박실장 : 두 번째로는, 이 문제에 관해서는 아까, 이 교수님이 학술적인 문제라고 했는데, 아까, 까마귀 날자 배 떨어지는 일이 많습니다. 저는 분명하게, 이런 학술적인 문제제기라고 하는 부분이, 정치권력의 호응이나 비호 그리고 이른바 수구언론이라고 하지요 조중동의 이 언론의 전폭적인 지지에 의해서 이뤄지고 있다는 사실 자체가 순수한 학술적 관행이 아니었다는 얘깁니다. 그래서 저는 우선 짧은 시간에 허용된다면 요 부분을 말씀드리고 싶습니다. 2005년도 대한교과서가 나왔을 때 이때 뭐냐면 이 현 박근혜 대통령께서 그 당시 전 한나라 대표시죠 이 교과서가 나옴으로써 뭐냐면 현행 교과서가 정말 안도가 된다고 말씀하셨습니다. 도 당내에 권OO의원이라는 분이 계셨습니다. 한나라[당에서].

사회자 :   [네]

박실장 : 민중사관에 입각하여서 친북적인 내용이 많다,라고 이야기를 하셨어요. 이게 조선일보 동아일보 다 나오고, 대한교과서, 정확히 얘기하면 교과서포럼이죠, 그래서 그 말을 합니다. 그러나 이게 실제로 한나라당에서 나경원 의원이, 그 당시엔 뉴라이트라고 불렸죠, 뉴라이트 교과서가 문제가 많다, 좌편향돼 있다, 그 다음에 경제성장에 대해서 너무 낮게 평가돼 있다, 때문에 바로잡아야 한다, 국회나 정부에 전달하겠다,고 말했습니다 그 다음에, 이명박 대통령이 2011년도 전후해

가지고, 이렇게 말씀하셨습니다. 이제 한국 근현대사를 학자들에게만 맡겨둘 수 없다,라고 얘기를 했어요. 잘 기억하실 겁니다. 그러면서 뭐냐면, 각 부처가 교과서의 잘못된 점을, 못된 부분을 취합해서 보고하라고 합니다. 다시 말하면 이명박 대통령이, 현재 검정 검인정교과서가 통과되는 과정에서, 검정 교과서뿐만 아니라, 한국 역사학계에 전체가 어떻게 당했냐 하면, 학계에 맡겨둘 것이 아니라 이미 권력의지대로 가겠다, 라고 된 거예요 정부가 주관하겠다고 했어요, 그렇게 나와서는 이, 현행교과서가 무엇이 문제냐, 라고 할 때, 잘 알다시피 상공회의소에서, 왜냐면 60종 교과서 360개를 고쳐라고 하고, 그 다음에,

사회자 : 네

박실장 : 기획재정부와 국방부에서, 심지어 국방부에서는, 심지어 5.18이라든지 민주화항쟁이나, 또 이런 거에 대해서

사회자 : [네]

박실장 : [5.18] 구테타에 대해서, 군에 대한 뭐냐면, 군에 대한 부정적인 기술이 있었거냐, 이런 얘기가 나옵니다. 그래, 마지막에 한마다만 하고 끝내겠습니다

사회자 : 네 [네]

박실장 :   [이미] 이OO교수님하고, 권OO교수님하고, 한국근현대사 교과서를 맡으신 때가 2011년 5월입니다. 놀라웁게도 집필자에 의한 집필은 끝났죠 이 책은 사실상 끝난 상태입니다. 근데 놀라웁게도 현대사학회가 만든 지 두 달밖에 안됐는데 어떻게 됐습니까? 정부기관에서 두 분 권OO선생님과 이OO선생님 두분을 만났습니다. 계속, 5인 회의를 하지 않습니까? 8월달에 그죠 / 7월 달에 근데 역사학계는 전혀 이 교과서에 대한 검정도 없는데—근데 수정은 교과부 장관이 하는데 역사학계는 진단학회 한국사연구회 한국역사연구회 같은 30년 50년 된

역사전문단체 학회가 있음에도 불구하고 두 분을 불렀어요. 사실 외
　　　　　부학회에서는

사회자 : 네

박실장 : 이런 과정들이 검정 통과하고 무관하지 않다는 점을 [저]는 이런 것을
　　　　　저는 정치적 [과]

사회자 : 　　　　　　　[네]--　　　　　　[네]

박실장 : 정이 교과서에 사정된 아주 나쁜 [선례들입니다]　지금--

이○○ : 　　　　　　　　　[설명을 드릴게요]
　　　　　그 부분은 지금 저희 그 현대사학회나. 하여튼. 지금 우리나라의 역사
　　　　　교과서 문제에서 하여튼. 저는. 현재 제가 봤을 때는 문제가 있다고 생
　　　　　각을 하고. 그거를. 제가 사회를 향해서 얘기를 했을 때. 그거에 대해
　　　　　서 상공회의소라든가, 여러 가지에서 호응을 하고, 국방부에서도 아,
　　　　　저사람 얘기가 맞는 것 같다. 라고 얘기를 하는 게. 그 논의 자체가. 그
　　　　　걸 가지고 정치적이라고 하면 저는. 그건 굉장한 그-무리라고 생각합
　　　　　니다. 왜냐하면. 일반인들이 봤을 때. 아. 우리나라의 역사교육에 사실
　　　　　문제가 많구나. 공감을 해서 그러는 [거지, 제가요, 제가 그걸]--

박실장 : 　　　　　　　　　　　　　　　[공감을 한담 말입니다]
　　　　　아 잠깐[만요]

이○○ : 　　　　[제가] 한마디만

박실장 : [아, 네]

이○○ : [더 할게요], 제가 무슨 시골에 있는 대학교수고, 무슨 힘이 있다고,
　　　　　[제가 한다고 해가지고] 그걸 다 듣고

박실장 : [아이 힘 세시던데요]

이○○ : 움직이고 그거를 그렇게 생각하시면요 이건 잘못보시는 [거예요]

박실장 : 　　　　　　　　　　　　　　　　　　　　　　[아니 근데]
　　　　　[시청자분들이 보시니까-]

사회자 : [아니 잠깐만요]

박실장 : 객관적 사실을 놓고 [1우리가 판단]을 해야 --

이○○ :　　　　　　　　　[1아니　틀] 안에서 박 [선생님 같은 분들] 사이

사회자 :　　　　　　　　　　　[1예, 예 실장님]　　　　　[잠깐만요 잠깐만]

이○○ : 에선 그게 다 통용되고 상식인지는 모르지만 그 상식에 너무나 문제
　　　　가 있다라고 하는 것을 [소수]이지만 얘기하기 때문에 그거에 대해서
　　　　사회가 주목하는 [것이라고 저는]

사회자 : [네]　　　　　　[네 이○○ 교수님] 잠깐만요, 네, 잠깐만요, 지금 모두
　　　　발언을 시작했습니다. 모두발언 하시면서 간단한, 역사교과서 논쟁에
　　　　관한 간단한 의견 듣는 걸로 시작을 했는데, 사실 지금 너무 많은 얘기
　　　　가 나왔습니다. 그래서, 저희가, 하나하나씩 논점을 짚어갔으면 합니
　　　　다. 그래서 잠깐 자제를 해주시구요. 저희가 그—그동안 교학사에서
　　　　논점이 나온 것이, 지금 최근에 편찬한 것이 아-이게 교과서가 국사편
　　　　찬위원회의 검정부 심사를 통과를 했습니다. 이= 그러면서 10년 동안
　　　　반복되어 왔던, 이 – 교과서 논쟁, 좌우논쟁이 다시 가열되는 이런 양
　　　　상인데요. 이 진보 측에서, 그러면, 먼저, 이-이야기가 되는 것이 보수
　　　　측의 교과서가 극우사관, 그리고 일본 극우파의 의견과 닮았다, 이렇
　　　　게 비판을 하고 있습니다. 그래서 저희가 먼저 가장 먼저 할 게, 이 새
　　　　교과서의 문제점이 무엇이라고 보시는지, 한 번 말씀 들어보는 시간
　　　　을 갖겠습니다. 박실장이 말씀해 주시죠 [네]

박실장 : [네] 사실 그 저내용을 보지 않고서 말로만 드린다는 것 자체가 상당
　　　　히 어렵습니다. 그게 사초에 비추어야하고 저는 오히려 그 저 여쭙고
　　　　싶었던 것 중 하나가 뉴라이트 일반 뉴라이트 계열의 대한 교과서와
　　　　는 다르다고 말씀하셨잖습니까. 그래서 저희는. 나중에 말씀을 해주
　　　　실 때 엄밀히 말하면 뉴라이트 자체가 붙어 있진 않아요 책에 그쵸?

대안교과서 이런 식으로 대한교과서 포험이 만들었다고 되어있습니다. 근데 지금 현재 그-이OO 교수님께서는 그때 분명히 그 당시엔 뉴라이트 계열의 활동도 하셨고 그 다음에 대한교과서나 교과서 포럼을 하실 때 그 유OO 교수님이나 그이 중복된 분이 무척 많습니다. 그러나 저느 그 사람의 중복을 말씀드리는 게 아니라 먼저 가장 짚어져야 할 것은 내용에 대해서 우리가 말씀으로는 뉴라이트 대안교과서가 다르다 그럼 어떤 점이 다른지 근까 사실의 넣고 빼고의 문제가 아니라 어떤 식이 다른지가 가장 중요할 것 같습니다. 그리고 두 번째로는 저는 이 부분에서 가장 큰 문제가 일본 우익교과서하고 음-차이가 있고 또 동일한 점도 있겠죠 근데 가장 중요한 점이 과거에 지금 얘길 할수 없겠죠. 교과서 내용을 가지고서는 대안교과서 같은 경우는 제가 구분하겠습니다. 그니까 대안교과서 같은 경우는 바로 앞선 박성O 선생님이 말씀하신 것이나 이OO 선생님이 말씀하신 발언과 비슷한 내용이 있어요. 다시 말하면. 일제 식민지 시대를 수탈과 억압이라는지 [항일과 친일] [조금 전에] 현대문명의 축적기를

박성O : [아 저 조심하시죠] 저는 그런 말 한 적 [없습니다].

박실장 : 말씀하셨잖아요

박성O : 아뇨 현대문명을 어떻게 받아들일 거냐

박실장 : 예, [현대문명에서 스위스에 포함됩니다--]

박성O : [그게 우리 사회에 포함된] 가장 중요한 과제였다라고 말한 건데

박실장 : 아

박성O : 제가 일제수탈 [일제 그거 말을 한 적도 없고] 남의 말을 인용하실 때는

박실장 :   [박성O 선생님 의견이 앞으로 그거--]

박실장 : 네

박성O : 정확하게 인용하세요 [안그러면요 거짓말이라고 합니다]

박실장 :   [지금 말씀드리려고 합니다] 자 들어[보십시오]

박성O :   [학문하는
분이] 그렇게 거짓말하시면 되겠어요

박실장 : 말씀을 앞에서 거짓말 한다고 심하게 하세요

박성O : 아니 내가 하지 않은 말을 [했다고 뻔히]   [사람 앞에 앉혀놓고--]

박실장 :   [자, 제가 지금]--

박성O :   [아니 그렇게 심하게]

사회자 :   [아, 예 저 넘어가고요]

      [그럼 다음 자 저]--

박성O : [말씀을 하시면 저] [학문적 양심을 걸고 말씀하십시오]

박실장 :   [나중에 다시 얘기하죠 나중에], 지금 이OO 선생
님께 묻겠습니다. 지금 교과서문제에 개입을 하셨으니까, 따라서 뉴
라이트 대안교과서의 차이가 뭐냐면, 이OO 교수님이 그때 말씀하셨
듯이, 그-일제 식,민지 시대 때, 서구문명이든 근대문명이 축적되거
나, 이런 부분들을 서술해야 한다고 했잖습니까, 이런 부분들 자체를
놔두고 제가, 식민지 근대화론 이것이 더 나아가면 일본 제국주의, 일
본 극우가 얘기하는 식민지 시혜론과 연결돼 있다, 이 말, 그런 점에서
얘길할 수 있을 것입니다. 그리고 두 번째로는 과거 이OO 교수님은
우리는 아무런 관계가 없다. 는데, 사회가 상식적으로-- 우리가 이렇
게 볼 수 있을 겁니다, 우리가 얘기했더니 사회가 동의해 준 것이 아니
고, 조선일보, 동아일보, 중앙일보가 같이 똑같은 글을 쓰고, 그 다음
에 교과부 장관이 나와서 해당 교과서를 자세하게 얘기하면서, 역사
학계를 제끼고 풀어나가면서, 이OO 교수님과 같은 분들과 얘길 하셨
어요 주장과 검토를, 근데 이것이 전혀 정치적 과정이 아니다, 그럼 두
번째로 무엇보다 가장 중요한 것이, 여기서 이승만 대통령과 박정희
대통령께서 국부라든지, 또는 근대화혁명을 얘기하면서, 이런 부분들

이 정치적인- 똑같이 일치를 하셨습니다. 한나라당이나 지금 새누리당하고, 저는 이런 거에서 별로 차별이 없고, 같은 주장이 나오고 그다음에 같이 나가고, 그 정권 하에서 언론과 권력과 한국 현대사학회, 능히 똑같이 나가는 이런 것들이 몇 년째 지속되고 있는데, 우리 사학회는 관계없다,라고 말하는 것 자체가, 제가 볼 때는 역사학적으로 이상하지 않습니까/

사회자 : 네 그러면 사실 이○○ 교수님이 교학사의 새교과서의 집필 책임자로 알고 있는데 [맞죠]/

이○○ : [책임자]는 아닙니다 [집필위원]

사회자 :   [아 네] 집필자시죠, 아 그럼 몇가지 말씀이 나왔거든요

이○○ : 네

사회자 : 말씀해 주시죠 [네]

이○○ :   [질문이] 하도 길어가지고 [지금] [뭔지인지도 사실]--

사회자 :   [네]

도○○ :   [대안교과서와의 문제하고] 지금 교학사에서 개정하는 교과서하고 [큰 차이점만]

박실장 :   [맞습니다]

도○○ : 간단히 [말씀해 주시면]

이○○ :   [네, 네] 아마 저 저는 이렇게 답하고 싶습니다. 제가 나오지도 않은 교과서를 가지고, 지금 여기서, 일방적인 설득을 한다고 해서 설득력이 없는 것 같구요, 아마 박선생님 생각에는, 아마, 우리 세상이 한 두 개의 색깔로 통일되는지 잘 모르겠습니다

박실장 : 이것은 이○○ 선생님이 그렇게 보신다는 [것이죠]

이○○ :   [아뇨] 전혀 그렇지 않습니다, 현대사학회만 하더라도 구성원들 사이에 다양한 시각이 있구요

도○○ : 교과서 얘기만 [해주셨음]--

이○○ :   예, [그러니까요] 뉴라이트 안에도 [굉장히] 색깔이 다르
구요

도○○ :   [알고 있습니다]

이○○ : [그래서] 사람이 다르기 때문에

도○○ : [알고 있어요]

이○○ : 저는, 저희 거-저-교학사 교과서하고, 교과서 포럼의 대안교과서하
고는, 상당히 내용에 차이가 있단 겁니다.

그리고 [또 하나는]

도○○ :   [어떤 차이가] 있냐는 [말이지요]

이○○ :   [네, 그거는] 내용이 공개된 다음에, 제가
얘길 하는 게 순서에 맞는 게 될 거 같구요.

사회자 : 네

이○○ : 지금 그거에 대해서 제가 구체적으로 얘길 할 단계가 아닙니다. 왜냐
하면 아직도 검정= 중에 있는 [거구요]

도○○ :   [아니]--

박실장 : 저한테 제의가 왔어요, 저희들도 굳이, 저희들이 언급하기에—현재
검정 중에 있으니까, 우리가 차이가 있다는 걸, 어떤 사실을 넣고 빼느
냐의 차이가 아니에요, 역사에선 그런 게 아니잖아요

이○○ : 네.

박 :   취사선택이기 때문에, 그러면, 뉴라이트 대안교과서에서 중요한 내용
들과, 우리가 인식이 있지 않습니까?∨ 인식들하고 차이가 있느냐 없
느냐를 말씀해 주셔야 합니다. [라는 거예요]

이○○ :   [인식의 차이가] 있습니다

박실장 : 네 [자유민주주의가 문제가--]

도○○ : [네 제가 대신 설명을 [드리겠습니다]]

사회자 :   [네, 네]

도OO : 이 대안교과서, 근현대사를 처음 나왔을 때, 인제, 전 안 봤습니다만, 토론 때문에 어저께 부랴부랴 봤는데요. 상당히 볼륨이 큽니다. 크고, 어떤 부분은 상당히 재미있는 부분도 많이 있어요. 그리고 집필자가 11분 정도로 기억하고 있는데, 총괄적으로 이, 저서—교과서를 총괄 지휘한 분운, 편집했다고 할까, 아니면은, 일관된 흐름을 만든 분은 이 OO 이영훈 교수, 서울대에 그분으로 알고 있습니다. 근데 보면은, 식민지 시기를 어떻게 보느냐 할 때, 식민지가 근대화되어서, 일제에 의해서 근대적이 제도가 이식되고 수용돼서, 상당히 좋았다,라는 표현은 없습니다. 그런 거 발견되지 못 했구요. 그래서 그렇지만, 그 과정에서, 한국민족이 상당히 성장할 수 있었다,라고 하는 것은 발견했구요, 그래서 일제시기에 저는, 제 입장이 그래서 그런지, 별로 큰 충격을 못 느꼈는데, 이승만에 대해서 ,자유민주주의 신봉자라고 써 놨더라구요, 그래서 이게 저, 이상하다 그것이 하나고, 또 하나는, 5.16에 대해서, 근대화 혁명이라고 써놨습니다, 이건 좀 이상하지 않느냐, 그래서 전, 크게 보면 이, 이승만에 대한 평가와, 박정희에, 쿠테타에 대한 평가가, 기존의 역사교과서와 엄청나게 다르다고 하는 걸 보고, 어, 이랬었나, 하는 충격을 받았었는데요, 아마 교학사 교과서가 스스로 그럴 순 없었겠죠, 검정 기준이 있으니까, 그렇다면, 사실 논란한 거리도 없지 않느냐, 그런 생각이 들어서 나왔는데, 저는 어떻게 생각하는지 [모르겠네요]

이OO :   [실은] 사실 제가 현대사 부분 솔직히 안 썼습니다. 쓸 때 각 집필자의 부분에 대해서는, 집필자의 그, 의사를 존중하는 게 [저희들]의 작업의 원칙이었구요.

사회자 :   [네]   네

이OO : 이 저는, 개인적으로 어떤 입장을 가지고 있냐,하며는, 이, 그야말로,

자유민주주의 라고 하는 것이, 우리 교과서이 기본 정신이 되어야 한다, 그 입장에서 봤을 때, 일본이 우익 교과서와 명백히 다른 것이 뭐냐며는, 이 군국주의는 자유민주주의와 대립되는 전체주의의 한 종류[입니다].

도OO : [그렇죠]

이OO : 그리고, 공산주의도 마찬가지입니다, 특히 스탈린 주의는 전체주의의 어-그 성격이 더욱 더 강한 거구요, 그런 점에서, 그거를 배격하듯이, 역시 그, 대한민국의 건국 이후 이승만시대의 독재화로 흘렀던 부분이라든가, 박정희 대통령 시기의 유신체제 부분에 대해서는, 그것이, 자유민주주의 관점에서 당연히 비판받아야 할 시기라고 보고, 또 그렇게 서술했다고 저는 생각합니다.

도OO : 그런데 이게 이상하다고 생각하는 게 제가 왜 논란이 [됐는지]

이OO :   [어떤 게]

도OO : 이 교과서가, [교과서 자체가]

이OO :   [그러니깐요]

박성O :   [그거를] 보지도 않고, 권의원 민주당 민주당 배OO 대변인 [그 다음에 전교조 오마이]뉴스 경향신문 거기서 당-

도OO : [@그래서 이야길 하자는 거죠]

이OO : [@@@@]

박성O : 당신들 보지도 않고 이런 걸 [문제시한다고 그걸]

도OO :   [문제가 된 것이 뭐냐면] 이런 겁니다. [권OO]교수님께서

박성O : [물으셔야죠]

박성O : 예╱

도OO : 권OO 교수님께서, 지금 사용하고 있는 중학교 역사교과서에 대해, 뭐라고 말씀하셨냐며는

박성O : 예

도OO : 이 중학교 교과서에 나와 있는 내용이, 박헌영의 논리와 똑같다, 라는 식으로 깠어요 언론을 통해서. 그런데 이 집필자들이 놀라는 거죠. 어떻게 박헌영의 논리냐. 우리가 쓴 게 깠다는 거죠

박성O : 뭐 한OO교수 [정도는-] 박헌영 [정도는--] [예를 들면 국사학계에] 대변인

도OO :   [근데]   [한OO교수는] [아이 안 썼어요 안 썼다구]

박성O : 중에 한 분이잖아요 상당히 [자주 칼럼을 쓰는 분 중의 한 분]

도OO :   [아니죠 그 분은 한국사학자지만] 교과서는 쓰지 않았어요. 교과서는 학문하고 [다르죠]

박성O :   [대한민국사가] [여기]계시는 저기 어디 그-[학교-그분도 계시지만]-

도OO :   [아니]

도OO :   [아니 교과서가--]

박성O : 학교에서 [가장] 많이 사두는 보조교재[입니다].

박실장 :   [아니]   [자], 잠깐만요, 지금 우리가 얘기하는 핵심은 이거에요, 지금 사실은, 한국 현대사학회서 나왔던 것이나, 그전 대안교과서의 핵심은 그게—현재에서, 한국 근현대사 역사학계가 좌경화되었다, 상당히 좌경화되었다, 앞에 표현이 수식어가 붙지만, 좌경화되었다,는 전제가 있고, 두 번째는, 그래서, 한국 역사학계에만 맡길 수가 없는 상황이다, 이런 얘기도 하신 적이 있습니다. [그죠]↗ 이OO 교수님이--

박성O : [누가요]↗

이OO : [잠깐만] 네 [잠깐만요] 네 [박교수님]

박실장 : [지금 말씀드린 것은] [아까부터 한OO] 교수 얘기하지마시구요, 지금 교과서를 집필하신 분의 명예가 있습니다. 여섯 분의 여섯 종이면, 이분들이 뭐냐면, 충격을 받은 거예요, 근데 거기다 뭐냐면, 그 스탈린 식에다가 박-그 다음에 남로당에다가 박헌영을 합쳐버린, 이런 식의 사관을 가지고 있다는데, [대한]민국 검인정 교과서가 뭐냐면, 완전히

사회자 :   [네]

박실장 : 국가보안법 [위반]을 계속 양산해 왔다는 내용이에요, [이걸 말해달라 이겁니다]

사회자 :   [저기요]   [여기서 저 박—저 박 실장님] 잠깐만요, 지금 저희가 지금, 그 논점을 얘기하면서, 그 조금 전에 이OO 교수님이 하신 말씀들 중에, 한국현대사 학회에서 누리고 있는 집필진의 기준으로서, 그 자유민주주의 말씀을 하셨어요,(이OO 고개 끄덕임) 그래서, 자유 민주주의 가치에 대해서 말씀을 해주셨는데, 아, 그, 실제적으로, 작년에 교육부에서, 중학교 교과서에 집필기준으로, 이, 민주주의 대신에 자유민주주의를 채택한 바가 있구요.

이OO : [재작년]

사회자 : [에] 재작년입니까／ 그리고, 그런데, 이런 과정들에서 사실, 역사교과서개정추진위원회 위원들이 사퇴하는 일까지 벌어졌습니다, 저, 그래서, 저희가 이쯤에서, 민주주의와 자유민주주의 논란, 어떻게 보시는지, 어떻게 생각하시는지 [한 번] 말씀을 들어보겠습니다. 네.

박성O : (손까지 들고)   [네]

박성O : 저, 저희가 아까, 그 문제랑 똑같은 문젠데, 이게 꼭 국사학계뿐만 아니라, 국사학자도 그때 참여하신 것 같아요, 제가 기억하기로는, 참여연댄가, 어딘가 주도로, 학회를 열어서, 광복690주년 세미나가 있었어요, 2008년에, 그때, 예를 들면, 대한민국의 진보학계 경제학자의 대부

라 하는, 저랑은 학교 때부터 아시는 분이지만, 이OO 교수님이, 대한
민국은 어, 꼭, 자유민주주만 택할 것은 없다, 다른 민주주의도 있다,
그렇게 말씀을 하시더라구요, 그래서 저, 무자기 놀랐어요. 왜 그러냐
면은, 선배세대가 피와 땀으로 선택을 해서, 이정도까지 먹고 살게 해
준 그런 환경을 구축한, 기본적인 가치선택에 대해서, 6,70년이 지나
서 정말 그때 기저귀도 안 뗐을-- 태어나지도 않았던 사람들이, 그
선택이 아니었을 수도 있다고, 태연하게 말하는 걸 학문적 양심이라
고 부른다, 저는 그런 학문적 양심 싫습니다

사회자 : 네

박성O : 그건 학문적 양심 이전에, 인간적 양심이 없는 소리거든요. 왜냐=자,
자유민주주의 외에, 어떤 민주주의가 기능하고 있죠╱지금 21세기에

도OO : 사회민주주의겠죠

박성O : 어디에 있습니까╱ [살만한 나라에]

도OO :   [사회민주주의는 스웨덴이라든지] 핀란드라든지

박성O : 예╱

도OO : 스웨덴이라든지 [핀란드라든지]

박성O :   [스웨덴 핀란드] 그건 당연히 자유-민주주의, 그거 당
연히 하지 않으면 안 되죠, 유럽식 사회주의는 민주주의의 한 부분이
죠

도OO : 그렇게 해석하는 방식도 있구요 [별도의 해석방식으로도 볼 수 있습
니다]

박성O :   아[무슨 말씀을 하시는 건지―아까 그
러고] [아까] 백년전쟁에 보면,

도OO :   [지금]

박성O : 신민주주의를 그 당시 사람들은 뭐, 저기, 선택할라고 그랬었다, 독립-
그 다음에 인민민주주의도 민주주의다, 이런 얘기들이 공공연하게 돌

아다니고 있거든요, 인민민주주의라는 게, [스탈린] 전체주의

도OO :   [자자]

박성O : [학살체제를] 옹호하기 위한 바깥의 저거였었고, 신민주주의라는 것

도OO : [박선생님]

박성O : 은, 뉴데모크러시는 그거 모택동 용어거든요

사회자 : 네, 도OO 교수님 조금 더 말씀해 주시죠

도OO : 자 [₁자유민주주의요, 자유민주주의는요 원래 데모크러시의 원래
용어는요₁] 아

박성O : [₁어떻게 국사학계가 좌파적인 시각에 말려—말려있냐고요₁]

도OO : [₂아뇨, 들어보세요₂]

사회자 : [₂잠깐만요 박성O – 도OO] 교수님 잠깐만요, 도면-도OO 교수님 말
씀해주시죠

도OO : 네, 자유민주주의라고 하는 리벌데모크러시의 번역어입니다. 자유민
주주의라는 말을 사용하는 나라는 한국밖에 없습니다. 지금. 전세계
를 보더라도. 원래 자유주의와 민주주의를 합쳐놓은 게 자유민주주
의인데, 자유민주주의라는 말을 가장 많이 쓰는 게 한국이고, 이것도
언제 썼냐면 주로 냉전체제에서 썼습니다 [자유민주주의를]

박성O :   [자유민주주이의] 정의가 뭐죠↗

도OO : 자유민주주의는 자유주의와 민주주의의 합쳐진 합성어라는 것이죠.

박성O : 사유재산을 인정하고 시장과 개인의 자유를 [₁인정₁]하는데

도OO :   [₁그죠₁]

박성O : [인정하는데 더 중요한 건 뭐냐면 개인의 자유와 인권--]

도OO : [그럼 시장과 개인의 자유를 부정하는 민주주의가] 뭐가 있냐는 [거
죠]

박성O : [네↗]

박성O : [그게 민]주주의냐고요, [₁현재 작동[₂하고 있는₂] 게 있냐]구요 지금,

사회자 : [자, 자]　　　　　　　　[1제가 물어보겠습니다]

도OO :　　　　　　　　　　　　　　　　[2아뇨, 아니죠2]

박성O : [도OO 교수님] 머릿속이 아니라

박실장 : 자, [박성O 선생님, 아까 사실— 아니 아니, 사실과 틀린 게 있으니까]

박성O :　　　[아니, 박 실장이야 말로 가장 길게 얘기하신 [분이에요]]

사회자 :　　　　　　　　　　　　　　　　　　[네, 네], 자, 박 실장님

　　　　　　말씀해 주시죠.

박실장 : 아까 신민주주의는 자유에 개입하지 않았다고 하는데, 민재 여운형

　　　　　　선생 아시죠／ 조선일보의

박성O : 아니 그게 아니라, [신민주주의의] 그런 용어

박실장 :　　　　　　　　　　[들어 보세요]

박성O : 자체[가 원래 모택동이] 했던 걸로 [봐야 합니다]

박실장 : [그렇게 말씀하지 마세요]　　　[역사용어가 아니]에요, 라이센스

　　　　　　가 다양한 용어를 채택해야 자기 [나라에——]

박성O : 그럼 그 용어를 쓸 때, 나의 신민민주주의는 그 사[람들]이 [그] 용어

　　　　　　는,

박실장 :　　　　　　　　　　　　　　　　　[네]　　　[자]

박성O : 모택동이 [뭐가] 다르다고 밝힌 적 있어요／ [밝힌] 바 없잖아요.

박실장 :　　　　　[아니]　　　　　　　　　　[아]

박실장 : 밝-밝혔죠, 여운형선생님 [우익세대]입니다, [우익세대고 그다음에]

　　　　　　625때 납북되신 분이예요 예

박성O :　　　　　　　　　　　　[모택동——]　　　[모택동 비판했어요／]

박실장 : 그리고, 그 다음에 제헌국회, 다음 2대때 국회의원하신 분입니다.

　　　　　　[자 그럼 민주주의를——]

박성O : [대한민국은 자유민주주의]-[자유민주주]의를 선택한 적이 없다는

　　　　　　건가요／

사회자 :   [잠깐만요]

　　　　　[박성O씨, 박성O씨 박-- 말씀하신 다음에]

박실장 : [자 다음엔요, 자유민주주의를 말씀하시는데]

사회자 : [말씀하세요 네]

박실장 : [다른 사람은 정확하게-]

박실장 : 자유민주주의의 폭을 어떻게 잡느냐, 이게 굉장히 중요합니다. 자 박
　　　　　성O 선생님은 유럽식 사회민주주의를 말씀하시는데, 사회민주주의
　　　　　는 자유민주주의에 포함됩니까, 안 됩니까, 이OO 교수님 입장- 교과
　　　　　서에서 봤을 때

이OO : 지금 저는 이미 입장을 표명했는데요

박실장 : 네(고개를 끄덕이면서)

이OO : 사회민주주의도 민주주의의 범주에 들[어간다]

박성O :   [유럽식 사회민주주의]

벽실장 : 자 그러면 [그-독일의-]

이OO :   [독일식—독일에서 얘기하는]

박실장 : [유럽식-]

이OO : [사회민주주의-]

박실장 : 자, 우리가 공산주의자입니까, 사회민주주의자입니까↗

이OO : 누가요↗

박실장 : 여운형 선생

이OO : 글세요. 거기에 대해서는 제가 조금 고민—[얘기를 해봐야 할 것--]

박실장 :   [거 예를 들자면 그분은]

　　　　　[남로당으로 안 갔습니다 그죠↘↗]

박성O : [대한민국 건국을 반대한 [사람이죠 주의를 따지기 전에]

도OO :   [북한으로 안 갔죠 그 전에 돌]아가셨죠

[암살당했죠]

박실장 : [네 그게] 놀라운 것은 자, 대한민국이 [사회민주주의는 아니지만]

사회자 :   [차례차례 말씀해 주시죠 네]

박실장 : [사회민주주의와 유사한 체제였고 만재 여운형 선생]님도 그렇습니다

박성O : [그러니까 자신의 의견을 얘기해 주시고--]

박실장 : 여운용 선생님도 사회민주주의적 내용이에요. 그러니까 내 말은 여운형 선생님은 엄청나게 비판을 하시잖아요.

박성O : 누가요╱

박실장 : 권OO 선생님도 비판하시고 이승만 내려갖고 여운형을 찬양하고 있다 이렇게 얘기하고 계세요 여기 오늘 30주년 학술토론회에서 나온--[토론문까지 다 있습니다.] [대표적인--

박성O :   [지금 교과서 얘길 하는 거예요╱] [권선생님이] 여기저기서 말씀하신 [여러 가지--]

박실장 :   [아뇨] 31일날 말한 [교과서를 만든다고] 공식학술대회[를 하신 거예요].

박성O :   [잠깐만요-그러니까요] [지금 똑같이 얘길] 하시는데--

박실장 : 자, 좋습니다, 제가 지금 다시 질문을 드리겠습니다. 사회민주주의를 받아들이는데 왜 여운형 선생님은 (갑자기 공손한 자세를 취하면서) 그- 그게 공격적으로 하셨어요╱

사회자 : [이OO 교수님]   [₂이OO--₂]

이OO : [저는 공격을 한 적이 없고]

박실장 :   [₂아뇨₂] 교과[서 얘기--]

이OO :   [좀 들어보세요]

사회자 : 박실장님 이OO 교수님 얘기를 좀 들어보겠습니다.

이○○ : 저, 제가 일제강점기 부분에 대해 [₁제가 집필을─]₁[₂얘기를 했는데
　　　요₂]

박실장 : 　　　　　　　　　　　　　　　　　[₁앞뒤가 안　　　　[₂맞아요₁]₁]₂]

사회자 : 　　　　　　　　　　　　　　　　　　[₂끝나고 애길 해주₂]시죠

이○○ : 제가 집필을 했는데요. 근데 그 여운형 선생의 사진까지 넣었구요, 여
　　　운형 선생의 그-우리 광복직전의 [건국]동맹 부분을, 굉장히 [의미]
　　　있는 것으로서 서술을 했습니다

사회자 : 　　　　　　　　　　　　　　　[예]　　　　　　　　　　[예]

이○○ : 저는 그거에 대해서, 역사교과서를 서술하는 사람이 그거에 대해서 ,
　　　주관적인 해석을 하거나 평가를 내리거나, 이렇게 하는 거 자체가 저
　　　는 굉장한 논란거리가 된다고, 생각을 하고요, 제가 이래 생각을 했을
　　　때, 우리 역사의 큰 흐름에서 중요한 사실들은 있는 그대로 좀, 다룰려
　　　고 노력을 해서, 서술을 했습니다.

도○○ : 예, 그러면 제가 잠깐만, 두 가지만 좀 말씀을 드리겠습니다. 일단

박실장 : (손까지 들면서 새치기) 확인을 좀 하겠습니다, 그럼, 여운형 선생님
　　　에 대해서는 공 그- 사회민주-- 자유민주주의자로 생각을 하시는 거
　　　지요╱ [그렇게 하셔야죠]

이○○ : 　　　　[노코멘트 하겠습니다]

사회자 : [자]

이○○ : 거 참 [여기 뭐─뭐하러 나오셨는지 잘 모르겠는데요]

사회자 : 　　　[잠깐만 잠깐만요 저희가--]

박실장 : 　　　[사회민주주의─사회민주주의를 포함한다고 하시니까 사람을]
　　　놓고 평가할 수밖에 없지 않습니까╱

〈학부모들과의 대화 등 중간부분 생략〉

사회자 : 그럼 [이어서]   [잠깐만요]

박실장 :   [저기--]   [답변을 안할 수 없는--] 짧게 할게요

박성O : 잠깐만요, (손 내저어신 하쇼...이럼)

사회자 : 네

박실장 : 예, 제가 볼 때, 이-이-, 분명히 말씀드리지만, 그 백년전쟁에선 이승
만-식민지 시기의 이승만에 대해서는, 저희 역사계의 상식인데, 독립
운동의 방향이란 게 있습니다 그래서, 우리가 아예 책을 낼 때 전제로
하면, 그 다음에 어떻게 합니까? 대중투쟁도 있고 그쵸? 실력양성운
동도 있고, 문화투쟁도 있고, 그다음에 의혈투쟁도 있고, 이렇게 다양
한 분야가 있습니다 따라서, 외교투쟁도 해요. 부정하지 않습니다. 안
창호 선생, 신남자2 선생 다 넣고, 외교운동도 넣고 [했어요. 가만히
계세요] 그건 본인 생각이시죠,

박성O : [아 포르노를 만드세요 근데]

박실장 : 왜 그런 일반적인 [규정— 제가 얘기하지만]

박성O :   [아 벌거벗은여자 나오고 막-]

사회자 :   [자 여기 자-]

    [말씀-말씀 끝나고요]

박실장 : [아니 그럼 작품을—]규정을 아 이거 시청자들이 보신거 아니에요.
300만이 보고서.(0.01) [판단한 거지 왜/]

박성O :   [전부-전부들 보더니] 포르노물이네 그러던데

박실장 : 아유, 뭐 그렇게 보시면, 그럼 그렇게 보십쇼 네(박성O 자세바꿈), 자,
그러면 여기서 무엇이 문제냐면, 정확하기 위해서, 이승만에 대해서,
많이 알려지지 않았단 말이에요 사실, 독립에 대해서 알려지지 않았
고, 왜 그분이 해방된 지, 되었을 때 대통령이 됐을까, 많이 궁금해 해
요. 그리고 하나 더 궁금한 게, 그렇게 훌륭한 분이 왜 계속, 두 번이나
임시정부에서 쫓겨났을까, [상식적으로 생각해서]

박성O :   [한번일걸요↗]

박실장 : 한번은 또 일제시대 있잖습니까↗ 일제 시대 , 해방 이후도 보고싶고,

　　　　대한민국에서 한번은, 그 뭐죠, 그 [뭐라 그]러죠?

도OO :   [탄핵]

박실장 : 탄핵↗을 받아서 [그 탄핵--]

박성O :   [전번에 말씀하셨던 그] 탄핵 2번 받았다 그러셨는

　　　　데, 한번은 [oo에서 받았고]↗

박실장 :   [자, 자, 저기]

박성O : [₁한번은 임시정부에서 받았고↗--₁]

사회자 : [₁자, 저기 자, 박성O선생님 말씀 끝나고 기회₁] 드리겠습니다.

　　　　[₂짧게-- 들어보시구요₂]

박실장 : [₂뭐, 어쨌든 두 번 쫓겨난₂] 건 정확히-본질은 쫓겨난 게 아니에요.

사회자 : 네

박실장 : [왜 이렇게 일제시대] 독립운동할 때도 쫓겨나고,

박성O : [짧게 하셔](어이없다는 듯이 웃음)

박실장 : 그 다음에 최고의 민주정부 때도 쫓겨나고, 이 놀라운 신기록이 어디

　　　　서 나왔냐 이거예요. 그렇다면 우리는, 그런 관점에서 뭐냐면 이승만

　　　　의, 이런 해방 후에 왜↗ 그는, 훌륭한 민주주의 대통령으로서, 조지-

　　　　한국의 조지워싱턴이 되지 못했을까에 대한

사회자 : 네

박실장 : 추적이에요,

　　　　[그 다]음에 그 방식에서는, 다큐멘터리↗ 재밌게 만들 수 있죠↗

사회자 : [네]

박실장 : 그것은 뭐냐↗ 작-그 감독이 있습니다. 그 만드는 거에 내용력은,

　　　　한국사에서 [뭐냐면]

박성O :   [아, 그] 감독하셨죠↗

박실장 : 네, 제가 감독입니까╱

박성O : 네

박실장 : 뭐, (싫다는 손짓) [알겠습니다.지적하십시오]

사회자 :   [다음 질문─예]

박실장 : 내 말의 핵심은

사회자 : 네

박실장 : 표현의 자유[는=]

박성O :   [알겠습니다]

박실장 : 한국사의 일임하고 맡겨둘 문제이지, 박성O 선생님이 포르노물라고,

규정하시면 안 된다는 거예요.

박성O : 아 저는, [포르노로 보여요]

이OO :   [제가 보니까] 한 가지만 정정할게요

박실장 : 네, 네

이OO : 이승만 대통=령께서, 그-임시정부에서 탄핵 받았는데╱나중에 복귀

가 됩니다.

도OO : 40년대 가서

이OO : 그렇죠,

박실장 : [9인위원회 그쪽으로]

이OO : [네,네]

박실장 : 9인위원회가 다시 부활 되는 것입니다. [왜 그러냐며는]

이OO :   [아뇨 인정 맞습니다.]

박실장 : [₁아, 예 1930년에₁] [₁폐쇄되잖습니까╱₁]

이OO : [₁하여튼 그렇구요₁]

사회자 :   [₂네, 자 그러니까─₂]

박실장 : 폐쇄되었다가, 10년 있다가 뭐냐, 미국이 전쟁이 일어나니까,

[미군이 들어와서--]

이〇〇 : [아니요, 우리의 역사라고] 하는 것은요/[뭐 잘알-잘 아시듯이],

박실장 : 　　　　　　　　　　　　[10년 동안 잠수탔어요--]

이〇〇 : 한 시기에 어떤 [₁ 평가를 받느냐가 내려질 수 있는 건데 ₁]

박성〇 : 　　　　　[₁ 1930년이에요/ 1933년에 [₂국제연맹에서₂]₁]

박실장 : 　　　　　　　　　　　　　　　　[₂아 그거 하나에요₂]

박성〇 : 일본 쫓겨난 거

박실장 : 자, 정확히--

박성〇 : 1941년에 책써가지고 일본의 베스트셀러, 만든 거, 그게 잠습니까/

　　　　　[₁미국에서 책 써서, 미국에서 우리는,₁]

박실장 : [₁책 썼다고 얘기하지 않았습니다. 저술활동가지고₁]

박성〇 : [₂그 책이 지금은 일본군국주의를--₂]

박실장 : [₂자 지금은 제 애길 들으십시오₂]

　　　　　[₃지금 중요한 것은요₃]

박성〇 : [₃아니 이건 중요한 문제입니다₃] [₄군국주의의 논지를 밝히면서₄]

사회자 : 　　　　　　　　　　　　　　[₄잠깐만요₄]

박실장 : 　　　　　　　　　　　　　[₄그러면 1937년도에-- 아예₄]--

박성〇 : 이러기 때문에, 일본 미국 너희가 비겁하게 원하던, 원하지 않던, 전쟁
　　　　　을 일으키게 되고, 그 전쟁의 결과는, 조선반도의 독립으로 온다, 그게
　　　　　그 책의 핵심명제입니다. [그 책이 전세계에서 최초로]

박실장 : 　　　　　　　　　　　[자, 네]

박성〇 : 전체주의란 용어를 [쓰고 있어요 책에서]

박실장 : 　　　　　　　　[이승만이란 개인에] 대해서 [국민들이 10년 동안]

사회자 : 　　　　　　　　　　　　　　　　　　[네, 저희가]

잠깐만

박성〇 : [왜 아니라고 그러죠/]

박실장 : [토론을 저희가--]

사회자 : [잠깐만요 잠깐만] 네, 박성O님 잠깐만요 네, 저희가 좀 이제, 저희가 토론을 마무리해야 할 시간입니다. 지금 생방송이란 시간제한 때문인데요. 아, 역사관의 문제, 지금 저희가 100년 전쟁을 대변해서, 뜨겁게 애길 했습니다. 그럼 저희가 마지막으로 오늘, 토론과 관련해 가지고, 짧게, 마무리 말씀 좀, 부탁드리겠습니다. 아, 먼저, 이 도OO 교수님, 부터, 부탁드리겠습니다.

각자 돌아가면서 애길 하고 그리고 인사, 자막 올라가고

2. 유튜브 자료[2]

햄XX : 정말 오랜만에 만났네요. 정말 [오랜만--]

선X :   [네 정말 오랜]만에, 햄XX를 촬영하려구,

오랜만에 햄XX님네 왔습니다.

햄XX : 왔습니다=

(둘다 박수치고)

선X :   오늘 그래서, 오늘 할 음식은 뭐죠↗

햄XX : 오늘은, 저희가 지금 배가 고파서, 기운이 없는 점,

선X :   네

햄XX : 이해해 주시구

선X :   네

햄XX : 오늘, 이렇게 쿡튜브를 하게 돼서 제가, 갑작스럽게

선X :   네

햄XX : 문자를 해가주구 예약을 잡았잖아요↗

---

2) 이는 「쿡XX 마라탕에 도전장을 내밀다! [햄XX]」(2018.5.10.일 방영)를 전사한 자료
  이다.

선X : 네

햄XX : 선, 예약 잡기, 쉽지 않거든요. 왜냐면 방송 머신이기 때문에

선X : 그렇습니다

햄XX : 일주일에 일곱 번 방송을 해야 하기 때문에

(둘다 웃음)

햄XX : 사실은, 생방송 중에,

선X : 네

햄XX : 이 음식을 먹다가,

선X : 아=

햄XX : 이거 쿡튜브루, 기깔나게, 음식 하면은 대박이겠다

선X : 음=

햄XX : 이건 이렇게, 그냥 인스턴트로 소비하기 아까운 [음식이다],

선X :   [음=음=] 무엇이죠↗

햄XX : 그래서 제가, 오늘 쿡튜브,

선X : 음=음

햄XX : 생소한 음식, 전문 조수님,

선X : 네, @@ 왜, 왜 [저한텐] 아무거나 먹이려고 그러는 거죠↗

햄XX :   [우리가--]

햄XX : 대중적이지 않은 음식, 전문 조수, 선님 이렇게 모셨구요

〈재료 소개 전 장보고 오기〉

햄XX : 오오=

선X : 오늘 [나름--]

햄XX :   [얼굴에] 뭘 쓴 거예요↗

선X : 네↗

햄XX : 얼굴에 뭘 쓴 거예요↗

(무시하고 오토바이 출발)

(도착해서 오토바이 주차 중)

햄XX : 멋있다, 구정물이, 구정물 봐, 선의 새 바이크입니다, 선 바이크=

(이동 중)

햄XX : 오늘 편집자님 만나서

선X : 네

햄XX : 편집자님 삼행시 시켰거든요

선X : 진짜↗

햄XX : 네. 편[집자로 삼행시] 시켰거든요

선X : 　　　　　[아. 에에=]

햄XX : 대박이었어요

선X : 뭐라 그랬어요↗

햄XX : 당장 뽑았어요

선X : 하=, 뭐라 그랬나요↗

햄XX : 뭐라 그랬냐요 라고 물어보면 [어떻게 해]↗

선X : 　　　　　　　　　　　　　　　[편]

햄XX : 편집자로 저를 뽑아주셔서 정말 고맙습니다

선X : 집

햄XX : 집에 가서 편집하도록 하겠습니다

선X : 자

햄XX : 자, 이제 편집을 하러, 집으로 가볼까요

선X : [@@@]

햄XX : [뭐, 이런 비슷한 거였거든요↗]

선X : 아 [오늘 도대체 뭘], 만드나요 뭘↗

햄XX : [작은 거--]

선X : 저, 지금, 뭘 만드는지도 모르고, 엄청 오랜만에 왔거든요. 그러고 보니

까 인사도 안 했네요. [안녕하세요], 안녕, 네, [네트워커],

햄XX :   [어, 그렇네요]   [반갑습니다]

선X : 오늘 오랜만에 햄의 조수로 이렇게 오게 됐구요

햄XX : 밖에서 이렇게 하게 됐구요.

〈앞서 장보기 장면〉

햄XX : 햄굿즈, 햄굿즈 메고 장보러 가는--, 우리의 모습

선X : @@

선X : 이게 홍보예요↗이게↗, 이게 햄굿즈 홍보예요↗이게↗

햄XX : 잘, 촬영해주실 수 있죠↗

선X : 그럼요, 제, 촬영실력 아시잖아요. 야채 뭐죠↗

햄XX : 야채를──어= 알배추

선X : 알배추↗

햄XX : 어

선X : 네

햄XX : 하고 청경채, 어 싸다 천원밖에 안 해. 팽이버섯이랑 느타리 중에 선택.
건두부가 없는 관계로 그냥 두부를 사도록 하겠습니다. 아, 당면도 사야
된다.

선X : 당면

햄XX : 당면 좋아하세요↗

선X : 저는,

햄XX : 잡채 좋아하세요↗

선X : 당면.

햄XX : 당면 좋아하세요↗

선X : 저는.(0.1)

햄XX : 잡채 좋아하세요↗

선X : 당면하죠. 뭐지 오늘↗ 잡챈가↗ 오늘의 음식은↗

햄XX : 아니, 아니에요.

선X : 제 마지막 쿡튜[브는--]

햄XX :   [잡채]는 소리하지 [마세요]

선X :   [제 마]지막 쿡튜브는 똠얌꿍이었는데.

햄XX : (모르는 척) 아 진짜요↗

선X : 오늘 메뉴 추리하기. 마파두부!

햄XX : 땡!

선X : 무슨.(0.1) 뭐지↗

햄XX : 그 다음에.(0.1) 당면, 당면 사야 된다

선X : 만두↗

햄XX : 땡! 이미 했지롱 만두=

(주방 복귀)

선X : 저는 시작하기 전에 이걸 한 번 먹을게요. 음=

햄XX : 나중에, 이따가도 그런 리액션 해주셔야 해요

선X : 이거 그냥 끓이면 되는 거 아닌가요↗

햄XX : 아니 근데 이걸

선X : 네

햄XX : 제가 그냥 이것만 끓여서 먹었더니

선X : 네

햄XX : 건더기가 너무 아쉬운 [거야, 내가]

선X :   [아= 이거]

햄XX : 야채를 사서

선X : 예

햄XX : 진짜 고기를 사가지구

선X : 음=

햄XX : 정말 식당에서 파는, 그, 마라탕처럼 먹으면, 헉, 이거는, 완전, 선X도 좋고, 햄XX도 좋은 거 아닌가↗ [싶어가지]구

선X :   [@@]

햄XX : 이렇게

선X : 네

햄XX : 마라탕,

선X : 네

햄XX : 집에서 마라탕을↗편 준비했습니[다. 예상] 못 했[죠]↗

선X :   [오우 네]   [네], 전혀 예상 못 했어요. 마라탕이라는 걸, 제가, 세상에 태어나서 한 번도 먹어본 적이 없어요.

햄XX : 아=지난번 똠얌꿍도 [먹어-- @@]

선X :   [똠양꿍과 마]찬가지로.(0.1) 완전, 생소한=

햄XX : 게스트 섭외 잘 했다.(0.1) 좀 매콤해가지구, 선X님 매운 거 잘 못먹죠↗

선X : 네

햄XX : 그러면 선X님이 제일 좋아하실 매콤함이거든요↗

선X : 네, @(헛웃음)

햄XX : 저는, 제가 듣고 싶은 대로 듣긴-들었구요,

선X : 네

햄XX : 그래서 마라탕,

선X : 네

햄XX : 같이 한 번

선X : 만들어 보죠.

햄XX : 먹을[까요 @]

선X :　　　[먹을까요=] 만들어=[볼까요=]

햄XX :　　　　　　　　　　　[그럴]까요= 마라탕=

햄XX : 일단 냄비를 큰 거를 꺼낼게요

선X :　네, 와우= 역시 프로답게 멋진 냄비가=

햄XX : 이것은 이제

선X :　네

햄XX : 마라탕용으로 이제, 제가,

선X :　네

햄XX : 구비해둔 겁니다

선X :　아=아=아= 이날을 위해 준비해둔 건가요↗

햄XX : 그럼요

선X :　야[= 대단해]

햄XX :　　[마라탕용 냄]비를 꺼내놓구요, 오늘은, 원냄비 쿠키요리-

　　　　[냄비] 하나만 있으면 끝납니다

선X :　　[야=]

햄XX : 사실 냉면을 불려놔야 되기 때문에[두] 개가 필요하지만,

선X :　[음=]

햄XX : 냄비는 하나만 있으면 됩니다

선X :　무슨 말이죠↗

햄XX : 당면을=

선X :　네

햄XX : 불리-불려-불리겠습니다

선X :　당면아= 당면아-

햄XX : (못말린다는 듯) @

선X :　잘-잘 불려졌나요↗

햄XX : 네, 잘-잘--(당면 봉지째 보고 황당한 표정)

선X : @@@

햄XX : 왜 이렇게 좋아해요↗

선X : 아=

햄XX : (당면 봉지째) 이거 다 먹을수 있죠↗

선X : 아- 이걸=불리면 엄청 많아지지 않나요↗

햄XX : 아= 4인—2인분이네.

선X : @@@

햄XX : 4인분이니까

선X : 네

햄XX : 이거는 반만 따로 할게요=

선X : 네

햄XX : (비닐매듭열면서) 이거를, 열어주는 게 조수의 일 아닐까요↗

선X : @

햄XX : 아= 열었다, 열었다, 열었습니다. 아= 야채들 한번씩 다 씻어야 하는구
나.

선X : 씻-씻을거죠↗

햄XX : 그럼요. 잠깐 말하느라 그런거지 씻을 겁니다,

선X : 어=

햄XX : 청경채가 많이 보이지만, [이거 금방 먹어]요,

선X :   [많은데요↗]

햄XX : 야채 담을 통도, 꺼내야겠죠↗

선X : 예

햄XX : 이거, 제가, 야채를-야채를 담기 위해서 산 [통이]에요

선X :   [와-], 되게 그릇이 엄청 커
요, 집에 있는 그릇들이--

햄XX : 1인가구 할라며는 [큼직]큼직하게 살아야 합니다

선X :   [와=]

햄XX : 아=버섯은 닦으면 안되지, 참!

선X :   왜요/

햄XX : 물이 닿으며는 아아해요.

선X :   아=

햄XX : 중식칼을 꺼내고

선X :   와= 칼 봐, 공포영화의 칼이다

햄XX : 오늘 마라음식을 할 거니까, 마라[-중국]식

선X;   [대박]

햄XX : 버섯 썰고

선X :   와= 짱 멋있다, [진짜=]

햄XX :   [짱] 멋있죠

선X :   프로=의 요리[답네요=]

햄XX :   [자, 팽]이버섯, 왜 이렇게 많지/ (숙주 꺼내고) 자, 숙주 닦
아줄게요

선X :   네= 숙주는 닦아도 돼요/

햄XX : (뒷면 설명서 보며) 숙주를, 먹기전에 꼭 닦아주세요 [라고] 돼 있거든
요/

선X :   [아=]

햄XX : (물을 봉지에 붓고 숙주 세척 중) 자, 이렇게- 물을- 자, 이렇[게 넣고=]

선X :   [누가 이렇게 닦아@]

햄XX : 근데 좀=저 소스가 모자랄 것 같기 때문에=

선X :   네

햄XX : (컵형)마라면= 이거 소스랑

선X :   네

햄XX : (봉지)이거 두 개를 쓸게요

선X : 네

햄XX : 그리고, 이거 야채만 먹으면은,

선X : 네

햄XX : 배부르거든요/한 시간 뒤면 다시 배고파[져요],

선X : [어=]

햄XX : 야채를 믿지 마라

선X : 야채를 믿지 말아라

햄XX : 믿지 마라/마라를 믿어라.(두부 꺼내서 물 털고)

선X : 와= 두부가- [맛있겠다] 두부를 되게 좋아해요,

햄XX : [짜잔]

(때리면서 탱탱도 테스트)

선X : 왜 때려요/

햄XX : 된장찌개에 들어갈 크기로, 잘라줄게요

선X : 와[=]

햄XX : [예=]

햄XX : (냄비에 불 올리고) 자, 이제 끓여줄게요

선X : 네=

(불 올라오고)

선X : 와= 불이 나오네요.

햄XX : 그죠=

선X : 좋다

햄XX : 그렇죠. 불이 최곱니다. [자,] 여기 있는 소스만 빼줄게요

선X : [네=]

선X : 네=, 근데, 요리에서 제일 중요한 게 소스인데[th 발음이 이상해서]@

햄XX : th스요/[소스]

선X :   [소스]

햄XX : 여기 소스가 이렇게 있거든요 ✓

선X : 네, 오 소스가 액상 소스네요 ✓

햄XX : 스프랑,액상이랑 두 개가 들어 있어요,

선X : 음=

햄XX : 저는=라면이 물이 끓을 때 스프를 넣는 타입[입니다]

선X :   [어=] 저도 그렇습니다

햄XX : 어=저는=라면이 물이 끓고나서 스프를 넣는 타입입니다. @, 어=넣
       어-- 물이 너무 많은 것 같은데,

선X : 두 개 넣어야 할 것 같아요

햄XX : 그렇죠 ✓

선X : 네, 물이 좀 많아가주구, 그리구 저거 야채도 많고.

햄XX : 아, 이런거 짜증나, 남는거 소스,

선X : 음= 어떻게 처리하죠 ✓

햄XX : 이걸, 이렇게, (봉지를 물에 씻는 중)

선X : 뭐야=

햄XX : 이걸 약간=

선X : 좀, 배=에 복통 유발 소슨가요 ✓

햄XX : 자극적인 거

선X : 아

햄XX : 이거 하나 먹으면= 내일 여드름 세 개 납니다

선X : 아=

햄XX : (스프 짜면서)으=야=

선X : 아=

햄XX : 아=으- 힘주고서 이러면 안되는데,

선X : 자, 물이 다 끓었구요, 그럼, 뭘해야 되죠 ✓

햄XX : 두부는= 좀 나중에 넣어야할 것 같아요.

선X : 음=

햄XX : 으깨질 것 같아.

선X : 고기도 넣어야 되지 않나요↗

햄XX : 고기는=

선X : 나중인가↗

햄XX : 고기는 나중에,

선X : 어=

햄XX : 고기─고기에서 딱 기다려=

(청경채까지 다 넣고)

선X : 이제, 마라향도 약간= 애네가 중화시켜 주는 것 같아요. 강렬했던 그 향이,

햄XX : 그러게요↗[좋네요]

선X :   [네 좋]네요

햄XX : 좋네↗ 자, 이제 애네들이 좀 익으면은 숙주 넣구, [고기] 넣을게요

선X :   [네]

(10분 뒤)

선X : 오~ 제법 익었는데↗

햄XX : 그렇죠↗[근데] 엄청 싱거울 것 같긴 한데,

선X :   [네]

햄XX : 싱거운데 짤 것 같은 그 느낌,

선X : 음=

햄XX : 뭔지 아시겠어요↗

선X : 뭔지 알 것 같아요.

햄XX : 그쵸. 숙주를 일단, 반 넣고,

선X : 네

햄XX : 고기 반 넣구,

선X : 두부도 다 넣어버리죠,

햄XX : 그래요. [아이] 뭐, 기다려서 뭐해요.

선X :   [네]

            그니까

햄XX : 맛있겠다=

선X : 맛있겠다=

(둘이 웃는 소리)

선X : 제 표정이 안 나와서 다행이네요. 맛있겠다=

햄XX : 내가 봤잖아=

선X : @@

햄XX : 10분 동안.(0.1) 한 번 끓여주도록 하겠습니다.

선X : 네, 10분 후에 봅시다.

(10분 후)

햄XX : 하나둘셋! 어↗어, 당면 안 넣었네! 근데 이거 면을 불려놓긴 했는데,

선X : @면이 왜 이렇게 보잘 것 없어 보이죠↗@@

햄XX : 이상하네요

선X : 와= 여기 이렇게 가운데 얼굴, 있을 수 있을 것 같아요

햄XX : 햄XX입니다=

(중간 맛보기)

햄XX : 선X의 중간점검= 어때요↗

선X : 와= 진짜 이거 햄XX님 말대로예요, 싱거운데 짜요.

햄XX : @

선X : 아, 근데, 괜찮아요,

햄XX : 아, 그래요↗, 연기하는 [거 아니에요]↗

선X :   [아, 진짜 괜]찮아요

햄XX : 혼자 죽을 수 없어서↗

선X : 아, 아니, 아니예요, 한번 드셔보세요.

햄XX : (한 입 먹고)어! 이거!

선X : 어떠신가요↗

햄XX : 어! 이거! 그.(0.1) 되게 싱거운 콩나물국에-마라 넣은 맛.

선X : [@@@]

햄XX : [근데] 이거 끓이면 될 것 같아. 뭐 다른 거 안 넣구,

선X : 네

햄XX : 그냥 끓이면 자연스럽게 간-- 그냥 맞춰질 거 같거든요↗

선X : 음, 그럼 기다립시다.

(10분 뒤)

햄XX : 이제 먹어볼까요↗

선X : 네. 와= 정말 기대가 되네요.

햄XX : 진짜 맛있겠다=

(선X 옮기고)

햄XX : 선조수가 옮긴다=근데 이거 진짜 크다,

선X : 완전 커요

햄XX : 8인분 아니에요↗

선X : 와= 이거 @

햄XX : 네= 이거, 진짜 맛있겠다, 근데=

선X : 아, 맛있겠다=

햄XX : 이 주택에 있는 세대들 다 불러도 될 것 같아요.

선X : 그러게요

(맛보기)

선X : 자, 그러면은

햄XX : 마라, 마[라= 뭐라 할까요↗]

선X :   [마라탕면을--]

(그릇으로 옮기고)

선X :   면이 다 어디갔지↗ [면이--]

햄XX :   [저는,]당면 안 줘도 될 것 같애

선X :   그래요↗

(둘이 맛 보고)

선X :   음= 괜찮은데↗ 음= 이 특유의 향이,

햄XX : @[@]

선X :   왜 [웃으세요]↗, 마라의 특유의 향이, 야채를, 거부감없이 먹을 수 있게
       끔, 음=

(다시 한 입)

햄XX : 야채가.(0.1) 되게 오래 끓였잖아요.

선X :   네

햄XX : 그래서 너무 부드럽구=

선X :   네네네

햄XX : 죽인 줄 알았어, @@

선X :   청경채를 입에 넣으면 녹아요. [청경채가].

햄XX :   [근데 맛]있어요.

선X :   맛있어, 진짜. 음=

햄XX : 스팸이 맛있는 것 같아

선X :   와, 스팸, 대박 맛있다, [근데]

햄XX :   [스팸이] 진짜 맛있네↗

선X :   와= 스팸 왜 이렇게 맛있어요↗ 스빰

햄XX : 스빰↗

선X :   스팸.

햄XX : 맛있다

선X : 와, 진짜 맛있어요, 대박

햄XX : 내가 컵라면으로 먹었던 것보다 더 훨씬 [맛있어요]

선X : [그니까], 엄청 맛있어.

햄XX : 잠깐, 약간 오늘도 나, 솔직히 마라, 지난번에 먹고 나서, 먹기 싫었거든요↗

선X : @@ 근데 왜 만들었어...

햄XX : 근데 맛있네↗

선X : 맛있는데요 진짜↗

햄XX : 대신에, 마라의 그 진한 맛은= 별로 안 남아 있고.

선X : 약간=

햄XX : 약간, 야채, 야채랑 순화됐어.

선X : 우리네 입맛에 맞게=

햄XX : 응

선X : 좀.(0.1)중화된 마라탕↗

햄XX : 응

선X : 그래서 전 좋아요

햄XX : 맵찔이한테는 조금 좋은 맛이야

선X : 저는 사실 향이 막 센=그런 거에 별로= 똠얌꿍도 그렇구.(0.1) 별로 그렇게 막 잘 먹진 못하거든요.

햄XX : 아, 저랑 안 맞네요

선X : 음= 되게 맛있다

햄XX : 많이 드세요, 거의 다 드셨네, 벌써 한 그릇= 이거 다 드시겠다. 역시, 라면스프가--@

선X : @@ 어 말해도 돼요↗ 아까 전에 라면스프를 넣었거든요 사실= 먹기 전에는 사실, 뭔가, 맛이 어디 있지↗맛이 어디에 있지↗

햄XX : 근데, 단연코 라면스프 말고 암것도 넣지 않았습니다.

선X : 맞습[니다]

햄XX :   [사]실 소금도 넣었--@@

선X : 아 소금 넣은거야 뭐, 요리할 때 소금 안 쓰는 게 없어요, [그쵸]

햄XX :   [맞아요], 기본
중의 기본. 음= 정직한 마라탕 먹방 해주세요. 진짜 먹기만 하네

선X : 음= 고기 맛있어, 배추도 맛있어요

햄XX : 맞아요, 청경채도 맛있어, 숙주도 맛있어요, 근데 저처럼 이렇게 라면에
들어간 소스 말구두=그냥.(0.1) 중국 식품점에 가면은 마라 소스 팔거
든요／그거 사서 한 번 해먹어 보십시오.

선X : 저 또 먹어두 돼요／

햄XX : 다 드셔도 됩니다

선X : 햄XX님 이제 안 드실 거예요／

햄XX : 아 저 먹고 있어요.

선X : 먹고 있죠／

햄XX : 네, 저, 제가 오빠랑 같이= 뭔가를, 뭘 먹는 걸 되게 싫어하거든요／

선X : 네. 왜요／

햄XX : 혼자 다 먹어서... 근데 선X님 다 드셔도 돼요

선X : 아, @@, 제가 여기까지만 먹을게요.

햄XX : 아니아니에요. 진짜 다 먹어도 돼요

선X : 아니 저 배불러서

햄XX : 아니,아니야, 다 안 먹으면 집에 못 가요. 이번 여름에는 제모 안 하세요
／

선X : 음= 저..(0.2) 평소에 해가지구=

햄XX : 아= 평소[에 하시는구나]

선X :   [네 평소에] 해가지구, 여름이라고 막 바짝 준비하고 그러지

　　　　　않아도 됩니다

햄XX : 역시, 바짝반,

선X :　아, 덥다, 역시 진라면

햄XX : 근데 쿡튜브 진짜 오랜만에 해서

선X :　네

햄XX : 이렇게 [제가 직접-]

선X :　　　　　　[오랜만에] 직접 하셨군요╱

햄XX : 네, 팔을 걷어 붙이구 했죠

선X :　저는, 맨날 얻어 먹는데 웃소 가서, 근데 웃소는, 7명이 먹다보니까,

햄XX : 음=

선X :　많이 못 먹어요, 아무리 많이 만들어도 7명이서 일인분씩 먹으면은

햄XX : 저희 이거—이거 모잘를까╱

선X :　그쵸, 저희 한 명-한 국자씩 떠 먹으면, 고기 막 못 먹는 사람 생기거든
　　　　　요

햄XX : 으음=

선X :　맨날 우디가 못 먹더라구요

햄XX : 왜요╱

선X :　제가 다 먹어 가지구.

햄XX : @@ 혹시나 했는데╱ [역시나]였네요

선X :　　　　　　　　　　[역시나]

(잠시 후 선X 일어나 돌아다니며)

선X :　집에 선풍기가 없다는 게 사실일까요╱@@ 어떻게 사람 집에 선풍기가
　　　　　없어, 이게 말이 되니╱

햄튜브 : 난 추운 게

선X :　그치╱구름아= (고양이 앙칼진 소리) 아=아=아= 알았어, 드디어 참았
　　　　　던 화를 폭발했어.

햄XX : 쿡튜브 성공=

선X : 성공=, 어 더워요=

햄XX : 약간 그런= 이론이 있나 보다, 선X한테 땀냄새가 날수록 음식이 맛있다.

선X: @@@@

선X : 와 이거 다 먹었다.

햄XX : 다 먹었다, 와아=(박수치는 소리)

선X : 이렇게 먹는 장면, 오래 찍은, 쿡튜브는 또 처음인 것 같은데요

햄XX : 그럼 지금까지 쿡튜브, 집에서 마라탕을／특집이었구요. 게스트, 조수, 찔밥 선X였습니다.

선X : 안녕, 내 이름은 찔밥 선X(손 젓기)

햄XX : 찔바=

선X : 찔바=

3. TV 오락프로그램 자료[3]

〈1화〉

거실

여자1 : 안녕[하세요[↗

남자1 :　　　[안녕]하세요↗

(잠시 바라보다 남자1 밖으로 향하는 몸짓)

남자1 : 아, 슬[리퍼 가져와야] 해요↗

여자1 :　　　[슬리퍼, 바깥에 있어요]

(남자1 다시 들어오고)

여자1 : 저밖에 없어요.

남자1 : 네↗

여자1 : 저밖에 없어요.

남자1 : (걸어오면서 보다가 짐 내려놓고) 짐 그냥 여기 두면 되나요↗

여자1 : 아, 네, 편하신 데 두면 될 것 같아요.

---

3) 이는 〈하트시그널2〉(2018.03.16. ~ 2018.06.15. 방영) 전사자료를 일부 올린 것이다.
　　1부 연구자료참조용이기도 하다.

남자1 : 앉으세요.

(여자1과 남자1 앉고)

남자1 : 언제부터 기다리셨어요↗

여자1 : 저는 한.(0.1) 30분 전↗

남자1 : 30분 전↗

여자1 : 네. 되게 심심했어요@@

(둘이 어색해서 멀뚱거리고 있는 중)

남자1 : 집 한 번 둘러보셨어요↗

여자1 : 네↗네 [한 번] 구경해 보실래요↗

남자1 :   [가--]

남자1 : 네, 가죠.

둘이 일어나 올라가고 윗층방

여자1 : 집 완전 좋아요,

남자방 완전 좋아요 한번 구[경해 보시죠].

남자1 :   [남자방도] 보셨어요↗

여자1 : 네,

(시그널 하우스 규칙을 보고)

여자1 : 저기 규칙,

여자1 : 근데, 이름은= 물어봐도 되죠↗

남자1 : 네, 저는 김OO이에요.

여자1 : 아, 예, 저는 오OO예요.

남자1 : 오OO

여자1 : 예. 반갑습니다.

(서로 인사)

여자1 : 김OO이요↗

남자1 : 예, 나이는 안 되고.

여자1 : 네.

다시 내려와 거실

여자1 : 또 크리스마스라, 저희가 연말╱새해도 같이 보내잖아요,

남자1 : 고개만 끄덕이고

여자1 : 응. 재미있을 것 같아요.

(어색한 침묵이 흐르고)

남자1 : 연말.

(어색한 침묵, 여자1 커피 마시고)

여자1 : 괜찮으세요╱, 긴- 긴장한 것 아니죠╱

남자1 : 네, 원래= 좀, 말이 좀 적어요 [@]

여자1 :   [아] 음=

(침묵 속에 누군가 오는 소리)

여자1 : 온 것 같아요.

남자1 : 네 소리가 들려요.

여자1 : 가볼까요╱아니 기다려야 하나╱어떡해야 하지╱

(누군가 가방 들고 올라오고)

여자1 : 남자분인 것 같아요. 어╱

남자2 : 안녕[하세요].

남자1 :   [안녕하]세요.

남자2 : 안녕하세요.

(잠시 서로 인사)

남자2 : 짐을 어디다 놔야 하지╱

남자1 : 남자방이, 이쪽인데.

남자2 : 아= 그래요╱

(짐 정리하러 가고)

남자1 : 막상 이렇게,

여자1 : 응

남자1 : 한명씩 한 명씩 느끼까, 정말로= 떨리네요, [실감도 나]고.

여자1 :   [떨리세요]↗

남자1 : 예.

여자1 : 맞아요. 예, 어제 잠 잘 주무셨어요↗

남자1 : 어제 한, 3시간도 못 잔 것 같아요.

(남자2 나와서 의자에 앉고)

남자2 : 아이고, 하=, 날이 추워서 자꾸 콧물이 나가지고,

여자1 : 하=

남자2 : 죽는 줄 알았네, (립밤 꺼내면서) 입술이 건조해 가지고 이거 썼거든
        요.

여자1 : @

남자2 : 빨개지는데↗

여자1 : 그래요↗ [@]

남자2 :   [당황]스러워요, 당황했어요, 이거 어떡해↗, 남자들 쓰라고 이
        거 놓은 거 맞나↗, 굉장히 어색하네요.

남자1 : 네

남자2 : 성함이 어떻게 되세요↗ 저는 정OO라고 합니다.

남자1 : 정[--]

남자2 :   [정O]O

남자1 : 반갑습니다.

여자1 : 네, 저는 오OO요.

남자2 : 오OO, @

(서로 이상한 듯 웃으며 바라보다가 남자2 핸폰 검색)

여자1 : 왜요 왜요↗

남자2 : 알지 않아요 우리↗

여자1 : 그러니까=

남자2 : 아, 이렇게 만나네=

여자1 : 해가 진, 살쪘다.

남자2 : 삼성동↗

여자1 : 삼성동 아니고,

남자2 : 아= 압구정동↗

여자1 : ** 턴↗

남자2 : 그쵸↗ 그쵸↗

(여자2 웃고만 있고)

남자2 : 기억나, 학원 같이 다녔잖아요 [고등학교] 때,

여자1 :   [그러니까] 고등학교 때,

남자2 : 맞아 고[1때].

남자1 :   [두 분이] 동갑이시다↗

남자2 : 오↗ 오= 그[러네].

여자1 :   [대박].

남자2 : 그러네, 아닐 수도 있어요, 나이는 공개하면 안 되니까, 그때 예, 음= 그
        때 인기가 되게 많았어요.

여자1 : 뭐, 인기가 많아요.

남자2 : 예뻐가지고.

(셋 웃고)

남자2 : 그래가지[고--],

여자1 :   [저], 기억나요↗

남자2 : 나죠.

여자1 : 너무 안 놀라는 거 아냐↗

남자2 : 놀랐어요, 올라왔는데, 너무 놀라가지고, 설마↗, 내가 아는(0.1) 그 사
　　　 람이 맞나 했는데, 저기 보니까, [이름]이 적혀 있[더라]구요, 이름이
　　　 적혀 있[어요].

여자1;　　　　　　　　　　　　　　　　　[음=]　　　　　　　[음]

남자1 :　　　　　[네]↗

남자2 : 보셨어요 혹시↗

김남자1; (고개 끄덕이고) 곧 있으면 네 명이네요.

여자1 : 다음번은 여자 아닐까요↗

남자1 : 그럴 것 같기도 하고.

(네 번째 방문자 나오고)

주방

여자1 : 우와, 빵도 있다.

남자1 : 마실 거 있어요 거기↗(일어나 걸어가며) 따뜻한 차 같은 거 혹시 있는
　　　 지 모르겠네.

(둘이 여기저기 뒤지면서)

남자1 : 봤어요 [이거]↗

남자1 :　　　 [네] 봤어요, 우리 이렇게 먹어도 되나↗

(남자1은 올라가고 남자3은 들어와서 두리번거리고)

남자1 : 와인셀러도 있네↗

남자3 : 안녕하세요.

남자1 : 어, 안[녕하세요. 언]제 오셨어요↗

여자1 :　　　 [안녕하세요].

남자3 : 방금 [도착했어요].

남자1 :　　　 [뭐 좀=] 마실래요↗

남자3 : 네, 그냥 물=만 [한잔].

남자1 :   [차가운--] 찬물 드릴까요 따뜻한 물 드릴까요╱

남자3 : 따뜻한 물로요.

여자1 : 아이구, 제대로 못 반겨드렸네요.

남자1 : 죄송해요 여기 구경하느라.

남자3 : (옷 챙겨두고) 두 분만 오신 거예요╱

여자1 : 어, 아뇨, 여기 한 명 더 있었는데,

남자3 : 예

여자1 : 어딜 갔는지 모르겠네요.

남자1 : 그러게요, 어딜 가셨지╱, 저기,

남자3 : 아=

남자1 : 물 드세요.

남자3 : 감사합니다.

남자1 : 성함이 어떻게 되세요╱

남자3 : 아, 저는 이○○.

남자1 : 이○○님.

남자3 : 아, 안녕하세요.

남자1 : 안녕하세요, 이○○님.

남자3 : 네, 알고오셨네요.

남자1 : 저도 자기 소개를 해야만 하는 줄 알고 알았는데, 저기 이름이 다 있는
        종이가 있더라구요.

남자3 : 아 정말요╱

남자1 : 이름 잘못 외웠는데 잘됐어요.

#자리 옮겨 거실

남자1 : 이제 오시는 여자분들,

여자1 : 네

남자1 : 이름 [미리,] 미리 알고, 맞히면 되는 거예요╱

여자1 : ㅤㅤ[아=] 이제 여자분들만 남았으니까.

남자1 : 혹시 그분 아니세요╱하면서 아는 척을,

남자3 : 아 [@@]

여자1 : ㅤㅤ[괜찮]다 괜[찮다].

남자3 : ㅤㅤㅤㅤㅤ[50대] 50.

여자1 : ㅇㅇ이, 이름이 좀 귀여운 것 같아요.

남자3 : 그래[요╱]

여자1 : ㅤㅤ[그렇]지 않아요╱ㅇㅇ

남자1 : 드라마에 나올 법한,

(순간 좀 어색한 침묵)

여자1 : (일어나며) 나 커피.

남자1 : 맛있어요╱

여자1 : 네, 맛있어요.

남자1 : 혹시 커피 드세요╱

남자3 : 아, 저는 안 마실게요.

남자1 : 안 드세요╱아까 뭐 떨린다고.

남자3 : 네, 마시면 떨릴까 봐, 지금은 안 떨리는데.

(여자 출연자3 등장)

여자1 : 어 누가-누가 온 [거 같애].

남자3 : ㅤㅤㅤㅤㅤㅤ[누가 온]거 같애.

여자1 : 약간 떨리시겠다, 동공= 막 흔들리시는 거 아니에요╱

남자1 : 송ㅇㅇ씨╱

남자3 : 아, 이거 뭐, 내기하는 거예요╱

남자1 : 아뇨, 아는 척 좀 하려고.

여자1 : 어╱아, 안녕하세요.

(서로 간에 안녕하세요 인사 중, 모두 일어나 맞고)

여자3 : 안녕하세요, 저 여기 앉을까요↗

남자1 : 반갑습니다

남자1 : 물 한 잔 드실래요↗

여자3 : 네. 감사합니다.

남자3 : 저희 소개할게요,

여자3 : 네

남자3 : 저는 이○○입니다

여자3 : 안녕하세요

남자1 : 저는 정○○라고 합니다, 혹시 송○○씨↗

여자3 : 네↗, 아니, 아[니에요]

남자3 :   [임○--] 임○○씨

여자3 : 아, 네.

남자3 : 맞죠↗

여자3 : 아, 네, 어떻게 아셨어요↗

남자1 : 틀렸네.

남자3 : 왠지 느낌으로, 저분이 실패해서=

여자3 : 아히=

남자3 : 사실 여기,

여자3 : 아, 이름이 [있구나].

남자3 :   [네=] 이름이 있어서.

남자1 : 저거 이제 숨기죠. (일어나서 이동) 숨기고--

남자3 : 아= 예, 숨기고 이제 할까요↗이제 진짜 모르는 것처럼.

남자1 : 자, 마셔요.

여자3 : 아, 감사합니다.

남자1 : 혹시 커피 좋아하세요↗ 커피 드실래요↗

여자3 : 아, 괜찮—이걸로 [먹]을게요.

남자1 :   [예]

여자3 : 무슨 얘기 하고 계셨어요↗

남자3 : 그냥 다 운동— 아, 요리 뭐 잘하는지.

여자3 : 저요↗저 설거지↗

남자3 : 설거지↗[저거--]

남자1 :   [설거지]라는 요리가 있어요↗

남자3 : 설거지, 저도 설거지는 잘하는 거 같은데.

여자1 : 설거지--@

남자1 : 성함이 어떻게 되시죠↗

여자3 : 저 임○○요, 성함이 어떻게 되시죠↗

(남자2는 카메라 꺼내들고)

김; 저는 김○○요

여자1 : 카메라 가져오신 거예요↗

남자1 : 네 (몇 장 찍고) 예쁘게 잘 나와요 보여드릴까요↗

여자1 : 셀카도 이렇게 올리면 찍을 수 있는 거 아닌가요↗

남자1 : 맞아요.

남자3 : 사진을, 언제부터 찍으신 거예요↗

남자1 : 진짜 별로 안 됐어요, 한달↗

남자3 : 아, 한 달요↗혹시 [이거 때문에]↗

여자들;   [@@]

남자1 : 아, 이거 때문 아니에요,

(모두 웃다가 침묵)

여자3 : 어떡해 갑자기 정적이 [@@],

남자3 :   [근데] 이게 사실 정적이 많을 줄 알았는데 아까,
          말을 잘하시는 [것 같은데--]

남자1 :   [오시니까] 정적이 흘렀어요 [사실=]

여자3 :   [아 또]요↗, 아 어떡해, 저
          갈까요↗

(여자2 등장)

남자1 : 안녕하세요.

남자3 : (일어나서) 안녕하세요.

여자2 : 안녕하세요.

남자1 : 반갑습니다.

여자2 : 아, 저기 앉을까요.

남자1 : 물이나 혹시 커피 드실래요↗

여자2 : 아, 저, 따뜻한 물요.

남자1 : 따뜻한 물요

여자2 : 어디↗

남자1 : 내가 가져올게요(이동)

여자2 : 아, 감사합니다.

(시그널 하우스 등장하고. 잠시 후 남자1이 다시 오고)

여자2 : 감사합니다. 아, 저 소개하는 거예요↗

남자3 : 네.

여자2 : 아, 안녕하세요, 안녕하세요. 저는 송○○이라고 해요.

(서로 인사하며 반갑습니다. 주고 받는다)

여자1 : 이제 드디어 다,

남자3 : 드디[어]

여자2 :   [다] 만났네.

여자3 : 진짜 궁금했는데.

남자3 : 진짜.

남자1 : 너무 오래됐어.

(잠시 웃다가)

여자2 : 아이유 [닮았어요]

여자3 :   [네↗]

남자3 : 어 맞아요.

여자2 : 아이유 [아이유]

남자1 :   [들어올] 때부터 살짝 [느낌이],

여자3;   [아 진짜요]↗ [어떡]해.

남자3 :   [응]

여자2 : 아이유, 닮았어요, 진[짜 닮았어]요.

남자1 :   [어 그러네].

여자3 : 옷이 이래서 그런 것 같아요 단발머리에,

여자2 : 그 뭔가, 하얗고, 그런=, 그 뭔가 보듬어줘야 될 것 같은 그런 이미지가
         조금--

여자1 : 맞어, 맞어.

여자3 : 갑자기 부끄러워지네.

장면 바뀌어, 거실

여자3 : 구경할까요↗

남자3 : 그럴까요.

여자3 : (창밖을 보면서) 여기 밤에 되게 예쁠 것 같아요.

여자2 : 날씨 좀만 따뜻해졌으면, 바비큐 파티 하는 건데.

여자3 : 진짜 예쁘다.

여자2 : 어, 나 지금 봤어 식탁.

여자3 : 저도 지금 봤어요.

남자3 : 요리 잘 하세요↗여자2씨↗

여자2 : 저요↗

남자3 : 네.

여자2 : 저 한식은 잘해요.

남자3 : 오오 잘한다고, 저희는 오늘밤에 좀 많이 보죠.

여자2 : 아하.

남자3 : 고든램지 같이.

다같이 계단 올라 윗층방

여자1 : 여기 한층 위.

여자3 : 오호= 전망 좀 봐.

여자2 : 와=

남자3 : 침실이 저 안이구나.

여자2 : (창가로 달려가서) 뷰가 너무 좋은데.

남자1 : 여기 화장실 [봤어요]↗

남자3 :   [훨씬] 좋은데요.

남자1 : 화장실 한 번 [볼래요]↗

여자2 :   [나 깜짝] 놀랐어.

남자1 : 요거 살짝(커튼 열고)

여자2 : 와아= 너무 좋다.

남자3 : 화장실 디따 커.

여자3 : 자동으로 열렸어, 치약도 있네.

여자2 : 화장실 너무 좋다.

여자3 : 다 없는 줄 알았어.

여자1 : 화장대도 세 개더라구요.

여자3 : 아, 진짜요↗

남자3 : 아 좋다.

남자1 : 진짜 부러워요, 어╱빨래 바구니도 있네.

여자2 : 빨래바구니 따로 있어요╱

남자1 : 빨래— 세탁기 어딨지╱

남자1 : 어디 있었더라╱

여자3 : 여기 문 열고 들어가 봤어요╱

남자3 : 안 열[려요].

남자1 :   [안] 열[려요].

여자3 :   [안] 열리구나.

남자1 : 여기서 이렇게 보면 방 구조가 조금 보여요.

여자3 : 하= 저기서 여기 보이는 거 아니에요╱

남자1 : (창밖을 보다가) 침실인데╱침실인 거 같은데.

밑으로 내려와서 남자방

남자1 : 출근시간이나 뭐, 나가야 되는 시간--

남자1 : 그것도 그러네.

남자1 : 네. 그것에 따라서 정하는 게 좋을 것 같아요.

남자1 : 일찍 나가시는 편이에요╱

남자1 : 저요╱뭐, 사실 뭐, 직장이 멀리 있어서, 여기에서 좀 멀어지고 일찍
       나가야 될 것 같긴 해요.

(남자3 등장)

남자1 : 저희 침대 정하려고.

남자3 : 아, 저희 침대 정해야죠, 그렇죠.

남자1 : 침대 정하려고 하고 있어요.

남자3 : 어떻게 정하죠╱

남자1 : [일--]

남자2 : [일단] 남자1께서 출=근 시간에 따라서 정하자는 말을 [하셨는데--]

남자1 :   [좀 일찍] 일어

        나셔야 하거나

남자3 : 저랑 비슷하네요.

남자1 : 아홉시, 아홉 시 반.

10분 전 회상 : 둘이 계단을 내려오면서

남자2 : 잠을 좀 깊게 자는 편이에요╱

남자1 : 아 저요╱ 조금 예민한데.

남자2 : 많이 예민하시면,

남자1 : 네.

남자2 : 여기서 주무시는 게 나을 것 같아요, 이쪽으로 자면 되고.

#잠시 컷

남자1 : 직장이 좀 멀리 있어서,

남자3 : 음=

남자1 : 한 시간 넘게 걸릴 것 같습니다.

남자3 : 네, 알겠습니다.

남자1 : 그럼 제가 이쪽을 할게요.

남자3 : 아, 정말요╱

남자1 : 가장 일찍 나가니까.

남자3 : 네. 제가 화장실, 일어나자마자 빨리 가[는 게--]

남자1 :   [정말 괜]찮으시겠어요╱

남자3 : 네, 정말 괜찮아요. 저는 정말 상관없습니다.

(나머지 둘 가위바위보)

남자1 : 편한 데 하십시오.

남자3 : 아니,

남자1 : 눈치 보지 마시고,

남자3 : 그냥 저는 안쪽으로 하겠습니다.

남자1 : 네, 제가 가운데 할게요.

남자1 : 네 좋습니다.

주방

남자1 : 조금 물기만 조금 제거해서, 조금만 떼주시겠습니까／

남자3 : 네.

남자1 : 네 감사합니다.

남자3 : 배고프다.

여자들의 방

여자3 : 침대 정할까요／

여자2 : 그럴[까요]／

여자1 :　　[네], 정해야죠.

여자3 : 혹시 일찍 나가시는 분.

여자1 : 아마, 제가 그럴 것 같긴 해요.

여자3 : 그럼 [1층] 쓰실래요／

여자2 :　　[1층]

여자1 : 음=

(여자 화장실 장면)

여자3 : 어／나도 여기 되게 잘 가는데.

여자1 : 진짜요／

여자2 : 가로[수길]

여자1 :　　[액세서리=]

여자2 : 완전 좋아요.

여자1 : 대박.

(여자3 가방 가지고 들어오자)

여자1 : 조심해요.

여자3 : 네.

여자1 : 약간 웃는 게 여자3씨=, 그= 1편의 서지혜씨 같아요.

여자3 : 네╱아니[에요].

여자1 :   [아], 근까, 되게, 그, 칭찬의 의미로, 웃는 게 이뻐서

#시그널 하우스 5 : 30, 다시 모임

여자3 : 아 맞다= 저희 식당 당번 정해야죠.

남자3 : 아 맞다, 그거를 어떻게 정해야 하지╱

남자1 : 그런 거 있잖아요, 잡지책 같은 거.

여자2 : 아, 또 [판 깔린 거--]

남자1 :   [아무렇게나] 펼쳐서, 거기에 사람 제일 많은 사람이 걸리는,

여자3 : 음=

남자3 : 아 또 그런데 많은으로 하면, 적[은으로 하는 게] 나을 것 같아요,

여자3 :   [적은으로 하는 게--]

남자3 : 제일 [적은 사람],

남자1 :   [그래, 제일 적]은 두명, 숫자 세기 힘드니까.

여자1 : 그럼 남자 중에 적은 한명, 여자 중에 적은 한 명╱

(남자2 열고)

여자2 : 와=

남자1 : 많아 [많아].

여자2 :   [딱] 봐도 많아.

여자1 : 일부러 아까 체크[한 것 같]은데.

남자1 :   [열다섯]

(남자3 넘기고)

남자1 : 속독↗

남자3 : 속독했어요.

(남자1 열고)

남자3 : 잠깐만,

여자3 : @@

남자3 : 어↗ 잠깐만 많다.

여자2 : [많네]

남자1 : [열다섯] 넘었으면 넘기세요.

여자2 : 없는데↗

남자1 : 졌네요.

여자2 : 전혀 한 명도 안 나온 것 [같은데].

남자1 :   [잠깐], 이 아래에 작은 사람들이 있어요

(모두 웃고)

남자3 : 열둘 열셋 열넷,

남자1 : 오. 이겼어.

남자1 : 제가 [할게요].

여자2 :   [열여섯, 열일곱], (책 갖다 보여주며) 여기=만, 해도 많은데요.

남자1 : 아= 저기 안에도 있었구나.

남자1 : 제가 할게요, 제가 할려고 그랬어요 원래.

여자2 : (책 보며) 숨은 그림 찾기.

남자1 : 제가 하려고 이거 게임하자고 그런 거예요.

여자3 : 그렇구나 [@@]

여자1 :   [그렇구나].

(여자3이 열어보려고 책 갖음)

남자1 : 아, 제발, 여자3이 걸려라.

여자2 : 아, 떨린다, 이게 뭐라고

(열고)

여자3 : 아, 없어요⁄

남자3 : 없어,

여자3 : 없어⁄

#장면 바뀌어 주방

남자1 : 된장국 느낌 아니에요, 이거 지금⁄

여자3 : 그런 것 같은데.

남자1 : 국물이 너무 많은 것 같은데.

#쇼파에 남은 4인

남자3 : 우리도 뭘 하고 있어야 될 것 같은데.

여자2 : 민망하다.

남자3 : 아무것도 안하는 게 [더 벌인 것 같애].

여자2 :   [아, 그게 더 어려워=]

#주방에서

여자3 : 그냥 이렇게 막고 그러면 그렇지 [않아도--]

남자1 :   [좋아요] 장난치지 마시고.

#회상 씬

여자3 : 제가 그렇게 불안하세요⁄

남자1 : 아, 아까 설거[지라고--]

여자3 :   [열심히] 할게요.

#다시 거실 현재

남자3 : 혹시 물 드실래요✓ 저, 물, 물이라도.

남자1 : 네, 물이 맛있더라 [맛있어요].

남자3 :   [물이라도--], 물이 맛있어요✓ [물]✓

여자2 :   [물 담당] 저기 계시는데.

남자3 : (걸어나가며) 안 드시면 저--

남자3 : (주방으로 들어서면서) 준비 잘 되어가고 있나요✓

여자3 : @@

남자3 : 저희, 여유롭게 기다릴게요, (물 내리고) 수고하세요

여자3 : @@

남자3 : 믿을게요.

#거실

여자1 : (들어오며) 이거, 쫌, 이거 우리끼리 해볼까요✓

남자3 : 저는 찬성입니다.

여자2 : 할리갈리합시다.

여자1 : 이거 할리갈리— 그러면 둘러 [앉읍시다].

여자2 :   [둘러앉아요].

#거실에서 게임하고 주방은 그런 쪽 흘깃대며 보고, 거실은 웃음

남자1 : 이거 이제 맛좀 볼까요✓

여자3 : 저기요.

남자1 : 아이 뜨거워.

(한쪽으로 대피, 이를 흘깃 보는 여자3)

남자1 : 양파는 맨 마지막.(0.2) 혹시 모르니까 물어봐야겠다.

#거실로 옮겨서

남자1 : 죄송한데, 된장찌개에 양파랑 다진 마늘 들어가요 /

#주방에서 여자2가 셋팅 중

남자1 : 뭔가 셋팅이 되고 있어.

여자1 : (다들 일어나며) 한번 볼까요 / 얼마나 됐는지 /

주방

남자1 : (여자3에게) 맛만 봐주면 안돼요 / 이게, 잠깐만요, 닦아 드릴게요, (옆
　　　　의 여자3에게 키친타올) 한 장만 주세요.

#장면 바뀌어 '달걀말이'자막, 주방

여자3 : 뭐, 뭐하세요 /

남자3 : 네 / 저희 게임하다 [왔어요].

여자3 : 　　　　　　　　　　　[아니] 여기서 뭐하세요 /

남자3 : 저희요.

남자1 : 감시오.

남자3 : 감시@@

(장면 패널에서 다시 출연자들에게)

남자1 : (남자들에게) 계란말이 원[해요 / 계란말이].

여자2 : 　　　　　　　　　　　　　[여기 계란도 있다].

남자3 : 계란말이 /

(남자2가 계란을 까고)

여자3 : 어 귀여워

(남자1이 계란 들고 나서자)

여자3 : 뭐하시는 거예요 / 삶은 달걀인가요 /

남자3 : 아이 씨=

여자3 : [저기요],

남자1 : [여기=], 여기 치즈 좀 넣어주세요

남자3 : 치즈↗ 이것, 지금 넣으라구요↗

여자3 : 아냐↗ [아냐]↗

남자3 :   [마지막에], 예, 마지막에.

여자3 : 아, 맛있어@@

남자1 : 뭔데↗ [치즈]↗

여자2 :   [많이] 배고픈가 보네.

여자3 : 밥, 밥, 밥, 나[중에].

여자1 :   [어=] 나중에, 맨 마지막에.

여자3 : 아, 맞어 맞어 맞어.

여자1 : 되게 배고픈데 지금↗

(여자1은 계란을 휘젓고. 여자2가 숟가락을 들고)

여자3 : 이거 한 번 하는 게 어때요, 지금↗ 이거 [할까요]↗

남자3 :   [뭘 해요↗]

여자3 : (손으로 가리키고)

여자1 : 계란말이↗ 여자2씨, 할 수 있죠↗

여자3 : 저, 저 못해요.

여자1 : 그럼 제가 한 번 해볼게요.

여자3 : 그[래 해봐요].

여자1 :   [저도 안해보긴 했는데,

(계란물 들고)

여자1 : 안 되면 스크램블 해 먹지 뭐, 괜찮죠↗

남자1 : 그럼 되지.

여자3 : 밥 퍼도 돼요↗ 밥 좀 있다가 [퍼야 돼나]↗

남자3 :   [좀 있다가] 퍼야 될 것 같아요 고기를 아직,

남자1 : 고기 [되고 나면],

남자3 :   [고기가 더 지금--]

여자3 : @ 약간 흥분하신 것 같아 고기.

남자3 : 약간 배가 너무 고파서.

남자1 : 지금 할 일이 없다.

여자3 : (따라하며) 할 일이 없다 @@, 종이컵 없나 종이컵↗

남자3 : 저기, 이거, 종이컵, 이거 너무 미관을 해치는 것 같아, 갑자기 저런 식
        탁에서

(여자 둘 의식하듯 보고)

남자1 : 이거 두 개만 하면 되죠↗

(여자C는 냉장고에서 김치 꺼내고)

남자3 : 아= 둘이 같이 하는구나, .왜= 아 왜 돌렸는데 나오지 않지↗

여자3 : @@@

남자1 : 눌러봐요.

여자3 : 아까 눌렀어요.

남자3 : 눌렀어요↗ 제가요↗

(여자들 소외감 느끼면서)

여자1 : 우리 둘이, 우리 [둘이 요리 계속]하는 거 아냐↗ 우리 [둘이 놀아]요.

여자2 :   [우리 둘이--]   [우리 둘이]

여자1 : 이거 약간 약[간 또],

여자2 :   [낚였네].

남자3 : (남자1과 여자3 함께 화기애애) 집안 일 안 해본 사람들,

여자1 : (소외된 데서 삐치며) 이거 약간 이상한데↗

남자3 : (남자1과 여3과 함께) 됐어요, 이제 [이거],

남자1 :   [아 됐]구나.

남자3 : 아 들어갔구나, 들어간 반찬도 있고 안 들어간 반찬도 있고@@

여자3 : @@

남자3 : 이상하죠↗

(여자들 달걀말이)

여자1 : 아니야 아니야 아니야.

여자2 : 침착, 침착.

여자1 : 이걸 어떻게 했는데= 우리가 왜 다하는 거 같아요↗

여자2 : 말렸다.

#요리 준비 다 끝나고 식탁

남자1 : 먹어봅시다.

여자3 : 음= 밥이 @@

남자1 : @밥 맛있는데요.

여자1 : 너무 맛있구나.

여자3 : 이거 진짜 맛있구나.

여자3 : 회심의 계란말이,

여자2 : 응, 달걀말이가 궁금해.

여자3 : 홈= 이건 팔아도 될 것 같아요. 진짜 맛있어요, 간이 진짜 딱 맞아.

남자1 : 궁금하신.분↗

여자3 : 와= 진짜 맛있어.

여자3 : 아니, 여러분 된장찌개 먹어보세요.

남자3 : 아, 맞다.

남자1 : 찌개 맛있는데.

남자3 : 그러니까, 찌개가, 기대를= 기대를 넘었어.

남자1 : 하이파이브, 잘했어.

여자3 : 내가 한 거 아닌거 같은데.

남자1 : 생각보다 맛있네.

여자3 : 맛있어요╱

남자1 : 네.

여자3 : 계속 덜어드시네.

남자1 : 찌개 되게 좋아하죠╱

남자2 : 근데 이게 맛있어요.

남자1 : 그래요╱

여자3 : 저희 근데, 장을 한 번 봐야 될 것 같아요.

남자1 : 응. 없는 게 너무 많아.

남자3 : 우선 케찹이 없어요.

여자1 : 버섯도.

여자2 : 음= 세상에, 버섯 좋아해요╱ 아니 둘이 너무 잘맞아,

여자1 : 그러니까.

여자2 : 아까 화장품도 너무 잘 맞고,

여자1 : 맞아, 너무 신기해

여자2 : 왠지 친구일 수도 있을 것 같아요.

남자1 : 나이가╱

여자1 : 응

여자3 : 음. 나랑 동갑 같아요.

여자1 : 아, 진짜요╱ 난 엄청 어려 [보였는데]

여자2 :   [어려 보]이는데--

여자1 : 근데 약간 술을 좋아하는 걸 보면=

여자3 : 저랑 동갑 같아요.

여자1 : 몇 살 차이일 것 [같아요]╱

여자3 :   [저보다] 1살 많을 것 같아요..

(모두 어색어색. 여자1과 동갑이라는데, 한 살 더 많다는 말과 같으니)

여자1 : 아냐, 너무 어려 보여, 한 이십, 삼↗

여자2 : 나, 둘 같[은데]

남자3 :   [두살]

여자3 : 두 살↗

남자3 : 스물 두 살

남자2 : 나도 스물 두 살 같은데, 아님 엄청 동안이거나 어리거나.

남자1; 다 먹었다.

여자3 : 더 드세요.

여자1 : 남자2씨 화나신 거 아니죠↗

남자2 : 예↗ 왜요↗

남자1 : 도O, 도[O씬데요]

여자2 :   [말이--]말이--

여자1 : 아, 죄송해요, 아니에요, 아니에요.

여자3 : 합쳐졌어.

여자1 : 합쳐졌어, 남자2랑 합쳐졌어, 잘하시는 게임이 뭐 있어요↗

남자1 : 저 게임에, 재능이 없어요.

여자1 : 아, 알겠습니다, 근데 계속할 것 같아요.

남자1 : 말을 그냥 뚝 끊어버리네.

여자1 : 그러니까, 아 근데. 4주 동안 계속 하시니까 익숙해지셔야 돼요.

남자1 : 네, 이제 훈련을 통해서.

(다들 아=감탄)

여자3 : 진지해.

여자1 : 진지남이네.

남자1 : 나이가 거꾸로 먹어도 [별--]

남자1 :   [아니에요], 취했나, 힘들다.

여자1 : 약간 되게 꼼꼼할 것 같아요, 뭔가 되게 학생일 때 되게 열심히 공부하
셨을 것 같아요.

여자2 : 공부 잘하셨을 [것 같아]요.

여자1 :   [여기도] 멍뭉미가 불안해할 타입이에요.

남자1 : 그래요↗

남자2 : 저는↗

여자1 : 저 친구분이 [얘기하--]

남자2 :   [저는 왜] 얘기 안해 줘요↗

여자1 : 예↗

남자2 : 제 얘기↗

(모두 웃고)

여자2 : 말로— 말로 사[시는--]

남자3;   [사업가]같아요, 그렇죠↗

여자1 : 음=약간 영업↗

남자3 : 아니, 원래 그렇잖아요, 알래스카에 선풍기 팔아라 뭐 이런 거.

여자1 : 잘 팔 것 같아.

남자3 : 잘 팔 것 같아요.

남자2 : 알래스카에 냉장고 팔아[라예요].

남자3 :   [아], 냉장고구나.

여자2 : 알래스카=

남자2 : 어떻게 파냐, 냉장이랑 냉동의 차이는 있거든요, 항상 냉장을 해야만
하는 음식들이 있고, 냉동을 해야하는 음식들이 있단 말이에요. 냉장고
는 온도 유지를 해주는 거고, 냉동은 한없이 차갑기만 하면 되잖아요,
죄송해요.

(모두 웃고)

남자2 : 되게 힘들어 하시네 이런 말 하니까,

여자1 : 음= 그래요

남자2 : 아무튼 냉장과 냉동의 차이가 있기 때문에, 알래스카에서도 냉장고의
        수요가 분명히 있을 거예요.

여자3 : 오= [오=]

남자2 :   [맞아요], 이거 봐 모르는 사람이 있다니까.

여자1 : 이러니까 자꾸 하잖아요.

여자3 : 죄송해요.

남자2 : 지금 막 욕해놓고 기다리고 있잖아 내가 막 문제 내주기를,

여자3 : @@

남자2 : 저 이런 거 되게 좋아해요, 막 난제 같은 거 푸는 거.

여자3 : 마술사 아니에요, 마술사↗

남자2 : 마술사 왜 갑자기 왜↗

여자3 : 갑자기 마술사 같아요.

남자2 : 왜↗

여자3 : [마술사], 뭔가

남자3 : [그게--]

여자1 : 아=

남자2 : 저기 윗층에도 마당 있잖아요, 눈 좀 쌓이면 눈사람도 만들고 눈싸움도
        하고.

여자3 : [@@@]

남자3 : [눈싸움 하고] 그 다음에 [눈올 때 뭔가를 한다는 게] 괜찮아요.

남자2 : (웃는 여자2에게)   [왜=, 왜요↗]

눈싸움에서 웃으셨는데.

여자3 : 눈싸움이요↗ 아니, 아니에요.

여자1 : 괜찮으신거죠↗

여자3 : 네.

(여자들 방으로 귀가)

여자1 : 이제 얼마 안 남았어.

여자2 : 어, 빨라 빨라.

여자1 : 아니, 우리 요리할 때 너무 잔소리한 거 같애.

여자2 : 나는 여자3씨가 너무 귀엽잖아,

여자1 : 응.

여자2 : 챙겨주고 싶고,

여자1 : 응.

여자2 : 그래서,

여자1 : 맞아맞아, 온 거 같애.

여자2 : 이런= 뭐라 해야 되지↗

여자1 : (화장고치고 온 여자3에게) 왔어요↗

여자2 : 이렇게 가슴 졸이면서 막 문자 못 받으면 어떡하지.

여자3 : 나 진짜 못 받을 것 같애요.

여자2 : 에이.

여자3 : 못 받을 거 같아, 근데 뭐, 첫날에 못 받아도 되죠, 뭐.

여자1 : 맞아, 첫날이 중요한 건 아냐.

여자3 : 근데 보낼 사람 정했어요 다들↗ 아직 안 정했나↗

여자2 : 정했어요↗

여자3 : 전 감이 안 오는 것 같아요.

여자1 : 되게 얘기같애.

여자2 : 응.

여자1 : 그렇죠↗ 진짜.

여자3 : 아= 나 아기 아닌데, 아닌데.

여자2 : 아 근데 진짜, 동생 같아요.

여자3 : 아 그래요↗

여자1 : 네.

여자2 : 그 느낌이 있어, 그 싱그러운 느낌이라고 해야 하나,

여자1 : 맞아 풋풋--

여자2 : 어, 풋풋하고 막,

여자1 : 상큼하고,

여자2 : 어, 맞아맞아, 아, 이렇게 나이를 우리끼리 지금 막,

여자3 : 그런 거 없는데.

11시 시그널하우스

여자3 : 그게 그 왕게임이에요∕ 어떻게 하는 거에요∕

남자2 : 관심을 굉장히 많이 보이시네.

여자3 : 아니, 아니 이 사람들이--, 좀 이따가 설명해 주세요.

게임 설명 중에 12시 음악이 울리고, 패널들 설명 들어가고

다시 남자 방

남자3 : 여기 좀 추워지지 않았어요∕

남자1 : 히터를 좀 미리 틀어놓을까요∕ 자기 전에.

(남자들 핸드폰만 보고 있다가)

남자1 : 전기요가 있네요 다행히.

남자3 : 오- 얼어죽진 않겠네.

여자들 방

여자3 : 어떡해, 세 개다 간 거 아니에요∕

여자1 : 그러니까.

여자3 : 아, 확인을 못하겠어.

(한참 핸폰 확인, 여자3에게 세 통이 온 것 확인 묘한 정적)

여자3 : 설거지 하러 안 내려 가도 돼요 ↗

여자2 : 음 ↗

여자3 : 설거지 하러 언제 내려가요 ↗

(다시 정적)

여자2 : 재미있을 것 같아 앞으로.

2화

AM 8:00 주방

남자2 : 지금 안 늦었어요 ↗

남자1 : 네, 괜찮아요.

남자2 : 저보다 멀리 가시니까, 설거지는 제가 할게요.

남자1 : 아니에요, 아니에요, 시간 맞춰서 먼저 떠나셔도 돼요, 사실 출근 시간
이 정해져 있지 않아서 같이--

여자1 : 안녕하세요 ↗

남자1 : 안녕하세요.

여자1 : 되게 일찍 일어났네요.

남자1 : 네

여자1 : 뭐 먹고 있어요 ↗

남자1 : 어제 한 된장찌개랑,

여자1 : 아 진짜 ↗

남자1 : 네.

여자1 : 아침부터↗ 된장찌개 남았어요 ↗

남자1 : 다 먹었죠 ↗

남자2 : 다 먹었는데.

여자1 : 아니에요, 아니에요, 괜찮아요,

(남자들 그릇 들고 개수대로)

여자1 : 다들 몇시에 나가요↗

남자1 : [저는=]

남자2 : [저는=] 할 거 다 하고 나가려고요.

여자1 : 응↗

남자1 : 할 거 다 하고 [한--]

여자1 :   [할] 거 다 하고↗

남자1 : 저는 먼저 가볼게요.

여자1 : 그러면= 혹시= 나갈 때=, 괜찮으시다면 근처 역까지라도 좀=,

남자1 : 응

여자1 : 데려다 주실 수 있으실까요↗

남자1 : 네

(믹서기 돌리려는 여자1)

남자1 : 지금— 지금 돌리려면 시간이 꽤 걸릴 텐데,

(여자1, 사과 깎고 있고)

남자1 : 사과 위에서 그냥 싹 다 누르[면=]

여자1 :   [아], 껍질만 싹다 벗겨지는 거↗

남자1 : 예, 껍질은 그냥 남고, 껍질을 못 잘라 가지고,

여자1 : 예. 근데,

남자1 : 예,

여자1 : 시대를 앞서가시네요.

남자1 : 파, 이렇게 크게 자르면 안 될 것 같은데,

여자1 : 나는, 김치국물을 좀만 더, 이따가, 국물 넣을 때, 난 그때 고춧가루,

남자2 : 고춧가루↗

여자1 : 고춧가루.

회상장면

여자1 : 한 8시 50분╱9시╱

남자1 : 저는= 맞춰서 나가야죠.

남자2 : 아, 맞춰서 나가셔야 돼요╱

주방

남자1 : 저, 몇 분 출발, 하셔야 된다고 했죠╱

여자1 : 아, 혹시 빨리 나가야 돼요╱

남자1 : 아홉시 전에는,

여자1 : 아홉시 전에╱아= 지금 몇 시에요╱

남자1 : 44분.

남자2 : 아, 저기, 만약 너무 늦으시면 제가 데려다 드릴게요.

여자1 : 아냐 아냐.

남자1 : 아 그래요.

남자2 : 네.

남자1 : 알겠습니다(일어난다)

여자1 : 지금 갈 거예요╱

남자1 : 지금 가야될 것 같아요.

여자1 : 아 진짜요╱다음에 같이 가요.

남자1 : 네, 주스 잘 마셨어요.

여자1 : 네네네.

남자2 : 그래서 저렇게 빨리 드셨나╱

여자1 : 그러니까@@, 그게, 약간=

(다들 출근)

#남자2 차 안

여자1 : 야, 할 게— 휴가 냈더니 엄청 할 게 쌓였네요.

남자2 : 무슨 일하는지 진짜 궁금하다.

여자1 : 오늘 알게 [되겠죠].

남자2 :   [오늘] 알게 되겠죠, 빨리 퇴근해야겠다.

여자1 : (내리면서) 정말 고마워요

남자2 : 어=

#주방

여자3 : 이거요.

남자3 : 네.

여자3 : 이거 제거 맞죠↗

남자3 : 네, 맞아요.

여자3 : 근데 이거 엄=청 맛있네요↗

남자3 : 네. 맛있죠 [이거].

여자3 :   [네] 가지고 오신 거예요↗

남자3 : 어= 이거 해 놨는데.

여자3 : 아, 진짜요↗

남자3 : 아, 그게 제 건가↗

(둘이 웃고)

남자3 : 제가 마시던 건데, [괜찮아요]↗

여자3 :   [아 진짜]↗, 내가 먹었어요, 맛있네.

(10:20분 여자2 합류하고)

여자2 : 아까 여자3 씨, 위에 방문 열려 있는 거 봤어요↗ 2층에, [봤어요↗]

여자3 :   [아=]

남자3 : 2층 저 방요↗

여자2 : 아니, 우리 위에, 여자 층에.

여자3 : 저 못 봤는데.

여자2 : 못 봤어요╱ 문 열려 있었는데, 남자분 오신 것 같애.

남자3 : 네╱

여자3 : 음╱ [지금╱]

남자3 :　　　[추가]가 됐다고요╱ [그새╱]

여자3 :　　　　　　　　　　　[지금]╱

#계단 따라 윗층으로 이동, 비밀의 방 앞에

여자3 : 그럼, 여자분도 오시는 거 아니에요╱

여자2 : 아 그[런가]╱

남자3 :　　　[여기] 혼자 쓰는 거에요 그럼╱

여자2 : 혼자인 것 같은데, 침대가 하나,

남자3 : 와, 짐을 이렇게 놔두고 가[셨나 본네]

여자3 :　　　　　　　　　　　[언제부터] 오셨지╱

여자2 : 이거, 이거, 다= 일본어책이더라고요, 다 여기 일본어에요.

남자3 : 뭔가 이—일러스트 일 하시나╱

여자3 : 모르겠다.

여자2 : 세프= 아[닌가]╱

남자3 :　　　　[세프]╱, 일식 세프╱

여자2 : 어, 일식 세프.

남자3 : 그런 것 같기도 하고, 어 진짜 뭐지╱

2시 신사동

여자2 : 어제 하나도 못 받았어요.

선생 : @@

여자2 : 이제, 며칠 뒤면 크리스마스잖아요╱ 데이트를= 할.텐데, 못할 수도 있

는 상황이, 발[생하]면,

선생 :　　　　　　[왜]↗

여자2 : 선택을 못받으면 아마↗

선생 : 왼발이 앞으로 오른발이 뒤로, 그 선택권은 남자한테만 있는 거야↗

여자2 : 그거를 모르겠어요 아직, 룰을.

선생 : 그럼 마음에 드는 사람은 있어요 여자2씨↗

여자2 : 저는 저보다 하얗고, 얼굴 작은 사람 싫거든요.

선생 : 아= 그런 사람이 있구나↗

여자2 : 네, 그런 분이 있는데, 그분한테 제가 어제 문자를 보냈어요.

선생 : 어↗

여자2 : 성격은, 내가 좋아하는, 분위기 다 이렇게, 띄워주시고, 말도 재밌게 해
　　　　주시는 분인데, 나는, 되게 착각이라고 할 수도 있는데, 유쾌한 분이, 착
　　　　한 분 같아.

선생 : 음=

여자2 : 그런 게 좀=

선생 : 그게 되게 컸구나.

여자2 : 네

#집 저녁 6:00

여자1 : 어= 아무도 안 왔네(올라가고)

#주방 6 : 40

남자3 : 안녕하세요, [돌아왔어요].

남자1 :　　　　　　　[안녕하세요], 식사하셨어요↗

남자3 : 아니요, 저 씻고 올게요 빨리.

여자2 : 안녕하세요.

남자3 : 아= 저 씻고 나올게요.

여자2 : 네.

남자1 : 오셨어요.

여자2 : 아, 파스타에요↗

남자1 : 물이 끓고 있는 게 맞나요 이게↗

여자2 : 잠깐만 (냄비 들었나 놓고) 어↗ 뭐지↗

남자1 : 빠져 있었구나, 이게 빠져 [있었어요].

여자2 :   [어머나] 세상에=

(남자A 전원 넣고)

여자2 : 어, 이제 되네요.

남자1 : 몇 분을 끓여야 될까요↗

여자2 : 파스타면, 보통 8분↗ 면은, 잘, 끓(0.2)이죠↗ @@

남자1 : 제가=

여자2 : 네,

남자1 : 생존— 생존형으로만 해 봐서,

여자2 : 네.

남자1 : 만들어야겠다 하고 만들면 안 돼요 잘.

여자2; 이거, 소금이랑, 오일도 넣었어요↗

남자1 : 오일 안 넣[었어요].

여자2 :   [오일] 안 넣었어요↗, 그럼, 항정살 파스타로 할 거예요↗

남자1 : 아뇨,

여자2 : 그러면,

남자1 : 제가 조개를 사왔어요.

여자2 : 조개,

남자1 : 봉골레,

여자2 : 봉골레, 완전 좋아요.

남자1 : 그래요╱먹었을 때,

여자2 : 응╱

남자1 : 먹었을 때, [맘에] 들어야 하는데,

여자2 :   [음=]

여자2 : 마늘, 이렇게╱

남자1 : 마늘을 썰 줄 몰라서,

여자2 : 잘게― [잘게 잘] 써셨는데╱

남자1 :   [잘게요╱]

남자1 : 꽁다리는 빼는 거예요, 원래╱

여자2 : 네.

남자1 : 원래 요리해 먹는 거 좋아하시나 봐요.

여자2 : 네, 저는, 하는=걸 좋아해요, 먹는 것도 좋아하는데,

남자1 : 마늘을 왕창 썰까요╱

여자2 : 왕창 썰까요╱

남자1 : 일을 하다가,

여자2 : 네.

남자1 : 제가 어제 뱉은 말이 있어서,

여자2 : 무슨 말╱

남자1 : 파스타=

#회상 신- 어제 저녁 식탁

여자3 : 다음 주자는 뭐해요╱고기 구웠는데.

남자1 : 그거 해줘요, 항정살 파스타.

여자2 : 베이스 뭐로 하는 거예요╱

남자3 : 낫토나 메주로 한 대요.

남자1 : 되게 잘하는 레스토랑이 있어요.

여자2 : 같은 곳 말하는 건가↗

남자1 : 되게 맛있어요.

여자2 : 저도 맛있어요.

여자3 : 음= 나도.

남자1 : 이거 좀 남겨서, 항정살 파스타 해드릴게요.

모두 : 오==

여자3 : 다음 주[자↗ 다음] 주자.

남자3 :   [선언이네 선언]

남자1 : 아, 내가 말 실수를 했네.

남자2 : 내일↗

주방

남자1 : 말을 경솔하게 해가지고, 얼굴이, 누-누렇게 떠 가지고.

여자2 : 오늘 일을 할 때 걱정 많으셨겠다.

남자1 : 네, 일이 손에 안 잡히다가, 어떻게 하면 좋을까 하다가, 장을 봐야겠다,

여자2 : 네

남자1 : 점심시간에 나가서, 장 보고,

여자2 : 오=

남자1 : 근데, 너무 어려운 난이도를 택한 게 아닌가,

여자2 : 근데 의외로,

남자1 : 네.

여자2 : 일단, 주재료 면이= 알아서 다 해주니까.

남자1 : 아 그래요↗

여자2 : 마늘 먼저 넣고, 바지락 넣고, 그 다음에, 면수 조금 넣어서 섞은 다음
        에, 고추 마지막에,

남자1 : 그럼 완성이에요↗

여자2 : 네, 완성, [완전] 간단해요, 진짜 간단한 메뉴 고르신 거예요, 손 제일 덜
　　　　가는 거.

남자1 : 　　　　　[아 진짜요]↗

여자2 : 오= 마늘 잘게 잘 써셨는데.

남자1 : 감사합니다.

여자2 : 이거= 그거- 해감해야 하는 거 아니에요↗

남자1 : 해감된 거예요.

여자2 : 된 거[예요]↗

남자1 : 　　　[네]

(면을 살피고)

남자1 : 어때요↗

여자2 : 저는 괜찮거든요↗, 응↗ 아니다,

남자1 : 아니에요↗, 끝이 좀 안 익었죠↗

여자2 : 마늘 조금 넣어 가지고,

남자1 : 여자2씨 없으면 큰일날 뻔했어요.

여자2 : (마늘 넣으면서) 이것 좀 넣을까요↗

(여자 1, 남자 2 귀가)

여자1 : 여자2- 남자1씨↗

여자2 : 안녕하세요.

여자1 : 오늘 식사 당번이에요↗

남자2 : 어떻게 정해진 거예요↗

여자2 : 먼저 와서

여자1 : 아 진짜↗

여자2 : 네, 저희가 먼저 와 가지고.

(7시 여자3 귀가)

여자3 : 다녀왔습니다.

여자2 : 회사 다녀왔어요 ↗

여자3 : 헥= 저 옷만 갈아입고 올게요.

여자2 : 면 어디 있어요 ↗

남자1 : 면은 여기.

여자2 : 어 ↗ 그러면 완전 붙는데 ↗

남자1 : 이걸 다 넣기엔 너무 많은데.

여자2 : 와, 엄청 불었다.

남자1 : 이게—이게 안에 들어간 게 많아서, 봉골레 우동이에요 [이거]

남자2 :   [아=]

남자1 : 우동 아니에요 ↗

남자2 : 이거 붙여보면 되는 거 아니에요 ↗(벽에 던져서 붙여보기)

(모두 웃고)

남자2 : 맛있을 것 같은데.

여자1 : 양이 엄청난데 ↗

여자2 : 우리 파스타 우동을 만들어 봤어요.

여자1 : 우동 ↗ 맛있겠다

(남자 1에게 다가서서) 저, 조금만 도와 주세요, [SOS]

남자1 :   [네, 뭘 도와]드릴까요 ↗

(오 뒤를 따라 가는 남자1)

남자1 : 아침에 제가 말씀을 못 드리고 나가서 죄송한데

여자1 : 아 괜찮아요, 괜찮아요.

남자1 : 제가 오늘은, 출근이 얼마나 걸리는지 몰라서,

여자1 : 아=

남자1 : 다음에,

여자1 : (기분 좋은 어조로)기회 되면 ↗

남자1 : 네.

여자1 : 좋아요.

(상자 하나 들고 올라감)

여자1 : 무거워요↗

남자1 : 아뇨.

여자1 : 괜찮아요↗

주방

남자1 : (음식 맛보는 거 보면서) 괜찮아요↗

남자2 : 맛있어요, 간이 됐네.

남자2 : (한쪽에 놓인 술을 보며) 어↗ 이건 뭐야↗

여자1 : 청주↗

남자2 : 이것도 사오셨나 보다.

여자3 : 이거 뭐에요↗

남자3 : 아, 이거 사오신 거 아닌 거 같은데.

여자3 : 차례주↗ [이거 아침까지--]

남자2 :   [이거 뭐에요↗]

여자1 : 맛술. [이야]↗

남자1 :   [그거] 제가 마실 거예요, [마실 거예요].

남자2 :   [요리할 때 쓸라고].

남자1 : 제사 지낼 때 쓰려고(가지고 이동)

모두 : (다들 잘못 사온 걸 알면서도) 아=

남자3 : 근데 그거 알아요↗ 2층에, 위에, 위에 더 온거↗ 한 명,

남자1 : 더 왔다고요↗

남자3 : 한 명, 더 왔어요.

남자1 : 누구 여자↗

남자3 : 남잔지 [여잔진], 남자라고는 했는데,

여자2 :　　　　　[남자]

면도기가 있던데요↗

남자1 : 면도기가 [있어요]↗

남자1 :　　　　　[남잔데] 2층이라고↗

남자3 : 그래서 난, 여자일수도 있겠다는 생각이 들었어요.

여자2 : 우리 방— 못 봤어요↗ 2층에=

여자1 : 방 하나 더 있어요↗

#식탁

남자1 : 방이 열려 있었어요↗

여자2 : 네, 살짝 열려 있어서, 못 봤어요↗

여자1 : 난 못 봤어요

여자2 : 못 봤어요↗, 방에 딱 들어갔는데, 일단 인테리어가,

여자1 : 응

여자2 : 남자 남자 했고, 그리고 전자기기가 많았어요.

남자3 : 약간 남자2씨 스타일

여자2 : 난, 저는, 남자2씨가 쫓겨난 줄 알았어요.

남자1 : (웃고) 코 골아서↗

여자2 : 일본어, 로 된, 책이 있더라구요.

여자1 : 오=

여자2 : 그러면 일본에서 공부를 하셨을 수--

여자1 : 기대된다.

남자1 : 윗층에 진짜 누군지 궁금하다.

여자2 : 제 생각에는 나이대가 좀 있을 것 같아요, 잡지, 가 보통, 10대 20대들
　　　　이 보는 잡지가 아니라, 남자들 슈트, 시계, 이런, 그런 관련된 잡지드라
　　　　구요.

(네 번째 남자 들어오며)

식탁

여자2 : 최소한 완전히 어린--

여자1 : 반전

(초인종 소리)

여자3 : 어╱뭐지╱

남자3 : 진짜 누구 왔는데╱

여자3 : 누구야╱

남자3 : 어떡해.

(모두 인터폰으로 몰려들고)

여자2 : 어╱누구야╱

여자1 : 왔는데╱왔는데╱

여자2 : 잠깐 [잠깐],

남자1 :   [남자]다.

남자3 : 궁금하다.

여자1 : 누구세요╱

남자4 : 오늘, 오기로 한, 사람인데, 들어갈게요.

남자1 : 되게 잘 생기셨는데╱다들 잘 [생기--]

여자3 :   [근데] 자리가 없--

남자3 : 저기 하나 있네요.

(계단으로 내려와서)

남자1 : 어╱오셨어요╱

(다들 안녕하세요 주고 받고 웃고)

남자1 : 식사하셨어요 혹시╱

남자4 : 아뇨, 안 먹었어요.

남자1 : 식사 같[이 해요].

여자2 :   [아 저희] 막 시[작해]서.

남자4 :   [네]

(계단 올라가며)

남자1 : 양을 많이 하길 잘했네.

여자2 : 네.

남자4 : 하나 새로 할 순 없죠.

남자1 : 저희가 자리 하나 만들어놨습니다.

남자4 : 네.

#식탁

남자3 : 우리 이[거는--]

여자3 :   [치워야]겠다.

여자1 : 너무 정신없이 다녔어.

남자4 : 감사합니다.

남자1 : 테이블보, 혹시 하나 [더 있나]／

여자2 :   [아 여기]

(테이블 재비치로 어수선한 분위기)

여자3 : (식기도구 정리하면서) 섞어가지고는--

남자3 : 아직 나나／

여자3 : 네, 향기 나요.

남자3 : 이 향이 너무 강해서,

여자2 : 여기.

남자4 : 아, 네.

여자2 : 잔이 이거밖에 없어서.

남자4 : 아, 괜찮아요.

(정리하고 앉아서)

남자1 : 오시는 데 얼마나 걸리셨어요↗

남자4 : 아, 길 막혀가지고, 조금, 걸렸어요.

(샴페인 터트리는 소리)

여자3 : 아 깜짝이야.

여자2 : 말씀 좀 해주시지.

남자3 : 전혀 안 놀란 것 같았는데.

(모두 안녕하세요 인사 중)

여자3 : 손이 엄청 빨개요.

남자4 : 저요, [추워서], 네= 기다렸어요.

나머지 :   [기다렸구나], [밖에서] 등등 말이 겹침

여자2 : 드실래요↗

남자3 : 더 먹으면 배가 터질 것 같은데, 마저 식사--

남자1 : 네 맛[있게 드세요].

남자1 :   [맛있게 드세요].

여자1 :   [맛있게 드세요].

남자4 : 누가 한 거예요↗

남자3 : 여기 두 분요.

남자4 : 아, 잘 먹겠습니다

여자2 : [우동], 우동이에요.

남자3 : [매제--]

여자1 : 맞어, 봉골레, 봉골레 우동.

여자3 : 주의사항.

여자2 : 주의사항이야.

여자1 : 맞다, 김치찌개도 있는데.

여자2 : 한식 좋아하세요↗

(남자4 고개 끄덕이고)

여자2 : 지금 드실래요↗

남자4 : 뭐 있어요↗

여자1 : 김치찌개.

남자4 : 아 진짜요↗ 네.

여자2 : (웃으며) 별[론가 봐]

여자3 :   [이거--], 저거 치워달라고 하시는데↗

남자4 : 아= 맛있네요.

남자3 : 진실하게 표현을 하셨네.

여자3 : 근데, 어제 왔다 가셨어요↗ 방에 짐이 [있던데].

남자4 :   [잤어요] 여기서.

남자3 : 근데 몇 시에 오신 거에요 그럼↗

남자4 : 어= 몇 시에 왔지↗ 어제 열두시 인가↗

여자3 : [열 두시]↗, 열두시에 나 안 잤는데.

남자1 : [열두시]

여자2 : 주무셨대요.

여자1 : 네↗ 어제요↗

여자3 : 열두시에 왔대요.

여자1 : 밤 열두시↗ 우리 그때 안 자고 있었잖아.

남자4 : 아, 원래 친구예요↗

(여자들 웃고)

여자2 : 너무 부담없이 [말했나 봐 @@@@]

여자1 :   [어 안 자고] 있었는데↗

(여자들 웃고, 남자들 견제하듯 멀뚱거리는 표정)

여자3 : 침대 위에 있어가지고,

남자4 : 어디— 방이 어딘지 몰라가지고,

남자3 : 아=

여자3 : 책, [책] 봤어요.

남자4 :   [아=]

(잠시 밖 눈오는 풍경)

남자1 : 혹시 물 드실래요↗

남자4 : 아, 에, 에, 감사합니다.

남자1 : 여기 물 있습니다.

남자4 : 감사합니다.

남자1 : 성함이 어떻게 되세요↗ 성함도 안 물어봤네

남자4 : 저, 김현O요

남자1 : 현O씨

남자4 : 예, 예.

남자1 : 아= 오늘 뭐 하시다가 늦으신 거예요↗

남자4 : 일하다 왔죠.

여자3 : 어제 여기서 주무셨대요.

남자1 : 남자4씨, 남자4씨는 그러면, 어제는 왜, 저희랑 안 들어오고,

남자4 : 어제요↗

남자1 : 네, 뭐하시다 늦으신 거예요↗

여자3 : 갑자기 추궁을--

남자4 : 밥 다 드신 거예요↗

여자2 : 아, 식사 편하게 하세요.

남자3 : [아,아]

(나머지들도 [아=아=] 수긍하겠다는 듯이 말해서 겹침)

남자1 : 아, 그래요, 아 너무 궁금해 [가지고].

여자2 :   [아 왜냐면] 저희는 먼저 밥을 먹고 있었고,

         늦게 식사를 시작하셨으니까.

남자3 : 저희끼리 뭔가--

남자1 : 자기 소개는 이따가 식사 끝나고 할까요╱

남자1 : 좋다, 아 씨, 아, 다 궁금하다, 빨리 직업도 알고 싶고,

남자4 : 대충 알 것 같은데 이렇게 보면,

(다들 어-어-어- 겹침)

여자3 : 저희, 저희 진짜 감도 못 잡았어요,

남자4 : 아, 어디서 뵌 것 같아,

여자1 : 저요╱

남자4 : 회사 다니시죠╱

여자1 : 네╱ 저 봤다고요╱

남자4 : 본 것 [같은데].

여자1 :   [그러니까] 위치가 어디에요╱ 나는 처음 보는데╱

남자4 : 그래요╱

여자1 : 닮은 사람인가╱, 아 진짜 모르겠는데, 남자4씨╱

남자4 : 아, 왜 긴장하고 그래.

남자1 : 아, 그러네, 빨리 알고 싶다 아=

(오 가리키며) 회사원╱ 아 알고 계시지 참.

남자4 : 아 몰라요 모르[는데 그냥 회사원 같아]

여자1 : (남2에게 손 가로저으며) [아니 진짜 본 적 없다니까╱]

여자1 : 왜요╱

남자4 : 그냥 회사 다닐 것 같아.

여자1 : 아, 되게= 되게, 되게 그렇다 되게, 뭘 더 물어봐, 약간 이런 느낌인데╱

남자1 : 귀찮은가 보다 이제.

남자4 : 아니야 아니야, 커리어우먼 같은 느낌.

남자1 : 네, 부지런하고--

(잠시 침묵)

남자1 : 큰일났네 어떻게 하지.

(남자4를 보자)

남자4 : 왜요↗

여자3 : 네↗ @@ 너무, 진지― 진지한 분위기라서.

남자1 : 말씀하실 때, 이런 걸 보면, 저도 궁금해서, 어떤 직업이실지 보고 있어
　　　　요.

남자4 : 아 저요↗ 저는 뭐 별거 안 해요

남자1 : 사람 많이 만나실 [거 같은데].

남자4 : 　　　　　　　　　[아 저요]↗, 아니에요 되게 낯가리는데.

남자1 : 그래요↗

남자4 : 네.

#거실

(남자2가 소개하는 중)

여자2 : 그 밑에 깔린 사진은 뭐에요↗

(사진 보여주자)

여자2 : 발표회

(다들 어=)

여자2 : 눈이 점점 커지는 것 같아, 딱 느꼈던 게 뭐냐면, 약간 쇼― 쇼호스트↗

(다들 음==)

여자2 : 어, 말씀을 잘 하시고,

남자2 : 뭐 [잘 팔 것 같아요↗]

여자2 : 　[직업이― 아냐] 말씀을 일단, 그렇지, 여기에 쏙쏙 박히는 그게 있
　　　　잖아요.

남자2 : 딕션이 딱,

여자2 : 딱, 어, 여[기에--]

남자2 : 　　　　[여기] 눈썹에 딱 발음을 꽂거든요.

여자2 : 아, [그렇지@]@

남자2 : (딕션중)[이야이야]

여자2 : 그리고, 요즘 그런= 홈쇼핑 회사들이 판교, 그쪽에 많이 있다고, 들었는데 어제 직장이,

남자3 : [판교]

여자1 : [판교야]╱

남자1 : 그게 맞는 것 같아요.

여자3 : 맞는 것 같아요, 테크놀러지.

남자3 : 판교면 스타트업이죠.

#회상신

여자1 : 이거 누구 거예요╱ 왠지 또, 남자2씨 거— 나도 저거 샀는데, 왠지 남자2씨거 같은데.

남자3 : 저거 뭐에요╱ 스피커예요╱

#다시 거실

남자3 : IT 스타트업╱ [거기 되게 좋아]하는 IT╱ 정답은╱ 맞습니까╱

여자1 :   [음= 맞아맞아]

남자3 : 어, 저는, IT 회사를 창업하고요, 지금 경영을—직접 경영을 하고 있습니다, 반갑습니다.

(다들 반갑습니다. @@ 등등 겹침)

남자3 : 그래서 뭐— 기계 같은 거 만지는 거 좋아하고, 노트북 아까, 쓰는 거 궁금하다고 하셨으니까, 저한테 물어보면 제[가] 다 답해드릴게요

여자2 :   [예]

남자1 : 어떤, 상품을--

여자2 : 상품개발=

남자2 : 어= 저희가 직접, 개발도 하고, 어= 제가 가져왔는데, 어= 전자지갑이
에요, 혹시 [상페이나], 요즘 뭐, 간편결제 많이 하잖아요.

여자3 :   [어 예쁘다]

남자1 : 네 네.

남자2 : 그- 간편결제 솔루션을 만드는 회사입니다.

남자1 : 그래서 그런— 최신동향에 되[게 예민]할 수밖에[없네요].

남자2 :   [그렇죠]   [저는] 굉장히 트렌드
를 잘 따라가야 하는 사람이기 때문에, 굉장히 유식해 보여야해요, 이
쪽에서, 바[싹하게]

여자2 :   [사기] 맞네 @[@@]

남자2 :   [아니요], 이쪽에 휴=

여자2 : 그러면, 직원은 많아요╱

남자2 : 직원은 지금 아홉명, 있[습니다], 아홉명.

여자2 :   [오오=]

여자3 : 그럼=

남자2 : 네.

여자3 : 스물--

남자2 : 나이╱

여자3 : 여덟╱

여자2 : 근데,

남자2 : 네.

여자2 : 얼굴이 많이, 어려 보이셔서,

남자2 : 저는 90년생, 스물여덟 살입니다, 나이가 좀 있죠, 궁금증, 다 해결되셨
나요╱

모두 : 네.

남자3 : 유학생이신 거죠 [그리고╱ 그것도 딱 느낌이--]

남자2 :　　　　　　　　　　[네 유학했습니다], UC 버클리라는 대학교 나왔습니다

여자2 : 오= 어쩐지 그 말투가--

남자2 : 했쥐, 괜찮쥐. 아니— 허--, 저도 처음 알았어요, 여자3 씨가 처음에 잡았나/

여자2 : 네.

남자3 : 네. 지목해주시면 됩니다.

남자2 : 아= 진짜 궁금한, 분이, 사실, 남자1씨, 사진 좀 보여주세요

여자3 : 어릴 때도 [진지했을 것] 같아.

남자1 :　　　　　　[사진 보면은]=

(사진 나오고, 웃고, 잠깐, 어/연필깍기잖아, 그림그리기잖아 등 다양한 반응)

여자3 : 어릴 때 [잘생겼어].

여자1 :　　　　　[남자1]씨 아닌 거 같아, 어릴 때, 어릴 때, 남자1씨 아닌 것 같애.

남자3 : 아니야, 아니야, 완전, 완전 있어, 눈이 좀더 날카로워진 것 같애.

여자3 : 전=, 초당 [느낌인데]

여자2 :　　　　　[귀여워]

남자2 : 되게 뭐, 되게 힌트가 없다.

남자3 : 어릴 때 꿈은 뭐예요/

남자1 : 네/, 어릴 때 꿈은 저 흑백사진 안에 있는 모습이에요,

남자3 : 어/ 진짜/

남자1 : 네. 어릴 때 꿈은, 저때는 되게,

여자2 : 손재주가 좋으신가/

남자1 : 저때는, 손재주—가 그렇게 좋-좋았나/, 그냥 어느 정도는 있었는데, 되게 표현하고 이런 걸, 좋아했었어요 이때는.

남자1 : 화가 예술쪽 저는, 어, 작가, 아, 아니다.

남자3 : 한의사 치과의사↗

여자2 : 의사↗

여자1 : 말씀을 별로 안 하셔서 단서가 없어.

여자3 : 힌트 좀 주세요,

남자2 : [힌트 좀--]

남자3 : [힌트 좀] 줘보세요, 문이과부터

남자1 : 이과에요

남자2 : 이과↗ 역시, [연구원↗]

남자3 :   [이과쪽]

남자1 : 이제 다, 하신 거죠↗

남자3 : 네.

남자1 : 한의사고요,

모두 :   어=

남자3 : 한의사↗

남자1 : 네. 어릴 때, 되게 미술을 좋아했어요, 그래서, 미술 쪽만 생각하다가,

       고등학교 때, 진로를 바꿔서,

남자4 : 멋있다.

남자1 : 뭘, 미술을 제대로 한 적은 없지만, 그렇게 됐어요.

남자3 : 한의사.

남자1 : 네. 보이나 봐요.

남자3 : 네, 딱 하시는 게,

남자1 : 의료계라는 느낌이 보이나 봐요, 저는, 되게, 티 하나도 안 냈다고 생각
       했는데,

#회상신

남자1 : (거실에서 남자3과 함께) 왼쪽 발목 다치셨다고요↗

남자3 : 네. 지금 보호대 차고 있어요.

남자1 : 어쩌다가↗

남자3 : 계단이 이렇게— 계단에서 접질렸어요.

남자1 : 세게 접질렸나 [보네요].

남자3 :   [네].

남자1 : 부어 가지고.

남자3 : 많이 부었었어요, 꽤 됐거든요.

남자1 : (주방에서 여자3과 함께) 손 다쳤네요.

여자2 : 손—

남자1 : [손 잘--] 다치는 것 같아요.

여자2 : [손 잘 다쳐요]. 상처가 나도, 언제 났는지 모르게, 둔하다고 해야 하나
            ↗

#다시 거실

남자4 : 그러면 저, 거북목 침 좀, 여기다가 어떻게, 가능할까요↗

남자1 : 네, 오세요.

남자4 : [네]

남자3 : [추나]요[법]

남자1 :   [지금] 급하신 게 이쪽이신 거 같아서,

남자4 : 아, 그러네, 발목--

여자3 : 우와=

여자1 : 좀, 면역력 좋아지는 그런 침 있어요↗

여자2 : 아, 그래서= 이렇게 잘, 들어주시는구나.

남자4 : 나이는 어떻게↗

남자1 : 서른이고요.

(모두 아=)

남자4 : 아, 죄송합니다.

남자1 : 괜찮습니다.

남자4 : 지목해주시면 됩니다.

남자1 : 저는 [여자2씨]부터,

여자2 :   [저요↗]

남자1 : 사진 좀 보여주세요.

여자2 : 사진은, 놀라지 마세요.

남자3 : 놀랄 거 같아요, 매우 [놀랄 거 같아요].

남자1 :   [설마 너무] 예뻐서 이런 거 아니죠↗

여자3 : 약간 통통했었네요.

여자2 : 볼살이,

남자1 : 눈이 어릴 때부터 되게, 되게 예쁘셨네요.

여자2 : 감사합니다.

남자3 : 남자2씨 칭찬은, 뭔가,

남자1 : 신뢰가 안 가요↗

여자2 : 근데 기분은, 잠깐 좋았어요.

여자1 : 잠깐만[인데--]

남자2 :   [아니], 진심이에요 이거, 눈이 되게 이뻐요 저 사진,

남자1 : 아나운서나 배우 씬

남자2 : 네, 되게 화려[한데요], 혹시 예술쪽↗ 예[체능쪽]↗

남자1 :   [화려한데]

여자1 :   [예체능]

여자2 : 배우쪽 말씀하셨는데, 지망생이고요, 지망생인데, 지금 이제, 현실=에
        서는 이제, 보면은, 일을 해야 되잖아요, 돈도 벌어[야 되고],

남자1 :   [그렇죠]

여자2 : 근데 이제 꿈 가지고는 이제, 많이, 한계가, 어느 정도 있어서,

남자1 : 네.

여자2 : 아버지 사업을, 아버지 사업하시는데, 그거를 도와드리고 있어요, 그래서 아버지 공장이 양주,에 있어서, 제가 양주에 출퇴근을 하면서, 아버지 일을 도와드리고 있어요.

남자3 : 그래서 나이는↗

남자1 : 나이가 제일 궁금[해 진짜].

여자2 :   [나이], 진짜요↗ 가늠이 [안 돼요]↗

여자3 :   [가늠이] 안 돼요.

여자2 : 제가요↗ 몇 살일 거 같아요↗

남자4 : 스물 일곱↗

남자1 : 아예 저보다 누나거나, 아니면, 아예 어리거나,

여자2 : 그래서↗

남자1 : 스물 다섯.

여자2 : 몇 살일 것 같아요↗

여자1 : 저는 여섯 일곱↗

여자2 : 네, 다 잘 맞히시네요, 저 스물일곱이에요.

여자2 : 저 [86년생]

남자4 :   [여기 다] 돗자리 깔아야겠어.

남자3 : 느낌이 딱, 있어요.

남자1 : 아 진짜↗ 동생이구나.

여자3 : 속이 하나씩 시원해지고 있어.

남자3 : 그러면,

여자2 : 저는, 여자3씨.

여자3 : 저요↗

여자2 : 네.

남자3 : 사진부터.

남자1 : 사진 보여주세요.

(다들 귀엽다고 말하는 중)

여자2 : 이게 더 귀여워요.

남자3 : [이건―이건 진짜--]

여자3 : [남자1― 남자1)씨랑 닮았어요.

남자3 : 진짜 비슷한데.

여자1 : 얼굴형이 닮았어요.

여자3 : 아 [진짜↗

여자1 : [잃어버린]―잃어버린 남매 아니야↗

남자3 : (혼잣말) 아= 벌써 나왔어, [아 근데 뭐--]

여자2 :   [아 귀여워] , 어릴, 근데 어릴 때 [꿈을--]

         유추할 수가--

남자1 :   [장래를--]

여자2 : (화장실 사진 보며) @@ 변기--

남자1 : 어렸을 때 용변 잘 보고,

여자3 : 어릴 땐 탐정 같은 거, 그때 CSI를 봤는지 모르겠지만 약간,

여자2 : 형사나 탐정 같은 거 하고 싶었어요↗

여자3 : 어렸을 때요↗ [네]

남자1 :   [되게] 멋있다, 여성분이, 그런, 꿈, 갖기 힘든데.

여자3 : 근데 지금은↗

남자3 : 대학생.

여자2 : 대학생 [대학생]

여자1 :   [대학생]

남자3 : 일단 대학생,이 맞는지 아닌지만 [말--]

여자3 :   [음=] 대학생 맞아요.

남자3 : 음=,

남자1 : 아=

남자3 : 그럼 무슨 대학생인지 [말--]

여자3 :   [무슨] 대학생 같아요↗

여자2 : 항공↗

남자3 : 어 항공.

남자1 : 아 근데 무용 쪽도 될 수 있을 것 같아, 발레↗

여자3 : 저는—저는 학생이고,

남자1 : 예.

여자3 : 여기 근처에,

남자1 : 예.

여자3 : 국민대학교, 의상디자인학과,

남자1 : 오, 디자인

여자3 : 4학년 학생이에요, 지금 4,학년이고 면접 계속 보러다니고, 인턴=은 좀
         큰 회사에서 했었는데, 좀 작은, 회사에서 디자인 좀, 많이 배우고, 좀
         직접 하고 싶어서, 오늘도, 아까, 면접, 보고, [왔어요].

남자3 :   [그래서] 일정 있다고, 저도
         바빠요,라고 [했어요]

여자3 :   [네, 제가--]

남자3 : 제가 안 나가잖아요, 했더니, 저도 바빠요, 라고 [했어요].

남자1 :   [아 진짜↓], 지금, 방학,
         이죠↗

여자3 : 네.

여자2 : 스물 셋인 거예요 그럼↗ [4학년이면↗]

남자3 :   [스물 세] 살이죠 [정상적이면].

여자3 :   [맞혀보세요].

남자3 : 스물 세상이죠 스물[세살].

여자2 :   [세살]

남자1 : 아 근데,

여자2 : 이상은 아닌데--

남자1 : 진짜 [어린 건] 확실해요.

여자2 :   [어린--]

여자3 : 저, 스물, 여섯 살.

(오= 그래= 진짜 어린 것 같다 등 동시에 나옴)

여자1 : 그렇게 진짜 안 보였는데.

남자3 : 진짜 동안이다, 오케이, 오케이, 오케이, 원[래 이런 반응]들이--

여자1 :   [92년생↗]

여자3 : 네

여자1 : (여자2보며) [거짓말 같아]

남자1 : (남자3보며) [진짜 동안이다] 스물 셋 [정도밖에--]

여자3 :   [스물], 여섯 살이에요.

여자2 : 그래서 나이 많다고,

남자3 : 그래서 [그랬구나].

여자2 :   [어= 그랬구나].

여자1 : 진짜 [동안이다].

남자1 :   [어. 나, 술 좀] 마시고 와도 돼↗

여자3 : 내가 언제 그렇게 말했어요↗

남자3 : 목이 타네.

여자3 : 스물 여[섯 살]

여자2 :   [나이가] 제일 충격이다.

남자3 : 어, 계속 제가 디스했는데, 대학생이잖아요, 쉬잖아요, 하면서,

여자3 : 그러면, 저는, 궁금해하시는 이분을, @@@

남자3 : 저, 일단 그럼 사진부터, 이렇게 먼저 보세요. (사진 내밀고) 귀여워요

어릴 때.

여자2 : 아, [해맑아], 너무 [해맑아]

(다들 웃거나 아=)

남자3 :   [저 지금도] 해맑지 않아요, 지금↗,

네. 저는 [항상--]

남자1 :   [어떻게] 이렇게 귀엽지↗, 아 근데, 이 사진, 눈웃음이 너무 예

쁜 것 같아.

여자2 : 웃음이 너무 예쁘다.

임 : (다른 사진 보며) 뭐지↗

여자2 : 장난[꾸러기]

남자1 :   [이거], 빽바지 입기, 쉽지 않거든요 어린 애들이.

남자3 : 어릴 때 애교가 많았네요.

남자1 : 이 포즈가 장난이 아니네요.

남자3 : 그래서 제 직업은 사실--

남자1 : 저희도 좀--[유추해보면] 안 돼요↗

남자3 :   [유추해볼까요]↗

남자3 : 저는, 어릴 때 직업은, 약간, 정치인,

남자1 : [오=]

여자3 : [대통령↗]

남자3 : 아니, 그런 건 아니고, 그냥 정치인, 하고 싶었어요, 이제, [정치란

게--]

남자1 :   [아 진

짜↗]

여자1 : 일단, 시간이 좀, 여유로울 것 같단 말이죠.

남자1 : 그리고 아까, 제가 책 읽는 걸 봤어요, 아침에, 아침에 일어나자마자 독

서를 하고 계시더라구요, 뭔가 좀=

남자3 : 문과 쪽 맞아요.

남자1 : 그쵸.

남자3 : 네.

여자1 : 힌트 [주세요]

남자3 :   [힌트], 그러면은, 어, 경제

여자3 : 공무원↗

남자3 : 공무[원↗]

남자1 :   [어], 공무원이다.

여자3 : 공무원이에요↗

남자3 : 벌써 나와 갖고,

여자1 : 어↗

남자3 : 제가 어, 경제, 지금 사실 직업이라고 하긴 그렇고, 올해, 그, 재경직 행
        정고시, 5급 공채에 합격을 해서,

여자2 : 음[=]

남자3 :   [그리]고 유예 중이고,

남자1 : 올해↗

남자3 : 네, 올해 합격했어요.

여자3 : 축하해요(모두 박수)

남자3 : 그래서 제가 혼잣말을 많이 해요. 고시생일 때 혼잣말을 많이 해서,

남자1 : 학교-- 학교를 정말 잘 나왔을 [것 같아요], 서[울대↗]

여자3 :   [맞아요]

여자1 :   [어디↗]

남자3 : 서울대학교, 자유전공학부고,

여자1 : 아, 진짜↗

남자3 : 경영학과 [부전공]인데,

남자1 :   [맞혔네]

남자3 : 근데, 사실은 저도 대학생이에요 아직, 그래서, 대학생인데 지금, 계절
　　　 학기 다니고 있어요.

여자1 : 아 진짜요/

남자3 : 내년을 좀더 여유롭게=, 지금 너무 많이 남았기 때문에 학점이,

남자1 : 어/ 그럼 진짜 어린가 보다.

남자3 : 스물―몇 살 [같아요]/

여자3 : 　　　　　　　[네살]

남자1 : 셋넷/

여자2 : 넷/

남자3 : 저 그거보단 윈데/ 스물 다섯이고요,

여자3 : 누나라고 불러.

남자3 : 네 누나.

여자1 : 스물 다섯/, 그럼, 몇 년생이죠/

남자3 : 93년생.

여자1 : 아=

남자1 : 그럼 다음--

남자3 : 네, 제가 지목하면 되나요/ 저는 여기,

여자1 : 여기/

남자1 : 여자1씨.

여자3 : 누나, 자꾸 까먹네.

여자1 : 누나/ 왜요=, 제 사진이 조금 웃긴데=

(사진 나오고)

남자3 : 벌써 나온 거 아닌가요/

남자1 : 발레리나네 발레리나, 아니에요 이거/

여자1 : 표정은 세상 진지해.

여자3 : 아= 귀엽다.

여자2 : 남동생, 있는 [거예요]↗

여자1 :　　　　　　[어, 예] 밑에. 남동생.

남자1 : 어, 엄청 귀여운데.

남자3 : 귀여운데요, 귀[여운데요]

여자1 :　　　　　　　[아 그래요↗]

남자3 : 네, 그리고 [이거-]

남자1 :　　　　　　[사진] 되게 잘 찍으셨다.

여자2 : 너무 귀여워.

여자1 : 그거 보고 한 번 맞혀주세요.

여자2 : 무용 무용↗[발레]↗

여자3 : @@　　　[무용] 무용↗

남자1 : 발레리나가 꿈이셨구나↗

여자1 : 네, 어렸을 때, [이었나]↗

여자3 :　　　　　　　[지금도] 발레리나 같아요.

여자1 : 어렸을 때 꿈은 역시나 발레리나이고, [어-],

남자1 :　　　　　　　　　　　　　[지금은] 어떻게 성장했을지, [추

　　측을 한번--]

여자3 : [지금 약간=] 한국,　한국 무용가.

남자3 : 어[= 한]국 무용=, 한국 무용↗

남자1 :　　[어=]

남자4 : 나 아까 회사 다닌다 그랬는데.

여자1 : 왜요 왜요↗

남자4 : 회사 다녀야 [하는데]

여자1 :　　　　　　[맞혀야] 돼서↗, 직업, 음, 저는,

남자1 : 아= 뭘지 궁금하네.

여자1 : 저는, 어, 외국계 회사[에서 마케팅]하고 있어요.

남자1 :   [외국계회사/]

남자4 : 거봐, 내 말 [맞지/]

남자3 :   [축하드]려요, 처음 맞혔어요.

여자3 : 외국계 회사, 어떤 회사에요/

남자3 : 회사 이름이 궁금해, IT, 굿, 중의 하나/

여자1 : 중의 하나

남자1 : **[**]/

여자1 :   [네]

남자1 : 그 회사가 그쪽에 있거든요.

여자1 : 네,

남자4 : 쌍둥이 빌딩.

여자1 : 네, 맞아요. 어/ 가봤어요/

남자4 : 거기, 아래에는 많이 갔었죠.

여자1 : 혹시 거기서 저 봤어요/

남자4 : 모르죠.

여자1 : 아, 네.

남자3 : 나이--

남자1 : 나이는/

남자4 : 서른.

여자1 : 네/ 잠[깐만]

남자3 :   [잠--], 물 있어요/

여자1 : 물 없어요 지금.

(모두 어이없다고 웃고)

남자4 : 아닌가/ 아 그래서 몇 살인데요/

여자2 : 그래서 몇 [살인가-]

여자1 :   [서른] 너무 심한 거 아니에요/ 저 얼굴, 서른 같아요/

남자4 : 스물 아홉.

여자1 : 스물 아--

여자3 : 스물 여섯 같아요, 저랑 동갑 [같아요]

여자1 :   [스물] 여섯 같아요

남자3 : 과연↗

여자1 : 저, 스물일곱.

남자4 : 아=

남자3 : 반전은 없었다, 스물일곱.

남자4 : 아, 미안하네.

여자3 : 그래도 진짜 멋있다.

남자2 : 학교는↗

여자1 : [네↗]

남자3 : [어디] 나왔어요↗

남자2 : 왜냐면은, 같이 학원을 다녔거든요, 유학 준비할 때

여자1 : 그 이후로 처음 봤어요 [여기서]

남자2 :   [그때] 대학교도 되게 잘 갔을 것 같은데.

여자1 : 네, UCLA.

남자1 : 아= UCLA.

여자1 : 졸업해서 [회사 다니고] 있어요.

남자1 :   [UC야 UC야]

여자2 : 다들 엘리트다.

여자3 : 멋있다.

여자1 : 아, 그 다음에,

여자2 : 마지막.

여자1 : 저, [지목], 여기, 남자4씨.

남자4 :   [저요↗]

남자1 : 남자4씨, 사진 좀 보여주세요.

남자4 : 사진, 이것만.

여자2 : 아유,

여자3 : 귀엽다.

여자2 : 응, 볼살이 지금이랑 많이 다르다, 여기가 동글동글하다.

남자4 : 뭐―뭐 한 거예요／

여자3 : 귀여[워서].

여자2 :   [모찌]모찌.

여자1 : 여기 이렇게, 어머나.

남자1 : 이때 꿈은, 의사였어요／

남자4 : 의사요／, 어떻게 알았어요, 맞았어요.

여자1 : 음. 뭔가 그거 같애, 약간 머리도 좀--

여자3 : 디자이너, 디자이너 디자이너.

여자1 : 어, 어, 나 알 것 같애, 알 것 같아요, 나, 타투.

여자3 : 타투／

남자1 : 타투이스트／

남자3 : 아까 타투 슬쩍 봤는데.

여자3 : 클럽.

남자4 : [클럽／]

남자1 : [굉장히], 굉장히 [팬시한],

여자2 :   [테일러], 테일러 샵.

남자3 : 양복／아=

여자1 : 뭔가 그거 같애.

여자2 : 근데, 궁금한 게, 일본 유학 다녀오신 거 맞아요／

남자4 : 네.

여자2 : 아, 소우 데스까.

남자4 : 네, 일본,에서 학교 다녔어요.

여자2 : 그러면, 일본에서 대학, 나온 전공으로 지금=

남자4 : 아뇨, [그],

여자2 :   [지금]

남자4 : 전공도, 전공으로 그냥 끝내고, 지금 하고 있는 건, 일식당 하고 있어요

여자3 : 아= 맞네 [맞네]

여자1 :   [맞네] 이럇사이마세.

남자4 : 그- 테일러 그거는- 이 전에는, 모 잡지사에 패션에디터,

여자1 : 우와 [우와]

여자2 :   [어울린다]

남자3 : 어디 패션 잡지↗

남자4 : 어, 마지막에 옹이라고,

남자1 : 아= 알죠알죠.

여자2 : 오= 잘 어울려요.

남자1 : [어]

여자1 : [음]. 잘 어울려.

남자1 : 되게 팬시한--

남자4 : 아니 아니에요.

여자3 : 근데 지금 일식도 되게 잘 어울려요.

남자1 : 일식당↗

여자2 : 그럼 일본에서 전공은 뭐 하신 거예요↗

남자4 : 전공은--

여자2 : 가늠이 안 돼.

남자4 : 저요 저↗, 어, 음악했어요, 레코딩 엔지니어라고, 프로듀싱하는 거.

남자1 : 와

여자2 : 근데 지금 말씀하신, 세 개 다, 잘 어울리세요.

여자3 : 맞아 [맞아]

남자4 :   [아] 근데, 조금조금씩 다 해 가지고.

남자4 : 몇 살 같은데요／

여자3 : 서른 살.

여자1 : 서른 여섯／

(모두 웃고)

남자4 : 아, 왜 그래／

여자1 : 네／네／

남자3 : 그 정도였다는 거죠.

남자1 : 그 정도 [충격이었다고 보]시면 됩니다.

여자1 :   [타격이— 예=]

남자4 : 서른— 서른 셋이요.

여자1 : 저, 근데. 궁금한 거 있어요.

남자4 : 예

여자1 : 일식당, 어디쯤에 있어요 이태원／가 봤나 해가지고.

남자1 : 맞아, [갔을 수도 있]어.

여자1 :   [음. 그래서]

여자2 : [거기서=]

남자3 : [그걸] 기억하시는 정도면 [정말——]

남자4 :   [그런데] 그 회사도, 왜 그러냐면, 제가, 거기,

        닥—그쪽에 지하에 음식점

여자1 : 혹시 ***／

남자4 : 네.

남자1 : 응／뭔데.

여자1 : 아, 대박, 거기서 보셨구나.

남자1 : ****／

여자1 : 아니, 아니, 아니, 오무— 식당인데 저 되게 자주 가는=

남자3 : 아=

여자1 : 거기서 절, 와=

남자4 : 되게, 거기 꽉 찼어요, 빌딩↗

여자1 : 네, 언제쯤 일하신 거예요, 거기서는↗

남자4 : 되게 오래 됐는데, 거기 비어있고, 이제 막, 들어올 때.

여자1 : 진짜 대박이다

#문자 보내기 30분 전 여자방

여자3 : 너무 늦게 와서, 저희가 잘못 했죠↗ 이태원에 자주 가는데, 일식집은
        한번도 안 갔던 것 같아요.

여자2 : 되게 일할 때, 샤프하실 것 같아

여자1 : 음- 포스 있을 것 같아.

여자2 : 음. 포스있을 [것 같아].

여자1 :   [맞아] 맞아.

여자2 : 그리고 여태 해왔던 직업군들이, 좀 예민한, 예민한 작업을 요하는 그
        런— 음악도 그렇고 패션도,

여자3 : 맞아.

여자2 : 음식도 그렇고,

여자3 : 언니는 어떤 스타일 좋아해요↗

여자2 : 저는, 듬직한 사람.

여자1 : 어, 소름=

여자2 : 듬직하고, 마냥 좋아서 만나는 건 솔직히 좀, 잠깐이고, 그래서 나는 내
        가 좀 존경할 만한 사람이, 좋아, 여자3씨는↗

여자3 : 저는요, 저도 비슷하고, 비슷한데, 근데 오래가는 사람을 생각해 보면,
        전 약간 남자다운 스타일을 좋아하는데,

여자1 : 나도 좀 비슷한데, 듬직하고, 그리고 같이 있을 때 좀 편안한 사람／, 그
　　　 게 진짜 큰 거 같아.

여자3 : 아=

여자1 : 되게 매력적인데 같이 있으면 불편한 사람, 알지／ 눈치 보이고,

여자2 : 어, 맞아 맞아.

여자1 : 그러면 [별로--]

여자2 : 　　　[나는 되게] 외향적이고 이런데, 어, 이사람 충분히 매력이 있고,
　　　 멋있는 사람인데도 불구하고, 내가 작아지게끔 하는 사람이 있어,

여자1 : 음= 맞아[맞아]

여자2 : 　　　　[말이 안]나와.

여자1 : 동감.

여자3 : 뭔지 알 것 같애.

#남자방

남자1 : 근데 경험이 되게 많으셔서,

남자2 : 누가요／

남자1 : 남자4씨,

남자2 : 아, 그러니까요, 이것저것 이 필드 저 필드 다 경험을 해 보셔 가지고,
　　　 또 인생 선배로서 조언도 많이 받을 수 있을 것 같고.

남자1 : 재밌는 얘기도 많을 것 같고.

(3,4,5회 생략)

〈7화〉

첫 만남에부터 같이 하지 않고 중간에 찾아온 여자4를 포함, 8인으로 시작.

#거실(영화 감상)

남자2 : 어／눈 오는데／

여자3 : 오／눈 많이 온다.

남자3 : 이제 약간 진눈깨비가 아닌 것 같아, 사진 준비.

(불 끄고)

여자1 : 오, 진짜 예쁘다.

남자4 : 오, 너무 예쁘다.

남자3 : 사진에 안 담기겠다.

여자4 : 여기에서 더 잘 보이는데요.

여자3 : 와, 진짜 예쁘다.

여자4 : 와, 영화 같애.

남자1 : 셀카봉 갖고 왔다, 남자2가.

남자3 : 저기 셀카봉 봅시다 우리.

여자1 : 다시.

남자2 : 하나 더.

여자1 : 우와 진짜 완성체 가족이 됐네.

남자2 : 동영상도 찍을까／하나더 하나더.

(여자1 일어나 방에 들어갔다 발견)

여자1 : 우리 방에 가보자, 뭐 있어, 가보자, 언니 가 봐요.

여자3 : 뭐가 있어／

여자1 : 봐봐.

여자2 : 응／

여자1 : 대박, 데이트 가이드, (설명서)

여자3 : 여러분,

(모두 웃고)

여자3 : 아니 근데, 그러면 한 사람이, 네 명이랑 할 수도 있는 거네.

여자4 : 그러면, 어, 전 상황을 잘 모르잖아요, 그니까 뭐, 마음에 드신 분이 다 있는지, 아니면 아직.

여자3 : 저희도 아직 사이가 다— 다--

여자1 : 약간= 알아가는 단계／지금／알아가는 단계인 것 같고.

여자4 : 다, 근데 어떤 것 같아요／

여자3 : 나는 그게 궁금해, 언니가 어떤 스타일을 좋아하는지.

여자4 : 좀, 경험이 많은 사람이 좋고, 외모적인 거는, 그니까 웃을 때 예쁜 사람 되게 좋아하고, 어--

여자1 : 그럼 남자1오빠, 추천하고 싶어요, 생각도 깊어서, 또 이렇게 깊은 대화를 나눌 수 있지 않을까, 하는 생각에,

여자2 : 여자3은／

여자3 : 언니는, 좀 진지한 스타일 좋아해요 아니면 재밌는 스타일 좋아해요／

여자4 : 저는= 둘다 할 수 있는 사람／

여자3 : 둘다 할 수 있는 사람／

여자1 : 그것도 두 명이 생각나는데.

여자3 : 두 명이 누구지／

여자2 : 근데 나는 한 명, 생각나.

여자1 : 한 명／

여자3 : 한 명／둘 다 할 수 있는 사람／난 남자2오빠／남자2오빠가 뭔가 재밌고, 요즘 조금 진지함이 보이는 것 같아서, 언니가 얘기를 많이 해보면 좋을 것 같아요. 그리고 언니가 처음 하는 거니까 좀, 오빠가 많이 해주고 할 것 같아서.

여자2 : 난 남자1오빠

여자1 : 남자1 오빠／

여자2 : 아니 왜냐면, 남자1 오빠가 그렇게 화색이 도는 얼굴을 내가 처음 봤다

고, 아니 그리고 아까 여자1 말처럼, 남자1 오빠는 대화가 돼요, 잘 들
어주고 거기에 대해서 신중하게 생각을 하고서, 대화를 이어나가더라
구요,

여자3 : 했던 말 기억 좀 잘 하고,

여자2 : 어 잘해,

여자1 : 언니는 결정하셨어요╱ 누구랑 할지╱

여자4 : 어=..(0.2) 아직요

여자1 : 아직요╱

여자4 : 네,

여자1 : 아 진짜요╱

여자4 : 네,

여자1 : 고민되는 사람 몇 명 정도 있어요╱

여자4 : 두 명,

여자1 : 두 명╱ 궁금하다,

여자3 : 우리 얘기 듣고 조금, 뭐 그런 게 있어요╱

여자4 : 어=...(0.3) 그냥 그대로인 것 같아요, 제가 본 그대로╱

여자2 : 두 명 궁금하다.

여자3 : 그러니까.

여자1 : 한 명은 알 것 같은데,

여자2 : 나도.

여자1 : 한 명은 모르겠어.

#거실

남자2 : 갑자기 얘네, 갑자기 얘네 어디 간 거야╱

남자4 : 그러니까.

남자3 : 방에 뭐 가지러 간 거 아니야╱

#다음날 아침

여자2 : 오빠, 청소기 다 썼어╱

남자2 : 자.

여자2 : 근데 이거, 충전 안해도 괜찮아╱

남자2 : 아까 해 가지고 2시간╱2시간은 괜찮아.

(남자1 여자1 외출)

여자1 : 나 내가 운전하고 싶다.

남자1 : 너 올 때 그러면, 너가 운전해 그러면.

여자1 : 알았어, 콜=

(차안에서)

여자1 : 음악 들을까╱

남자1 : 굿잡.

#회상신(어제 주방)

여자1; 오빠 왜 영화 안 보고 내려왔었어╱

남자1 : 내일 일정 없으면,

여자1 : 어

남자1 : 나 옷 사는 것 좀 봐 줄래╱

여자1 : 옷╱

남자1 : 어.

여자1 : 내가 잘 봐줄 수 있지, 옷 사야돼╱

남자1 : 나는,

여자1 : 어.

남자1 : 옷을 잘 모르겠어, 내가 어떤지,

여자1 : 어[어=]

남자1 : [나]한테 잘 어울리는 게 뭔지.

여자1 : 맛있는 거 사주나↗

남자1 : 맛있는 거 당연히 사줘야지.

여자1 : 아 진짜↗ 좀, 여자들은 일단은, 꾸안꾸라고 하는데, 그게 뭔지 알아↗

남자1 : 꾸민 듯 안 꾸민 듯,

여자1 : 꾸민 거.

#다시 차 안

여자1 : 깔끔한 거 내가 잘 골라줄게, 오늘, 나의 목표는 한 개 이상 사고 싶어.

남자1 : 응.

여자1 : 오빠는 인연이 있다고 생각해↗

남자1 : 있는 것 같애.

여자1 : 있는 것 같애↗

남자1 : 왜↗

여자1 : 어, 예를 들면= 내가 막 엄청, 어떤 사람을 만나고 싶어, 그래서 되게, 노력을 했어 막, 엄청 구애도 하고 막, 이케 노력도 하고 이랬는데, 어쨌든 계속 안되는 거야 잘=, 무슨 이유로든,

남자1 : 나는 될 때까지 좀 하려고 해, 내가 정말로 인연이라고 느껴지면, 근데,

여자1 : 응

남자1 : 그렇게 힘들게 만날수록,

여자1 : 응

남자1 : 그 사람=에 대한 집착이 좀 심해지는 것 같애,

여자1 : 오히려↗

남자1 : 힘들게 얻은 것이니까 더, 잃기 싫고, 더 내 걸로 확실하게 하고 싶고, 그런 과정에서 이제, 상대방이 힘들어지는 거지, 너는↗

여자1 : 응=

남자1 : 처음부터 물어보자, 너는 인연이라고 생각되면 어떻게 해, 여자1아↗
끝까지 밀고 가는 편이야↗

여자1 : 나는 몰랐는데, 나는 내가 관심 있으면, 되게 좀, 되게 열정적이더라고,
연애에 있어서 진짜

남자1 : 그거를 얼마 전에 깨달은 거야↗

여자1 : 아= 근데= 약간 남자가 여자한테 되게 구애할 때, 잘 안 돼도 엄청 노력
하고,

남자1 : 응.

여자1 : 난 그건 어느 정도 승산이 있다고 생각한다↗

남자1 : 응.

여자1 : 남자가 노력하면 여자의 마음이 열릴 수 있다고 생각하는데, 뭔가= 반
대로= 나한테, 아니 여자한테 관심이 없는 남자라면, 여자가 적극적으
로 하는 게↗

(둘다 침묵)

남자1 : 여자들이,

여자1 : 어.

남자1 : 적극적으로 하는 정도가,

여자1 : 어어.

남자1 : 어느 정도야↗

여자1 : 쓰읍, 어...(0.3) 뭐 일단은, 어쨌든, 시간을 같이 보내야 하니까, 그, 기회
를, 내가 만드는 거지, 먼저, 남자가 만들기 전에,

남자1 : 잘 모르겠다.

여자1 : 아무튼, 가능성이 좀 희박하지 않을까 싶어, 내 생각엔.

남자1 : 근데 이런 상황에서 정말, 어릴 때 그 마음으로 좋아할 수 있는 사람이
나타나면, 정말 네 말대로, 행운이지,

여자1 : 맞어 맞어 공감해

#남자1, 여자1 쇼핑몰

남자1 : 나갑니다.

여자1 : 네.

남자1 : 어때↗

여자1 : 괜찮은데↗

남자1 : 괜찮아↗

여자1 : 어어, 집에서 입을 거니까, 밑에는 좀 더 편할 거 아니야.

(옷 고르고)

여자1 : 이거 입고 나와 봐.

남자1 : (별 모양 옷을 입고) 뭔가 챙피해.

여자1 : @@ 이걸로 입어봐.

남자1 : (살짝 삐지듯이) 너무해.

여자1 : 오= 이거 괜찮네.

남자1 : 방금 것보다 훨씬 낫다.

여자1 : 그럼 좀, 이거 안에다 넣고 입어 봐, 음, 이거 괜찮다, 어, 이거에 아까 산
코트 입어도 되고, 이쁜데↗

남자1 : 난 저거보다 이게 더 괜찮은 것 같은데↗

여자1 : 나도 이게 더 예쁜 것 같아

(문 열고 나오며)

여자1 : 드디어 쇼핑 끝↗

남자1 : 응.

여자1 : 한번 봐봐, 봐봐, 괜찮아 괜찮아, 잘 샀어 잘 샀어.

(이동하는 차안)

여자1 : 다 온 것 같은데,

남자1 : 응

여자1 : 루프톱인 거 보니까, 여긴가↗

#마지막 노을을 보려는 입주자들

여자3 : 정말 예쁘다.

남자4 : 장난 아니지↗

여자2 : 저기 봐봐 노을지는,

남자2 : 노을 지려고 해

여자2 : 저기 63빌딩이야↗

남자2 : 맞어.

여자2 : 아 진짜↗ 오=

남자3 : 예쁘다.

(여자1, 남자1 합류)

여자1 : 오= 대박, 언제 나와 있었어↗ 안녕=

남자2 : 어= 형 멋있게 하고 왔네 완전.

남자3 : 그러게 말이야.

여자2 : 앉어 앉어, 여기 담요.

(뱅쇼 나누고)

여자3 : 어두워지니까 더 예쁘다, 그치↗

여자1 : 응

남자1 : 이제 무지개 색 좀 나온다.

남자2 : 더 예뻐졌다.

남자3 : 정말 예쁘다.

남자2 : 저기 여의도 보이는 게 너무 예쁜 것 같애.

여자3 : 완전 예쁜데.

남자2 : (여자2 보며) 오빠가↗

(여자들 웃고)

남자2 : 2017년에 되게, 기억에 남는 순간, 이런 거 있잖아, 진짜 하기 싫구나.

(여자들 웃고)

남자3 : 나는 근데 진짜로, 이게 제일 잘한 것 같고, 올해 한 일 중에, 시험 붙은 거 말고는.

남자2 : 시험 올해 붙었지↗

남자3 : 올해 딱 됐고, 잘한 일 같아, 뭔가, 아닌가↗

남자2 : [다들 그렇지]

남자1 : [뭔가 그렇지]

남자3 : 그러니까 나는, 이걸, 진짜 잘한 것같다고 생각했고, 사실 밖에서는 다, 만나기 다 힘든 사람들이잖아, 좋은 것 같아.

남자2; 다 좋아질 거야, 진짜로.

(다들 소감 한마디씩 한 듯)

여자1 : 남자4오빠.

여자4 : 오빠 괜찮아요↗

남자4 : 아니, 나, 생각해봤어, 생각해봤는데,

남자2 : 어떤, 어떤--

남자4 : 일단 뭐, 식상하지만,

여자1 : 오빠 또↗

남자4 : 아니, 난 이유가 달라, 나는 진짜 곰곰이 생각해봤어, 생각해 봤는데, 나는= 여기와서 좋은 게, 내가 잊었던 감정들을, 다시 느낄 수 있어서 좋았어, 그리고= 그런= 게 또 단점이야, 사실 그런 거 다시 느끼기 싫었거든,

남자2 : 왜요↗

남자4 : 그냥 뭐, 싫으니까, 늘-늘 마지막에 안 좋았어서,

남자2 : 그 감정이, 이성을 만나서 [느끼게] 된 달달한=

남자4 :   [그렇지]

그런 걸 느끼는 거잖아, 그런 설렘이나 그런 걸, 나는 정=말 오랜만에 느꼈어, 데이트=같은 데이트도, 여기 와서, 되게 오랜만에 해보고, 그리고 제일 좋았던 건, 내가 몰랐던 나를, 알게 됐어, 나 원래 이런 애 아닌데 왜 이러지╱ 라는 감정의 변화라든지 그런 걸 많이 느꼈고, 다-여기 다들 똑같겠지만 되게 혼란스러운 게 많았어, 그랬다, 그랬다 끝났다.

남자2 : 좋다.

(다같이 사진 찍고 이동중)

남자4 식당

여자3 : 우와= 우와 이쁘다.

여자1 : 잘 꾸몄다, 여기 다 꾸민 것 같은데╱

(남자4, 음식 준비해서 놓고)

여자들 : 우와=

남자4 : 왜 이래╱

여자들 : 우와=

남자3 : 대박, 진짜 맛있겠다.

여자4 : 맛있겠다.

(마지막 카운트다운,,, HAPPY NEWYEAR==)

#새해 아침

여자4 : 안녕하세요.

남자2 : 뭐 좀 먹었어요╱

여자4 : 예╱ 아니요, 지금 고구마 먹으려고 하는데, 뭐 마셔요╱

남자2 : 커피, 한잔 드실래요╱

여자4 : 아, 오늘, 카풀 부탁해도 될까요╱

남자2 : 어디까지 가세요╱

여자4 : 저는 오늘 압구정까지 가는데, 그냥 한남쪽에서 내려주셔도 되고.

남자2 : 압구정↗

여자4 : 응

남자2 : 한 10분 안에만 나가면 괜찮을 것 같은데.

여자4 : 아, 정말요↗

남자2 : 가능해요↗ 10분↗

여자4 : 15분↗

남자2 : 15분↗ 오케이

#차 안

여자4 : 이번 주 스케줄은 어떻게 돼요↗

남자2 : 저요↗

여자4 : 네.

남자2 : 저는 일, 일, 일 계속하다가, 주말에, 주말에 쉬죠.

여자4 : 그렇군.

남자2 : 예.

여자4 : 아, 저기다, 여기 안에 진짜 예쁜데.

남자2 : 응

여자4 : 커피 같이 한 잔 마시고 가요.

남자2 : 사줄 거예요↗ 누나↗

여자4 : 이럴 때만↗ 이럴 때만↗

남자2 : 한 잔 사줘요.

여자2 : 누나가 사주지 뭐.

#커피숍 안

여자4 : 아, 제가 아까 왜 물어봤냐면 남자2씨한테,

남자2 : 어떤 거 물어봤죠↗

여자4 : 이번 주 바쁜지↗

남자2 : 아, 예, 예.

여자4 : 제가, 데이트 신청하려고,

남자2 : 저한테↗

여자4 : 네, 그래서 제가 아까, 스케줄을, 물어봤었던 거거든요.

#거실 : 데이트 신청이 시작됩니다=

남자1 : 내일 출근 하나↗

여자1 : **아니 안 해, 아예 안 해.**

남자1 : 남자3은 내일 학교 가나↗

남자3 : 저 내일, 늦게 나가요.

#저녁 식탁

여자4 : 음, 완전 맛있다.

남자3 : 맛있어요↗

여자1 : 잘 먹겠습니다.

남자3 : 김 다 넣으셨나요↗

남자2 : 떡국 만들기 진짜 힘들었어.

남자3 : 국물 뭐로 냈어요↗

남자2 : 있어.

(모두 웃고)

남자2 : 우리= 어제 문자 못 보냈잖아, 그래서 오늘, 공개적인 그러니까, 상대는
        얘기하자, 네가 말하고 싶었던 말만 하는 거야.

남자3 : 오, 그거 괜찮다

남자4 : 그게 뭐야↗

여자1 : 무슨 말이야↗

남자3 : 문자 내용만 [말하는 걸로]

남자2 :   [내용만 말하]는 거지, 예를 들어서 오늘, 떡국 맛있었어요
         라는 문자를 나한테 보낼려고 했잖아 그치↗ 다들 보내려고 했잖아, 그
         거를 말만 하는 거지, 나를 보면서 하면 안돼 근데 티가 나니까, 어때↗

여자3 : 오빠부터 해봐.

남자2 : 오케이, 그러면은, 내가 할게, 새해에도 우리, 좋은 시간 같이 보내요.

여자3 : 그게 [뭐야↗]

남자4 :   [뭐야] 그게

남자3 : 그러면은 아무한테나 [해당되는 거지]

여자3 :   [아무 의미가] 없잖아.

남자2 : 아니 나는 그 사람한테 보내려고 했어, 이렇게

남자3 : 그래↗ 그럼 둘이만 하는 걸로=

남자2 : 한번 하자.

남자4 : (남자1 치면서) 너해 너.

남자2 : 진짜 아무거나 해도 돼.

남자1 : 이제 좀 친해진 거 같아서 좋아요.

모두 : 오[=]

여자3 : [이제] 좀--

남자3 : 이거 약간 리얼 [리얼]

여자3 :   [누구지]↗ 이제 좀↗

남자3 : 상대방은 못 느끼는 거 아냐↗

남자1 : 그럴 수도 있죠.

남자4 : 너만 느끼는 거일 수도 있잖아.

남자1 : 그럴 수도 있죠.

남자2 : 난 친했다고 생각했는데.

남자3 : 그러니까.

남자2 : 남자4 형은↗

남자4 : 긴가민가했는데 알 것 같아-요, 그 사람 마음을 알 것 같다고.

남자3 : 아=

남자2 : 동성말고 이성이지↗

남자4 : 알아들었어↗

남자2 : 뭐요↗

남자3 : 잠깐 이거, 남자1형한테 하는 소리 아니죠↗ 이성한테 하는 거지↗

남자2 : 긴가민가했는데 알 것 같아요, 여자1↗

여자1 : 오늘, 오늘은 일찍 자요.

여자3 : 어제 다 늦게 잤잖아.

남자2 : 내가 제일 일찍 잔 거 같던데.

남자3 : 새해에는 더 많이 가까워져요.

남자2 : 야= 내가 그랬다가 까인 거 봤어, 안 봤어↗ 알 것 같아 너=

여자1 : 나, 언니 기대된다.

여자4 : 저요↗

여자3 : 언니 기대된다.

여자4 : 어, 왜 나↗ 너무 부담스럽다 진짜. 조금-, 어= 아니다,

남자4 : 뭐야, 왜 이렇게 조용해↗

여자4 : 어= 알아..(0.2) 알아가고 싶은, 기회가 생겼으면 좋겠습니다.

남자2 : 아직 기회가 없었다는 소리일 수도 있지.

남자4 : 너라고 생각한 거야↗

(모두 웃고)

남자4 : 다 기준이 너야↗ 다 너한테 하는 말 같아↗

여자1 : 그러네, 아까 막 일찍 잤다고.

남자2 : 여자1아, 일찍 잤어 나, 어제.

여자1 : 그런 것 같아서 말했어.

여자3 : 아, 뭐하지↗ 내 차례야↗ 머리가 새하얘졌다, 안 하면 안돼↗

남자2 : 해야 해.

여자3 : 그러면 오늘-오늘 기준이야↗ 오늘 보내는 거 기준이야↗

남자2 : 어제 오늘 뭐=

남자3 : 아, 어제 기준일 수도 있겠다.

남자2 : 어제부터 지금까지.(0.1)로 하자, 하고 싶은 말 해.

여자3 : 앞으로, 좀더= 얘기할 수 있는= 기회가, 많이 생겼으면 좋겠다.

남자2 : 좋겠다, 막 반말해, 아 웃겨.

남자3 : 자, 마지막.

여자3 : 아, 언니.

남자3 : 말 안해도 알겠다.

여자1 : 진짜,

남자3 : 좋은 코멘트였다.

여자2 : 그걸로, 그걸로,

남자3 : 그걸로↗

여자2 : 챙겨줘서 고맙다.

남자3 : 챙겨줘서 고맙다=

여자3 : 어떡해, 어떡해, 아 너무 설렌다

(남자1이 여자4 볼 양쪽을 잡고 4초 보내고)

여자2 : 오빠, 웃 나와야 해.

여자1 : 안돼, 안돼, 안돼.

남자4 : 뭐 나와야 해↗

(웃 던지고)

여자2 : 잡혔다.

남자2 : 오,

여자2 : 읏.

남자3 : 나이스(여자2와 남자4 하이파이브)

남자4 : 장난 아니다, 나 1등할 것 같았어.

여자3 : [잡을 것 같았어]

남자2 : [한 번 더 한 번] 더, *********

남자3 : 그럼 좋은 거지, 나랑 설거지할 기회가 생겼어

(남자4 일어나 나가고)

남자1 : 그, 여자2야,

여자2 : 응.

남자1 : 정리, 내가 할 테니까 올라가서,

여자2 : 아, 아니야, 일단 이거 하고.

남자1 : 아 그래↗

(여자1 주방으로 다가오고)

남자3 : 아, 말도 안 된다, 그 읏=

여자2 : 말도 안되는 것 같아.

남자3 : 아 진짜=, 판 하면서 어떻게 이럴-이럴 수가 있지↗

여자2 : (개수대에서) 자, 이걸, 이걸 먼저 하고.

남자3 : 그럴까↗

(여자1 한참 뭔가를 쳐다보다가 세탁실로)

여자1 : 맞다, 나 빨래, 빨래.

남자4 : 빨래 했어↗

여자1 : 빨래 됐나↗ 뭐지↗ 내일 바뻐↗

남자4 : 아, 나.

여자1 : 응, 내일 나랑 같이 놀러 갔다 오자.

(주방에서 강아지 보고 화들짝)

여자3 : 어, 야, 야, 야, 야=

남자2 : 어어어어==쟤 뭐 먹는 거야↗

여자3 : 야 [안돼]

남자2 : [안돼] 안돼.

남자3 : 강아지 뭐 먹은 거야↗

(세탁실에서 여자1과 남자4 나오고)

여자2 : 뭐 먹었어↗

남자2 : 초코릿 우유 흘려가지고.

남자3 : 초콜릿 우유↗

남자2 : 어.

남자4 : 초코 우유↗

여자1 : 많이 먹었어↗

남자2 : 조금 핧은 것 같은데.

남자2 : 괜찮아↗ 물 마시게 해야 되나↗ 어떻게 해야 돼↗(남자4 강아지를 만
　　　　지고)

남자2 : 되게 조금 흘린 거라서, 루이야, 초콜릿은 안돼.

여자1 : (여기저기 보다가) 아 널고 와야겠다.

(남자4 강아지 안고 누워있고)

남자2 : 초콜릿 먹었어(하고 나가고)

#2층 거실

(여자1 약속 잡고 있는데, 남자4 들어오고)

여자1 : 내일 근데 괜찮겠어↗ 일찍 출발하는데↗

남자4 : 아니 뭐 어디 가는데↗

여자1 : 어↗

남자4 : 뭐 어디 가는데↗

여자1 : 내일 말해줄게.

남자4 : 뭐지↗캠핑가나↗뭐 입지↗(방으로 들어가고)

여자1 : 오빠, 내일 또 그, 패딩 조끼,

남자4 : 아, 그, 아재 아재.

(마스크팩을 하고 있는 남자4와 여자1)

#주방

(여자1, 달걀 삶는 중)

#회상신

여자1 : 몇 개 삶았어↗

남자4 : 4개.

여자1 : 다 [먹었어]↗

여자3 :　　[혼자서↗]

남자4 : 계란, 계란 난 세상에서 제일 맛있는 거 같아.

여자1 : 세상에서↗

남자4 : 응.

여자1 : 찐 것을 좋아해↗

남자4 : 계란 후라이든 뭐든 다.

#차고

남자4 : 뭐야↗

여자1 : 내가 운전해줄게, 왜↗

남자4 : 무서운데.

여자1 : 왜 무서워.

남자4 : 우리 살아서 갈 수 있는 거지↗

여자1 : 아, 진짜=

(차 운전 중)

여자1; 나, 오빠, 나 나름 경력= 10년 돼 가.

남자4 : 아 진짜↗

여자1 : 응.

남자4 : 아 멋있다 완전.

여자1 : 나 운전은 잘하는데, 단점이 하나가,

남자4 : [빨리 가↗]

여자1 : [약간 길]치야.

남자4 : 아 그래↗

여자1 : 네비를 못 봐.

(남자4 커피 마시고)

여자1 : 커피 안 뜨거워↗

남자4 : 나 뜨거운 거 되게 잘 먹어.

여자1 : 진짜↗ 근데 뜨겁지.

남자4 : 아. 왜 이렇게 너를 잘못 보겠지↗ 이 자리가 그런 자리구나.

여자1 : 아 왜↗

남자4 : 되게 이상하다 기분이.

(한참 어색, 긴장)

남자4 : 연애. 제일 길게 한 게 얼-얼마나 돼↗

여자1 : 어= 나 제일 오래 한 게, 2년↗ 2년 정도↗

남자4 : 2년↗

여자1 : 응, 오빠는↗

남자4 : 나↗ 나 5년.

여자1 : 5년↗ 아 진짜↗

남자4 : 어.

여자1 : 5년↗ 그거는 좀 옛날↗ 아니면 최근↗

남자4 : 최근에.

여자1 : 최근↗ 아 진짜↗

남자4 : 내가 막 이렇게 연애=하고 뭐 그럴= 솔직히 그런 나이는 좀 지났다고
        생각해서,

여자1 : 응= 그래서↗

남자4 : 그래서, 나는, 음=..(0.2)

여자1 : 네↗

남자4 : 결혼이 하고 싶지, 해도 [되나↗ 결혼]해도 되나↗

여자1 :   [그러면은=]
        그러며는 어쨌든, 5년은 짧지 않은 시간이잖아.

남자4 : 나는 다 길었어.

여자1 : 아, 다 길었어↗

남자4 : 제일 짧은 게 2년이야.

여자1 : 진짜↗

남자4 : (터치하며) 입술, 아, 입술이 아니라 이빨,

여자1 : (거울 보며) 지우고.

남자4 : 여자들 되게 잘 묻더라.

여자1 : 아, 왜 그러지↗

남자4 : 봐 봐.

여자1 : 음, 아니야, (밖 미러로) 보이지 않네, 여기서.

남자4 : 여기, 여기로 보이잖아.

여자1 : 아 보지마.

남자4 : 여기 있잖아 여기.

여자1 : (룸미러 내리고) 아, 여기 있네.

남자4 : 알았어, 안 볼게.

여자1 : 괜찮아.

남자4 : 됐어↗

여자1 : 응.

(차 고속도로 달리는 중)

여자1 : 아= 나 이거 너무 기대된다, 약간 내가, 어= 힌트를 주자면, 내가 처음
　　　　해보는 것도 있고, 내가 평소에 진=짜 좋아하는 것도 있어, 그래서, 너
　　　　무 기대돼.

남자4 : 뭐 먹을래↗

여자1 : 먹고 싶은 거 먹어.

남자4 : 아, 이거 계란 네가 한 거구나↗

여자1 : 어, 달걀 봤어↗

남자4 : 그럼, 나 아[침에 운동하러] 가려고 나왔는데, 물 먹고 갔거든,

여자1 : 　　　　　　　[언제 봤어↗]

남자4 : 계란 [먹어 보자]

여자1 : 　　　[나름 여러개] 챙겨왔어, 반숙됐으면 좋겠다 한 번 봐봐, 진짜 궁금
　　　　하다 이거는, 거기가 불이 약해서, 좀 변수가 있었을 수도 있을 것 같애.

남자4 : 어, 잘된 것 같은데↗

여자1 : 어 진짜↗ 진짜↗

남자4 : 어.

남자4 : (계란 건네며) 너 먹을래↗

여자1 : 오빠부터 먹어.

남자4 : (다시 카메라쪽으로) @나 이렇게 보여주[려고 했어]

여자1 : 　　　　　　　　　　　　　　　　[어=@@]

남자4 계란 먹고,

여자1 : 어, 어 됐어.

남자4 : 어 진짜 [됐네].

여자1 :   [아,] 한번 보여주세요.

남자4 : 어↗어, 잘 됐다, 반[숙이네요]

여자1 :   [@@], 아, 연기하면 안되겠다 오빠는,

나도 까줘.

남자4 : (건네고)

여자1 : 어↗어 그렇게 나 먹을게 오빠, (받다가) 아이구 아이구, (계란 먹고)

음↗음(카메라 비추고)@@

남자4 : 뭐야↗

여자1 : 진짜 신기해, 이게 되는구나.

남자4 : 되지.

여자1 : 음=

남자4 : 맛있어.

여자1 : 진짜↗

남자4 : 계란..(0.2) 무조[건 맛있]지

여자1 :   [맛있다]

남자4 : 이거 하나밖에 안 남았어.

여자1 : 아 진짜↗

남자4 : 내가 다 먹었어.

여자1 : 진짜↗잘했어. 나 남자1오빠 요새 제일 웃긴 것 같아,

남자4 : 왜

여자1 : 네 명 중에.

남자4 : 왜 웃겨↗

여자1 : 그냥 너무 웃겨, 웃기지 않아↗아이, 귀여워.

남자4 :   [귀엽다고↗]

여자2 : 이런 [말이 어울]릴진 모르겠는데, 귀여워.

남자4 : 내 앞에서 그렇게 얘기해도 돼↗

여자2 : 귀여워.

남자4 : 귀엽냐고.

여자2 : 오빠도 귀엽지.

남자4 : 됐어.

여자2 : @@ 아, 우리 먼저 가라는 것 같은데.

여자2 : 어떡해, 재밌을 것 같애.

남자4 : 줘／

여자2 : 응, (한 입 먹고) 오빠도 이거 먹어.

남자4 : 응.

#토종순대국 가는 길

남자4 : 오우, [진짜] 진짜 기대된다.

여자1 :   [우와]

남자4 : 어떻게 이런 델 찾았어／

여자1 : 응／ 찾았지.

남자4 : 어떻게／ 어떻게 찾았지／

여자1 : 여기, 들어가자.

남자4 : 사장님 저희요, 저, 토종순대국 [두 개]

여자1 :   [두 개]

남자4 : 그다음 물 좀= 죄송한데, 순대국을 먹을 줄이야 내가 여기와서.

여자1 : 어때／ 순댓국 먹는 기분이／

남자4 : 먹을 줄 몰랐어 진짜.

여자1 : 아 진짜로／

남자4 : 왜 이렇게...(0.3) 반전의 반전의, 반전이 도대체, 언제 끝나는 거니／

여자1 : 글쎄, 모르지.

남자4 : 어／

여자1 : 모르지.

남자4 : 몰라↗

(음식 나오고)

남자4 : 감사합니다, 오우, 씨, 맛있겠는데.

여자1 : 오우, 먹어봐 되게 담백해, 약간, 다른 데랑 달라.

남자4 : 아, 이건 뭐라고 설명해야 하지↗ 이 맛을↗

여자1 : 확실히 다르지 다른 데랑↗

남자4 : 응 뭔가 다르지.

여자1 : 다진 양념도 넣어야지 맛있나↗

남자4 : 난 안 넣을래.

여자1 : 안 넣을 거야↗, 그래, 나도 안 넣을래, 잘 먹겠습니다.

여자1 : 맛있어↗

남자4 : 응, 진짜 너무 맛있는데↗

여자1 : 진짜↗ 진심이야↗

남자4 : 응, 여기 와서 먹었던 것 중에서 제일 맛있다.

여자1 : 진짜↗ 오빠 밥 한 그릇 더 먹어.

남자4 : 더 먹을 거야.

(남자4..머리 긁적이고)

#회상신(깍두기 자르면서)

남자4 : 작게 먹지↗

여자1 : 응, 와=고춧가루 참 많다.

남자4 : 응↗

여자1 : 아니야.

남자4 : 안 붙어 [고춧가]루.

여자1 :　　　[알았어]

붙으면 오빠 센스있게,

남자4 : 응.

여자1 : 뭐라고 해야 하지／

남자4 : 센스있게 귀를 만질게,

여자1 : 알[았어]

남자4 : [내] 귀를 잘 봐.

#다시 식당

(여자1 신경 쓰이는지 물을 찾고, 남자4 물병을 대신 들고)

남자4 : 내가 줄게 (물 따라 주고) 굿 초이스 같애.

여자1 : 응.

남자4 : 내가 생각을 해보니까,

여자1 : 어

남자4 : 그, 내가 해주는 스타일이어가지고, 받아보는 게 좀 어색한 것 같아.

여자1 : 응.

남자4 : 나, 내가 데리고 가는 그런 스타일이어서,

여자1 : 나도 이렇게, 먼저 막, 신청하고 가는 건 처음인 거 같은데／내가 운전
　　　　하고.

남자4 : 운전까지 하고,

여자1 : 응.

남자4 : 미안했어, 그래서 운전까지.

여자1 : 아이 뭘 미안해, 재밌었는데.

남자4 : 그래／

#회상신(차 안)

여자1 : 되게 신나는데 지금↗

남자4 : 아이, 나 진짜 새로운 감정을 많이 느낀다 여기서. 아, 오늘 나 왜 이렇게 부끄럽지↗ 이상하네 진짜, 아, 이거 뭐야, 아, 나 진짜, 심장 아프다 진짜, 여기 와서 병을 얻어간다 나.

#다시 식당

여자1 : 나 근데 머리 묶는 게 나은 거 같애, 푸는 게 나은 거 같애 그래도↗

남자4 : 평소에↗아니면 오늘↗

여자1 : 달라↗평소랑 오늘이랑↗

남자4 : 어.

여자1 : 오늘은↗

남자4 : 오늘은 묶었으면 좋겠어.

여자1 : 아 진짜↗다시 묶어↗이래.

남자4 : 묶어 그냥, 어제-어제는 푼 거 예뻤는데, 들었다났다 하네.

여자1 : 그게 내 매력이야.

#남자2, 여자4 데이트

여자4 : 오늘 재밌어야 될 텐데, 처음 하는 거니까.

남자2 : 아, 첫 데이트니까 되게 떨리시겠다.

여자4 : 저요↗

남자2 : 네.

여자4 : 단 둘이=는 남자4오빠하고 교회갈 때,

남자2 : 그래요↗남자4형이라 있을 때랑 비교하면 어때요↗저랑 있을 때는↗

여자4 : 어=남자4오빠는, 일단 오빠니까, 이제 말-놓고,

남자2 : 아= 형이 말을 놓을 수가 있네 생각해 보니까,

여자4 : 네,

남자2 : 말 놓은 사람이 있어요↗

여자4 : 없어요,

남자2 : 반말해요, 반말해도 절대, 그게 나쁜 게 아니에요,

여자4 : 남자2, 남자2야 밥 먹었어↗

남자2 : 아뇨, 안 먹었어요. 배고파 죽을 것 같아요.

여자4 : 왜 나한테는 존댓말해요↗

남자2 : 누나니까.

여자4 : 아=

#양궁카페

여자4 : 여기에요 사실,

남자2 : 여기는,

여자4; 네.

남자2 : 양궁카페↗

여자4 : 되게 신기하다.

남자2 : 이거 못하면 어떡해요 이걸.

(활 두르고)

남자2 : 아 진짠데.

여자4 : 진짜에요, 무슨 내기 할까요↗

남자2 : 음= 말 놓기 어때요↗ 제가 존댓말 알러지가 있어서, 죽을 것 같아요,
　　　　나머지는 다 놨는데, 여자4씨랑만 뭔가=

(활 쏘기 도전, 남자2 10점 만점)

여자4 : 원래 했던 거 아니죠↗

남자2 : 아뇨, 처음 하는 거예요 진짜 처음.

여자4 : (7점 맞히고) 아=

남자2 : 힘이 빠진 게 아니라, 못 쏘는 거야 이정도면, 못 쏘는 거니까 이제 말

　　　　놓고, 세 번째 할래 말래↗ 하고 싶어 안 하고 싶어↗

여자4 : 아, 이거 되게 어색하다, 하자.

남자2 : 그래, 세 번째 뭐할까 내기.

(판에서 화살 걷어오고)

남자2 : 됐어 됐어.

#차 안

남자2 : 여기 목적지에 가면 [뭐가 있어]↗

여자4 : 　　　　　　　　　[예전에=] 내가 말했잖아 나는, 남자친구랑 이렇게

　　　　옷 골라줘가지고 입어보고 싶다고.

남자2 : 아=

여자4 : 편집숍에 가서,

남자2 : 완전 좋아.

여자4 : 같이, [서로 옷을 맞춰]주는 거.

남자2 : 　　　[서로 맞춰주는 거] 발끝부터 머리끝까지 싹 다↗

여자4 : 어=

#편집숍 안

여자4 : (백 가리키며) 오빠 나 이거.

남자2 : 누나, 누나 나 이거 시계, 누나.

여자4 : (모자 가져오며) 잠깐만.

남자2 : 하지마, 하지마.

여자4 : 잠깐만, 어↗빅뱅=

남자2 : 빅뱅, 빅뱅,

(옷까지 입고) 그, 설인 있잖아 설인.

여자4 : (빨간 옷 꺼내서) @@ 못 생겼다

남자2 : 좀 난해하긴 한데, 괜찮은 것 같다.

(여자4 정장으로 입고 나오고)

남자2 : 어↗ 이거 완전 괜찮네, 완성이네, 아니 나는 이런 거 입혀놓고 뭐하는
거야.

(여자4에게 모자 씌우고)

남자2 : 잘 어울리네, 잘 어울리네, 이러고 온 거 같애, 잘 어울린다, 나는, 나는
이런 거 입혀놓고.

#식당

남자2 : 배고파, 죽을 것 같애, 배고파 어디야↗

여자4 : 여기요.

남자2 : 어↗

여자4 : 여기, 스시***

남자2 : 일식↗

여자4 : 어.

(주방장의 스시 연출)

남자2 : 아, 너무 맛있겠다, 침 고여.

여자4 : 원래, 밥이 맛이 있으면,

남자2 : 스시↗

여자4 : 스시.

남자2 : 맛있을 것 같애, 밥이 되게 특이하다, 색깔이.

여자4 : 그러니까.

남자2 : 네, 다르네요.

주방장 : 식초 색깔입니다.

남자2 : 식초,

주방장 : 3년 숙성한,

남자2 : 3[년=]

주방장 : [식초]입니다.

남자2 : 먹고 죽진 않죠╱ 3년.

주방장 : 3년은 괜찮습니다.

남자2 : 3년 숙성한 것 먹고, 와, 맛있겠다.

여자4 : 진짜 맛있겠다. (하나 먹고) 음= 나 이 맛 좋아.

남자2 : 누나 술 좋아하는데, 난 술 안 좋아해 누나.

여자4 : 나 술은=좋아하진 않는데,

남자2 : 짠=

여자4 : 친해질 수 있으니까 마시는 거야.

남자2 : 그럼 (짠하고) 속마음 얘기하기 좋으니까╱

여자4 : 응.

남자2 : 오늘 그러면은, 나를 어떻게 보면, 겪어본 거잖아╱ 어, 생각했던 모습
　　　　이랑 비슷해 아니면은 의외의 모습이 있었어╱

여자4 : 생각했던=모습이랑 되게 비슷했는데,

남자2 : 응

여자4 : 어= 니가, 계속 누나라고 할 때,

남자2 : 아= 갑자기 깨╱

여자4 : 갑자기 어, 그 선을 긋는 느낌╱ 누나[라고] 할 [때╱]

남자2 : 　　　　　　　　　　　　　　[음=]　　　[아=]
　　　　그렇구나, 먹자 여자4야.

여자4 : 그럴까╱

남자2 : 먹을까╱

(먹으면서)

남자2 : 사업도 하고 있으면서 그러면서, 되게 성숙해져 있는 것 같아서, 보기

좋다.

여자4 : 아 진짜, 힘들었지, 스물세 살에 시작해 가지고,

남자2 : 사업을↗

여자4 : 응.

남자2 : 아, 진짜 오래됐네.

여자4 : 진짜= [많이--]

남자2 :　　　　[대학교] 다니면서 한 거야 그러면↗

여자4 : 졸업하자마자.

남자2 : 아, 대학 졸업하자마자, 스물셋에 졸업했구나.

여자4 : 솔직히, 진짜 어려웠어, 그때는 친구들이 다 막 놀러다니고,

남자2 : 응

여자4 : 한창 놀 때였는데, 놀지도 못하고, 나는 항상 일만 하고, 근데, 사람마다
　　　　　다, 타이밍이 있으니까, 때가 [있으니까],

남자2 :　　　　　　　　　　　　　　　[때가 있지], 아 격하게 공감된다.

(한참 이야기 중)

남자2 : 들어와서,

여자4 : 응.

남자2 : 혹시 좀 눈길 가는 사람↗ 마음에 드는 사람 있어↗

여자4 : 응.

남자2 : 있어↗

여자4 : 응.

남자2 : 두 명↗

여자4 : 두 명.

남자2 : 누군데↗

여자4 : @@

남자2 : 나랑 누군데↗ 다른 사람↗

여자4 : 음= 그분도 이제, 배려를 많이 할 수 있고,

남자2 : 응.

여자4 : 되게 안정감 느껴지고,

남자2 : 응

여자4 : 생각보다, 재밌고,

남자2 : 남자1이 형인가／헷갈리는데 살짝

여자4 : 그럼 너는=

남자2 : 응.

여자4 : 아, 하우스에서,

남자2 : 응.

여자4 : 마음에 드는 여성분이,

남자2 : 응.

여자4 : 있어／

남자2 : 있지, 당연히 있지.

#회상신 : 편집숍

여자4 : 너무 귀엽다.

남자2 : 개와 고양이.

여자4 : 어떡해, 우리 하나씩 할까／

남자2 : 반지는, 너무 커플링 같고.

#다시 식당

세프 :   이번엔 사므치, 사므치

남자2 : 삼치=

여자4 : 난 이번엔 패스할게.

남자2 : 별로 안 좋아해／

여자4 : 아니 배불러, 지금 술 올라오고 있어서,

남자2 : 맛있겠다.

여자4 : 많이 먹어야 되겠네.

남자2 : 아냐, 안 먹어도 돼, 안 먹어도 돼,

#여자1과 남자4

(스포츠카 변속을 처음 해본 여자1)

여자1 : 어, 왜 이러지↗

남자4 : (핸들과 손을 겹쳐 잡고 조정 중)

여자1 : 됐어↗ 해볼까↗

남자4 : 근데 왜 자꾸, 아무것도 없는 쪽으로 가는 것 같지↗

(한참 들어가서)

남자4 : 아, 패러글라이딩이네, 나 그거 진짜 해보고 싶었는데.

여자1 : 아 진짜↗

남자4 : 어.

여자1 : (쑥스러운 듯) 그래가지고,

남자4 : 어= 대박이다

(차를 타고 올라와서)

남자4 : 내릴 수 있지↗

여자1 : 어, (안겨서 내리고) 이야.

여자1 : (모자 쓰면서) 나 너무 웃기지 않아↗

남자4 : 아냐, 너 되게 잘 어울려.

여자1 : 잘 어울려↗

남자4 : 어, 발 안 시려↗

여자1 : 좀 시려, 근데 그 양말 신어서 덜 시려.

남자4 : 그래↗

여자1 : 오빠 여기 많이 올려야 한 대, 여기 좀 올려, 무지 춥대.

남자4 : 가↗

여자1 : 네, 가라구요↗

남자4 : 뛰어, 뛰어, 뛰어.

#술집

여자1 : 어떡해, 패러글라이딩하고 이렇게 지쳐서.

남자4 : 나↗ 나 오늘 하루, 너무 많은 [일이 일어났다]

여자1 :   [우려하던 바다], 아 웃겨

남자4 : 그래, 패러글라이딩 그거는, 진짜 못 잊겠다, 근데 나한테 이거, 하자고
        할 줄 몰랐어, 또 후보가 누가 있었어↗

여자1 : 아, 그걸 내가 왜 말해야 되죠↗

남자4 : 아니 궁금하니까.

여자1 : 네↗ 후보↗

남자4 : 응.

여자1 : 일단 오빠한테 하려고 했어, 다른 사람 생각 안 하고.

남자4 : 생각 안 하고↗

여자1 : 응.

남자4 : 있었다며↗

여자1 : 난 오빠, 후보, 오빠, 흠, 그럼 오빠한테 만약에, 진짜 내가 옆에 있어 하
        는 얘기가 아니라 만약에, 남자들한테 아, 뭐, 누구 한 명한테 데이트하
        고 싶은 사람에게 데이트를, 신청하세요 라고 했었으면, 진짜 솔직하
        게, 오빠 누구한테 했을 것 같아↗

남자4 : 나↗

여자1 : 응.

남자4 : 너랑 하고 싶었지, 여자3은 해봤으니까.

차 안

여자1 : 그럼 이거 물어봐도 돼／그때 오빠가 막-

(남자4의 회상신 긴가민가했는데 알 것 같아요)

여자1 : 근데 그, 상대방 마음 얘기한 거지.

남자4 : 어.

여자1 : 그러니까 긴가민가 했는데, 그 상대방의 마음을 알겠다고／

남자4 : 응.

여자1 : 맞지／누구야／

남자4 : 그거 얘기해야 돼／

여자1 : 어렵나／아, 궁금한데, 뭐 얘기하기 그러면 안해도 돼.

남자4 : 안돼, 패스하자.

여자1 : 패스／아 뭐야／

다시 식당

남자4 : 남자3이랑 데이트했을 때는 어땠어／

여자1 : 남자3／

남자4 : 어, 그냥 동생이랑 있는 느낌인가／

여자1 : 아니 데이트할 때는 그런 느낌은 아니었어.

남자4 : 그럼／

여자1 : 음=

남자4 : 좋았어／

여자1 : 어／

남자4 : 좋았어／

여자1 : 음, 좋았지, 그, 어, 어쨌든, 나보다 연하잖아, 나도 솔직히 편견이, 없었
던 것은 아니었거든, 연하에 대한 편견／근데 그때 얘기할 때 좀 나보
다 어리다는 느낌은 안 들었어, 대화할 때, 대화도 되게 잘 통했고.

남자4 : 잘 통했어↗

여자1 : 그랬던 것 같아, 여자3이랑 데이트는 어땠어↗

남자4; 여자[3이랑↗]

여자1 :　　[직접]적으로 얘기를 못 들어서.

남자4 : 재밌었어.

여자1 : 재밌었어↗

남자4 : [그게]

여자1 : [애프터--] 어,

남자4 : 뭔가, 좀 특별한 날이었잖아 일년 중에.

여자1 : 음= 그랬지.

남자4 : 아무래도, 그런데,

여자1 : 응.

남자4 : 막..(0.2) 여자친구랑 못 보냈었던 날을 되게 오랜만에 여자랑=하루종
　　　　일 그것도,

여자1 : 응

남자4 : 하루 종일 같이, [있으]니까 [뭔가], 남=들이 봐도 뭔가, 커플, 같아, 보
　　　　였을 거 아니야,

여자1 : 　　　　　　　[응]　　　[응]　　　　　　　　　　[응]

남자4 : 그래서,

여자1 : 응.

남자4 : 이상했지, 사진 찍은 것도 이상했고, 난 그게, 막 신경 쓰이지.

여자1 : 음==, 그렇구만,

남자4 : 응.

여자1 : 오빠는-- 맞아! 여자2는 어떨 것 같아↗

남자4 : 여자2↗

여자1 : 어

남자4 : 여자2는 너무 확고하게 동생이라 나한테, 남자1은╱

여자1 : 응╱

남자4 : 남자1은,

여자1 : 남자1 오빠╱

남자4 : 나 너 남자1한테 관심 있는 줄 알았는데, [처음에]

여자1 :   [아 진짜╱] 언제까지╱

남자4 : 어..(0.3) 최근까지.

여자1 : 아 진짜╱

남자4 : 왜╱아니었어╱

여자1 : 글쎄, 아직 잘 모르지. 난 오빠가 그런 거 되게 잘 본다고 해서, 잘 볼 줄
       알았거든, 물어보자 그거, 난 진=짜 오빠 마음을 모르겠어, 나는 오빠가
       나한테, 솔직히 관심=이 있는지, 없는지도 모르겠어, 왜냐면 오빠가=
       좀, 원래, 자상하고, 잘 챙겨주는 편이었잖아, 나도 [누구보다--]

남자4 :   [아 근데 나]는 이제
       뭐, 별로 연애는 하고 싶지 않아서, 그런 뭐, 그런 뭐, 그런 잠깐 만나고,
       [뭐,] 그런 건 별로 하고 싶지 않아.

여자1 : [응]
       그치, 당연하지, 그건 누구든 그럴걸╱ 잠깐 만나려고 시작하진 않을걸.

남자4 : 아 그렇지, 근데 나는, 그것보다 더 큰 그림이 [있어서]

여자1 :   [음=]
       그럼 오빠, 여기서 혹시 만약에, 아 미안, 누굴 결정하=게 될지는 모르겠지만,
       오빠는 그걸 보고, 결정하는 게 큰 거야╱

남자4 : 어,

여자1 : 진짜로╱

남자4 : 어,

여자1 : 결혼╱

남자4 : 그치,

여자1 : 그렇구나,

남자4 : 그래서, 타이밍이 제일 중요하지,

여자1 : 지금 [막--]

남자4 :   [지금] 나하고 뭐--

여자1 : 지금의, 모든 타이밍은 어떤 것 같아╱

남자4 : 타이밍╱타이밍—되게 재미있는 것 같아,

여자1 : 재미있는 것 같아╱

남자4 : 응, 어떻게 이렇게 될 수가 있지╱,라는, 생각을, 진짜 많이 한다,

여자1 : 난 근데 신기한 게, 우리 8명의 연애, 뭐 스타일, 뭐 연애 스토리를 보는
         거잖아 그 안에서,

남자4 : 어, 그럼 누가 제일 잘 맞는 것 같아╱ 지금까지 본 사람들, 중에서는,
         이 사람=은 나랑 만나면, 어, 난 이사람은 오래 잘 만날 수 있을 것 같아
         이런 사람,

여자1 : 진짜 잘 모르겠어, 아직.

남자4 : 나랑 비슷한 것 같아, 이런 사람.

여자1 : 그러니까 잘 모르겠어.

남자4 : 난 있는데.

여자1 : 아 정말╱

남자4 : 응=

여자1 : 진짜╱

남자4 : 응, 있어, 처음부터 있었어, 처음부터 있었고,

여자1 : 처음부터╱

남자4 : 응, 처음부터 있었는데, 또 한 명이 생겼어.

여자1 : 응=

남자4 : 근데,

여자1 : 그럼 첫 번째에 대한 확신은 확실히 있어↗

남자4 : 응.

여자1 : 있어↗

#회상신(차 안)

남자4 : 아 내가 여자3만 챙겨주나↗ 난 몰랐는데.

여자1 : 몰랐다고↗

남자4 : 난 그렇=게만 볼 줄은 몰랐어,

여자1 : 아 진짜↗ 난 그렇게 느껴졌어, 그래서 더 약간=, 음, 더 친해지기도 쉽
　　　　지 않았던 것 같아, 너무 오빠야말로 엄청 확고해보인다고 해야 되나,
　　　　[내가] 오빠한테 얘기했었잖아

남자4 : [나↗]

#현재, 식당

여자1 : 그 확신이 변하지는 않았고↗

남자4 : 나는, 되게, [그때] 그 감정의 그[걸=] 느낀 게 되게 커, 컸어

여자1 : 　　　　　　[어=]　　　　　　　　[어=] 그렇구나.

남자4 : 뭐 안다는 듯이 그렇게,

여자1 : 응↗

남자4 : 진짜 모를걸↗

여자1 : 아니, 나 알 거 같지 왜↗

남자 : 왜↗

여자1 : 응↗

남자4 : 진짜 모를 것같―모를 텐데.

여자1 : 응↗ 아니야 오빠= 알지.

남자4 : 어떻게 알아↗

여자1 : 그- 타임라인이 있잖아,

남자4 : 뭐가 [있는데↗]

여자1 :　　　[초반부터] 지금까지의,

남자4 : 그런데↗

여자1 : 알게모르게,

남자4 : 아니 내가 말한 건, [나]랑 잘 맞을 것, 같은, 사람이야.

여자1 :　　　　　　　　[어]

되게..(0.2)

남자4 : 내가 너무 막 복잡하게 생각하나↗

여자1 : 어= 되게 돌려돌려 얘기한 거 같은데, 아무튼 뭐, 그래
오빠는 되게, 내가 느낀 오빠는 되게 엄청 직설적으로 얘기하고, 엄청
솔직하게↗ 이렇게 꼬아서 얘기하지 않을 거 같은데, 은근히 오빠가,
@, 그 누구보다 더 뭔가.(0.2) 지금 되게 불안정해 보여

남자4 : 나↗

여자1 : 응.

남자4 : 어..(0.2) 왜 그러지 나↗ 모르겠다,

여자1 : 오빠한테 호감을 보이는 사람이 있어,

남자4 : 어

여자1 : 응..(0.2) 근데 오빠도, 음= 어쨌든 신경은 쓰여 왜냐면 당연히 나도, 누
가 나한테 관심 있으면 신경 쓰이잖아,

남자4 : 어

여자1 : 근데, 그 사람이 어..(0.2) 만약에. 어, 어떤 이유로든 뭐든, 마음을 접고,
그럼 어떨 것 같아↗

(남자 말 못하고)

여자1 : 얼음 넣어줄까↗ 얼음 시원한 게 나은 것 같아↗ 이제 가자 이거만 마시
고, 화장실 갔다가,

#귀가: 현관에서

남자4 : 미치겠네.

여자1 : 아 말해, 뭐어어/ 왜애/

남자4 : 아니, 네가 심각하게 오해하고 있다고.

여자1 : 오해한 거 없는 것 같은데,

남자4 : 아=

(계단 올라가며)

여자1 : 아무튼, 어=(목소리 가다듬고), 나중에 얘기하자,

남자4 : [이따가/]

여자1 : [지금 얘기]하면--, 아= 잠깐만 있어봐.

남자4 : 난 말도 못했는데 자기가― 너 어디 갔다 왔어/

여자1 : 아, 몰라몰라.

남자4 : 너, 잠깐 와봐,

여자1 : 아 잠깐, 거울 좀 볼게(방으로 들어가서 울고)

#여러분은 하트시그널 눈치채셨나요/

〈8화〉

#2층 여자방

(여자4 들어오고)

여자4 : 아이고야=

여자2 : 응/, 언니 왜 이렇게 늦었어요/

여자4 : (앉으며) 하아=

(둘다 침묵)

여자2 : 언니 근데 오늘 생각보다 늦게, 나간 거 아니에요/

여자4 : 오늘[요↗]

여자2 :   [응] 응,..(0.4) 뭐 했어요↗

여자4 : 저요↗..(0.2) 많이 힘들게 돌아다녔습니다.

여자2 : 재밌었어요↗

여자4 : 응, 재밌었어요.

여자2 : 대화할, 만한 시간은 좀 많았어요↗

여자4 : 어= 밥 먹으면서↗ 밥 먹으면서 그래도 대화를 많이 했는데, 너무 배고
파서 처음에는, 계속 대화가 끊기는 거[예요, 음식 막 나]오면, 아, 근데,
그건 있다 내가,

여자2 :   [먹느라고↗]

여자4 : 남자친구 생기면, 꼭 하고 싶었던, 게 있었는데, 그거를 할-려고 노력을
했고, 그래서 인제, 친해질 수 있는, 그런 기회↗ 더 알아갈 수 있는 기
회↗

여자2 : 많이, 알=게 됐어요↗

여자4 : 많이 알=았는데 아직도,@

(남녀 복잡한 모습으로 ..)

#2층 거실
(여자2 나오고, 쇼파에 남자2 앉아 있고)

남자2 : (손짓으로 앉으라고) 여자2야=

여자2 : 뭐 먹었어 저녁↗

남자2 : 일식.

여자2 : 맛있었겠다 나도 좋아하는데.

남자2 : 응=

여자2 : 즐거웠어↗

남자2 : 응╱ 허=, 너무 어렵다 질문이.

여자2 : 언제 언니가 데이트 신청했어╱

남자2 : 어=, 어= 저번에 카풀=해달라고 하셨거든, 그때.

여자2 : 난 오빠일 것 같았어, 뭔가, 언니가 말-말했던 그런, 왠지 오빠일 것 같
        더라고, 뭔가, 언니가 말했던, 그런, 것들이 뭔가 오빠 같았어 그래가
        지고, 그런데 역시 그랬어. 아 근데 약간= 그게 있었어.

남자2 : 어떤 거╱

여자2 : 불안함이- 있는데, 그게 진짜 딱 현실로 됐을 때,

남자2 : 음=

여자2 : 뭔지 알아╱ 그런 걱정이 현실이 됐을 때, 느낌이 그냥 여자4언니가, 오
        빠한테 할 거 같았어.

남자2 : 그래서, 너는 누구랑 데이트해╱

(여자2 말을 피하고)

#주방

(남자3 감바스와 카레 준비 중/ 여자1과 남자4는 저녁을 식당에서 먹는 중)

남자2 : (남자3을 의식한 듯) 의미있는 사람이 먹어줘야 하는데, 그치╱

남자2 : 그럼 실수했네.

남자3 : 응╱ 나 실수한 거야╱

여자3 : 너 오늘 왜 이렇게 횡설수설해╱

남자3 : 횡설수설했어╱

여자3 : 응.

남자2 : 오늘 조금 슬퍼, 진짜 열심히--

여자3 : 했는데 여자1 누나[가 안 와서]

남자3 :   [나 요리하는 날] 다 데이트하고와서,

여자4 : 아╱ 여자1씨 어딨어요╱

남자3 : 데이트하고 오나 봐요.

여자3 : 남자4오빠랑 데이트한 [것 같아요]

여자4 :   [아 진짜↗]

남자3 : 거의 확실해.

남자2 : 먹을래↗ 감바=스, 근데 맛있어, 이렇게 해서 밥이랑.

(식사 후 치우는 중)

남자1 : (여자3 앞의 흔적 닦는 중)

여자3 : 이거 내가 한 거 아냐.

남자1; 알아.

여자3 : @@

(남자1 방에 들어가서 선물꾸러미 들고나와서 여자3 앞에 놓고)

남자3 : 이건 또 뭐야↗

여자3 : 뭐야↗

남자1 : 여자들 먹으라고 가져왔는데,

모두 : [여자들 먹으라고↗]

남자3 : 너무한다 나는 남자들 것까지 사왔는데.

남자1 : 사실 남자들 것까지 사왔어.

여자2 : 뭐야↗ 누가 사온거야↗

(남자1 가리키고)

여자2 : 아 진짜 오빠↗ 거기 갔다 왔어요 매장↗

남자1 : 응.

여자2 : 청담 거지↗

남자1 : 응, 하나는 마카롱이고,

여자3 : 나는 마카롱.

남자1 : 저번에 먹었는데 맛있더라고 그래서,

여자2 : 그래, 이거 진짜 맛있다고, 이게 맛있어.

(남자1과 여자3 눈 마주치고)

남자3 : 왜 산 거야 오늘↗

남자2 : 굳이, 송파[에서 퇴근하고--]

남자3 :   [얼굴 빨개지고] 있다.

남자2 : 서울 외곽이나, 내부 타면 되는데 굳이, 청담까지 가서 이걸 사서 왔단
        말이지

남자1 : 뭐= 그런 거지.

남자2 : 청담을 [가서↗]

여자2 :   [진짜↗]

남자2 : 근데 그런 거면 진짠데↗

남자1 : 근데 맛있-었어, 저번에 같이 먹었을 때 [맛있어서]

여자2 :   [응, 저번에] 오빠가 [되게 놀랐어]

남자3 :   [차분해 차분해]
        아직까진.

남자1 : 아직까진 [차분해]↗

남자3 :   [아직까진] 차분해.

모두 웃고

(여자4 다가오고)

여자2 : 음. 언니 와서 먹어요, 너무 맛있어요.

(이야기 도중인 듯)

여자4 : 머리, [머리 바꾸는 건 어때요↗]

남자3 :   [이번에는 나도 진짜] 자르고 싶어, 응, 머리 바꿀 거예요.

여자3 : 우리 머리 바꾸러 가기로 했어요.

남자3 : 머리 지금 넙수룩한 상태.

여자4 : 왜냐면 내갸 원래, 쇼트커트여서,

(지방방송)

남자1 : 이거 먼저 먹길 잘했다.

여자3 : 달아╱

남자1 : 진짜 맛있어.

여자3 : 맞아 맛있어.

남자1 : 여자3, 너도 산딸기 좋아한다 하지 않았나╱

여자3 : 어, 나 산딸기 좋아해.

(딸기맛 옮겨오고)

남자3 : 나 산딸기 먹어도 되지 형╱

남자1 : 어, 먹어 먹어 먹어, 없어.

남자3 : 아, 없어╱반반 먹자 우리, 아, 나도 나도 잠깐 가져올 거 있어.

여자2 : 또╱

(남자3 일어나 방으로 가면서)

남자3 : 아 그리고 몰래카메라 해야겠다, 아니, 싸우는 거 말고,

남자3 : (방에서 뭔가 들고나와) 아 이게 귀여워가지고.

여자3 : 아 샀어╱코엑스에서╱

남자3 : 아╱귀여워갖고 [목도리]까지 생[각나]서

여자2 :   [뭐야╱]

모두   [야야]

(목도리 두른 눈사람, 초콜릿을 꺼내놓고, 여자1의 목도리 모습과 겹치고)

여자3 : 목도리가 생각났어╱

남자3 : 어= 아니 근데, 이걸 다 받고, 내가, 여자3 누나한테만 주는 척을 할게,
       그럼 다 막 '오' 이런 거 하면, (반응 보고) 하지마╱알았어.

여자3 : 야=

남자3 : 아니 좀 반응 좀 해주며 안돼╱아니 하지마 라든가.

여자3 : 야 너 왜 이렇게 귀여워, [아 진짜 귀여워]

여자2 :   [너 얼굴 빨개졌어]

남자3 : 진짜 당황했잖아 아무도 말을 안해서.

남자2 : 야 하자, [하자 하자] 하자=

남자3 :   [하자고 하자]

남자2 : 짜보자.

남자3 : 아, 이렇게 하자, 난 사실 누나가 목도리 받았으면 좋았을 것 같았어,

여자4 : 괜찮다.

남자3 : 괜찮지, 괜찮지.

남자2 : 그럼 여자1이 질투를!

여자3 : 야, 나를 이용해서 지금, [나를] 이용해서 큰 그림 그린 거야╱

남자2 :   [그렇네]

남자3 : 아니 그냥 재미있—재밌잖아.

여자3 : 큰 그림 그렸네.

남자2 : 그리고 나서, [그리고나서 약간 여자1] 자리에, 일곱 개가 여자1 자리
        에 있는 거야

남자3 :   [마무리는 어떻--]

여자3 : 좋아좋아.

남자2 : 어때╱아= 귀엽네 이러면서 끝낼 수 있을 것 같애.

남자3 : 나 잘 못할 것 같아 목이 타네.

남자2 : 귀여울 것 같지 않아╱

여자3 : 아니 근데, 도대체 언제 들어오는 거야╱

남자3 : 그러니까.

남자2 : 좀 길어지는데, 혹시--

여자2 : 통금 시간을 좀 정해야겠어.

남자3 : 원래 통금 일곱시 아니었어╱

남자2 : 그래 일곱시.

남자3 : 원래 일곱시- 아니--

여자3 : 너무 늦게 확[인할] 것 같아.

남자3 :   [늦게], 몰래카메라의 시차가 너무 긴데.

남자2 : 해

남자3 : 정말 못할 것 같다 누나한테는.

여자3 : 아유 소심이, 아유, 그냥 해.

#그 시각 남자4와 여자1의 식당 대화신

귀가 : 현관신

#귀가 : 현관에서

남자4 : 미치겠네.

여자1 : 아 말해 뭐어어 ╱ 왜애 ╱ 뭐 ╱ 응 ╱

남자4 : 아니, 네가 심각하게 오해하고 있다고.

여자1 : 오해한 거 없는 것 같은데, 뭔데 ╱

남자4 : 아=나, 네가 되게 오해하는 게 있어, 어 ╱ 바보야

여자1 : 응 ╱ 무슨 오해 ╱

남자4 : 내가 차에서--

여자1 : 응 ╱ 아니야, 아니야, 아니야, 나 지금,

남자4 : 응

여자1 : 상태가 좋지 않아.

남자4 : 뭐 ╱

여자1 : 힘든 게 사실, 오늘 그게 갑자기 왔다고,

남자4 : 그게 왔다고 ╱

여자1 : 응, 나, 나 참고 있었거든, 아=, 아무튼 나중에 얘기하자.

남자4 : 이따가 ╱

여자1 : 지금 얘기하면, 아= 잠깐만 [있어봐]

남자4 :   [아니 난] 말도 못했는데 자기가—

여자1 : 아니 진짜 나 이거 안될 것 같은데, 아= 진짜 미치겠네.

남자4 : 이따 얘기해.

여자1 : 나 진짜 못 올라가겠는데.

(나머지, 2층 거실에서 반기며)

남자3 : 어, 형 왔어요╱데이트 잘했어요╱

여자3 : 데이트 잘했어╱

여자2 : 왜 같이 안 와요╱

여자3 : [왜 같이 안 와╱]

남자3 : [왜 같이 안 와] 어색하게

남자2 : 데이트 어땠어요╱

남자3 : 왜 어색하게 같이 안 왔어╱

(남자4, 남자3 옆에 앉으며 옷 벗고 물건 내려놓고)

남자2 : 저거 여자1 건데

남자4 : 아, 여자1 거야╱

모두 웃고

남자4 : 앞에서 만났어,

남자2 : 여자1 건데.

남자4 : 앞에서 만나가지고, 난 가게–가게에 있었지

(남자4 일어나 들어가고)

남자2 : 아, 형, 가게에 있었죠.

(다시 게임에 집중, 남자3과 여자3은 집중 못하고 심난)

여자2 : 매력 발산, 또 뭐 있었지╱

남자2 : 글씨 잘 쓰는 사람╱

남자1 : 형, 녹색옷 침대위에 놨어요.

남자4 : (방으로 들어가며) 어.

#모두 각자 흩어지고, 2층 거실에 여자1 옷 놓고(여자1은 아직 계단에 그대로 서 있음)

남자4 : (노크 후 문 열고) 여자1아 여자1아, 누구 있어요↗ 아, 어디 갔지↗ 하아-(옷 챙겨서 들어가고)

잠시 후 여자1 올라오고

남자4 : 너 어디 갔다 왔어↗

여자1 : 아, 몰라 몰라 몰라.

남자4 : 잠깐 이리로 와 봐.

여자1 : 잠깐만, 나 거울 좀 볼게,

(여자1과 남자4 각자 한숨 쉬며 들어가고)

여자1 : (침대에 눕다) 어, 이게 뭐지↗ 이거 사탕--

(여자1 울고, 남자4 음악 듣고 각자 심난함)

#여자들 방

(여자4 들어오고)

여자4 : 아, 왜 오늘 다 귀찮지 오늘↗ 여덟시 반↗ 아홉시↗

여자1 : 언니, 내일도 출근해요↗

여자4 : 음= 내일 아마도↗

여자1 : 진짜요↗ 저도 내일=, 언니 몇 시에 일어나실 것 같아요↗ 저는 내일 아마, 7시에 일어날 것 같아요, 언니 시간 알려주면 제가 뭐 깨워두려도 되고, 조정할게요

#거실

여자2 : (남자3 떠밀며) 가서 빨리 하고 와.

남자3 : 아니= 이러면 몰카가 [아니잖아]

남자2 :   [이걸] 이벤트로 만들라고, 개로--

남자3 : (일어나 올라가며) 하 진짜.

남자2 : 엎자.

여자2 : 뭐 나왔는데↗

남자2 : 하지 말자.

여자2 : 하지 말자, 응, 다했어.

2층 여자 방

남자3 : 아니, 내려오랬지, 그거 뭐야, 그거 어디갔어 내 눈 사람들.

여자1 : 야 그거 뭐야↗

남자3 : 아, 이거 원래 몰카였다고.

여자1 : 무슨 몰카↗어떤 [걸로]↗

남자3 :   [이거] 여기다 놓고, 내가 여자3 누나한테 [이거] 주면서

여자1 :   [어]
         어=

남자3 : 난 사실 누나가 목도리 받았으면 좋았을 것 같았어, [이러려고 했는데]
         아–

여자1 :   [@@]

여자1 : 아니 근데 왜 이렇게 많이 [샀어↗]

남자3 :   [귀엽지] 않아↗

여자1 : 다 주려고↗

남자3 : 다 나눠줘야지.

여자1 : 다에게↗너무 귀엽네.

남자3 : 너무 귀엽잖아 [그리]고 빨간 목도리잖아, 그[래서], 어, 이거 사야겠다
         했는데,

여자1 :   [어=]   [어=]

남자3 : 왔는데 갑자기 몰카 아이디어가 번뜩였어,

여자1 : 아니 몰카 이제 하지 말자며.

남자3 : 그러네, 왜 눈이 빨개╱

여자1 : 아니 피곤해서.

남자3 : 울었어╱

여자1 : 아니.

#2층 거실

(여자1, 강아지와 함께)

여자2 : 아니, 오늘 여자1 기분 좋네.

여자1 : 내일이 토요일이었으면 좋겠다.

남자2 : 아, 진짜 쉬고 싶다.

#2층 남자방

남자4 : 아, 피곤해,

남자2 : 안 좋은 일 있어요 형╱

남자4 : 응╱아냐아냐.

남자2 : 왜 술을 드세요╱

남자4 : 술을 먹고 왔으니까 술 먹지.

남자2 : 많이 먹었어요 술╱

남자4 : 한 병.

남자2 : 와인╱소주╱술 뭐 드셨어요╱

남자4 : 한**

남자2 : 그거 센 소주인데, 아이고 힘들어, 가게 안 가고 데이트했구나 형╱데
이트╱

남자4 : (핸폰 내려놓고) 아 짜증나네 진짜

남자2 : 왜요↗

남자4 : 어↗뭐가 씨, 아= 힘드네

남자2 : 왜 힘들어요↗형 얘기 좀 해줘요.

#2층 여자 방

여자3 : 언니 술 많이 마셨어↗

여자1 : 아니, 나 술 별로 안 마셨어.

여자3 : 진짜↗

여자1 : 진짜로.

여자2 : 피곤해서 그런 건가↗

여자1 : 그런가봐.

#2층 남자방

남자4 : 네가 가서 좀 물어봐봐, 여자1 뭐해↗자↗그렇게.

남자2 : 알았어요 형, 하고 올게요, 불러줄게요 거실로.

남자4 : 아이, 왜, 아, 진짜 미치겠네.

남자2 : 아이고, 문제가 있었네.

남자4 : 어↗

남자2 : 문제가 있었어.

남자4 : 아니, 여기서 물어봐줄래↗

남자2 : 아니, 우선 제가 조금 알아야, 형이 좀, 막 많이 안 냈구나, 그렇죠↗

남자4 : 아니야, 그냥 뭐, 근데, 그런 게 아니라 뭐, 나한테 서운한 게 많은가 봐.

남자2 : 여자1가↗우선 여자1을 제가 불러드릴게요.

남자4 : 자나↗

#2층 거실

남자2 : 여자1 있어, 여자1↗

여자1 : 음= 왜↗

남자2 : 여자1야

여자1 : 어.

남자2 : 잠깐 나와 봐, 얘기 좀 하자.

여자1 : 아, 쟤 또 왜 그래, 잠깐 나갈게.

남자2 : 응.

여자1 : 어.

참/고/문/헌

- 강소영, 「복합형 담화표지의 의미기능 연구-아 근데, 아니 근데를 중심으로」, 『한국어의미학』44, 한국어의미학회, 2014, 313-344쪽.
- 강소영, 『명사구 보문 구성의 문법화』, 한국문화사, 2004.
- 강소영, 『언어와 여성』, 지식과 교양, 2013.
- 강정희, 「여성어의 한 유형에 관한 조사 연구」, 『국어학신연구』1, 탑출판사, 1987.
- 구현정, 「남성형-여성형 어휘의 형태와 의미 연구」, 『국어학』 25, 국어학회, 1995, 99-135쪽.
- 구현정, 전영옥, 『의사소통의 기법』, 박이정, 2005.
- 김규현, 「담화와 문법 : 대화분석적 시각을 중심으로」, 『담화와 인지』7-1, 담화와 인지언어학회, 2000, 155-184쪽.
- 김미숙, 「대화구조로 본 '아니'의 기능」, 『담화와 인지』제4권 2호, 담화인지언어학회, 1995, 71-101쪽.
- 김유정, 구수연, 「예능 프로그램에 나타나는 끼어들기와 반응하기 현상 연구」, 『어문논집』66, 2012. 101-139쪽.
- 김선희, 「여성어에 대한 고찰」, 『목원대 논문집』 19, 목원대, 1991.
- 김정선, 「아동의 말차례 끼어들기 양상에 대한 연구」, 『청람어문교육』45, 청람어문교육학회, 2012, 237-262쪽.
- 김해연, 「한국어와 영어 대화상에서의 말차례 덧댄말의 형태와 기능」, 『담화인지언어학회 17회 학술대회 발표자료집』, 2003, 89-101쪽.
- 김형민, 「한국 대학생의 칭찬 화행 수행 및 응대 상황에 대한 연구」, 『한국어의미학』 12, 한국어의미학회, 2003, 255-290쪽.
- 김혜영, 「남성과 여성의 사적 대화에서 발화 특성 연구」, 『언어와 언어학』53,

한국언어학회, 2011, 89-108쪽.

- 김홍자, 「말 중단시키기의 담화기능과 성」, 『언어과학연구』 26, 언어과학회, 2003, 71-102쪽.

- 나은미, 「대학토론교육의 비판적 검토 및 개선방안」, 『화법연구』19, 한국화법학회, 2011, 211-269쪽.

- 민현식, 「국어의 여성어 연구」. 『아세아여성연구』 34, 아시아여성문제연구소, 1995, 7-64쪽.

- 박성현, 「한국어 말차례 체계와 화제」, 2007, 태학사.

- 박용익, 「텔레비전 정치토론회의 대화분석」, 『텍스트언어학』4. 한국텍스트언어학회, 1997, 139-166쪽.

- 박용한, 「과제 중심적 대화에서의 대화전략 운영에 관한 연구」, 연세대학교 대학원 박사학위논문, 2002, 연세대학교

- 박정진, 「토론 담화에서의 말차례 끼어들기와 유지하기 양상」, 『문법교육』10, 한국문법교육학회, 2003, 119-142쪽.

- 백경숙, 「대학생들의 성적관련 전자편지에 대한 화용론적 분석」, 『우리말글』 50, 우리말글학회, 2010, 23~54쪽.

- 서정범, 「여성에 관한 명칭고」, 『아세아 여성연구』8, 숙명여대 아세아 여성문제 연구소. 1969.

- 송경숙, 「제15대 대통령 후보 초청 TV 합동토론회 분석」, 『사회언어학』6(1). 한국사회언어학회, 1998, 53-87쪽.

- 안주호, 「감탄사 유래 담화표지의 의미기능 연구」, 『언어과학연구』61, 언어과학회, 2012, 91-116쪽.

- 양영하, 「한국어 대화의 순서교대 양상 연구 -대화 말뭉치를 중심으로」, 상명대 박사학위논문, 2006.

- 엄순천, 「남성발화와 여성발화의 변별성」, 『노어노문학』 19(1), 한국노어노문학회, 2007, 41-73쪽.

- 이원표, 「토크쇼에서의 말 끼어들기 -담화기능과 사회적 요인」, 『담화와 인지』 6(2), 담화인지언어학회, 1999, 23-59쪽.
- 이은희, 「시사토론에서의 말차례 뺏기 발화 양상 - 토론자 발화 의도를 중심으로」, 『한중인문학연구』 32, 한중인문학회, 2011, 155-178쪽.
- 이익섭, 『사회언어학』, 민음사, 1994.
- 임규홍, 「국어 담화의 끼어들기 유형에 대한 연구」, 『언어과학연구』 20, 언어과학회, 2001, 321-351쪽.
- 임지룡, 배문경, 「여성 발화의 화용적 특성 연구」, 『문화와 융합』 25, 한국문화융합학회, 2003, 161-202쪽.
- 유창돈, 「여성어의 역사적 고찰」, 『아세아 여성연구』 5, 숙명여대 아세아 여성문제 연구소.
- 임홍빈, 『국어의 여성어, 국어사 자료와 국어학의 연구』, 문학과 지성사, 1983.
- 전영옥, 「한국어 담화표지의 연구」, 『화법연구』 4, 한국화법학회, 2002, 113-145쪽.
- 정명숙, 「한국어 대화에서 끼어들기의 결정 요인」, 『우리말연구』 34, 우리말학회, 2013, 163-186쪽.
- 정연주, 「'하다'의 기능에 대한 구문기반 연구」, 고려대 박사학위논문, 2015, 고려대학교.
- 차지현, 「한국어 대화의 말 끼어들기 연구」, 연세대 석사학위논문, 2007, 연세대학교.
- 홍민표, 「소유물과 외모에 대한 한일 양국인 칭찬 반응의 성차, 연령차」. 『일본어문학』 61, 한국일본어문학회, 119-139, 2014.
- Bennett, A, Interruptions and the Interpretation of Conversation, *Discourse Processes* 4, 1981, pp.171-188.
- Cameron, Deborah, *Feminism & Linguistic Theory*, New York : St, Martins

Press [이기우 역, 『페미니즘과 언어이론』, 한국문화사, 1995], 1992.

- Cameron, Deborah, Fiona McAlinden, and Kathy O'Leary. Lakoff in context: The social and linguistic functions of tag questions. *Women in their speech communities*, eds. by Jennifer Coates and Deborah Cameron, pp.74-93, 1988.

- Chafe, Wallace, *Discourse, Consciousness, and Time*, The University of Chicago Press, 1994.

- Goldberg, Julia, *Interrupting the discourse on interruptions*, 1990.

- Coates, Jennifer, *Women, Men and Language*, London : Longman, 1993.

- Goldberg, J., Interrupting the discourse on interruptions, *Journal of Pragmatics* 14, 1990, pp.883-903

- Jespersen, Otto, *language : ts Nature, Development and Origin*, London : Geroge Allen & Unwin [김선재 역, 『언어』, 한국번역도서주식회사, 1961],1922.

- John P. Berger, *Ways of Seeing*, [최민 역, 『다른 방식으로 보기』, 열화당, 2019], London : British Broadcasting Corporation, 1972,

- Kennedy,C.W.,& Camden,C.t., A new look a tinterruptions. *Western Journal of Speech Communication*,47, 1983, pp.45-58.

- Labov, W. The social Stratification of English in New York City, *Washington DC : Center for Applied Linguistics*, 1966.

- Labov, W. *Sociolinguistic Patterns*, University of Pennsylvania Press, 1972.

- Lakoff, R. *Language and woman's place*, New York : Harper&Row[강주헌 역, 『여자는 왜 여자답게 말해야 하는가』, 고려원, 1991], 1975.

- Levinson,S. *Pragmatics*, (이익환, 권경원, 『화용론』, 한신문화사, 1992), Cambridge University Press, 1983.

- Milroy. L, Language and social networks. *Journal of linguistics* 18, 197-202,

1980.

- Park, Jae-Eun, *Turn-taking organization for Korean conversation : With a conversation analytic proposal for the research and teaching of Korean learners of English*, University of California, Los Angeles, 2010.
- Renkema, J., *Discourse Studies* (이원표 역 『담화연구의 기초』, 1992, 한국문화사), John Benjamin Publishing Company, 1992.
- Sacks, H. & Schegloff, E, A. & Jefferson, G., A Simplest systematics for the organization of turn-taking for conversation, *Language 50-4*, 1974, pp. 696-735.
- Trudgill, P. Sex, covert prestige, and linguistic change in the urban British English of Norwich, *Language in Society*, 1972.
- Trudgill, P, *The social differentiation of English in Norwich*, Cambridge Univ. Press, 1974.
- Trudgill, P. *Sociolinguistics*, Harmondsworth : Penguin Books, 1974.
- Trudgill, P. *On Dialect*, New York : New York Univ. Press. 1983.
- Tannen, D., *You just don't understand : Women and men in conversation*, New York : Quill, 1990.

찾/아/보/기

강 소 영

이화여대 대학원에서 국어학을 전공하고 『명사구보문구성의 문법화』
로 박사학위를 받았다.
「성과 말 끼어들기」(2018), 「성별 대화진행방식」(2022) 등 다수의 논문
과 『언어와 여성』(2013), 『구어 전사자료의 구축과 연구의 실제』(2017)
등 다수의 저역서를 집필하였다.
이화여대 국문과 전임강사, 이화여대 한국문화연구원 HK연구교수를
거쳐 현재 이화여대 국문과 강사로 재직 중이다.

방송매체 속의 여성어

초 판   인 쇄 | 2023년 5월 30일
초 판   발 행 | 2023년 5월 30일

지 은 이   강소영

책 임 편 집   윤수경

발 행 처   도서출판 지식과교양
등 록 번 호   제2010-19호
주   소   서울시 강북구 삼양로 159나길18 힐파크 103호
전   화   (02) 900-4520 (대표) / 편집부 (02) 996-0041
팩   스   (02) 996-0043
전 자 우 편   kncbook@hanmail.net

ISBN 978-89-6764-197-9   93700   정가 33,000원